한국 근대소설에 나타난 惡의 표상 연구

정은경

도서출판 월인

정 은 경

1969년 서울에서 태어나고, 고려대 독문과와 국문과 대학원을 졸업했다. 2003년 세계일보에 평론 「웃음과 망각의 수사학」으로 등단하였으며, 현재 비평 전문 반년간지 ≪작가와 비평≫의 편집 동인으로 활동하고 있다. 2004년 고려대학교에서 「한국 근대소설에 나타난 악의 표상」으로 문학박사학위를 취득했으며, 서일대, 순천향대, 대진대 강사를 역임, 현재 고려대 강사로 재직 중이다.

한국 근대소설에 나타난 惡의 표상 연구

초판 1쇄 인쇄 • 2006년 11월 20일
초판 1쇄 발행 • 2006년 11월 25일

지은이 • 정 은 경
펴낸이 • 박 성 복
펴낸곳 • 도서출판 月印
서울특별시 강북구 수유2동 252-9
등록 • 제6-0364호 / **등록일** • 1998년 5월 4일
대표전화 • (02) 912-5000 / **팩스** • (02) 900-5036
http://www.worin.net

ISBN 89-8477-342-5 93810

값 14,000원

아버지 어머니 그리고 언니를 위해

머리말

이 책은 '악'을 통해 한국 근대 소설을 고찰한 논의들을 묶은 것이다. 주요 대상인 김동인, 이상, 손창섭은 한국 근대 작가 중에서도 두드러지게 '악'에 대해 깊은 통찰을 보여준 작가들이다. 김동인, 이상에 관한 논의는 필자가 2004년에 고려대학교 박사학위 논문으로 제출한 「한국 근대소설에 나타난 악의 표상 연구」를 다듬은 것이고, 손창섭에 관한 논의는 이와 별도로 작성하여 덧붙인 것이다. 박사 논문을 기획할 당시 손창섭까지를 염두해 두었으나 여러 가지 한계로 인해 미뤄두었던 것이니 이 책을 통해 필자는 비로소 애초의 의도를 완성했다고 할 수 있다. 이 세 작가의 작품을 '악'을 통해 살펴보고자 했던 애초의 의도는 박사 학위 논문에서 중요하게 다루었던 '미적 근대성'이라는 개념과 밀접하게 관련이 있다. 미적 근대성은 "과학과 기술, 법과 도덕과 분리된 예술 고유의 독자적 영역으로 정립해가는" 미적 자율성을 의미하는 것으로, 문학에 있어 악에 관한 사유와 미적 향유는 이러한 미적 자율성을 실현하는 하나의 과정이었다고 볼 수 있다. 이 책에서 김동인을 '선악'으로, 이상을 '위악'으로 다룬 것은 이 두 작가가 각각 '도덕'과 '진리'의 영역에서 문학을 분리시켰다고 보았기 때문이다. 이들의 문학은 '반도덕'과 '허위와 오류'의 영역에서 문학적 모험을 감행함으로써 한국 근대 문학의 미학적 층위를 더욱 확대·심화시키는 데 기여했다. 그리고 애초에 '추악'이라는 항목으로 고찰하려고 했던 손창섭의 소설은 '미추'의 차원에서 '악'을 사유함으로써 앞선 두 작가들과는 또 다른 차원에서 인간의 부정적 측면을 살펴보고 있다. 그리하여 이 셋은 각기 '진・선・미'라는 일원적 가치에서 벗어나 각각의 대립항에서 문학적 성과를 보여줌으로써 한국 근대 문학의 미적 자율성의 확립에 기여하고 있다고 판단하였다. 그러나 이 책에 실린 손창섭에 관한 논문은 애초의 이러한 생각과는 다소 다른 차원에서 논의를 펼치고 있는 글이다. 손창섭 소설에서의 악의 표상이 박사 논문의 기획과는 별도로 좀더 다른 중요한 의미를 띠고 있기 때문이라고 판단하였기 때문이다. 하여 애초의 의도가 약간 어그러지긴 하였으나 이 책은 대체로 이러한 구도 아래 이 세 작가를 엮은 것이라고 보면 될 것이다.

책을 일별하면 알 수 있겠지만 이 책은 인문학의 역사와 함께 해온 '악'에 대한 풍부하고 의미있는 이론적 고찰들에 많은 지면을 할애하지는 않고 있다. 필자가 박사 논문을 준비하면서 살펴본 '악'에 관한 많은 이론들은 대개 철학, 특히 신학 영역에 포함된 것이었는데, 그러한 것이 구체적인 작품 분석에 필수적인 것이 아니라고 판단했기 때문이다. 따라서 서론에서도 밝혔듯 '악의 표상'이라는 제목을 달고 있는 이 책은 악에 관한 철학적, 신학적 사유와는 별개의 차원에서, 즉 좀더 광의의 의미에서 인간의 '부정적인 측면'이 어떻게 개별 작가들에 의해 사유되고 있는지를 살펴보고자 했다. 하여 이 책에서 사용되는 '악'은 뤼디거 자프란스키가 언급했듯이 "하나의 개념이라기보다는 인간의 삶을 위협하는 것"이며 나아가 굳어진 현실을 넘고 초월성에까지 이르게 하는 "자유로운 의식"이라는 의미를 내포하고 있다.

필자가 '악'을 문학 연구의 중요한 잣대로 선택한 것은 실존적 이유에서라고 할 수 있다. '악'의 경험이야말로 필자가 문학을 하게 된 중요한 계기였다고 할 수 있기 때문이다. 생에 대한 자각이 생기면서 깨닫게 된 것은, 인간의 불합리하고 추악한 감정들, 그리고 사회의 부조리와 타인의 악의가 빚어내는 고통의 현실이었다. 그리고 그것이 인간의 보편적 생의 조건이라는 사실을 깨닫게 된 것은 문학작품에서 작가들이 보여준 그 내밀한 길을 통해서이다. 그들의 고통스런 탐색을 통해 필자는 비로소 나와 타인, 그리고 생의 심연에 대해 이해하게 되었고, 온갖 어긋남에 대해 조금이나마 너그러워질 수 있었다고 생각한다. 그런 의미에서 필자에게 '악'을 통한 문학 연구는 역설적으로 인간 구원에 대한 탐색을 의미한다. 때로 문학이 필자에게 종교와 비슷한 것을 의미했던 것 또한 바로 이러한 맥락에서일 것이다. 앞으로도 내 삶과 함께 나의 문학 연구는 '악의 구렁텅이'에서 열심히 포복해 갈 것이다. 그리고 그것이 단지 힘든 노동만은 아닐 수 있다는 생각은 악의 심연에서 초월과 구원의 가능성을 찾을 수 있다고 여전히 믿기 때문이다.

첫 책이 나오기까지 많은 분들의 도움을 받았다. 부족한 책을 내면서 그 분들을 일일이 언급한다는 것이 오히려 누가 되리라. 지도교수이기 전에 언제나 삶의 큰 스승이셨던 김인환 선생님께, 그리고 넘어서는 문인의 자세와 학문의 엄격함을 동시에 일깨워주신 송하춘 선생님께 누추한 감사의 말씀을 드린다. 그 외의 모교의 많은 은사님들께도 빚진 것이 많다. 이 책의 출판을 기꺼이 수락해주신 도서출판 월인의 후의에도 감사드린다. 무엇보다 나와 함께 방황했던 동학들, 그들과의 그 무수한 시간들 덕분에 이 책은 가능했다.

차례

1부

김동인과 이상 소설에 나타난 악(惡)의 표상

2부

⋮

손창섭 소설에 나타난 악(惡)의 표상

1부

김동인과 이상 소설에 나타난 악(惡)의 표상

Ⅰ. 서론

1. 문제 제기 및 선행 연구 검토

본 논문은 한국 근대 소설에 나타난 '惡'의 표상을 고찰하는 것을 목표로 한다. 악에 관한 본격적인 논의 이전에, 이 논문에서 '악'이라는 용어로 문제 삼고자 하는 것은 윤리적 차원을 넘어선 것임을 밝힌다. 최근 문학뿐 아니라 다양한 문화 영역에서 '엽기'나 '호러' '폭력성' '잔혹성' '기괴함' '정념' '감각' '에로티시즘' '추악' 등의 부정적인 목록들이 중요한 담론으로 등장하고 있는 것을 볼 수 있다. 본 논문에서 논의되는 '악'은 이렇듯 부정성의 다양한 스펙트럼을 포괄하는 보다 확대된 차원의 것을 의미한다. 범박하게 말하자면 가장 소박한 차원에서 '선'이 의미하는 좋은 것, 바람직한 것의 반대편에 서 있는 것들, 이를테면 나쁜 것, 추한 것과 더불어 혐오스러운 것, 반사회적인 것, 불온한 것, 오류와 거짓 등등 인간이 지양해야할 것을 포괄하는 개념이다. '악'으로 지칭될 수 있는 것들이 최근 문학과 문화적 지형에서 자주 등장하는 것은 새로운 것이 아닐 수도 있다. 동서고금을 막론하고 문학의 시원에서부터 선과 대척점에 놓인 惡, 혹은 나쁜 것들은 문학작품의 중요한 갈등적 요소를 구성하면서 오랫동안 향유되어왔다고 할 수 있을 것이다. 그러나 최근 문학현상의 새로운 점은, 그러한 것들이 수용되고 향유되는 방식에 있다. '악'이 최근 작품과 담론에서 논의되는 방식은, 아주 소박하게는 권선징악의 구도에서는 멀찌감치 떨어져있을 뿐 아니라, 『시학』에서 말하듯, 공포와 연민을 통한 카타르시스의 효과를 위해 복무하는 듯하지도 않다. 불쾌한 것들은 배제되고 정화되기보다 오히려 또 다른 쾌감으로서 향유되고 있다. 문학작품이 인류역사에 존재하면서부터 인간은 악의 표상들을 교묘한 방식으로 향유해왔다고 할 수 있지만, 이렇듯 '불쾌 혹은 나쁜 감수성'과 관련된 여러 가지 주제와 표상들이 미적으로 향유되고 적극적으로 의미화된 것은 최근의 일이다. 그리고 더 거슬러 올라가면, 이러한 징후의 출발은 문학이라는 자율적 영역을 확보함으로써 반사회적인 것의 심미화를 본격적으로 표명하고 공론화한 '미적 근대성'과 더불어서일 것이다. 따라서 본 논문은 '미적 근대성'의 출발점에 서 있는 김동인과 미적 근대성을 최정점에서 구현하고 있는 李箱의 작품을 대상으로 악의 표상을 살펴보고자 한다. 대상 텍스트는 김동인의 경우, 초기 단편 소설들을 중심으로, 李箱의 경우는 단편소설로 한정한다.

본격적인 논의에 앞서, 다음과 같은 질문에 답함으로써 문제제기와 연구방법론을 대신하고자 한다.

> 첫째, 왜 악인가?
> 둘째, 악을 어떻게 다룰 것인가?

'왜 악인가?'라는 물음은 다음 두 가지 점에서 고찰될 수 있을 것이다. '미적 근대성'과 또 하나는 문학과 관련해서이다.

'미적 근대성'과 관련하여

'미적 근대성'은 정치와 경제 및 사회영역과 분리된 예술영역의 자율성을 의미하는 것으로, '미적 모더니티', '심미적 현대성', '모더니즘' 등등 논자들의 입장과 해석에 따라 조금씩 그 함의를 달리하면서 쓰이는 개념이다. 1990년대 들어 활발하게 논의된 '미적 근대성' 담론은 대체로 다음과 같은 네 가지 측면에 주목하고 있다.

첫째, '모던'이라는 표현의 개념사를 추적해가는 과정에서 논의되는 '미적 모더니티'의 사회역사적 성격. 이와 관련하여, 주로 논구되고 있는 것은 M. 칼리니스쿠의 『모더니티의 다섯얼굴』과 한스 로베르트 야우스의 『도전으로서의 문학사』와 『미적 현대와 그 이후』로, 이들에 의해 정리된 '모더니티'의 용어 및 개념의 발생과 특징은 다음과 같이 요약될 수 있다.

'현대'를 그 자체로부터 정당화하고자 하는 문제는 심미적 비판의 영역에서부터 의식화되기 시작하였다. '모더니티'라는 말이 명사화되고 보편화된 것은 19세기 초반의 일로, 보들레르와 낭만주의 예술가들의 활동과 함께 '미적 모더니티'는 여타의 근대성보다 더 의식적으로 심미적 영역에서의 독자성을 강조하는 방향에서 탄생하였다. 낭만주의를 가장 현대적이고 동시대적인 미로 인식한 보들레르는 "모더니티는 일시적인 것, 우발적인 것, 즉흥적인 것으로 예술의 반이며 나머지 반은 영원한 것과 불변적인 것"[1]이라고 정의한다. 그리고 여기서 드러나는 '순간성'과 '영원성'의 개념을 어떻게 강조하고 해석하느냐에 따라 미적 모더니티의 함의가 다양하게 변주되기도 하는데, 보들레르의 '미적 모더니티'가 부르주아 근대성에 대한 예술적 자율성을 고수하려는 장치로서, 속물적인 모더니티에 맞선 미학적 태도라는 데에는 이견이 없다. 이렇게 탄생된 미적 모더니티는 또 다른 모더니티-"과학과 기술의 진보, 산업혁명, 그리고 자본주의에 의해 야기된 광범위한 사회 경제적 변화의 산물인 사회경제적 모더니티"[2]와 함께 유의미한 '모더니티' 개념으로 정립된다.

---

1) M. 칼리니쿠스, 『모더니티의 다섯 얼굴』, 이영욱 · 백한울 · 오무석 · 백지숙 역, 시각과 언어, 1996, 60쪽.

2) 같은 책, 53쪽.

둘째, "과학과 기술, 법과 도덕과 분리된 예술 고유의 독자적 영역으로 정립해가는 '미적 근대성'"을 주체성의 원리라는 근대적 인식론적 토대의 정립과 관련하여 보고 있는 하버마스의 논의이다. "18세기 말까지 과학, 도덕, 예술은 활동영역으로서 제도적으로 분화되었고, 이 영역들 내에서 진리의 문제, 정의의 문제, 취미의 문제들은 자율적으로, 즉 각기 특수한 타당성의 지배를 받으며 작업되었다"[3]는 하버마스의 가치분화논리의 바탕에는 근대성의 핵심인 '주체성의 원리'가 놓여 있다. 주체성의 원리는 '자연과학의 탈마법화와 더불어 인식 주체를 해방'시키고, 도덕의 영역에서 또한 주체적 자유를 인정하였을 뿐 아니라, 미적 영역에서 또한 '모든 관계의 끈들을 끊고 오직 자아의 자기 경험'을 표현하는 낭만주의를 가능케 했으며, 각각의 배타적이고 특수한 가치영역의 분화를 통해 현대성을 비판 철학(비판적 이성) 위에 정립시켰다고 보고 있는 것이다.

셋째, 위에서 기술된 '미적 모더니티'의 자율성에 대해 좀더 이차적인 해석을 하고 있는 논의들이다. 이들 중, 미셸 푸코나 페터 뷔르거, 또는 아도르노 등으로 대변되는 한 축은 미적 근대성을 사회·정치적 및 역사철학적 근대성에 대한 비판적 태도로 보고 아방가르드 등을 포함한 모더니즘 양식을 적극적으로 옹호하고 있으며,[4] 또 한 축은 마샬 버먼의 좀더 '광의의 모더니즘' 해석에 기대, 리얼리즘과 모더니즘의 이분법적 구도를 넘어 사회주의 리얼리즘까지 근대 현실에 심미적으로 대응하는 미적 근대성의 하나로 보려는 논의[5]로 요약할 수 있다.

---

3) 위르겐 하버마스, 『현대성의 철학적 담론』, 이진우 역, 문예출판사, 1994, 40쪽.
4) 미셸 푸코, 「계몽이란 무엇인가」, 장은수 역, 『모더니티란 무엇인가』, 민음사, 1994. 349~356쪽.
5) 김민수, 「1960년대 소설의 미적 근대성 연구」, 중앙대 박사논문, 1999.
김명인, 「근대성과 미적 근대성-위기의식의 복원과 새로운 패러다임의 구성을 위한 시론」, 『한국 좌파의 목소리』, 민음사, 1998.
김양선, 「1930년대 후반소설의 미적 근대성 연구」, 서강대 박사논문, 1997.
진정석, 「모더니즘의 재인식」, 《창작과 비평》, 1997년 여름호.

미적 근대성 개념의 발생 및 미학적 논의에 이르기까지 미적 근대성의 핵심적인 요체는 여타의 근대성과 결별하고 고유한 가치영역으로서 분화되는 미적 자율성이다. 미적 자율성은 해석에 따라 '기술의 근대성을 극복하려는 유토피아 의식의 산물'[6]로서, 또 한편은 자율성 추구의 극단에 놓인 심미주의와 예술지상주의로 옹호되거나 부정되기도 하지만, 그러한 가치지향적 혹은 이차적인 해석을 떠나 미적 근대성의 가장 중요한 핵심은, 진리와 도덕의 영역에서 분리되어 예술의 고유한 법칙성과 논리를 바탕으로 하여 성립되는 미적 자율성이다. 과학과 도덕의 영역에서 각각 작동하고 있는 '진리'나 '선'의 법칙성을 벗어나 예술이 '미'라는 고유한 내적 논리를 발전시켜 나간다는 것은, '진리'와 '선'의 이름으로 배척되는 '오류와 거짓, 비도덕적인 것과 바람직하지 않는 것'들을 '미'라는 영역 안에서 독자적으로 수용하고 향유한다는 것을 의미한다. 특히, "낭만주의에서 본격적으로 출발하고 있는 미적 근대성은, 도덕은 물론 진리의 영역으로부터 미와 예술 영역의 독립을 의미한다. 예술은 더 이상 진리의 인식의 문제가 아니라 가상 실행이 문제"[7]라는 것이다. 본고는 한국 근대소설에서 이렇듯 도덕과 진리의 영역에서 벗어나 미적 자율성의 가장 극단화된 형태인 '악'의 표상 연구를 통해 한국 문학에서의 미적 근대성의 구체적인 실현과정과 그 양상을 살피고자 한다. 한국 근대 문학이 '미'라는 예술성의 원리를 내세워 어떻게 여타의 근대성이 추구하는 진리와 도덕적 가치와 결별하고, 진리가 아닌 '오류와 허위, 혹은 허구'를, 선이 아닌 '악과 비윤리적인 것'들을, 심지어 '미'와 반대되는 '추'까지를 의미화하고 수용하는지를 살펴보고자 하는 것이다. 본고의 '악'의 표상에 대한 고찰은 그동안 이루어져왔던 미적 근대성에 대한 일반적 담론들의 성과들과 더불어 한국 근대 문학의 미적 근대성에 대한 논의를 더욱 심화시키고 구체화할 수 있는

---

6) 구모룡, 「한국근대문학과 미적 근대성의 관련 양상-미적 근대성론의 한계를 중심으로」, 국제어문학회, 《국제어문》 29집, 2003.12.

7) 김진수, 『우리는 왜 지금 낭만주의를 이야기하는가』, 책세상문고, 2002, 111쪽.

유의미한 계기가 될 수 있을 것이다.

문학과 악

'문학과 악'이라는 주제로 에밀리 브론테와 보들레르에서 사드, 카프카, 주네 등의 서구 작가를 다룬 조르쥬 바타이유는 문학과 악의 친연성을 다음과 같이 언급했다.

> 문학은 본질적인 것이거나 아무것도 아니다. 악-악의 첨예한 한 형태-은 우리에게 더할 나위없는 가치를 지니는 것이라고 나는 믿는다. 문학은 바로 그 악의 표현이다.[8)]

'문학이 악의 표현', 그 이상이 아니라는 말은, 기존의 관습과 윤리를 의문시하고 이를 뛰어넘으려는 문학의 반사회적 성격을 지적하고 있을 뿐 아니라, 문학이 인간이라는 한계성을 넘어 그 가능성을 극한점까지 탐구하려는 의식의 소산이라는 의미가 담겨있다. 뤼디거 자프란스키 또한 악은 개념이 아니라 "주어진 현실을 초월하려는 의식"이며 "인간 자유의 드라마이며 자유에 대한 대가"[9)]라고 언급함으로써 의식의 다양한 가능성의 지평을 여는, 초월성의 계기로 이해하고 있다. 본고에서 살펴보고자 하는 '악'에 대한 고찰 또한 이러한 인식의 지평 위에 놓인다.

인간은 태어나면서부터 이미 많은 것들이 규정되고 질서 지워진 공동체 속에서 살게 되고, 그 안에서 '개인'은 사회화를 통해 그 집단에서 허용되는 가치관과 관습들을 습속화하게 된다. 그러나 '인간'은 안정된 사회질서와 가치규범의 준수에도 불구하고 어쩔 수 없이, 고통과 악에 노출될 수밖에 없는 실존적인 운명을 지니고 있으며, 그 반대의 경우도 예외는 아니라

---

8) 조르쥬 바타이유, 『문학과 악』, 최윤정 역, 민음사, 1995, 12쪽.
9) 뤼디거 자프란스키, 『악 또는 자유의 드라마』, 곽정연 역, 문예출판사, 2000, 12쪽.

고 할 수 있을 것이다. 즉, 인간은 자신의 의지와 사회질서의 안녕과 상관없이 개인적으로든 사회적으로든, 자신의 의지와 능력을 넘어서는 광포한 힘에 맞닥뜨리게 되는데, 이를 우리는 포괄적으로 '악'이라고 할 수 있다. 칸트의 말처럼 어떤 것이 참되고 바른 것이며, 어떤 것이 거짓되고 악한 것인지를 가름하고 이를 따르는 도덕률이 인간에게 내재해 있다하더라도, 인간은 이미 알고 있는 것을 실행할 수 없는 보다 나쁜 상황에 놓일 수도 있고, 또 어떤 경우에는 자신 안에 있는 불가항력적인 '악마성'을 발견하기도 한다. 문학은 이렇듯 인간을 둘러싼 불가해하고 불가항력적인 것들에 대한 존재론적 질문이자, 더 나은 삶을 위한 진지한 탐색이다. 따라서 선악의 갈등은 문학의 가장 오래되고 흥미로운 주제가 되어 왔으며, 앞으로도 이러한 사실에는 변함이 없을 것이다. 그리고 최근의 현대 문학은 더욱이나 '악'에의 경향성을 드러내는데, 그것은 '현대사회'가 역사상 가장 관대하게 허용하고 있는 '개인성'과 이와 꼭 같은 정도로 강화되고 있는, 개인을 규율하고 통제하는 보이지 않는 미시적 권력 장치들과 조직망 때문일 것이다. 무한 자유를 지닌 듯 하지만, 결코 조금도 자유로울 수 없는 현대인들이 꿈꾸는 삶이란 따라서, 더 이상 가가호호의 소집단 내부에서 이루어지는 안정된 윤리적 삶이 될 수 없을 뿐더러, 현대 사회에 있어서 개인의 '윤리'라는 것 또한 수없이 분화되고 또 통합되면서 얽켜져 있는 공동체라는 속성으로 인해 예전처럼 간명하게 명시될 수 있는 것이 아니다. 따라서 본고에서 탐구하고자 하는 한국 근대 초기의 '악'의 표상에 대한 고찰 또한 보다 복잡한 양상을 띠게 될 것이다. 문학은 자신의 존재에 대한, 더 나아가 인간과 삶에 대한 진지한 탐색이다. 이 탐색은 작가 실존이 딛고 있는 현실의 제약은 물론, 인류의 문화가 탐구해놓은 보편적인 '인간'과 '삶'을 의문시하고 초월하고자 한다. 문학은 해답이 아니라 일종의 탐색이며, 또한 시민적인 삶을 안온하게 살기 위한 하나의 방편이 아니라 구원을 묻는 하나의 질문이다. 그런 의미에서 문학은 선악이라는 기존의 안정된 규범과 질서를 넘어서려는 수많은 시도를 보여 왔으며, 따라서 문학은 오히려 선악을 넘어선 저편에 서 있다고 할 수 있다. 그리하여, 위대한 문학 작품은 당대에 있어서는 어떤 면에서는 가장 강력한 '악'의 요소를 품고 있는 이단이자 반항이며, 그런 면에서 시민사회에 대해 더없이 위해한 것이기도 하다. 그러나 이렇듯 위해하고 불온한 문학은 근대과학이 지속적으로 확장해온 세계의 지평처럼, 인간 조건과 삶을 새로운 지평 위에 펼치고자하는 인간의 열망이자 치열한 노력으로 볼 수 있으며, 그런 의미에서 본고에서 수행되는 '악'의 탐구 또한 의미가 있을 것이다.

선행 연구 검토

기존의 연구사에서 '악'이라는 테마를 가지고 본격적인 논의를 펼친 예는 거의 찾아볼 수 없다. 단편적으로 논의된 경우는 간혹 있으나, 특정 시대 및 작가와 관련하여 '악'을 집중적으로 연구한 논저는 거의 없다고 볼 수 있다. 오히려 비교적 자유로운 글쓰기가 가능한 비평적 에세이에서, 그리고 최근 작품을 중심으로 그 일단의 시도가 있어왔는데, 단평적이지만 간략하게 그 대강만 추려보면 다음과 같다. 우선, 이남호의 「한국 문학과 악」[10]은 조선 시대 소설 몇몇 작품을 대상으로 악의 양상을 살펴보고 있는 글로, 한국 문학에서의 '악'의 탐구에 대한 일단의 가능성을 시사하고 있다는 점에서 그 의의가 있다. 이 글에서의 '악'의 탐구는 주로 '악인'으로 형상화된 인물들을 중심으로 이루어지고 있으며, 「사씨남정기」, 「옥루몽」, 「흥부전」, 「장화홍련전」, 「운영전」 등에서 대표적으로 드러나는 악인을 '첩, 계모, 간신, 탐관 오리' 등으로 유형화시켜 살피고 있다. 그 결과 조선 시대 소설에서의 악의 모습은 대체적으로 정태적이고 통념적이지만 「장화홍련전」이나 「운영전」과 같은 작품은 다소 이러한 한계를 벗어나,

10) 이남호, 「한국 문학과 악(惡)-조선 시대 소설에 나타난 악의 양상」, 『한국문학이란 무엇인가』, 이문열 · 권영민 · 이남호 엮음, 민음사, 1995.

기존의 도덕률을 거부하고 개인의 실존적 기준을 가지고 선악을 가름했다는 점에서 주목할 만하다고 언급하고 있다.

이재선의 「韓國 文學과 惡의 思想」11)은 이남호의 글과 같은 맥락에서, 한국 문학에 나타나는 '악'의 성격 전반을 개괄적으로 논의하고 있는 글이다. 이 글은 한국문학에 나타난 악의 사상을 고전적인 인성론으로서의 악, 악으로서의 문학, 그리고 현대적인 조직의 악 등 세 가지 측면에서 살펴보고 있다. 이재선은 우선, 전형적인 옛 이야기로 대표될 수 있는 「홍부전」과 「콩쥐팥쥐」에서 나타나는 악에 대한 인식이 권선징악에 기반하고 있으며, 이는 악을 선의 결여로 보고 선의 부정태로 보고 있는 유학과 일맥상통하고 있음을 지적하고 있다. 그러나 이들 설화에서 보듯 이야기나 소설에서 '악'은 긴요한 것으로 이야기의 흥미뿐 아니라 인간학적 해명에 복무하는 문학에 있어서 중요한 요소임을 언급하고 있다. 이어, 맹자와 순자의 성선설과 성악설을 소개하고 조선시대 소설에 나타나는 악의 양태를 악인으로 유형화하여 논의하고 있다. 여기에서는 특히, 남성적인 악인과 여성적인 악인을 대별하고 있는데, 남성적인 악인으로는 「홍부전」의 놀부, 「조웅전」의 이두병, 「유충렬전」의 정한담, 「홍길동전」의 특재 등을 대표적인 예로 든다. 이들은 주로, 부와 정욕, 혹은 권력욕이라는 욕망을 향해 온갖 악행을 서슴지 않는 인물들로 전형화 된다. 여성의 악행은 주로 가정이나 가족 관계로 수렴되면서, 계모, 첩 등이 악인의 표상으로 그려지고 있는데, 대표적으로 「사씨남정기」, 「장화홍련전」의 허씨 부인 등을 들고 있다. 이후 이러한 전대의 인성론적 선악관이 약화되어 나타나고 있는 현대문학에서 악은 한 인간이 아니라 집단이나 제도, 조직이 지닌 제도적 구조와 조직으로 나타나고 있으며, 구체적으로는 정치권력 조직체에 의한 국가악, 독재적인 전제자의 권력에 의한 폭력적인 악, 전쟁과 이데올로기가 일으키는 상호배제적인 악, 계층적 갈등의 사회악, 기술 사회에 내재하는 인간

---

11) 이재선, 『韓國文學 主題論』, 서강대학교 출판부, 1989, 60~77쪽.

의 비인간화 등으로 형상화되고 있다고 본다. 이에 덧붙여 이재선은 현대 문학에 있어 악으로서의 문학적 성격을 뚜렷이 한 대표적인 작가로 김동인을 들고, 동인이 춘원의 규범적 도상학을 거부하고 악에의 지향을 통해 미로 조정된 악의 도상학을 제시하였다고 언급하고 있다. 「狂畵師」와 「狂炎소나타」는 바로 악의 심연에 미를 투사시킨 작품으로 여기에서 드러나는 동인의 유미주의는 반속적인 규범 외향성, 그리고 악마적인 전율을 그 특징으로 하고 있다고 언급하고 있다.

이명희는 방화, 폭력, 살인 등으로 점철된 최서해의 작품을 다루면서, 이들 악행이 갖는 의미와 미학적 효과에 관하여 언급하고 있다. 즉, 식민지 시대 조선 민중의 전형을 그리고 있는 최서해의 작품에는 폭력과 살인이 자주 등장하지만, 이는 사회계층간의 대립이 저항의 논리로 확대되어 나온 것으로, '악'이 아닌 선으로 느끼게 함으로써 이해와 감동을 이끌어 내는 매력과 미학을 지닌다고 평가하고 있다.[12)]

신철하의 「우리 소설의 악마성에 관하여」[13)]는 최인호, 장정일, 그리고 배수아의 성장소설을 대상으로 소설의 인물이 보여주는 반사회적 악행과 성적인 일탈, 파괴성 등을 성장기적 혼란에서 오는 일종의 낭만적 일탈과 '악마성'으로 논의하고 있다. 그밖에 다른 논의들은 다소 소략하고 지엽적이기 때문에 언급하지 않기로 한다. 이처럼, 한국 문학에서 '악'에 대한 탐구는 상대적으로 소홀했다고 할 수 있는데, 그것은 '악'을 다룬 문학작품이 일천했다기보다는 오히려 '악'을 가장 쉽게 명시화하고 있는 '악인'에 대한 고정적이고 단편적인 이해와 취급에서 비롯되었다고 볼 수 있다. 즉, 이남호의 논의에서도 지적되었듯, 악 혹은 악인에 대한 통념적인 이해로 인해, 보다 다채롭고 역동적인 '악'의 형상화와 이에 대한 천착의 결핍을

12) 이명희, 「악에서 선의를 이끄는 미학」, 『문학, 환멸 속에서 글쓰기』, 2002, 새미, 150~157쪽.

13) 신철하, 「우리 소설의 악마성에 관하여-최인호, 장정일, 그리고 배수아」, 《문예중앙》, 1995년 가을호.

가져왔다고 볼 수 있을 것이다.

이와 상대적으로 외국의 경우는 '악'에 관한 일반적인 논의뿐 아니라,[14] 앞서 소개한 바타이유의 저서에서 볼 수 있듯, 문학에서 악의 문제를 다룬 경우를 보다 많이 볼 수 있다. 예를 들어 세익스피어나 윌리엄 블레이크, 콘래드, 사드, 보들레르, 도스토예프스키, 장 쥬네, 카프카 등등, 특히 불란서와 러시아, 영미 작가들을 중심으로 '악'에 관한 풍부한 담론들이 이루어지고 있는 것을 볼 수 있다. 이는 물론 이들 작가들이 작품에서 '악'에 대한 새로운 의식과 주목할 만한 개성적이고 강렬한 악인형 인물을 보여주고 있다는 데 그 일차적인 원인이 있을 것이지만, 이와 더불어 해석의 가능성을 끊임없이 확장시키는 축적된 연구 성과와 서구 종교와 철학의 형이상학적 전통과 무관하지 않다고 할 수 있다. 무엇보다 '악'이라는 테마와 관련한 연구성과의 부족은 '악'이라는 개념이 지니고 있는 포괄적이고 모호한 성격 때문일 것이다. 따라서 본 논문에서 고찰하고 있는 '악'의 표상은 김동인과 이상의 기존의 연구사에서 이미 좀더 명확하고 한정된 개념으로 다양하게 논의된 바 있는 것을 본고의 논지를 강조하기 위해 확장시키거나 혹은 다르게 맥락화한 것인데, 그 구체적인 기존 논의의

14) 참고로 본고의 주제와 관련하여 참고할 만한 논저들을 소개하면 다음과 같다.
F. 니체, 『도덕의 계보/이 사람을 보라』, 김태현 역, 청하, 1982.
______, 『선악을 넘어서』, 김훈 역, 청하, 1982.
에리히 프롬, 『惡에 관하여』, 이용호 역, 白潮出版社, 1984.
질 들뢰즈, 『감각의 논리』, 하태환 역, 민음사, 1995.
장 디디에 뱅상, 『인간 속의 악마』, 류복렬 역, 푸른숲, 1996.
조반니 파피니, 『악마 이야기』, 송병선 역, 예문, 1998.
칼 하인츠 보러, 『절대적 현존』, 최문규 역, 문학동네, 1998.
폴 리쾨르, 『악의 상징』, 양명수 역, 문학과지성사, 2002.
뤼디거 자프란스키, 『악 또는 자유의 드라마』, 곽정연 역, 문예출판사, 2000,
알랭 바디우, 『윤리학-악에 관한 에세이』, 이종영 역, 동문선, 2001.
안네마리 피퍼, 『선과 악』, 이재황 역, 이끌리오, 2002.
Martin Buber, *Images of Good and Evil*, Michael Bullock, Routledge & Kegan Paul(London), 1952.

성과는 다음과 같다.

김동인에 대한 기존의 연구는 그가 작품 활동을 시작한 초창기부터 최근에 이르기까지 많은 논자들에 의해 다양하게 전개되어 왔다. 전기적 사실이나 인상비평적 성격을 띤 초창기 논의[15]와 전반적인 작가론[16]에서부터 1920년대의 동인지 문학의 근대성 담론과 관련하여 논의되고 있는 최근 연구에 이르기까기 상당한 양의 논의가 축적되었는데, 그 주요 흐름을 살펴보면 다음과 같다. 첫째, 문예사조와 관련한 연구[17]로서 이들 논의는

---

15) 주요한, 「성격파산-동인군의 '마음이 옅은 자여'를 봄」, 《창조》 8호, 1921.1.
전영택, 「김동인론」, 《조선문단》, 1925.6.
김 억, 「김동인」, 《조선문단》, 1925.6.
박현숙, 「새자료로 본 동인문학의 이면」, 《문학사상》, 1972.11.
채 훈, 「1920년대 작가 연구」, 숙명여대 박사논문, 1975.
구인환, 「김동인의 생애와 문학」, 『김동인 연구』, 새문사, 1982.
전광용, 「김동인의 창작관」, 『김동인 연구』, 김열규・신동욱 편, 새문사, 1982.

16) 임 화, 「조선신문학사론서설」, 임규찬・한진일 편, 『신문학사』, 한길사, 1993
김우종, 『한국현대소설사』, 선명문화사, 1968.
장병희, 「김동인 단편소설 연구」, 연세대 박사논문, 1983.
윤병구, 「김동인 소설 연구」, 서울대 박사논문, 1984.
김춘미, 『김동인 연구』, 고대 민족문화연구소, 1985.
김윤식, 『김동인 연구』, 민음사, 1987.
김흥규, 「황폐한 삶과 영웅주의」, 『김동인전집』 17, 조선일보사, 1988.
정신재, 「김동인 소설 연구」, 국민대 박사논문, 1992.
이재선, 『김동인』, 서강대 출판부, 1998.

17) 김동리, 「자연주의의 구경(究竟)-김동인론」, 『문학과 인간』, 김동리전집 7권 평론, 민음사, 1997.
조연현, 『한국 현대 문학사』, 성문각, 1969.
강인숙, 「자연주의를 중심으로 한 김동인 연구」, 숙대 박사논문, 1964.
백 철, 『신문학 사조사』, 신구문화사, 1968.
현창하, 「김동인의 탐미주의」, 『자유문학』, 1961.2.
김은전, 「동인문학과 유미주의」, 『김형규 교수 퇴임 기념 논문집』, 1976.
구인환, 「생명과 탐미」, 『한국 근대 소설 연구』, 삼영사, 1977
윤홍로, 「1920년대 한국소설 연구」, 서울대 박사논문, 1980.
이재선, 『한국현대소설사』, 홍성사, 1981.
김춘미, 「김동인의 탐미의식의 비교학적 조명」, 『김동인 연구』, 김열규・신동욱

그 해석의 지평에 따라 동인 소설을 자연주의, 유미주의 내지 탐미주의, 사실주의로, 혹은 이러한 여러 사조들이 혼류하는 복합적 양상으로 해석하고 있다. 이러한 문예사조적 접근은 최근 논자들이 지적하고 있듯, 서구 문예사조와의 비교를 통해 그 부적절함을 지적하고 논쟁하는 방식으로 이루어져왔으나 최근 연구 방향에서 이러한 경직된 서구사조에 대한 고찰은 지양되고 있다. 둘째, 작품의 형식적인 측면에 주목한 연구들로, 대체로 문체 분석이나 미학적 구조 분석,[18] 서사이론[19]을 통해 구체적인 분석을

편, 새문사, 1982.

이용남, 「김동인과 오스카 와일드의 유미주의」, 『비교문학』, 한국비교문학회, 1995.

18) 신동욱, 「김동인 문학에서 발견되는 하강적 미의식」, 『시문학』, 1977.8～9.

유기룡, 「'배따라기'의 심미적 작품구조」, 『김동인 연구』, 새문사, 1982.

이재선, 「액자소설로서의 '배따라기'의 구조」, 『한국문학연구총서3』, 새문사, 1982.

장백일, 「붉은산론」, 『김동인 연구』, 새문사, 1982.

김종균, 「김동인 소설의 탐미의식 연구」, 《새국어교육》, 한국국어교육학회, 1980.

이문구, 「김동인 소설의 심미의식 연구」, 단국대 박사논문, 1994.

김진석, 「김동인 소설과 미의식의 문제」, 《현대문학이론연구》, 현대문학이론학회, 2000.

정재원, 「유미주의의 신화-김동인의 '광염소나타'를 중심으로」, 문학사와 비평학회 편, 『김동인 문학의 재조명』, 새미, 2001.

19) 유국환, 「김동인 소설의 기법 연구-초반기 소설을 중심으로」, 서울대 석사논문, 1987.

윤정헌, 「김동인의 액자소설 연구」, 《국어국문학》 97권, 국어국문학회, 1987.5.

김용재, 『한국 소설의 서사론적 탐구』, 평민사, 1993.

장수익, 「1920년대 초기소설의 시점 연구」, 서울대 박사논문, 1998.

김용재, 「김동인 초기 단편소설의 서사적 특징-그의 창작관과 관련하여」, 《한국언어문학》, 한국언어학회, 1990.

장수익, 「김동인 소설과 근대 문학의 자율성」, 문학사와 비평학회 편, 『김동인 문학의 재조명』, 새미, 2001.

손정수, 「한국 근대 초기 소설 텍스트의 자율화 과정 연구」, 서울대 석사논문, 2001.

_____, 「김동인 초기 소설에 나타난 서사 형식의 변모과정에 관한 고찰」, 문학사와 비평학회 편, 『김동인 문학의 재조명』, 새미, 2001.

최병우, 「근대소설 초기 시점론의 한 양상」, 『한국 현대소설의 미적 구조』, 민지사, 1997.

최시한, 「김동인의 시점과 시점론」, 문학사와 비평학회 편, 『김동인 문학의 재조명』,

시도하고 있는 부류이다. 셋째, 최근 논문의 주조를 이루고 있는 근대성 혹은 한국 근대문학 형성과정에 관한 논의들[20]과 넷째, 그 밖의 김동인의 몇몇 작품들을 대상으로 주제화한 논의들[21]이다. 이러한 다양한 논의 중

새미, 2001.
정연희, 「김동인 소설의 서술자 연구」, 고려대 박사논문, 2002.

20) 김교선, 「동인 문학의 근대성의 저변」, 《현대문학》, 1971.
이동길, 「김동인 초기소설이 근대성 연구」, 《한민족어문학》, 한민족어문학회, 1996.
박헌호, 「한국 근대 단편 양식과 김동인 (1)」, 《작가연구》 제2호, 1996.
_____, 「한국 근대 단편 양식과 김동인 (2)」, 구중서 · 최원식 편, 『한국 근대문학 연구』, 태학사, 1997.
황호덕, 「1920년대 동인지 문학의 성격과 미적 주체 연구」, 성균관대 석사논문, 1997.
정경희, 「김동인 단편소설의 근대성 연구」, 연세대 석사논문, 1999.
박현수, 「1920년대 초기 소설의 근대성 연구-김동인 · 염상섭 · 나도향 · 현진건을 중심으로」, 성균관대 박사논문, 2000.
_____, 「1920년대 초기 문학의 재인식」, 상허학회 편, 『1920년대 동인지 문학과 근대성 연구』, 깊은샘, 2000.
오문석, 「1920년대 초반 '동인지'에 나타난 예술이론 연구」, 상허학회 편, 『1920년대 동인지 문학과 근대성 연구』, 깊은샘, 2000.
시라카와 유타카, 「한국근대문학 초창기 문인들의 일본 유학 체험고」, 동국대학교 한국문학연구소 편, 『한국문학과 근대성의 형성』, 아세아문화사, 2001.
황종연, 「낭만적 주체성의 소설-한국근대소설에서 김동인의 위치」, 문학사와 비평학회 편, 『김동인 문학의 재조명』, 새미, 2001.
김행숙, 「1920년대 동인지 문학의 근대성 연구」, 고려대 박사논문, 2002.
김춘식, 『1920년대 동인지 문단의 미적 근대성』, 소명출판, 2003.

21) 유금호, 「한국현대소설에 나타난 죽음의 연구-이광수 · 김동인 · 염상섭 · 현진건의 소설을 중심으로」, 경희대 박사논문, 1998.
한상무, 「김동인 소설의 성 이데올로기」, 《국어교육》, 한국국어교육연구회, 2000.
정혜영, 「'연애'에의 동경과 좌절」, 《현대소설연구》, 한국현대소설학회, 1999.
장병희, 「김동인 문학의 갈등과 죽음의 문제」, 《어문학논총》, 1981.
장병희, 「김동인 문학의 폭력적 죽음에 관한 연구」, 《어문학논총》, 1984.
홍태식, 「김동인론(1)-그 악마적 경향에 대하여」, 《새국어교육》, 한국국어교육학회, 2002.
정한모, 「문학적 모랄리티의 출발」, 《세대》, 1965.2.
이선영, 「도덕과 미학」, 《현대문학》, 1969.3.

에 본고와 관련해서 주목할 만한 것은 문예사조적 측면에서 고찰하고 있는 논의들이다. '자연주의'의 사조적 영향과 관련하여 백철, 임화, 김동리, 강인숙의 논의는 동인 소설에서 드러나는 인간의 비속함과 수성이 '자연주의' 수법에 의해 인간 본질을 탐색하려는 노력의 소산이라고 보고 있는데, 이중에 김동인의 작품 세계를 자연주의와 관련하여 가장 적극적으로 의미화하고 있는 김동리와 임화의 논의를 좀더 자세히 살펴보면 다음과 같다.

김동리는 자연주의의 구경에서 김동인 작품의 비속한 세계, 특히 「감자」의 복녀를 비롯한 「김연실전」의 성적 타락 및 「光焰소나타」 「狂畵師」에 등장하는 솔거의 발광과 백성수의 살인, 시간, 방화 등등은 동인의 자연주의적 인간관과 세계관에서 비롯된 것으로 규정한다. 즉, 신과 그것에 부수된 모든 신성한 것, 무궁성 등과 결연한 인간이란 곧 동물로서의 인간이고 이러한 기계적 · 물질적 · 동물적 인간관이 그의 작품을 '음란'과 '쌍말'과 '따라지'의 세계로 이끌었다고 보는 것이다. 김동리가 보기에 동인의 악마주의적, 탐미적 성향의 작품 또한 자연주의의 막다른 골목에서의 도피였으나 결국 김동인의 철두철미한 직선적 성격과 자연주의의 평면적 정신으로 인해 발광이라는 온갖 악마적인 몸부림으로 그쳤을 뿐, 어떠한 구원도 인간에 대한 구경에도 이르지 못했다고 보는 것이다. 그리하여 김동리는 동인 작품의 비속한 세계가 결국은 자연주의의 말로, 혹은 자연주의의 구경을 의미하는 것으로 '앙상한 뼈다귀'만을 남긴 채 자연주의 사조의 희생자가 되었다고 보고 있다.22)

임화는 동인이 자연주의라는 보다 더 현대적인 양식을 통해 "조선 현대소설을 신소설의 영향에서 완전히 분리"시켰고, "도덕과 정치와 전통과 환경으로부터 독립한 순수한 의미의 개성이라는 것을 소설 가운데서 생각

채 훈, 「'감자'와 빈곤문제」, 『김동인 연구』, 새문사, 1982.

22) 김동리, 「자연주의의 구경(究竟)-김동인론」, 『문학과 인간』, 김동리전집 7권 평론, 민음사, 1997.

하기 시작한 사람"이라고 언급함으로써, 자연주의와 결부시켜 동인의 문학사적 의의를 고찰하고 있다. 임화에 의하면 '개성'의 자율은 춘원 문학에서도 제기되었던 문제이기는 하나, 그것이 "초개인적인 전체의 일원"으로 그려져, 자연히 인도주의적 이상적 색채를 띨 수밖에 없었다면 동인에게서의 '개성'은 전체의 이상에서 분리되어 전면적으로 강조되면서, "인간의 육체적 자연적 욕구"를 긍정하였다고 본다. 그리고 이러한 개성에의 강조가 "모든 인간에게 평등한 자유와 권리를 부여",[23] 부정적인 인물들까지 세세하게 묘사함으로써 소설적 묘사의 중요성과 소설 형식을 향상시켰지만, '무이상'의 세부묘사와 단면과 지엽적인 문제에 대한 치중으로 결국 트리비알리즘과 예술지상주의 등의 형식주의 등으로 전화되게 된 요인이었다고 본다. 그러나 이러한 한계에 대한 지적과 동시에 동인의 자연주의의 긍정적인 측면에 대해서도 언급하고 있다. 즉, 자연주의의 부정적 태도와 실증정신이 비평정신과 연결되어 문학 비평적 관심이 대두되었으며, "현실의 전개괄이 아닌 한 개 단편에의 집착이 단편 형식을 훙융케"하였고, 자연주의 작품이 획득한 리얼리즘-동인 소설에 있어서는 구체적으로 「태형」의 옥중생활에 대한 정확한 묘사-은 조선 문학사, 리얼리즘 발전상에서 프로문학으로 이어지는 중요한 교량이 되었다고 평가하고 있다.

유미주의와 관련하여 동인의 작품을 논하고 있는 글에서는, 주로 '동인' 작품의 반사회적 반윤리적 경향성이 예술지상주의라는 미적 가치의 절대적 추구에서 비롯되었다고 보고, 그것이 갖는 한계와 의미를 고찰하고 있다. 예를 들어 이선영[24]의 경우, 동인의 탐미주의는 선과 예술은 전혀 별개의 것으로 인정해야 한다는 와일드의 입장과 근본적으로 동일한 것으로, 이러한 예술적 측면에 대한 강조가 도덕의 소외를 불러왔다고 비판하고 있다. 즉, 동인이 도덕을 무시하고 미학만을 강조함으로써 도덕을 소외시킨 탐미주의적 경향으로 흘렀으며, 문학은 반드시 도덕 혹은 미학 한쪽

23) 임화, 앞의 책, 392쪽.
24) 이선영, 「도덕과 미학」, 《현대문학》, 1969.3.

만을 중시해서는 안되고, 주제적인 측면의 도덕성과 형식적 측면의 미학성이 상호의존적으로 결합해야한다고 주장하고 있는 것이다. 이밖에 동인 작품을 같은 자연주의 혹은 탐미주의, 또는 리얼리즘 측면에서의 논의하고 있더라도 각각 조금씩 그 입장과 각도를 달리하나, 그 구체적인 논의들에 대한 고찰은 생략하기로 한다. 이상에서 보듯, 김동인 작품의 '악'에의 경향성을 주로 자연주의 혹은 탐미주의 사조와 관련하여 고찰하고 있는 글들은 대체로 타당하고 설득력 있는 논의들을 펼치고 있으나, 대부분 사조적 측면을 지나치게 강조한 나머지 구체적인 작품 텍스트 분석을 통한 '악'에 대한 탐구는 상대적으로 부족하다고 볼 수 있다.

李箱의 경우는, 당대뿐만 아니라 전후 시기부터 특별히 조명 받기 시작한 이래 그의 문학에 대한 연구는 지금도 끊이지 않고 있어, 기존의 연구자료 목록만 해도 실로 방대하다고 할 수 있다. 따라서 선행 연구 중에서 그 대표적인 경향과 논의들만 간략하게 언급하기로 한다. 이제까지 이상 문학에 관한 연구는 전기적 접근,[25] 심리적 접근,[26] 형식적 접근,[27] 미학

---

25) 김기림, 「고 이상의 추억」, 《조광》, 1937.6.
박태원, 「고 이상의 편모」, 《조광》, 1937.6.
윤태영·송민호, 『절망은 기교를 낳고』, 교학사, 1968.
김종은, 「李箱의 理想과 異常」, 《문학사상》, 1973.9.
문종혁, 「몇 가지 異議」, 《문학사상》, 1974.4.
조용만, 「이상 시대, 젊은 예술가의 초상」, 《문학사상》, 1986.4~6.
김윤식, 『이상연구』, 문학사상사, 1987.
김승희 편저, 「이상 평전」, 『이상』, 문학세계사, 1996.
고 은, 『이상 평전』, 향연, 2003.

26) 조연현, 「근대정신의 해체-고 이상의 문학적 의의」, 《문예》, 1949.11.
_____, 『文學과 思想』, 세계문학사, 1949.
_____, 『현대한국작가론』, 정음사, 1974.
조두영, 「이상 초기 작품의 정신분석-'12월 12일'을 중심으로 하여」, 『신경정신의학』 38, 1977.2.
_____, 「이상의 인간사와 정신분석-초기 작품을 중심으로 하여」, 《문학사상》, 1986.11.
정귀영, 「이상의 '날개'-정신분석학적시론」, 《현대문학》, 1979.7.

적 접근,[28] 철학 및 다양한 학문적 접근[29] 등등 다양한 측면에서 이루어

이규동, 「이상의 정신세계와 작품-정신분석학적 지평서 본 분석」, 《월간조선》, 1981.6.
신범순, 「이상문학에 있어서의 분열증적 욕망과 우화」, 《국어국문학》 103호, 국어국문학회, 1990.5.
전봉관, 「이상문학에 드러난 실어증적 징후」, 《한국학보》 77, 1994.12.
김종주, 「분석행위를 분석하는 행위-이상 작품에 관한 라캉적 고찰」, 《문학정신》, 1995년 가을호.
고 원, 「'날개' 3부작의 상징체계」, 《문학사상》, 1997.10.
문흥술, 「1930년대 한국 모더니즘 소설에 나타난 언술 주체의 분열 양태 연구」, 서울대 박사논문, 1998.
한만수, 『모더니즘 문학의 병리성 연구』, 박이정, 2002.

27) 김인환, 「反語의 意味」, 『韓國文學理論의 硏究』, 乙酉文化史, 1987.
김중하, 「'날개'의 패턴 분석」, 『한국 현대소설 작품론』, 문장사, 1981.
최병우, 「이상 소설고-서술구조를 중심으로」, 서울대 석사논문, 1982.
이승훈, 「이상 시 연구-자아의 시적 변용」, 연세대 박사논문, 1983.
이영자, 「'오감도'의 구조와 상징연구」, 명지대 박사논문, 1986.

28) 최재서, 「리얼리즘의 확대와 심화-'천변풍경'과 '날개'에 관하여」, 《문학과 지성》, 인문사, 1938.
김남천, 「자기분열의 초극-문학에 있어서의 주체와 객체」, 《조선일보》, 1938.1.26~2.2.
최창록, 「소설미학의 새로운 전개-동인과 해경을 중심으로」, 《현대문학》, 1972.5.
추은희, 「Surrealism에 비춰본 箱의 작품세계」, 《현대문학》, 1973.7.
김상태, 「부정의 미학-이상의 문체론」, 문학사상자료조사연구실 편, 『이상소설전작집』 2, 갑인출판사, 1977.
송하춘, 「이상과 박태원의 자의식」, 『탐구로서의 소설독법』, 고려대 출판부, 1996.
이복숙, 「이상시의 모더니티 연구-단절성과 추상성을 중심으로」, 경희대 박사논문, 1988.
권성우, 「1930년대 한국 모더니즘소설 연구」, 서울대 석사논문, 1989.
한상규, 「1930년대 모더니즘 문학에 나타난 미적 자율성 연구」, 서울대 박사논문, 1998.
나병철, 「1930년대 후반 도시소설 연구」, 연세대 박사논문, 1990.
권택영, 「투영된 자아를 통한 고백-『12월 12일』이 드러내는 것들」, 《문학사상》, 1990.10.
서준섭, 『한국 모더니즘 문학 연구』, 일지사, 1991.
_____, 「이상문학의 현대성」, 《동서문학》, 1997.12.

져 왔으며, 최근에는 상호텍스트성 및 기타 수사학적인 접근 등[30] 연구

최혜실, 『한국 모더니즘 소설 연구』, 민지사, 1992.
김유중, 「1930년대 후반기 한국 모더니즘 문학의 세계관 연구-김기림과 이상을 중심으로」, 서울대 박사논문, 1996.
조영복, 「1930년대 문학에 나타난 근대성의 담론 연구-김기림 · 이상을 중심으로」, 서울대 박사논문, 1996.
황도경, 「존재의 이중성과 문체의 이중성-李箱 소설의 문체」, 『문체로 읽는 소설』, 소명출판, 2002.

29) 고석규, 「시인의 역설」, 《문학예술》, 1957.4～7.
김교선, 「불안문학의 계보와 이상」, 《현대문학》, 1962.2.
천이두, 「內省的 自意識的 小說論-不安文學의 系譜와 관련하여」, 《현대문학》, 1968.11～12.
정명환, 「부정과 생성」, 『한국인과 문학사상』, 일조각, 1968.
이재선, 「이상 문학의 시간의식」, 『한국현대소설사』, 홍성사, 1979.
정덕준, 「한국 근대소설의 시간구조에 관한 연구」, 고려대 박사논문, 1984.
명형대, 「1930년대 한국 모더니즘 소설의 공간구조 연구」, 부산대 박사논문, 1991.
황도경, 「이상의 소설 공간 연구」, 이화여대 박사논문, 1993.
이경숙, 「<아스피린 · 아달린>의 조감-철학의 눈으로 다시 읽는 이상의 문학」, 『연세철학』, 연세대대학원 철학과, 1993.8.
김용운, 「이상 문학에 있어서의 수학」, 『李箱문학전집』 4권(연구논문 모음), 문학사상사, 1996.
안상수, 「타이포그라피적 관점에서 본 이상 시에 대한 연구」, 한양대 박사논문, 1996.
김명환, 「이상의 시에 나타나는 수학기호와 수식의 의미」, 권영민 편, 『이상문학 60년』, 문학사상사, 1998.
김민수, 「시각예술의 관점에서 본 이상 시의 혁명성」, 권영민 편, 『이상문학 60년』, 문학사상사, 1998.
김상환, 「이상 문학의 존재론적 이해」, 권영민 편, 『이상문학 60년』, 문학사상사, 1998.

30) 김승희, 「이상시 연구」, 서강대 박사논문, 1991.
서영채, 「이상 소설의 수사학과 한국문학의 근대성」, 『소설의 운명』, 문학동네, 1995.
_____, 「韓國 近代小說에 나타나 사랑의 樣相과 意味에 관한 硏究」, 서울대 박사논문, 2002.
임명섭, 「李箱의 文字 經驗 硏究」, 고려대 박사논문. 1997.
이강수, 「이상 텍스트 생성과정 연구」, 서울대 석사논문, 1997.
김주현, 『이상 소설연구』, 소명출판, 1999.

시각의 다양성이 보다 확대되는 동시에 심화되고 있다. 이렇듯 이상 문학은 거의 모든 방면에 걸쳐 이미 다양하게 고찰되었다고도 볼 수 있으나, 시에 비해 소설, 특히 개별 작품에 대한 천착은 상대적으로 부족했다고 할 수 있다. 본고의 주제와 관련하여 논의된 기존의 연구 성과 중에 주목할 만한 것은 주로 이상 문학의 실존주의 측면에서 이뤄지고 있는 '부정성'에 대한 의미 고찰과 異常심리를 다루고 있는 정신분석학적 고찰들인데, 그 중에 조연현과 정명환 고석규, 김교선, 천이두의 논의를 살펴보기로 한다.

조연현[31]은 李箱을 우리나라 최초의 현대 문학적 성격의 작가로 평가하고, 그 현대문학적 특징들을 다음과 같이 들고 있다. 주지적・시각적 요소의 강화, 개별자 또는 단독자로서의 인물과 대사회적 대타적 인물인 아닌 對自的 인물의 등장, 시간과 공간의식의 불명료, 실존적 관심, 무의식 또는 전의식 세계 등이다. 이러한 일련의 특징들 각각은 이후 이상 연구에 있어서 주요한 테마가 되어 왔다.

李箱 문학에 있어서 그 특유의 '부정성'은 일찍부터 주목받기 시작했으며, 그것은 주로, 자의식 과잉, 모랄의 부재, 분열증적 징후 등으로 주로 부정적으로 논의되었다. 그 대표적인 경우가 정명환의 글이다. 「부정과 생성」[32]은 기본적으로 프랑스 실존주의적 시각에서 출발, 이상을 한국 근대문학 사상 가장 문제적인 작가로 평가하면서 「날개」를 중심으로 전체 작품과 사상을 포괄하고 있는 대표적인 이상론이다. 이 글에서 정명환은 진정한 문학작품이 보여주어야만 하는 작가적 현실과 문학과의 절실한 고투

김성수, 「이상 소설의 해석-生과 死의 感覺」, 태학사, 1999.
이경훈, 『철천의 수사학』, 소명출판, 2000.
_____, 「육체, 이상(李箱)의 유리창」, 『오빠의 탄생』, 문학과지성사, 2003.
조해옥, 『이상 시의 근대성 연구-육체의식을 중심으로』, 소명출판, 2001.
이건제, 「이상 詩의 텍스트와 詩意識 연구」, 고려대 박사논문, 2002.
강용운, 「이상 소설의 역설의 의미생성에 관한 연구」, 고려대 박사논문, 2002.
이정엽, 「李箱 소설의 서술 방식 연구」, 서울대 석사논문, 2003.

31) 조연현, 앞의 책, 『현대한국작가론』, 94~109쪽.
32) 정명환, 앞의 책.

를 소위 '否定의 정신'으로 요약하고 있으며, 한국 근대문학사의 결정적 약점으로 "작품 생산의 원천을 부정 그 자체에서 찾아내는" 부정적 지성이 결핍되어 있다고 지적하고 있다. 그는 이상이 나름의 지적 태도를 유지하면서 "날을 수 없는 한국의 근대적 자아의 양상을 파내려가 보는 고행을 겪으며" 소위 인간의 존재 조건에 대한 성찰을 진지하게 추구해 보았다고 평가하고 있다. 또한 절대에 매몰되기보다는 부정적 정신을 바탕으로 작가적 현실이 갖는 고뇌를 그 자체로, 즉 '방법적 의혹'을 보여줌으로써 까뮈의 '表裏'에 상당하는 과정의 미학을 보여준 작가라고 긍정적으로 논의하고 있다. 그러나 정명환은 모든 부정은 긍정, 즉 생성을 위한 과정을 전제로 해서만이 의미가 있다고 말하고, 이런 측면에서 이상 문학이 결코 훌륭한 문학이 되지 못한 소이가, 생성과의 변증법적 긴장을 매개하지 못한 '응결된 부정'이라는 데 있다고 지적하고 있다.

고석규[33]는 이상의 문학적 시도를 키에르케고르의 '아이러니(irony)'의 관점에서 논의하고 있다. 그는 이 글에서 실존주의와 정신분석 이론 등의 관점을 이용하여 이상의 시와 소설 전반을 미학적으로 고찰하고 있다. 그는 이상 문학에 나타나는 '自瀆'과 '가학성'을 정신분석학적 측면에서 고찰하고 있는데, 이러한 경향성이 '반동 형성'의 결과이며, 구체적인 문학적 방법론인 '아이러니' 또한 이러한 심리적 과정에서 배태된 일종의 假裝 행위의 소산이라고 보고 있다. 이어 그는 이상의 문학적 시도가 일종의 '모험' 혹은 현실 '부정'의 의미를 띠고 있지만, 그러나 그 모험과 부정이 보여주는 '성실성'에의 깊은 회의를 제기한다. 이상의 작품에서 현실에 대한 강한 불만이 드러나고 있으며, 그에 대한 도전적인 반항의 모습이 나타나지만, 그것은 일종의 '가장(假裝)'에 불과한 것으로 논하고 있는 것이다. 그리하여 이상은 현실의 어떤 모습을 부정적으로 인식하지만 정작 그것을 넘어서려는 적극적인 삶의 의지를 보여주지는 못한다고 해석하고 있다.

33) 고석규, 앞의 글.

결국 이상의 절망이 세계에 대한 주체의 무력을 인식하는 데에서 출발했으나, 행위의 무상성을 가장한 그는 행위의 대상을 초월하지 못하고, 자기회피의 '방만한' 문학 행위를 보여주었고 평가하는 것이다.

李箱 연구에서 또 하나 주목할 만한 것은 '불안문학'이라는 관점에서 문학작품의 계보를 그리려고 시도하고 있는 김교선과 천이두의 논의다. 김교선[34]은 이상을 '불안문학'을 대표하는 작가로 평가하고, 이러한 불안문학의 모태를 서구의 실존주의 문학의 계보와 관련해서 논의하고 있다. 이 글에 따르면, 근대정신에 이미 배태되어 있던 현대인의 '자아분열' 내지 '자아해체'가 본격화된 것은 1차 대전 후의 사회적인 혼란으로 인해서이다. 이상은 이러한 서구의 허무주의적 문예사조의 영향으로 자기 세계를 구축하고, 현대적 불안, 퇴폐를 생리화 하는 데 성공한 작가이다. 그리고 그것이 가능했던 것은 식민지 현실과 결핵이라는 심각한 질병에 그 직접적인 원인이 있다고 본다. 이상은 자아분열의 정신적 이중성을 잘 묘파해놓았지만, 일체의 의의와 가치와 질서가 완전히 상실한 니힐의 심연에서 어떠한 행동의 근거도 마련하지 못하였으며, 끝내 니힐을 초극하지도 정착시키지도 못한 채, 어떠한 새로운 가치와 질서도 제시하지 못하고 말았다는 것이다. 천이두[35] 또한, 불안문학을 '내성적 자의식적 소설'로 분류하고 그 계보를 추적하는 데 있어서 이상을 중요한 작가로 다루고 있다. 그에 따르면 내성적 자의식적 소설이란 "작가의 창작적 계기가 자기 성찰에서 비롯된 일련의 소설"을 의미하는 것으로, 염상섭의 「표본실의 청개구리」로부터 시작하는 내성적 자의식적 소설은 이상에 이르러 성공적인 작품을 양산하게 된다. 그러나 서구의 경우에서처럼 그것이 사회 대 개인의식으로 발전하지 못하고 철저히 일상을 백안시한 절대적 주관성 속에 갇히고 말아, 평면적인 에세이로 그치고 말았다는 것이다.

이렇듯, 李箱은 "조선문학이 가지는 유일한 보들레르적 존재, 그리고

34) 김교선, 앞의 글, 232~242쪽.
35) 천이두, 앞의 글, 278~295쪽.

이러한 퇴폐적 병리적 분위기"를 가장 많이 보여주고 있는 인물[36]로 평가되기도 했지만, 그의 문학은 주로 병리성과 이상 심리 측면에서 고찰되었다. 즉, 이상 작품에서 드러나는 '부정성'과 '異常심리'와 '위악' 등은 존재론적 지평에서 심도 있게 논의되어 왔으나, 이와 상대적으로 그 긍정적 측면과 구체적인 작품 분석에 대한 고찰이 다소 소략했다고 볼 수 있다. 또한 이러한 존재론적 의식이 이상의 파격적인 작품의 미적 구조의 특질과 어떻게 관련이 있는지에 대해서도 본격적인 논의가 부족하다고 할 수 있다. 본고는 김동인과 이상의 선행연구의 성과를 바탕으로, 이들 두 작가의 소설에 나타나는 '반도덕'과 '부정성'을 '악'과 관련하여 좀더 면밀하게 고찰해 보기로 한다.

2. 연구시각

악에 관하여 / 악을 어떻게 다룰 것인가

'악'이라는 단어는 사전적으로 "도덕적 기준에 맞지 않는 의지나 나쁜 행위, 인간에게 해로운 자연 및 사회 현상-부정부패, 병, 천재, 또는 나쁜 제도나 풍속 따위"[37]로 정의된다. 영어에서 '악'에 해당되는 'evil'이란 단어도 도덕적으로 선(good)에 반대되는 '나쁜(bad), 죄(sin), 흉악한(wicked), 재난(disaster)' 등을 아우르고 있는데, 따라서 일반적으로 쓰이는 '악' 이라는 개념은 비윤리적이며 반사회적인, 그리고 인간에게 해로운 모든 것을 총칭하는 개념이라 할 수 있을 것이다. 이렇듯 다양한 의미로 쓰이는 '악'은 독자적으로 구체적인 의미를 드러내기보다는 좋은 것들과 대비되거나 다른 단어와 함께 쓰이면서 좀더 명확해진다. 예를 들어, 가장 일반적으로 대비

36) 김남천, 앞의 글.
37) 신기철 · 신용철 공편, 『새우리말 큰 사전』, 삼성출판사, 1980.

되는 '선악'이라는 개념은 윤리적 차원에서, '죄악'은 종교적 차원에서, 혹은 반사회적 범죄와 연관되어, 추악은 보다 미학적 차원에서, 사회악은 공동체를 위협하는 무질서나 부정부패 등과 관련하여 '나쁘다'는 의미를 드러낸다고 할 수 있다. 이렇듯 '악'이라는 개념이 지닌 포괄적인 내포와 외연만큼, 악에 관한 문제는 인문학을 넘어 인간에 관한 모든 학문에서 다루어져왔고, 인간 존재를 다루는 모든 학문의 역사와 함께 해왔다고 할 수 있을 것이다.[38)]

---

38) 이렇듯 광범위하게 쓰이는 '악'의 개념처럼, '악'에 대한 학문적 접근 또한 다양하게 나타난다. 예를 들어, 자연과학적 시각에서는 인간의 생물학적 역사를 통해 도덕적 행동방식을 해명하는 반면, 정신분석학과 사회학에서는 인간의 본능적 욕망과 이를 억압하는 사회 구조와 관련하여 설명하고 있으며, 철학에 있어서 주로 신학과 윤리학의 범주에서 '악'을 다루고 있다.
'악'에 대한 다양한 해석들 중에서 몇 가지 주목할 만한 논의들을 정리하면 다음과 같다. 첫째, 서구 전통에서 '악'에 대한 논의는 오랫동안, 완전한 신과 악의 현존성이라는 '에피쿠로스의 딜레마'를 해결하려는 의도에서 신의 완전성을 증명하고 논리적 모순을 제거하려는 변신론적인 차원에서 이루어져왔고, 이러한 사유는 라이프니츠의 「변신론」에 이르러 정점에 이른다.
둘째, 이러한 변신론에서 논의되던 악의 형이상학은 칸트에 이르러 신과의 관계에서 아니라 인간의 도덕규범과 관련되어서 사유된다. 칸트의 논의는 철저히 도덕적 악에만 국한되는데, "악을 신, 자연, 인간의 본성으로 보려던 전통적 논의를 거부"하고, 인간은 자유로운 선택행위를 통해서만 선하고 악할 수 있다고 본다. 그리고 악은 자유로운 인간 주체가 인간 안에 있는 순수한 도덕법칙 '자기애'에 종속시킴으로써 발생한다고 본다. 칸트의 '악'의 대한 사유는 인간 주체의 자유와 관련해서 논의되는 것이 그 특징이다(한국정신문화연구원 철학 종교 연구실 편, 『악이란 무엇인가』, 창, 1992; 안네마리 피퍼, 『선과 악』, 이재황 역, 이끌리오, 2002).
셋째, 니체에 이르러서는 선험적 도덕법칙마저 부정되면서 '선악'에 대한 해체론적 사유를 보여준다. 이러한 해체 작업은 다음과 같은 질문에서부터 출발한다. "어째서 차라리 허위를, 불확실을, 무지를 구하지 않고 하필이면 진리를 구하는가를 생각해보라." 보다 더 높고 중요한 것이 왜 거짓과 이기심과 정욕이어서는 안되는가라는 물음은 이제까지의 선악의 형이상학에 대한 전복은 물론, 인류의 '언어' 속에 퇴적된 가치판단에 대한 근원적인 회의에 대한 표출이다. 그는 인간이 진리와 선을 지향하고 욕망한다는 것은 실제가 아닌 기존의 철학자들의 편향된 형이상학적 주장이며, 뛰어난 개별성에 대한 두려움에서 비롯된 약한 자들의 욕망의 평균치에 대해 도덕의 이름과 명예를 부여했다는 것이다. 우선 '좋다(gut)'이라는 말은 고결하 결국 '바람직한 것, 아름다움, 선, 유쾌함' 등등과 대비되어 '나쁨'을 총칭하는 보편적 추상적 개념으로서의 '악'은 사회역사적 조건과 상황, 범주에 따라 구체적인 실체와 의미를 달리한다. 따라서 본고에서 다루는 두 작가에게 있어서의 '악'의 형태와 의미 또한 각 작가마다, 작품마다 다양하게 나타난다고 할 수 있는데, 이들 작가들에게 달리하여 드러나는 악의 형태와 의미를 '악의 표상'으로 구체화하여 각론에서 분석하기로 한다.

구체적인 작가론에 들어가기에 앞서, 본고가 '악'을 테마화하면서 논의하고자 하는 세 가지 층위-주체/악의 표상/미학적 층위-와 관련하여 악에 대해 몇 가지 정리하고자 한다.

우선, 악과 관련된 주체의 문제이다. '선악'의 개념은 일차적으로 공동체적 질서 속에서 탄생하는 가치규범이기 때문에, '악'은 결국 집단과 변별되는 '개인'의 자유의 확장과 자기동일성을 기반으로 하는 근대적 주체

고 강하고 정신적 수준이 높은 자들의 자기 존중에서 비롯되었으며, 이와 반대 개념인 '나쁜(schlecht)'라는 말은 '소박한(schlicht)'라는 말에서 파생된 것으로, 비천하고 단순하다는 것을 뜻한다. 또한 '악'(Böse)이라는 말은 기독교에서 처음 만들어낸 말로, "귀족적인 가치등식(선한=고귀한=강한=아름다운=행복한=신의 사랑을 받은)을 뒤집어 가난하고 비참하고 천한 자들이야말로 본래적으로 선하고 신이 사랑하는 자들이라고 선언하였다. 반면에 근본적으로 우수한 자들은 악마적인 존재로 매도"하였다는 것이다. 또한 주요한 도덕적인 개념인 '죄(Schuld)'는 '빚(Schulden)'이라는 경제적인 개념에서 비롯된 것인데, 기독교에서 이를 신에 대한 채무의식인 죄의식으로 바꾸어놓았다. 기존의 선악의 도식은 기독교와 철학자들이 지어낸 허구이며, 이제 새로운 인간은 집단이 확정한 도덕규범을 폐기하고 자기의 관점에 의해 새롭게 가치를 창출해야 한다는 것이다. 결국 니체는 가상과 허구로서의 진리에 대한 사유의 연장에서 선험적인 선악의 구도를 완전히 해체시키는 상대주의적인 관점을 취한다(F. 니체, 『도덕의 계보/이 사람을 보라』, 김태현 역, 청하, 1982; 『선악을 넘어서』, 김훈 역, 청하, 1982).

넷째, 본래 추한 마음으로 어원이 추적되는 '악'의 개념은 중국문화권에서 아름다움, 선, 유쾌함들과 개념의 상대어로 쓰였으며, 유가 철학에서는 악의 근원을 '사욕과 감정'으로 보고 이기심과 욕망 억제를 통한 우주와 공동체의 질서 회복을 주장한다. 이와 유사한 맥락에서 불교에서도 인간의 욕망이 모든 고통과 악의 근원이므로 욕망을 최대한 억제하고 해탈에 이르기를 강조하고 있다(곽신환, 「악에 대한 유가철학적 이해」, 『악이란 무엇인가』, 창, 1992).

성의 자기실현과 관련된다. 따라서 기존의 관습에서 벗어나, '자아'라는 근대적 주체 속에서 새롭게 '선악'을 배치하는, 혹은 해체하는 과정은, '주관성'을 토대로 이루어진 근대문학에 있어서의 근대적 개인의 탄생과 형성과정에 대한 고찰이 될 것이다.

자연적 악(재해나 질병, 죽음)이든 인간의 행위와 관련된 도덕적 악(거짓, 태만, 탐욕 등)이든 사회적 악(무질서, 혼란, 범죄 등)이든 모든 악의 표상에는 일종의 가치평가가 들어있다. 그 가치평가 기준은 악의 형태의 구체적인 범주에 따라 다르지만, 크게는 보편적인 인류와 인간의 삶, 그리고 사회 공동체 질서, 그리고 개인의 삶으로 구분할 수 있다. 보편적인 인류를 기준으로 했을 때, 인류의 존속을 위협할 수 있는 근친상간 혹은 전쟁 등이 가장 첨예한 악의 표상으로 평가될 수 있는 것이고, 집단 공동체의 질서와 안위를 생각했을 때, 범죄 및 과도한 이기심 등이 비윤리적인 악으로 규정될 수 있는 것이다. 그러나 보편적 인류, 혹은 집단 공동체, 그리고 개인들이 항상 고정적인 실체가 아니기 때문에, 선악에 대한 가치평가는 시대와 지역을 달리하여 상대화될 수밖에 없다. 물론, 객관적이고 절대적인 善의 표상인 '神'을 중심으로 이루어진 중세 질서와 공동체적 삶이 훨씬 중요한 봉건 사회에 있어서 선악에 대한 논란은 비교적 적었지만, 윤리학의 오랜 역사만큼, 보편적이고 객관적인 선악의 문제는 항상 문제가 되어왔다. 따라서 선악의 문제는 가치를 판단하는 주체의 문제로 귀속된다. 사태를 보는 주체의 성격에 따라-가장 소박하게는 집단적 주체와 개인적 주체로 구분되는-가치규범은 달라질 수밖에 없고, 세상에는 그 다이한 주체의 수만큼의 가치들이 서로 포섭되거나 상충되면서 존재할 수밖에 없는 것이다. 문학에 있어서 '악'에 대한 사유는 무엇보다 이러한 '주체'의 문제와 긴밀하게 관련되어 있다. 근대문학의 탄생이라는 것이 본래부터 '개인주의'[39]의 탄생과 관련이 있지만, 문학이 '악'이라고 표상되는 부정

---

39) 이언 와트에 의하면, 근대 소설은 한편으로는 근대 리얼리스트의 인식론인 합리적

적인 목록들을 들여오는 것은 자율적인 근대적인 주체 탄생과 함께 시작된다. 근대문학 이전의 고전소설에서 '악'의 표상들을 볼 수 없는 것은 아니지만, 이들은 대개 권선징악이라는 단일한 집단적 가치체계 속에서 사유되었던 것이고, 이러한 집단적 윤리에 대해 의문과 회의를 던지고 반항하기 시작한 것은 '개별적 자아'의 출현과 더불어서이다. 문학이 본질적으로 악이라고 하는 것은 이렇듯 보편적인 공동체 질서, 시민세계의 편에서 이뤄진 가치평가의 결과인 기존 관습과 가치규범 등등에 대해 의문시하고 위반하려는 경향 때문이다. "종전의 이데아나 신에게 부여되었던 초월적 지위와 자기 동일적 지위를 부여받은"[40]인식 주체인 '나'는 자신의 주관성을 유일한 인식적 가능성으로 제시하고 자아 외부에 있는 모든 대상들을 회의하면서부터, '악'은 이전의 문학에서와는 다른 방식으로 사유될 수 있었던 것이다. 따라서 김동인과 이상에 의해 미적으로 수용되는 '악'의 양상은 일차적으로 작가가 놓인 시대성과 그 시대의식이 규정하는 '주체'의 문제와 밀접하게 관련되어 있다.

김동인이 놓여있는 시대는 근대적 주체에 대한 인식이 시작되고 있는 지점이고, 김동인이 문학적 자율성이라는 기치로 적극적으로 의미화하는 악의 목록들은 바로 이전의 문학-가깝게는 이광수, 멀리는 고소설-의 권선징악적인 문학적 관습을 위반하려는 기획에 서 있다. 이상의 경우는, 이러한 근대적 주체와 미적 주체가 좀더 심화되어, 분열과 해체의 양상을 보여주고 있으며, '악'의 문제는 사회공동체적 윤리의 덕목인 관습과 윤리에서 더 나아가 심층적인 무의식과 감성을 드러내는 차원에 놓인다. 즉 김동인에 있어서 강조된 '참자아'로서의 근대적 인식 주체는, 이상에게 있어

철학사상과, 다른 한편으로는 근대사회 구조상의 개인주의, 특히 경제적 개인주의와 밀접한 결연을 맺고 있다(이언 와트, 『소설의 탄생』, 전철민 역, 열린책들, 1988, 82쪽).

40) 윤효녕, 「주체 논의의 현단계-무엇이 문제인가?」, 『주체 개념의 비판』, 서울대 출판부, 1996, 2쪽.

자기동일성을 부정하고 회의하면서 주체의 분열적 양상과 해체에 이른다. 또한, 이러한 해체와 분열적 양상과 더불어 '이기심' '사욕' '욕망' 등등의 악의 표상으로 분류되던 인간의 욕망과 본능이 보다 다양하게 분화되고 사유됨으로써, 개별성은 더욱 심화되는 것이다. 이러한 현상은 심리학과 정신분석학 등의 발전과 궤를 같이 하는 것으로, 악은 단지 '욕망과 감정' 이라는 큰 테두리에서 '공포' '불안' 등으로 분화되고 세련되면서 탐색된다. 따라서 구체적인 작품을 분석할 때, 이러한 심리적 층위에 놓인 악의 성격 또한 논의될 것이다.

둘째 "객체는 주체 없이 절대로 표상될 수 없다(Ein Objekt ist niemals ohne Subjekt denkbar)"[41]는 쇼펜하우어의 말대로, '악'이라는 객체는 개별적인 인간의 주체의 표상(Vorstellung)으로서만 존재한다. 표상이라는 분석틀은 이렇듯 객관적인 실체로서 존재하는 '악'이 아니라 인식 주체와 대상 간의 작용을 통해 구체적으로 형상화되는 '악'의 형태와 의미를 고찰해보고자 하는 의도에서 나온 것이다. 그런데, '표상'이 인식 주체와 대상 간의 작용에 의한 것이라고 했을 때 문제가 되는 것은, 인식 주체이다. 즉 누구의 오성과 지각에 의해 '악'으로 표상되는가의 문제인데, '악'의 의미가 지닌 '가치'적 측면으로 인해 보다 복잡한 문제가 야기될 수 있다. 예를 들어, 본고에서 논의되는 악의 표상의 목록들이 작가 혹은 서술자라는 주체에 의해 악으로 인식되는 것들인지, 아니면 작가의 시대적 맥락에서 '악'으로 치부되는 것들인지, 보편적인 의미에서 악으로 인식되는 것인지, 필자의 시각에서 악으로 치부되는 것들인지에 대한 문제이다. 여기에 대해서는 앞서 악의 개념에서 언급했듯이, 일차적으로 광범위한 의미에서 '부정적'이고 '나쁜 것들'이라는, 보다 넓은 범주에 들어오는 목록들을 대상으로 한다. 둘째, 이러한 목록들 중에서 각 작품에서 의미화[42]되고 있는

41) 쇼펜하우어, 『의지와 표상으로서의 세계』, 곽복록 역, 을유문화사, 2002, 45쪽.
42) 의미화되고 있다는 말은 두 가지를 뜻한다. 첫째는 기존의 가치규범을 부정하고 선악이나 좋고 나쁨에 대해 새롭게 인식하려는 적극적인 의미화를 뜻하며, 이는 새로

것들에 주목한다. 즉, 우선은 보편적 공통감 속에 드러나는 '악'의 형태들이고, 그러한 것들 중에서 작가 혹은 인물을 통해 '악'으로 표상되는 것을 고찰한다.

마지막으로, 각 작품에서 드러난 악의 표상들이 소설에 어떻게 미적으로 기능하고 향유되는지를 살펴본다. '악'의 심미성[43]은 보통 낭만주의, 데카당스, 니힐리즘, 아방가르드, 숭고, 전율 등의 미학적 범주에서 긍정적으로 논의되어 왔다. 그러나 일반적으로 이러한 범주들에 놓인 문학은, 그동안 '비합리적인' '현실 도피적인' '사악한, 추한' '퇴폐적, 허무적' 등의 수식어와 더불어 부정적인 시각에서 폄하되고 비판되어 왔다. 혹은 긍정하더라도, 그것은 아도르노의 '추의 미학'에서처럼, 잘못 진행되고 있는 현실에 대한 비판적 인식으로 논의되었다. 이러한 경향은 한국근대문학이 주로 인식론적 차원에서 사유되어왔고, 그 인식론의 핵심이 '계몽적 유토피아 의식'임을 보여준다. 그것은 한국현대사의 질곡과 맞물려, '심미성' 자체에 대한 논의의 결핍을 불러왔다. 물론, 문학은 사회역사적 제 맥락을 무시하고 텍스트 자체로서만 논의되어야한다는 형식주의 비평을 옹호하는

운 가치창조와 연관된다. 둘째 기존의 관습적 사유에서 확정된 좋고 나쁨에 대해 동의하면서도 이에 대해 다른 방식으로 사유하는 것, 혹은 주목하는 것을 의미한다.

43) 칼 하인츠 보러는 "절대적 현존(Das Absolute Präsens): 시간 및 역사성과 결별한, 현재적 순간의 절대적 현존"과 관련지어 '악'의 심미성을 중요하게 다루고 있으며, 문학에서의 악의 성격을 다음과 같이 특징짓고 있다.

"'악한 것'이란 여기서 무시간성을 나타내주는 부가적인 속성이다. 다시 말하면, 그것은 우리들의 도덕적인 기준을 규정해주는 정상적인 판단력의 시공간적 조건을 지양시키는 것이기도 하다. '악한 것'은 내용적이고 형이상학적인 특성을 지니는 것이 아니라 상상적인 무시간성이라는 특별한 심미적인 매개에서 포착될 수 있는 심미적인 매개물의 특성이며, 그것은 들라크루아가 '불특정한 것'이라고 명명한 바 있던 문체의 표현과 긴밀한 관계를 맺고 있다. (중략) 즉 살인이라는 행위에 직면하여 오로지 존재하는 것은 아무런 동요 없이 명상에만 빠진 자의 절대적인 현존뿐이다. 결국 문학적인 악은 일종의 심미적인 매개물로 나타나며, 이 매개물은 행동의 호소-즉 시간 범주 속에서 일어나는 장면의 사건성-와는 완전히 무관할 정도로 심미적으로 남아있다."(앞의 책, 233~234쪽)

것은 아니다. 그러나 이러한 계몽적 유토피아 의식에 편중된 우리 근대문학에서 '사악한, 퇴폐적인, 어두운' 문학이 갖고 있는 심미성에 대한 천착은 상대적으로 부족했다고 본다. 따라서 본고는 각 작품에서 드러나는 '악'의 표상이 작품과 관계하며 구축하는 미학적 특질에 주목하고자 한다. 작품에서 구체적으로 분석되는 악의 표상들을 이데올로기의 비판적 차원으로 환원하기보다, 문학적 현상 안에서 발생하는 '심미성'에 주목하여 살펴볼 것이다. 이러한 시각에서의 '악'에 대한 고찰은, '현실도피' '반사회적' 혹은 '탐미적 주관성'이라는 기존의 편협한 시각을 벗어나, 한국문학을 더욱 풍요롭게 인식할 수 있는 한 계기가 될 수 있을 것이다.

II. 계몽적 유미주의와 善惡 : 김동인

김동인 문학에 대한 문학사적 의의는 주로 '한국 근대 문학의 확립', 혹은 '근대적 예술에 대한 자각', '문학의 제도적 확립'이라는 '미적 근대성'과 관련하여 논의되어왔다. 물론 한국근대 문학의 미적 근대성이 김동인에 의해서 최초로 인식되고 주창된 것은 아니다. "문학은 정의 만족을 목적으로 삼는다"[1]는 춘원 이광수의 문학의 자율성에 관한 최초의 의식적인 발언에서부터 한국근대문학의 미적 근대성은 이미 정초되기 시작했다. 그러나 '미'라는 절대적 가치를 내세워 다른 여타의 근대성과 차별성을 강조하고 문학을, 보다 독립된 영역으로 분리시킨 것은 김동인과 《創造》로 대표되는 당시의 순문학 동인지였다.[2] 동인은 특히 '예술지상주의'라는 극단적 미의식을 통해 가치 분화의 논리를 예각화했는데, 이렇듯 한국 근대문학 형성과정에서 출현한 '미적 근대성'은 서구의 그것과는 성격을 달리한다. 주지하다시피, 서구의 경우 보들레르에서부터 출발하는 '미적 근

1) 이광수, 「문학이란 하오」, 『이광수전집』 1, 삼중당, 1966, 508쪽.
2) 동인지 문학의 미적 근대성과 관련해서는 김행숙(「1920년대 동인지 문학의 '근대성' 연구」, 고려대 박사논문, 2002)과 김춘식(『미적 근대성과 동인지 문단』, 소명출판사, 2003)의 논문 참조.

대성'은 부르주아적 근대성으로부터 예술의 자율성을 고수하기 위한 장치였고, 이는 주로 사회적 근대성의 속악함과 추악함에 대한 비판적 대응으로서 해석된다. 그러나 김동인과 《創造》를 둘러싼 미적 근대성은 이러한 부르주아 합리주의로 대변되는 여타의 근대성을 비판하고, 대안적 미적 유토피아를 지향하는 방식으로 드러나지 않는다. 동인의 미적 근대성은 식민지 근대화라는 특수성 속에 사회적 근대성의 확립과 동시에 이뤄진 미적 근대성이다. 따라서 동인과 동인지 문단의 미적 근대성의 지향은 이광수의 계몽주의나 문명 개화론과 크게 다르지 않으며, "사회적 근대화 과정과 일치하는 명백한 계몽적 성격"3)을 지닌다. 이는 "《創造》가 지향하는 문학 역시 계몽주의의 범주에 속하는 것이었으나, 그 계몽주의적 성격이 이른바 예술지상주의였음은 문학사적 사건이 아닐 수 없었다"4)라는 진술에서 보듯, 김동인의 미적 근대성이 지닌 특수성을 의미한다.

그렇다면 김동인에 있어서 '미'라는 고유한 논리로 작동하는 '문학'이란 무엇을 의미하는가. 김동인 문학의 출발과 동궤에 서 있던 《創造》의 창간호 발간 시기는 1919년 3・1 운동이 일어나기 한 달 전이었으며, 발간 기획과 취지는 다음과 같은 맥락에 놓여있다.

> 잃어버린 國權을 회복하려는 '3・1 운동'의 실마리가 표면화하기 시작한 것이 1918년 크리스마스 저녁이요, 민족 4천년래의 신문학 운동의 봉화인 《創造》 잡지 발간의 의논이 작정된 것이 또한 같은 날 저녁이었다.

---

3) 김동인의 미적 근대성의 계몽성에 대해서 박헌호는 다음과 같이 지적하고 있다. "계몽의 형식을 취한다는 점에서 김동인은 춘원과 동일한 지평에 서 있다. 다만 춘원의 계몽이-명백한 한계에도 불구하고-사회적에의 지향을 지닌다면, 동인의 그것은 자아의 영역, 나아가 예술의 영역에 국한된 것이란 차이를 지닌다. 이런 차원에서 김동인을 근대성의 영역에서 미적 근대성을 파행적으로 분리시킨 비조(鼻祖)라고 부를 수 있다."(박헌호, 「한국 근대 단편양식과 김동인(1)」, 《작가연구》 2호, 1996, 295쪽)

4) 김윤식, 「김동인 소설의 놓인 자리」, 『한국 문학의 근대성 비판』, 문예출판사, 1995, 139쪽.

> 뿐더러 그 《創造》 창간호가 발행된 1919년 2월 8일은 또한 '3 · 1 운동'의 前哨인 「동경 유학생 독립선언문」 발표의 그 날이었다. 조선 신문학 운동의 봉화는 기묘하게도 3 · 1 운동과 함께 진행하였다.[5)]

이 문단 회고록이 쓰여진 시점 (1948년 《신천지》에 연재)을 감안한다면, 이 글에서 강조되고 있는 민족주의적 시각이 회고 당시와는 다소간 거리가 있음을 알 수 있다. 그렇더라도 당시 김동인에게 있어서의 《創造》가 지닌 무게를 짐작해 볼 수 있는데, 그것은 《創造》의 발간을 3 · 1 운동과 계속 대비시키는 데서 알 수 있듯이, 3 · 1 운동이라는 정치적 사건과 맞먹는 '신문화운동'이라는 것이다. "'사천년 조선에 신문학 나간다'고 천하를 향하여 큰 소리로 외치고 싶은 충동을 막을 수 없었다"[6)]는, 거의 독립선언서에 맞먹는 수준의 포부와 자긍심이 동인의 신문화 창건을 추동하였던 것이다.

김동인에게 있어 《創造》의 발간이나 소설창작이 이렇듯 내면에서 우러나온 자기표현 욕구에서 비롯된 것이 아니라, 신문학 건설에 대한 의지에서 비롯되었다는 데서 그의 문학적 성격은 분명해진다. 그에게 문학은 당시 일본유학생들을 주축으로 한 이광수와 같은 선각자들이 민족계몽운동과 문명개화의 기획으로서 벌인 '신문물 수용'과 다름없었다. 그에게 '문학'은 선진문명이었으며, 신문물이자 박래품이었다. 그가 '근대문학'을 선진문명과 동일시했다는 것은 "나라가 發達하엿댓다 함은 그 나라의 藝術的 進化를 稱함이오-. 藝術 잇는 곳에 文明이 잇고, 文明이 잇는 곳에 幸福이 잇소"[7)]와 같은 구절에서도 드러나거니와, 그러한 선진문명을 어떠한 방식으로 경험하고 유입했는지는 다음의 글로 미뤄 짐작할 수 있다.

---

5) 김동인, 「文壇 30年의 자최」, 『김동인 평론 전집』, 삼영사, 1984, 421~422쪽.
6) 같은 글, 같은 책, 435쪽.
7) 같은 글, 같은 책, 33쪽.

> 가정교사 강엘리자벳은 가리킴을 끝내고 자기 방으로 들어왔다.
>
> 이것이 나의 처녀작 「弱한 者의 슬픔」의 첫머리인데, 거기 계속되는 둘째구에서부터 벌써 막혀 버렸다. 純 '口語體'로 '過去事'로-이것은 기정 방침이라 '자기방으로 돌아온다'가 아니고 '왔다'로 할 것은 예정의 방침이지만 거기 계속될 말이 'カノ 女'인데 '머리속 소설'일 적에는 'カノ女'로 되었지만 조선말로 쓰자면 무엇이라 쓰나? (중략)
>
> 소설을 쓰는데 가장 먼저 봉착하여-따라서 가장 먼저 고심하는 것이 용어였다. 구상은 일본말로 하니 문제 안 되지만, 쓰기를 조선글로 쓰자니, 소설에 가장 많이 쓰이는 'ナツカシワ' '｜ヲ 感 ジタ' '｜ニ違 ヒナカッタ' '｜ヲ覺エタ' 같은 말을 '정답게', '을 느꼈다' '틀림(혹은 다름) 없었다' '느끼(혹 깨달)었다' 등으로-한 귀의 말에, 거기 맞는 조선말을 얻기 위하여서 많은 시간을 소비하고 있었다.[8)]

김동인에게 있어서 소설쓰기는 위에서 보는 바와 같이, 일본의 근대소설을 조선말로 번역[9)]하는 것이었고, 그런 의미에서 동인에게 '예술=근대문명=과학'[10)]이라는 등식이 성립한다. 따라서 그의 여러 평문들에서 나타나는 '소설'의 기교와 작법에 대한 천착은, 과학과 동궤에 있는 '인위'로서의 문학예술에 대한 인식에서 비롯된 것이다. 그가 근대 소설의 핵심으로서 강조하는 '리얼리즘'이라는 것도, 그러한 외래문명 속에 이미 정식화된 하나의 소설 형식의 요건에 해당되는 것으로서, 결국 근대문학이라는 신문물이 갖는 고도의 '인위성'과 '기교성'을 의미한다. 김동인이 근대소설

---

8) 같은 글, 같은 책, 434쪽.

9) 김동인의 소설과 일본 근대소설과의 관련성에 대해서는 많은 논자들이 이미 언급한 바 있는데, 특히 김윤식은 김동인 소설의 국한문혼용이 일본 근대소설의 문체에서 비롯되었음을 지적하고 있다(김윤식, 「김동인 소설의 놓인 자리」, 앞의 책, 145쪽).

10) 문명으로서의 예술과 과학의 중요성과 위대함을 강조하는 동인의 생각은 「사람의 사른 참 模樣」(《創造》 7호, 1920.7)의 다음과 같은 구절에 잘 나타나 있다. "自然의 偉大라 하는 것은 '生命 없는 偉大'다. (…) 사름의 사른 모양의 表現보담 더 偉大흔 것이 어듸 이슬가? ……나는 科學과 藝術의 領域境界線을 珊瑚를 動物이랄지 植物이랄지 區別키 힘드는 그 以上 힘든다 생각흔다."

을 인식론적 차원이 아니라 '형식'으로 이해했다는 사실은 그가 이광수의 문학을 비판하고 미적 자율성을 확고히 할 수 있었던 기반이 되지만, 과학기술처럼 학습되어야 한다는 점에서 근대문학의 고유한 법칙인 '미'와 미의 형식은 문학의 본질이자 이데아로서 격상된다. 이러한 과정을 통해 탄생된 김동인의 '유미주의 신화'는 한국 근대문학의 미적 근대성을 한층 더 확고히 하는 한편, '미'에 사회적 역사적 맥락과 무관한 절대적 초월성을 부여하게 된다. 뿐만 아니라, 김동인이 '미'라는 고유한 가치로 작동하는 문학예술은 근대문명의 초석이 된 과학과 동일한 것으로서 진리를 구현하는 하나의 방식이 되는 것이다. 김동인의 이러한 문학에 대한 인식은 그의 작품에서 예술지상주의와 관련해서 드러나는 '악'의 성격에 대해 많은 것을 암시하고 있다. 우선 김동인 문학에 있어 '악'의 미적 수용은 문학예술을 도덕적 영역과 분리시켜 자율적 영역으로 인식시키는 데 가장 중요한 방법론이 된다.

주지하다시피 김동인은 춘원 문학의 한계를, 그의 목적주의 문학관에 두고 춘원식의 사회교화자의 논설이 '미'를 본질로 하는 문학의 본령일 수 없다고 줄곧 비판해왔다. 춘원의 출발인 '자유연애사상은 기존사회에 던진 반역적 선언이었지만, 결국은 사회교화로 귀결되었다'고 보고 그의 작품의 실패의 원인을 다음과 같이 분석하고 있는 것이다.

> 春園에게 相反된 두 가지의 欲求-'美'를 憧憬하는 마음과 '美'를 쪼츠려는 바람이다. 이 두 가지의 相反된 欲求의 葛藤! 惡鬼와 神의 경쟁. 春園에게 在하여 있는 惡魔적 美에의 欲求와 意識的으로(오히려 억지로) 喚起시키는 善에 대한 憧憬, 이 두 가지의 葛藤을 우리는 그의 온갖 作品에서 볼 수 잇다. 그는 惡魔의 部下다. 그는 美의 憧憬者다. 그러면서도 그는 自己의 本質인 美에 대한 憧憬을 감추고 거기다가 善의 鍍金을 하려한다.
>
> 二元的 煩悶! 그의 作品에서 美에 대한 憧憬 뿐을 發見할 째에는 우리는 언제든 同時에 藝術의 眞粹를 發見한다. 그러나 그가 정신을 차리고

> 그 우에 善의 鍍金을 할 때에는 거기 남는 것은 矛盾과 自家撞着 밧게는 업다.[11]

이 글에서 주목을 끄는 것은 동인이 '선'과 '미'를 상반된 것으로 보고 있다는 것, 그리하여 미와 악의 친화력을 보다 강조하고 있다는 사실이다. 선으로서의 미가 아니라 악마적 미라는 인식, 그리고 자신은 악마적 미를 추구하겠다는 것이야말로 향후 김동인 문학을 이끄는 가장 중요한 초석이 되는데, 이는 일차적으로 그가 봉건적 도덕뿐 아니라 일체의 모랄을 부정하겠다는 의지의 표명이다. 즉, 공동체적 모랄이 개인에게 부여하는 모든 '당위성'을 일체 거부하고, 오로지 '미'의 세계를 추구하겠다는 것인데, 여기에서 그가 강조하고 있는 '미'의 세계가 진리의 영역임을 짐작할 수 있다. 이것이 가능한 것은 앞서 살펴보았듯 예술과 과학을 동일시한 데서 생겨난다. 즉, 김동인에게 있어 리얼리즘이라는 형식으로서의 미의 세계는 있어야 할 사실로서의 당위가 아닌, '있는 사실'만을 엄정하게 보는 '참'예술이어야 한다는 것이다. 그가 평문에서 거듭 강조하고 있듯, '참예술' '참자기' '참인생' 등등의 수사들은 이렇듯 미의 영역인 문학예술을 진리 영역인 과학과 합치시키고 있는 김동인 자신의 계몽적 문학관에서 비롯된 것이다.

따라서 동인에게 있어서 새로운 도덕이나 사회개조를 표방하는 춘원의 문학은 '참예술'이 될 수 없으며, 위선으로 인식되는 것이다. 인간의 나약함, 악한 본능과 이기심과 비극적 파국이야말로 삶의 진상이며, 소설이 '인생의 회화'인 이상, 이 진실을 포착하고 형상하는 과학적 엄정성이 요구된다는 것이다. 결론적으로, 동인은 문학이라는 미적 영역을 인식론적 영역과 동일시함으로써 윤리적 영역의 '당위성'들을 부정하고 있다. 동인은 문학을 윤리적 영역으로부터 분리시키기 위해 자연주의의 태도를 취하

---

11) 김동인, 「朝鮮近代小說考」, 『김동인 평론 전집』, 69쪽.

면서도, 악과 진리의 등식에 대한 과도한 강조로 인해 애초부터 삶과 현실을 부도덕하고 비윤리적인 것으로 파악하고 있다. 그리고 당위성을 탈피하기 위해 역설적으로 진리는 악한 것이며, 그리고 참예술은 이러한 악한 것을 형상화해야 한다는 논리에 의해 동인의 문학은 역설적으로 주관적인 관념의 세계와 당위의 차원으로 떨어지고 만다. 즉, 동인이 주로 다루고 있는 부도덕하고 비윤리적이며 부정적 인물들은 이러한 동인의 세계관 내지는 문학관을 위해 존재하는 하나의 장치이자 조작 대상이 됨으로써, 삶의 진상을 표현해야한다는 그의 문학관은, '악'이라는 선험적 진상을 내장한 하나의 잣대로 전락하고 만 것이다.

1. 주체의 자각과 唯我論

선이 미와 상반된다고 하는 논리는 '선'이라는 덕목은 '타자'를 향해 있고, '미'의 덕목은 '자아'를 향해 있다는 의식에서 비롯된 것이다. 따라서 '악'이 사유되고 새롭게 의미화되는 것은, '타자'에 대한 시선이 '자아'를 향하는, 근대적 주체에 대한 자각에 의해서이다. "인식자 자신을 유일한 인식적 가능성으로 제시하는 근대 철학에서의 절대 주체"[12]는 기존의 관습과 가치규범을 새롭게 사고할 수 있는 지평을 열어주었고 또 이러한 '개인'의 출현이 소설의 발생과 밀접하게 관련있음은 주지의 사실이다.

> 藝術이란 무어시냐, 여긔 對한 解答은 혜일 수 없이 만치만, 그 가운데 그 中 正當한 대답은, 사람이, 自己기름자의게 生命을 부어 너어서 活動케 하는 世界-다시 말하자면, 사람 自己가 지어 노흔, 사랑의 世界, 그것을 니름이라" 하는 것이다.(중략)
>
> 사람은 마츰내 自然에 滿足치 아니하고 自己의 머리로써 '自己가 支配

12) 윤효녕, 「주체 논의의 현단계-무엇이 문제인가?」, 앞의 책, 2쪽.

> 할 自己의 세계'를 創造하엿다. (중략)
>
> 이러케, 藝術이 생겨날 必要는 잇지만, '必要' 섇으로 생겨나지 못한다. 여긔는 생겨날 만한 必要가 이스여야 한다. 그러면 그 要素는 무어시냐, 아모 사람의게도 가득차 잇는 에고이즘-卽, 自我主義 이것이다.[13)]

윗 글에서 보듯, 김동인은 예술창조의 모태이자 예술의 제 일의 요소로 '자아'를 강조하고 있다. 김동인의 이러한 자아주의는 당시 동인지 문학의 '낭만적 주체성'과 한편 시라카바(白樺)파의 개인주의 및 낭만주의와 밀접한 관련이 있음은 많은 논자들에 의해 이미 지적된 바 있다.[14)] 그런데 특이한 점은 김동인의 '자아주의'가 그들의 낭만주의적 자아와 일맥상통하면서도, 김동인의 작품이 '비현실성' '병적인 감수성' 혹은 '도취'와 '도피' 등과 같은 낭만주의 요소를 특징으로 하는 당시 낭만주의 문학과 성격을 달리한다는 점이다. 또한 낭만적 예술가를 주인공으로 내세운 「狂炎소나타」(1930)나 「狂畵師」(1935) 같은 작품도, 전통적인 낭만주의 문학에서 중요시하는 '절대적 자아' '상상력' 등의 범주에서만 논의될 수 없다는 점[15)]은 동인의 낭만적 자아의 특이성을 드러내준다. 예술은 '自己를 對象으로 한 참사랑'이면서 동시에 '하누님이 지은 世界에 滿足치' 못한 데에서 생긴 개인의 세계라는 것은 근대적 주체에 대한 인식이지만, 예술의 위대성이 "'自己가 支配權을 가진' 인생을 지어노코 自己 손바닥 우에 뒤채여" 볼 수 있기 때문이라는 지적은, 그가 주장하는 근대적 주체의 성격이 자기 인식을 기반으로 하는 근대적 주체를 넘어, 배타적이고 지배적인 의

13) 김동인, 「자긔의 創造한 世界」, 《創造》, 1920.7, 49쪽.

14) 김윤식, 『김동인 연구』, 민음사, 2000.
황종연, 「낭만적 주체성의 소설」, 문학사와 비평학회 편, 『김동인 문학의 재조명』, 새미, 2001.
황호덕, 「1920년대 동인지 문학의 성격과 미적 주체 담론」, 성균관대 박사논문, 1997.

15) 이러한 동인의 낭만적 주체성과 구체적 작품 사이의 간극을 황종연은 '낭만적 아이러니'라는 개념으로 설명하고 있다(황종연, 앞의 글).

미의 '신'의 경지에 있는 '절대적 주체'를 의미하고 있음을 암시한다. 이러한 태도는 김동인이 '톨스토이와 쩌스터에쯔스키'의 비교에서 톨스토이의 위대함이 세간의 악평에도 불구하고, '자기가 創造한 인생'을 지배할 줄 아는 능력과 광포함에 있다고 언급하는 데에서도 드러난다. 결국, 이러한 맥락을 통해 추측할 수 있는 김동인의 '자아주의'는, 개성과 자아의 존중을 넘어서 극단적 자아중심주의를 표방하는, '唯我論'인 것이다. 김동인이 이러한 유아론에 기초하여 인식한 소설가의 위상이란, 모든 것을 創造하고 조종할 수 있는 '신'의 경지를 의미하며, 이로써 소설창작 방법론으로서의 '인형조종술'이 가능해지는 것이다. 이렇듯 근대적 주체의 발견에서부터 유아론에 이르게 된 김동인의 주체 인식이 어떠한 맥락에 놓여있는지를 살펴보도록 하자.

1) 전통적 인습과 神의 부정

김동인에게 있어 '악'이라는 매개를 통한 미적 영역과 진리의 영역에 대한 탐색은 윤리의 배제, 즉 '차이와 타자'[16]를 인정하고, 이러한 다양성들을 포용하려는 의지의 소산이자 의견들의 합의인 공동체적 규범과 관습에 대한 부정에서 출발한다. 즉, 어떤 식으로든 '자기'에게 기초하지 않은 모든 공동체적 관습과 타율성이 부정되는 것이다. 그것은 아주 소박하게는 봉건적인 구습에 대한 비판에서, 또 하나는 신이라는 절대적 타자를 부정하는 차원에서 이뤄진다.

이광수에서부터 시작된 과거의 인습과 전통 부정은 애초 김동인의 출발점이기도 했다. 이광수가 인습으로부터 자아 해방이라는 계몽의 기획 아래 이상주의적 작품을 썼다면, 김동인은 전통과 봉건의 잔재 속에서 파멸

16) 레비나스에 의하면 윤리학의 기초, 윤리의 시작은 타자에 대한 진정한 사고에서 출발한다(서동욱, 『차이와 타자』, 문학과지성사, 2000 참조).

해가는 인물을 그림으로써 봉건 잔재와 인습을 비판하고 있다.

특히, 개화기 현실 속에서 학대받는 비극적 여인을 통해 봉건적 남성들을 비판하고 있는데, 이러한 양상은 「專制者」(1921) 「딸의 業을 이으려」(1927) 「無能者의 아내」(《조선일보》, 1930.7.8~8.31) 등에 잘 드러나 있다. 우선 「專制者」를 살펴보자. 「專制者」의 주인공 순애는 극히 가정적이고 온화한 구여성이다. 그녀는 이년 전 남편과 사별하고 현재 22살의 오라비 동생 P와 함께 살고 있다. 그런데, 그 오라비는 죽은 남편 S와 마찬가지로 방탕과 외박을 일삼고 순애는 이에 대해 염려를 넘어 히스테리컬한 반응을 일으킨다. 작품을 통해 드러나는 순애의 시기와 분노의 감정선이 오라비 동생에 대한 것이라고 하기에는 지나치지만, 아버지와 남편의 외도에 겹쳐지는 남동생의 방탕과 안하무인은 그녀를 절망케 하고 결국 그녀를 충동적인 자살로 이끈다. 그녀의 충동적인 자살과 동생 P의 뉘우침 등의 갑작스런 결말은 설득력이 부족하지만 결국 이 작품을 통해 비판하고자 하는 것은 가부장적 남성들의 방탕과 전제자적 태도이다. 그리고 이러한 봉건적 가족 제도 속에 어쩔 수 없이 남성에게 의존해야 하는 여성들의 예속성과 굴욕적 상황을 폭로하고 있는데, 다음과 같은 순애의 독백을 통해 작가는 주제를 직접적으로 표출하고 있다.

> 전제자(專制者)-한참 뒤에 그가 겨우 얻은 해답은 이것이다. 일곱 색의 얽힌 실은 다 풀리지는 않았으나 대부분은 이 한 구로 풀어졌다. 가정의 폭군 S를 두고봐라, 아버지를 두고봐라. P를 두고 봐라. 내가 아는 남자를 다 두고 봐라. 남자란 가정의 전제자가 아니고 무어냐. 그들의 눈에는 아내도 없고 자식도 없고, 또는 손위의 동기도 없고, 다만 있는 것은 밸 뿐이다. 그들의 사랑은 다만 자기에게 만족을 줄 때만 나고 조금이라도 불만이 있을 때는 욕이라-매라-이혼이라, 자기보다 약한 자를 업수이 여기며 자기는 가정에 대한 지식이 한푼어치도 없는 꼴에 비단 의복을 내라, (중략) 제일 가까운 내 일로, 내가 부모에게 받은 그 학대, 남편에게 받은 그 학대, 이것 뿐으로도 넉넉히 이만 것은 알 것이 아니었는가? 아! 마침

내 남자는 가정의 전제자에 지나지 못하였다. (전집 7권, 149쪽)[17]

결국, 생활은 물론 자기의 전 인생을 부모, 남편에게 혹은 남동생에게 의존하고 구속당해야 하는 봉건 여성들의 처지에 대한 폭로는, 기존의 가부장적 남성 위주의 가족 제도에 대한 비판이면서 이러한 제도를 통해 폭군으로 군림하는 봉건 남성들을 겨냥하고 있다. 이것은 전통적 여인상을 옹호[18]하는 대신 신여성과 남성들을 부정적으로 그리는 김동인의 많은 작품들에서 일관되게 나타나고 있는 것으로, 「마음이 옅은 者여」에서도 인텔리 남성의 방탕과 외도가 구식 여성의 인권을 얼마만큼 유린하고 있는지를 보여주고 있다.

「딸의 業을 이으려」(1927)에서도 이러한 재래의 가부장제의 횡포를 폭로하고 있다. 잡지사 기자인 '나'에 의해 서술되는 '최경애 혹은 최봉선'의 간통 사건과 비극적 죽음은 봉건적 풍습의 한 전형을 보여주고 있다. 이야기의 주인공 최경애는 중학교를 졸업한 신여성이자 명문 출생으로 내로라하는 명문가의 후취로 들어간다. 그러나 "호협한 기풍을 타고난" 그의 남편은 밤낮 요릿집과 기생집에만 묻혀 있고, 그러한 남편에게 곱지 못한 그녀에게 시댁 식구는 '시기는 여자의 죄악'이라는 부도를 내세워 온갖 학대를 일삼는다. 그런 속에서도 "인종이라 하는 것을 인생 최대의 덕이라고" 믿는 그녀는 모든 것을 자신의 부덕함으로 여기며 꿋꿋하게 참고 견딘다. 그러나 결국 방탕한 남편 P의 모함으로 쫓겨나고, 이 일이 사회에 스캔들

---

17) 본고의 김동인 작품 인용은 『東仁全集』 7권과 8권(弘字出版社, 1964)을 텍스트로 삼았다. 이하 작품에 관한 서지사항은 간단히 권수와 쪽수만을 밝히도록 한다.

18) 자전적 성격을 띤 서간체 형식의 이야기인, 「約婚者에게」(1930.9)라는 작품에 드러나는 다음과 같은 진술을 통해 김동인이 그리는 이상적인 여성상을 짐작할 수 있을 것이다. "나는 사회의 투사(鬪士)를 나의 가정에 들이고 싶지 않습니다. 현대식의 경박한 여자에게 귀중한 '가정의 주권'을 맡기고 싶지 않습니다."(전집 8권, 7쪽)라며 직접적으로 모던 여성의 경박함을 비판하고 있을 뿐 아니라, 약혼자 김경애의 미덕이 점잖은 집안에서 생장한 것과 얌전하다는 것, 즉 현모양처의 요건을 갖추었다는 점을 들어 긍정하고 있다.

로 떠들썩하게 알려지자 최경애는 자결을 하고 만다. 그리고 몰락한 가문의 수장인 아버지 최판서는 중이 되겠다던 딸의 뜻을 이어 받아 가출하고 만다는 이야기이다.

이렇듯 봉건과 전제에 희생당하는 여인들을 다룬 작품들은 분명 춘원식의 재래의 구도덕에 대한 부정과 맥락을 같이한다. 그러나 춘원과 다른 것은 춘원이 인습 타파와 자아 각성을 통해 새로운 삶과 세계를 꾸리는 이상적인 인물들을 보여주는 것에 반해, 김동인은 봉건과 인습에 의해 파멸되는 인물을 보여주는 데 주력하고 있다는 것이다. 이러한 김동인의 작품은 오히려 이광수 이전의 신소설과 흡사한 경향을 띠는데, 다만 단편소설이라는 형식과 문체적 새로움이 신소설과의 변별성을 드러내줄 뿐, 크게는 신소설의 세계에 속한다고 할 수 있다. 신소설에 대한 경향성은 다음과 같이 동인이 이인직의 소설을 높이 평가하는 대목에서도 드러난다.

> 朝鮮近代小說의 元祖의 榮冠은 李仁稙의 「鬼의 聲」에 도라갈 박게는 업다. 당시의 만흔 作家들이 모도 作中 主人公을 才子佳人으로 하고 事件을 善人 被害에 두고 結末로 惡人必亡을 도모할 때에 이 作家뿐은 「鬼의 聲」으로서 학대밧는 한 가련한 女性의 一代를 우리에게 보여 주엇다.
>
> 女主人公 '춘천집'은 웨 被殺을 당하엿느냐 이는 在來의 作者에게 보지 못하든 새로운 結構다. 主人公의 幸福을 축수하려기에 小說의 存在할 價値가 잇지 못할 殘酷한 일이엇섯다. (중략) 아 冷情한 붓긋이여! 千번의 '아아' 百번의 '嗚呼라' 열 번의 '참혹할손'이 업시는 在來의 작가로서는 도저히 쓰지 못할 장면을 이 作者는 한 마듸의 感歎詞조차 업시 가려버렷다. (중략) 在來의 作家는 人性을 善과 惡 두 가지로 區別하려 할 때에 이 작가는 사람의 性格이 각각 다른 것을 意識하엇다.[19]

윗 글에서 김동인이 「鬼의 聲」을 높이 평가하면서 강조하고 있는 것은

19) 김동인, 「朝鮮近代小說考」, 『김동인 평론 전집』, 62~63쪽.

'善者必勝 惡人必亡'의 구도를 벗어나 참혹한 결말을 이끌어낸 작가의 냉정한 태도이다. 김동인은 그의 평론에서 이러한 이유로 이인직의 작품을 높이 평가하면서, 뒤를 이은 춘원 문학의 새로움은 긍정하나 다음과 같은 한계를 지닌다고 비판하고 있는 것이다.

> 그가 처음에 社會에 던진 文字는 反逆的 宣言이엇섯다. 實로 勇敢한 쫀·퀴호테엿다. 그는 儒敎와 예수敎에 宣戰을 布告하엿다. 그는 父老들에게 宣戰을 布告하엿다. 온갓 道德, 온갖 制度, 온갓 法則, 온갓 禮儀-이 勇敢한 쫀퀴호-테는 在來에 '올타'고 생각한 온갓 것에게 反逆하엿다. 그러고 이 모든 反逆的 思潮는 當時의 全朝鮮靑年의 一致되는 感情으로서 다만 衆人은 차마 이를 發說치를 못하여 沈黙을 지키든 것이엇다. (중략)
>
> 在來의 勸善懲惡과 春園의 勸善懲惡(當時의 道德眼에 비취어)의 사이에는 50步 100步의 差밧게는 업다는 點이다. 從來의 習慣이며 風俗의 不備된 點을 讀者에게 보여주는 것은 올흔 일이되 改善方策을 指示하는 것을 小說의 墮落을 뜻함이나 小說者는 人生의 繪畵는 될지언정 그 범위를 넘어서서 社會敎化機關(직접적 의미의)이 되어서는 안되는 것이며 될 수도 업는 것이다. 그 범위를 넘어설 째에는 한 寓話는 될지언정 小說로서의 價値는 업어진다[20]

재래의 권선징악과 50보 100보라는 데에서 '재래'는 신소설이 아니라 고전소설을 의미한다. 김동인은 춘원이 온갖 봉건적 도덕과 제도와 관습들에 반역을 하였지만, 결국은 도덕적인 결말을 통해 엄정한 작가의 태도를 잃은 것을 춘원 문학의 한계로 지적하고 있다. 그럼에도 불구하고 이인직 소설이 실패하고 춘원 문학이 성공한 이유로, 김동인은 이인직이 '一部富豪老婆들밧게는 知己'가 없어서 몰락하였지만, 춘원은 '靑年과 學生階級'에게 읽힘으로써 성공했다고 진단하고 있는 것이다. 결국, 전통 부정과

20) 같은 책, 67~68쪽.

인습 비판을 주제화하고 있는 동인 작품은 봉건과 전제를 탈피하여 이상을 펼치는 의지적 인간이 아니라, 그가 높이 평가하고 있는 이인직의 신소설에처럼 폭압적인 사회 환경 속에 '파멸'하는 여성의 비극을 형상화함으로써, 권선징악의 틀을 벗어나려는 데 그 일차적인 의도가 있다. 작가로서 인생의 회화를 제시하고, 그리하여 사회교화자가 되지 않겠다는 동인은 기존의 구도덕은 물론 모든 도덕을 초월한 곳에서 인생을 스케치하겠다는 태도로 나아갔으나, 이러한 태도를 지나치게 강조한 그의 소설은 실제로는 통속성과 구태의연한 세계 인식에서 그닥 벗어나지 못했다고 할 수 있다.

한편 이러한 구습 타파를 통해 공동체의 모랄을 부정하는, '神'이라는 절대자를 부정함으로써, 동인은 '개인'을 강조하고 있다. '神은 없다'는 말은 유일자란 없다는 것이다. 이는 모든 다양성들을 인정한다는 것이다. 그런데, 동인에게 있어, 이러한 유일자에 대한 부정은 모든 개별성의 열림이 아니라, 자아라는 절대 개성으로 유일자를 대치시킴으로써 또 다른 종교적이며 초월적 차원의 이데올로기로 바뀐다.

주지하다시피 동인의 아버지 김대윤은 기독교의 장로였다. 평양의 유지이고 상당한 개화 사상을 지닌 아버지의 밑에서 자라난 김동인이지만, 그는 기독교인이라기보다는 반기독교인적 면모를 보여준다. 동인뿐 아니라 그의 아버지 김대윤의 기독교 수용은 아마도 근대화의 한 과정으로서의 피상적 수용[21]에 지나지 않았을 뿐, 절대 신에 대한 그것도 서양의 낯선 신에 대한 신앙을 내면화한 것으로 보이지 않는다. 오히려 기독교와 관련된 작품들에서 동인은 합리주의적 태도로 기독교를 비판하면서 반기독교적인 면모를 보여준다. 기독교를 소재로 한 것으로는 인간적인 고뇌를 중심으로 예수의 최후의 모습을 다룬 「이 盞을」(1923)이라는 작품 이외에 「明文」(1925), 「信仰으로」(1930)가 있다.

---

21) 김윤식, 『김동인 연구』, 18쪽.

「明文」의 주인공 전주사는 독실한 기독교 신자가 되면서부터 그의 아버지와 갈등을 빚기 시작한다. 대단한 재력가요, 양반에다 유교신봉자인 아버지는 예수교를 믿는 아들을 심히 못마땅히 여겨 반동으로 무당과 판수를 불러들이는 등, 아들과 마찰하다가 결국 전주사를 쫓아내고 만다. 집을 나온 전주사는 장사로 성공하게 되고, 아버지의 인색함과 무신앙을 대신해 예배당 건립에 기부금을 헌납하지만, 아버지는 끝끝내 이러한 전주사를 박대하다가 결국, 병으로 죽고 만다. 그 뒤 아버지 자리를 물려받은 전주사는 여전히 굳건한 신앙심으로 사회사업을 하나, 어머니가 노망이 나자 어머니를 편안하게 해드리겠다며 안락사시킨다. 전주사는 존속 살해 혐의로 법정에 서서도 자신의 믿음과 행동에 대해서 전혀 뉘우치지 않고 하나님의 세상은 이 세상의 '명문'과 다를 거라며 결국 사형 당하고 만다. 그리고 하나님 앞에 서자 자신은 죄가 없으며 오히려 자신은 예수교를 믿고 아버지 이름으로 교회를 지었고, 그리고 어머니를 주무시게 하는 등 훌륭한 일을 했다고 항변한다. 그러나 재판관인 하나님은 그것은 오히려 매명이기 때문에 거짓을 행한 것이고, 어머니 살해는 효도하라는 계명을 어긴 것이자 살인이기 때문에 그는 지옥에 가야 한다고 질타한다. 전주사가 이에 대해 "세상에서나 명문이나 규율"이 중요하지 여기서는 다르지 않느냐고 항의하자, 하나님은 그에게 "여기도 법정이니라"라고 답하는 것으로 끝맺는다. 이 작품은 독실하고 교조적인 전주사를 통해 예수교인을 풍자하고 있는 한편, 이를 통해 초월적인 것을 부정하는 동인의 현세적인 사상을 보여준다. 즉, 그가 '예수교'의 교리와 내세를, 현실을 초월하여 이곳의 이법과 다른 방식으로 모든 것을 관장하는 초월적인 세계가 아니라, 이곳의 이법과 전혀 다르지 않은 '명문'의 세계, 즉 또 다른 현세로 파악하고 있다는 것이다. 작품의 마지막에서 전주사를 심판하는 하나님이 그의 죄목에 대해 십계명을 들어 조목조목 따지면서 "마음? 마음만 좋으면 아무런 죄를 지을지라도 용서 받을 줄 아느냐?"라며 신랄하게 비판하는 대목은, 마음과 영혼과 초월성을 본질로 하는 기독교 신앙을 부정하고 있는 것이다. 기독교는 서구에서 건너온 근대문명이자 또 하나의 '명문'일 뿐이라는 것이 근대적 합리주의자 김동인에게 비친 기독교의 실상이었던 것이다. 이러한 합리적 입장에서 바라본 기독교 비판은 「信仰으로」(1930)로 이어진다.

「信仰으로」는 무신앙의 문제를 형상화한 작품이다. 그러나 작가 김동인은 주인공 은희의 독신과 배신의 행로를 그렸다할 뿐, 신과 인간의 문제, 종교철학적 탐색에 대한 이렇다할 주제의식을 보여주지는 못하였다. 객관서술과 서술자의 빠른 사건 기술에 의해 진행되는 이 작품은 은희뿐 아니라 기독교와 신앙을 대상화시킴으로써 종교와 인간본질에 대한 어떠한 심오한 탐색을 보여주지 못하는 것이다. 이러한 닫힌 서술을 통해 전개되는 은희의 독실한 맹신과 배신, 그리고 다시 신심으로 돌아가는 길에는 다음과 같은 계기들이 있다.

첫째, 어렸을 적 기독교 집안에서 자란 은희가 무신앙의 세계로 들어서게 된 것은 동생 만수의 죽음을 체험하면서부터이다. 은희는 신에게 동생 만수의 목숨을 간구했으나 결국 동생을 잃게 되자 심한 배신감을 느끼고 무신앙의 세계로 들어선다. 그런 그녀의 무신앙은 다음과 같은 과학과 지식의 세계를 접하고 의심과 회의, 거짓과 오류의 세계를 알게 되면서 더욱 확고히 굳혀진다.

> 의심은 지식의 근원이라고 옛날 철인(哲人)이 우리에게 가르쳤다. 온갖 사물을 정면으로 받아서 그냥 들어삼키던 은희는 만수의 죽음에서 처음으로, 모든 것의 뒤에는 거짓이 있다는 것을 무의식 중에 깨달았다. 물론 이러한 생각이 그의 머리에 명확히 들어박힌 바는 아니었다. 그러나 은연중 그는 온갖 사물과 이야기를 들어삼키기기 전에, 그것을 씹어보는 방법을 배웠다. (전집 7권, 443쪽)

동생의 죽음을 통해 맹목적 믿음에서 빠져나와 '의심과 회의'를 알게 된 은희는 합리적이고 과학적인 지식으로 비과학적인 종교를 공격한다.

"만수의 죽음에서 생겨난" "커다란 상처와 그 상처의 산물인 회의"를 통해 은희는 신앙에 점차 회의하게 되었을 뿐 아니라, 격정적이고 맹목적이었던 그녀의 신앙심은 합리적이고 과학적 지식에 대한 맹신으로 변한다. 그리고 이와 관련된 다음과 같은 대목은 도스토예프스키가 『지하생활자의 수기』에서 언급한 '2×2=4'로 상징되는 합리성에 대한 비판을 연상시키면서도 도스토예프스키적인 문제의식과는 완전히 다른 맥락에서 서술되고 있음을 알 수 있다.

> 은희는 보통 학교를 마치고 고등학교로 갔다.
> 과학적 지식의 진보는 종교적 정열의 소멸을 뜻함이었다. 삼에 삼을 가하면 육일 것이다. 삼에서 삼을 감하면 영일 것이다. 삼을 삼곱하면 구일 것이다. 삼을 삼분하면 일일 것이다. 이 원칙에 어그러지는 일은 지식으로서 받아들일 수는 도저히 없었다. 더구나 어렸을 때에 벌써 회의(懷疑)라 하는 문을 열고 들어선 은희는, 감정적으로보다 오히려 이지적으로 발달된 처녀이었다. (전집 7권, 445쪽)

그러나 은희는 무신앙으로 돌아섰음에도 불구하고, 찬양대의 즐거움과 웅변대회에 출전하여 자신의 언변을 과시하는 등의 허영심을 위해 계속 예배당에 다니게 된다. 그녀는 더욱 종교를 경멸하는 수준에까지 이르지만 겉으로는 독실한 신자 행세를 한다. 그러한 은희가 다시 신앙심을 갖게 되는 두 번째 변화의 계기는 사춘기적 격정과 이상주의적 열정, 그리고 그녀 특유의 강렬한 파토스에서 비롯된다. 열여덟살에 이른 은희는 "누구든 숭배하고 존경할 대상을 요구하고, 때로 예고없이 자기를 엄습하는 감정의 물결에 위압되어" 괴로워하고, 그러한 방향 없는 엄청난 파토스의 대상을 찾기를 갈구한다. 그러나 엄숙하고 경건한 은희는 그러한 감정을 이성에게로 향하는 것을 더럽다 타기하고 지내다 성탄절 성극에서 성모 마리아 역을 맡으면서 다시금 숭고한 신앙심의 세계로 들어선다. 감격벽이 있고 강렬한 파토스를 가진 그녀는 인류를 위해 희생당한 예수의 고난과 비참함에 스스로 감동되고 지향없던 그녀의 숭고와 애모의 열정은 예수에게로 향한다. 그녀는 그 뒤 온갖 성화를 구해다가 자신의 방을 꾸미고, 할머니나 올드미스와 같은 경건하고 금욕적인 신앙생활을 하게 된다. 그리하여 그녀의 질풍노도와 같은 격정은 온전히 신앙의 세계로 향한다.

> 한때 청춘의 은희에게 일어났던 떨리는듯한 괴상한 감정은, 그의 마음에 예수에게 대한 애모의 염이 일기 시작한 뒤부터는, 어느덧 사라져 없어졌다. 그리고 그때의 그 정열은 죄다 예수에게 부어졌다. (전집 7권, 448쪽)

위와 같은 서술은 그러한 은희의 태도가 진정한 신앙심에서 나온 것이 아니라 지향없는 감정적 격정에서 비롯되었을 뿐이라는 것을 드러내고 있다. 그리고 이러한 맹신의 정체는 다음과 같은 서술자의 냉소적인 시각에 의해 폭로되는 것이다.

> 은희는 몸을 떨었다. 그의 눈은 미칠듯이 광채가 났다. 얼굴에는 차차 피가 떠오르기 시작하였다. 숨소리조차 차차 높아갔다.
>
> 『예수시여-』
>
> 은희가 펄떡 정신을 차린 때는, 그는 어느덧 그 존영을 끌어다가 뺨에 대고, 정신없이 그 존영에다가 자기의 『처녀의 부드러운 뺨』을 비비고 있던 것이었었다.
>
> 그는 자기가 방금 행한 독신의 죄를 뉘우칠 여유도 없었다. 자기의 한 행동이 어떤 것인지 살펴볼 여유조차 없었다. 펄떡 정신을 차리는 순간, 그는 그 자리에 쓰러져서 처녀의 북받쳐 오르는 정열에 울었다. 울고 울고 또 울었다. (전집 7권, 449쪽)

그리고 은희의 이러한 거짓된 신앙은 결혼과 함께 자연스럽게 사라지게 된다. 은희는 20살에 같은 교인과 결혼하게 되고, 그녀의 정열은 온전히 이 새로운 이성에게로 향한다. 그리하여, 그녀는 성화의 예수를 대하면서도 단지 하나의 미남자로밖에는 보지 못하는 자신의 무신앙을 깨닫고 예배당을 멀리하게 된다. 그의 남편 또한 그의 무신앙의 정체성을 드러내게 되는데, 그 둘은 서로 다투듯 교회 가는 것을 게을리하게 되는 상황을 작가는 다음과 같이 풍자적으로 그리고 있다.

> 그 다음 일요일도 아내는 머리가 아프고, 남편은 머리가 휑뎅하였다. 그리고, 일요일마다 까닭없이 예고없이 쏘고 휑뎅해지는 그들의 머리는 그 뒤에도 늘 일요일만 되면 발병되고 하였다. 이리하여 은희의 신앙에는 마침내 최후의 결단이 난 것이었다. (전집 7권, 451~452쪽)

그리고 그들은 필립이라는 아들을 얻음으로써 완전히 종교와 결별하고 단란한 가정의 행복에 취하여 살아가게 된다. 그러던 어느 날 세살 난 필립이 예전 동생 만수처럼 독감에 걸리고, 점차 병이 악화되어 죽음에 이르자 은희의 신앙은 또 한번의 변화를 겪게 된다. 필립을 살리고자 온갖 지극정성을 다 하였으나 결국 어찌할 수 없이 저 세상으로 보내야한다는 것을 깨닫게 된 은희는 아들이 지옥이 아니라 천당에 가려면 세례라도 받아야한다는 생각에 이르고, 미친 듯이 목사를 초청해 아들의 임종에 세례를 받게 한다. 그리고 그들은 죽은 아들의 명복을 기리기 위해, 그리고 아들이 기다리는 천당에 가기 위해 다시 예배당에 다니기로 결심케 되는 것이다. 「信仰으로」는 은희 부처가 아들의 죽음을 통해 다시금 경건한 신앙의 세계로 정착하게 되는 것으로 끝맺게 되는데, 이 결말에서 보여주는 다음과 같은 서술은, 종교에 대한 어떤 신앙심보다 더 우위에 있고 더 거룩한 것이 무엇인지를, 그리고 이 작품을 통해 작가가 강조하고자 한 '신앙'의 또 다른 의미가 무엇인지를 보여주고 있다.

> 은희의 마음에는 지금 가장 절실한 필요 때문에, 그 사이 오래 잃었던

> 신앙이 부활되었다. 사랑하는 아들과 갈라지기 싫은 어버이로서의 애정- 여기서 생겨난 신앙이, 그의 마음에 엄돋았다.
>
> 자식에 대한 부모의 사랑은 가장 크다. 세상의 무엇보다도 큰 이 애정에서 생겨난 신앙에 잠긴 은희의 얼굴은, 자식을 잃은 비통 가운데서도 장래에 대한 희망으로 저으기 빛났다. (전집 7권, 462쪽)

결국 종교를 초월한 자식에 대한 애정이야말로 가장 경건하고 거룩한 신앙이라는 사실을 보여준다. 이것은 「明文」에서도 드러나는 바, 서구 기독교에 대한 비합리적 맹신을 비판하면서 神이라는 절대적 타자를 부정한다.

2) 주체의 자각 : '참자아'의 의미

앞서 밝혔듯, 동인은 예술을 통한 '참자아'를 표방하고, 이광수 이후 계몽의 핵심적 테마였던 '개성' 혹은 '개인'에 절대적 가치를 부여하면서, 근대적 주체에 대한 계몽 의식에서 출발하고 있다. 그런데, 김동인의 '유아론'은, 전통적인 주체 개념의 문제점을 정확히 반영하고 있다. 관념론적 대립 구조에 입각하여 구축된 전통적인 주체는 절대적 자기 동일성을 갖추고 있으며, 객체를 타자로 규정하여 이를 폄하하고 배제하는 기능을 한다. 그리고 '나'는 종전의 이데아나 신에게 부여되었던 초월적 지위와 자기 동일적 지위를 부여받게 되면서, 타자를 자신의 동일성 속으로 전유하고 착취하는 과정이 성립되는 것이다.22) 이러한 과정을 통해, 근대 시민사회가 형성되었지만 한편 부르주아적, 제국주의적 지배를 정당화하는 구실로 이용되는데, 김동인 문학에서 드러나는 '주체'의 성격은 바로 이러한 절대 주체의 부정적인 모습을 포함하고 있다. 즉, 인식자 자신의 주관성을 세계를 인식하고 입법화하는 유일한 가능성으로 제시하는 주체 확립은,

---

22) 윤효녕・윤평중・윤혜준・정문영, 앞의 책, 2~7쪽.

김동인에게는 '나'에게 신의 지위를 부여하는 대신, 인식의 모든 대상을 객체로 규정하고 타자화하는 방식으로 드러난다.

한편 김동인이 그토록 강조하는 '참자아'로서의 주체의 성격은, 이광수가 들고 나왔던 '감성적 계몽'으로서의 주체처럼, 감성적 주체에서 출발하여 자율적 이성적 주체로 나아가는 복잡한 양상을 띤다. "'情'을 강조하면서 심성 개조에 기초한 민족 개조론을 주창한 이광수의 계몽주의 문학이 감성적 낭만성"[23]을 공유하고 있듯, 김동인이 강조하는 '참자아'의 내용과 방식도 이와 흡사한 양상을 보인다. 동인은 이광수의 정육론과 같이, '감정'을 기초로 한 문예의 존재 의의를 다음과 같이 밝히고 있다.

> 대체 文藝라 하는 것은 사람의 感情의 발로인 이상에는 時代 思想의 변화는 그 時代에 처한 '사람의 思想'에 변화를 일으키게 할 것이고 사상의 변화는 또한 그 사람의 감정이며 기호에도 변화를 일으키게 할 것이니까 小說이 現代 文藝의 勝利塔 위에 올라서게 된 그 까닭을 알려면 먼저 시대의 변천과 거기 따르는 '사람의 思想'의 변천이라는 것을 보지 않을 수 없다.[24]

윗 글에서, 동인은 시대 사상이라는 보편적 이성과 관습을 바꿀 수 있는 동력으로서 개개인의 '감정'과 욕망의 중요성을 들면서, 근대인은 이러한 타율적인 관습을 벗어나 진정한 자기의 참 모습을 발견하여야 하며, 따라서 '자기를 대상으로 한 참 사랑'(「소설에 대한 조선 사람의 사상을」)인 예술의 발전은 근대화를 위한 가장 중요한 초석이 된다고 강조하고 있다.

> 一言以蔽之하고, 우리는 참自己, 참사랑, 참人生, 참生活을 理解하여야

23) 이광수 문학의 낭만성에 대해서는 김행숙의 앞의 글과 황종연의 「문학이라는 譯語」(이문열 · 권영민 · 이남호 편, 『한국문학이란 무엇인가』, 민음사, 1995) 참조.
24) 「近代小說의 勝利」, 『김동인 평론 전집』, 48쪽.

> 하오. 이거슬 理解하랴면은 참藝術을 理解하여야 하오. 참藝術을 理解하랴면은 美術, 音樂, 文學과 친하여야 하오.[25]

윗 글에서 강조하고 있는 "참자기, 참사랑, 참인생, 참생활"은 동인뿐 아니라 당시 《創造》를 비롯한 동인지 문단의 공통된 이념[26]이었다. '참'이라는 수식어가 사실의 재현이 아니라 현실원리로부터 절연된, 초월적 본질로서의 의미를 지닌다는 것은 앞선 논자들에 의해 논의[27]된 바 있으며, 동인의 '참자기'도 이러한 맥락에 놓여있다고 볼 수 있다. 그런데, 여기에서 한 가지 더 첨가해야 할 것은 인식하는 주체로서의 '참자기'이다. 또한 동인의 '참자기'는 현실과 절연된 초월적 존재를 내포하면서도, '바람직한, 고양된 영혼'이라는 낭만적 자아와는 다소 거리가 있는 것으로, 보다 하강적 구조를 띠는, 즉 보다 육체적 감각적 욕망에 근거하는 '자아'이다. '악'-일단은 전통적인 유교원리에서 '情'에 기초하고 있는 모든 것, 예를 들면 정욕, 본능, 충동 등등-은 따라서 자신의 진정한 '욕구'라는 점에서 긍정되기도 하지만, 한편으로는 그것에 대해 무자각적이며 수동적이라는 데에서 부정되기도 한다.

> 나는 善과 美, 이 相反된 兩者의 사이의 合致點을 發見하려 하엿다. 나는 온갖 것을 '美'의 알에 잡어 너흐려 하엿다. 나의 慾求는 모도다 美다. 美는 美다. 美의 反對의 것도 美다. 사랑도 美이다. 미움도 쏘한 美다. 善도 美인 동시에 惡도 美다. 가령 이런 廣範한 意味의 美의 法則에까지 違反되는 者가 잇다 하면 그것은 無價値的 存在다. 이러한 惡魔的 思想이

25) 「小說에 대한 朝鮮사람의 思想을」, 『김동인 평론 전집』, 32쪽.

26) 김춘식, 앞의 책, 70쪽.

27) "'참자아', '참인생', '참예술'의 구호는 현실원리로부터 절연된 '자아', '인생', '예술'의 본질과 초연성을 끊임없이 추구하는 하나의 신념체계를 형성하면서 점점 더 차별화된 행위자의 실천을 재생산하는 것이다. '참'과 '리얼'은 이 점에서 단순한 사실의 재현을 의미하는 것이 아니라 돈과 이익으로부터의 초연함, 사심없음, 순수, 본질주의 등으로 나타내는 용어이다." 같은 책, 71쪽.

움돗기 시작하였다.[28)]

윗 글에서 악도, 선도, 사랑도, 미움도 미라는 등식이 성립되는 매개는 '욕구'에 의해서이다. 동인의 논리에 의하면 욕구는 진정한 것이고, 그렇기 때문에 어떠한 욕구든 그것은 아름다운 것이 된다. 이 '욕구'라는 말은 '자아'라는 보다 포괄적인 의미에서 포섭되는 것으로, 당시 낭만주의에서 강조하는 "정열, 감정, 정욕, 감각, 충동, 본능" 등의 다의적 의미로 쓰이면서 동인 작품에 반영되지만, 모든 '욕구'가 참자아를 실현하는 것은 아니다. 앞서 언급했듯, 욕구에 기반한 '참자아'의 우선 조건은 이러한 자신의 욕구에 대한 자각이다. '욕구'는 반드시 인식적 주체에 의해 각성되고 확인되면서 자기 동일성이라는 주체성의 원리 속에서 용해되어야만 진정한 참자아의 욕구가 된다는 것, 이것이 동인이 강조하고 있는 '참자아'의 의미이다. 욕망과 인식이라는 양면은 욕망에 의해 변별되는 자율적인 개인이라는 감성적 주체와 '인식'에 의해 정립되는 이성적 주체의 공존을 의미한다. 그리고 이것은 이광수와 더불어 등장한 근대적 주체의 이원적 성격과 궤를 같이 하는 것으로, 계몽적 주체와 미적 주체의 동시 등장이 어쩔 수 없었던 개화기의 근대적 풍경을 암시한다.[29)] 이러한 동인의 '참자아'에 대한 인식이 작품에서는 어떻게 구현되고 있는지 살펴보자.

「弱한 者의 슬픔」(1919.2~3)은 《創造》 창간호에 실린 동인의 처녀작으로 당시 신문학 운동에 대한 자부심과 자긍심 속에 탄생한 작품이지만 많은 논자들[30)]이 지적하고 있듯, 주제 면에서나 형식적인 면에서 미숙함

---

28) 김동인, 「朝鮮近代小說考」, 앞의 책, 80쪽.

29) 황호덕은 근대적 이성의 대사회적 계몽성과 근대적 감수성의 개인적 주체성은 근대 자아의 사회적, 개인적 측면의 개진으로 동일한 기원을 갖는 동시에 분리 불가능한 것이라는 진술을 통해 미적 주체와 계몽적 주체의 기원적 동일성을 강조하고 있다 (황호덕, 「1920년대 동인지 문학의 성격과 미적 주체 담론」, 성균관대 석사논문, 1997).

30) 대표적으로 김우종의 글을 들 수 있다. 「'弱한 者의 슬픔'에 나타나는 약자의 의미」,

을 드러내고 있는 작품이다. 그러나 그런 만큼 초기 동인의 의식을 잘 반영하고 있는 작품이라고 할 수 있다. 이 작품을 쓸 당시, 동인은 춘원에 대한 대결의식을 갖긴 했지만, 그와의 차별성의 근거로 '탐미의식'을 부각시키지는 않았다. 춘원의 소설과 자신의 소설을 대비하면서 '유미주의' 사상을 본격적으로 주장하고 나선 것은 1929년에 창작된 「狂炎소나타」(《중외일보》, 1929.1.1~1.12) 이후로 보인다. 초기 「弱한 者의 슬픔」을 쓸 때의 동인은, 춘원을 비판하기보다는 근대소설을 통해 사회풍속 개량과 문명 개조를 꾀한 춘원의 입장에 서 있었다고 할 수 있다. 이러한 태도는 소설을 타락한 것으로 보는 당시 조선인의 잘못된 사상을 지적하면서, "小說家 卽 藝術家요, 藝術은 人生의 精神이요, 思想이요, 自己를 對象으로 한 참사랑이요, 社會改良, 神人合一을 수행할 자"[31]임을 역설하고, 소설을 통해 '純藝術화한 社會'를 創造하자고 하는 초기 글에 잘 나타나 있다. 그러나 그 방식과 경로는 춘원의 경우에서처럼 근대적 주체에 대한 자각을 통해 민족이라는 보편적 공동체의 의식 개조 및 종국적인 통합으로 나아가지 않는다. 궁극적으로는 동인의 '개인'과 '자아'에 대한 탐구는 보편적이고 통합적인 공동체를 지향하는 것과는 반대로 개인의 수준에서 머무르고 있을 뿐 아니라, 더 나아가 개별성의 극단적 확대로 나아가고 있다. 동인이 언급한 '순예술화'한 사회는 이러한 저마다의 개성이 충분히 발화되고 발현되는 미적 유토피아를 의미하며, 그것은 어떤 면에서는 춘원식의 보편적 이상보다도 더 허구적인 낭만적 이상향을 의미한다. 따라서 「弱한 者의 슬픔」과 「마음이 옅은 者여」 등의 초기 작품에서는 '미적 주체'를 강조하기보다는 '개인'과 '참자아'로서의 근대적 주체성에 대한 각성을 주제화하고 있다고 할 수 있다.

「弱한 者의 슬픔」은 이렇듯 춘원과 대별되는 동인의 '참자아'론과 '근대적 주체'의 성격을 잘 드러내주는데, 여러 가지 면에서 이 작품은 춘원

『김동인 연구』, 김열규·신동욱 편, 새문사, 1982.

31) 김동인, 「小說에 對한 朝鮮 사람의 사상을」, 『김동인 평론 전집』, 30쪽.

의 『無情』과 비교되는 작품이다. 우선, 이 작품의 주인공인 강 엘리자벳트가 부유한 집안의 가정교사라는 점, 그리고 이환과 K 남작과의 삼각관계 속에서 갈등을 일으킨다는 점, 그리고 그녀의 신분이 신식 교육을 받은 신여성이라는 점에서, 「弱한 者의 슬픔」의 기본 구도는 『無情』과 매우 흡사하다. 이러한 구도는 동인의 오만하고 유아독존적인 성격을 미루어, 「弱한 者의 슬픔」이 당대 청춘에게 가장 지대한 영향을 끼친 춘원의 『無情』이라는 독점적 지위을 넘어서려는 의도의 소산에서 나왔다는 점은 쉽게 짐작할 수 있다. 따라서 이 작품은 『無情』과 흡사한 구도에서 출발하지만, 사건 진행과 주제 의식 표출에서 『無情』과는 판이한 양상을 드러낸다.[32] 우선, 『無情』은 이형식이라는 개화된 지식인이 신여성 김선형과 전통적인 여인상을 대변하는 기생 박영채와의 삼각관계 속에서 갈등을 일으키다가 결국 자신의 욕망 내지는 새로운 가치관을 표상하는 선형을 선택하고, 결국 이것은 민족이라는 공동체 이념으로 통합된다. 즉, 『無情』은 형식이라는 문제적 근대인을 통해 '개인'이라는 욕망과 전통적인 가치관이라는 당위가 서로 충돌을 일으키고 결국, 형식의 의식은 "개인주의적인 근대성에 환멸을 느끼고 민족이라는 공동체의 차원으로 고양"[33]되는 것이다.

---

32) 동인이 「弱한 者의 슬픔」의 구도가 춘원의 『無情』을 비판하기 위해 의도적으로 설정되었다는 것은 송하춘에 의해 이미 지적된 바 있다.

"「약한 者의 슬픔」은 실지로 그 인물 설정에서부터 「無情」과는 의도적인 대조현상을 나타내고 있다. 작가가 미리 밝힌 제작 동기를 돌이키면서 작품의 실제를 확인해 보면 이렇다. 첫째, 주인공 '강 엘리자벳드'는 가정교사다. 이 점은 「無情」의 이형식이 가정교사였던 점을 상기할 때 우연의 일치가 아니어서 매우 의도적임을 짐작할 수 있다. (중략) 둘째, 강 엘리자벳드가 가정교사로 들어가 있는 집의 주인은 '朝鮮의 先覺者'로 자임하는 K남작이다. 이 점 또한 이형식의 가정교사집 주인인 김장로가 '진보한 문명인사'라는 점과 우연의 일치가 아니다. 그러나 다시, 그 두 사람의 주인이 각각 강 엘리자벳드나 이형식과 맺는 관계는 대조적이다. 요컨데, 김장로는 이형식한테 시대의 요구라는 점에서 선망의 대상이었고, 김장로는 마침내 이 형식을 자신의 위치까지 끌어올리는 역할을 한 셈이다. 그러나 대조적으로 K남작은 강 엘리자벳드를 파멸로 끌어내린 셈이다."(송하춘, 『1920年代 韓國 小說硏究』, 고려대학교 민족문화연구소, 1985, 48~49쪽)

「弱한 者의 슬픔」에서는 이와는 반대로, 강 엘리자벳트라는 신여성이 이환과 K남작과의 삼각관계 속에서 갈등하다가 K 남작이라는 폭압적인 현실 속에서 욕망이 좌절되고 결국 파국에 이르게 된다. 뿐만 아니라, 강 엘리자벳이 비극적 파멸을 통해 나아간 것은, 이광수 식의 민족적 공동체의 이념에의 지향이 아니라, 극히 개인적 주체성에 대한 자각에 머물고 있다는 점에서, 이 작품의 형상은 『無情』을 뒤집어놓은 형국이라 할 수 있다. 즉, 『無情』이 개인의 욕망에서 출발하여 민족공동체라는 상승 곡선을 그리고 있다면, 「弱한 者의 슬픔」은 개인의 욕망에서 출발하여 파멸을 향하는 하강곡선을 그리고 있는 것이다. 작품을 통해 좀더 면밀히 검토해보자.

강 엘리자벳트는 그 이름에서 짐작할 수 있듯, "당시 여학생 간에 유행하는 보법"과 교양을 갖춘 신여성을 대표한다. K 남작의 집에 가정교사로 지내면서 여학교에 다니는 그녀는 뛰어난 재주와 용모, 신지식까지 두루 갖춘 여학생으로 주위의 선망의 대상이 된다. 그러나 강 엘리자벳트로 대변되는 신여성은 단지 근대화의 물결을 통해 들어온 유행적 시류에 의해 탄생된 허상일 뿐 주체성을 지닌 진정한 근대인이 아님을, 작가는 그녀가 타락해가는 과정을 통해 비판하고 있다. 우선 강 엘리자벳트가 파멸에 이르게 된 원인으로 작가는 그녀의 복잡한 내면과 그리고 비주체성을 들고 있다. 강 엘리자벳트는 등하교 길에 만나는 H의숙에 다니는 이환을 사모하게 되고, 이 감정을 '연애'라 자각하게 된다. 그녀의 연애 감정은 '희열과 염세와 섭섭함과 의혹' 등등의 복합적인 감정으로 드러나면서, 강 엘리자벳트는 어떤 일에서건 양가적인 감정을 갖는 인물로 줄곧 그려진다. 예를 들어, 다음과 같은 장면을 보자.

1) 그러면서도 그는 한 바램을 품고 있었다. 이것-이환과 자기의 사이

33) 서영채, 「『무정』과 소설적 근대성」, 이광수 『무정 · 꿈』의 해설, 한국문학대표작선집, 문학사상사, 1996, 499쪽.

-이것이 이제 화제가 되는 것을 그는 무서워하고 피하려 하면서도 그것이 화제가 되기를 열심히 바라고 있다-좀 더 상세히 알고 싶었다. (전집 7권, 10쪽)

2) 엘리자벳트는 그것으로 남작이 와 있을 동안은 너무 갑갑하여 빨리 돌아가기를 기다렸다. 치만 일단 남작이 돌아가고 보면 엘리자벳트는 남작이 좀더 있지 않는 것을 원망하고 무한한 적막을 깨달았다. 만약 엘리자벳트가 예기한 날 남작이 오지를 않으면 그는 어찌할 줄 모르게 속이 타고 질투를 하였다. (전집 7권, 17쪽)

3) 아무래도 재판은 하여야겠다.

그는 다시 중얼거렸다. 그러면서도 그는 자기로도 재판을 하여야 할지 안하여야 할지 똑똑히 해결치를 못하였다. 하겠다 할 때에는 갑(甲)이 그것을 막고, 못하겠다 할 때에는 을(乙)이 금하였다. (전집 7권, 35쪽)

4) 남작을 볼 때에 그는 갑자기 죄송스러운 생각이 났다. '오죽 민망할까? 이런 데 오는 것이 남작에겐 오죽 민망할까? 내가 잘못했지, 재판은 왜 일으켜? 남작은 날 어찌 생각할까? 또 부인은? …… (전집 7권, 42쪽)

인용문 1)은 친구 혜숙의 집에 가서 '이환'이 화제에 오르자 거기에 대해 강 엘리자벳트가 보이는 반응이다. 한편으로는 애써 그 화제를 피하고 싶다가 한편으로는 열렬히 이환의 얘기를 듣고 싶어하는 양가적인 감정을 동시에 표출하고 있는 것이다. 2)는 K 남작에게 정조를 유린당한 뒤, 증오의 염과 더불어 그에게 가까움과 정을 느끼게 된 강 엘리자벳트의 복합적인 심리상태를 드러내주고 있다. 3)은 강 엘리자벳트가 K 남작의 아이를 배어 남작의 집에서 쫓겨난 뒤, 소송을 할지말지를 고민하고 있는 갈등을 그리고 있으며, 4)는 법정에 가서조차도 소송을 번복하고 싶어하는 강 엘리자벳트의 심리적 갈등이 그려진다. 이 외에도 「弱한 者의 슬픔」에서 드러나는 강 엘리자벳트의 내면은 이렇듯 줄곧 복잡한 심리적 정황과 갈등으로 그려진다. 특히, 자신을 유린한 K 남작에게조차 정을 느끼고 이환에 대한 감정 사이에서 줄다리기를 하는 다음과 같은 장면에 이르면, 이러한 복잡한 내면 갈등은 극에 달한다.

> 엘리자벳트는 남작과 이환 두 사람을 비교하기 시작하였다. 그는 마음 속에 두 사람을 그린 후에 어느 편이 자기에게 더 가깝고 더 사랑스러운고, 생각하여 보았다. 사랑스럽기는 이환이가 더 사랑스럽지만, 가깝기는 아무래도 남작이 더 가까운 것 같이 생각된다.
>
> 이와 같은 결단은 그의 구하는 바를 채우지를 못하였다. 그는 사랑스러운 편이 더 가깝고, 가까운 편이 더 사랑스럽기를 원하였다. 그렇지만 사랑과 가까움은 평행으로 나가서 아무데까지도 합하지를 않았다. 그는 평행으로 나가는 사랑스러움과 가까움이 어디까지나 나가는가를 알려고, 마음 속에 둘을 그려 놓고 그 둘을 차차 연장시키면서 눈알을 구을려서 그것들을 따라가기 시작하였다. (전집 7권, 19쪽)

이 장면은, 형식이 선형과 영채 사이에서 갈등하는 『無情』의 다음과 같은 장면을 연상케 한다.

> 대체 자기는 누구를 사랑하는가, 선형인가, 영채인가. 영채를 대하면 영채를 사랑하는 것 같고, 선형을 대하면 선형을 사랑하는 것 같다. 아까 남대문에서 차를 탈 때까지는 자기는 오직 선형에게 몸과 마음을 다 바친 듯하더니, 지금 또 영채를 보매, 선형은 둘째가 되고 영채가 자기의 사랑의 대상인 듯도 하다. 그러다가 또 앞에 앉은 선형을 보매 '이야말로 내 아내, 내 사랑하는 아내'라는 생각도 난다.
>
> 자기는 선형과 영채를 둘 다 사랑하는가. 그렇다 하면 동시에 두 사람을 다 같이 사랑할 수가 있을까. 남들이 하는 말을 듣거나, 자기가 지금껏 생각하여 온 바로 보건대, 참된 사랑은 결코 동시에 두 사람 이상에 향할 수 없는 것이어늘, 지금 자기의 마음은 어떠한 상태에 있나.

> 아무렇게 해서라도, 어떠한 표준을 세워서라도 형식은 선형과 영채 양인 중에 한 사람을 골라야 하겠다. 오래 생각한 후에 형식은 이러한 결론에 달하였다.[34]

그러나 강 엘리자벳트를 파멸로 이끈 것은 이러한 복잡한 심리가 아니다. 동인은 강 엘리자벳트의 비극적 파멸이 그녀의 양가적 감정 때문이라기보다는 그녀의 비주체적이고 수동적인 태도 때문이라고 비판하고 있는 것이다. 『無情』에서는 형식이 선형과 영채 둘 사이에서 번민하면서, "어떠한 표준을 세워서라도" 결단을 내려야 한다고 결심한다. 그리고 사랑을 선택하는 그 표준은 "인생에 대한 태도"[35]와 긴밀히 연관되는 것으로, 그것은 '사랑'에 대해 몽매한 동포들에게 본보기가 되어 조선의 나아갈 바를 지향하는 선각자가 되어야 한다고 결심함으로써 주체적인 태도를 보이는 데 반해, 강 엘리자벳트는 끝끝내 자신의 혼란스런 감정을 정리하지 못하고, 지속적으로 외부의 힘에 의해 이끌려 간다. 이환과 남작 사이에서 갈팡질팡하는 혼란스러운 상황은 결국 남작의 아이를 잉태하고 남작에게 버림받음으로써 끝이 나는 것이다. 그리고 그녀는 남작을 상대로 소송을 걸지만 재판에서도 패소하고 마는데, 이렇듯 그녀가 계속 파국으로 치닫게 된 것은 그녀의 복잡한 심리 때문이 아니라, 우유부단하게 자신을 방치하고 수동적으로 이끌려가는 그녀의 비주체성 때문이라고 동인은 진단하고 있는 것이다.

> 1) 그는 남작의 자기를 들여다보는 눈으로 남작의 요구를 깨달았다. 하고 겨우 중얼거렸다 -
>
> "부인이 알으시면?"
>
> '아차' 그는 속으로 고함을 쳤다.

---

34) 이광수, 『무정 · 꿈』, 문학사상사, 1996, 332쪽.
35) 같은 책, 333쪽.

"부인이 모르면 어찌한단 말인가? …… 모르면…… 이것이 허락의 의미가 아닐까? 그러면 너는 그것을 싫어하느냐? 물론 싫어하지. 무엇? 싫어해? 네 마음 속에 허락하려는 생각이 조금도 없냐? 아…… 허락하면 어쩠냐? 그래도……" (중략) 몇 번 거절에 실패를 한 엘리자벳트는 마지막에는 자기에게 대하여서도 정이 떨어지게 되었다. 그는 뉘게 대하여선지는 모르면서도 모르는 어떤 자에게는 골이 나서 몸을 꼬면서 좀 날카롭게 -그래도 작은 소리로 말했다-"싫어요, 싫어요." (전집 7권, 14~15쪽)

2) 서울서 떠난 것도 그의 느낌의 하나이다-차라리 반성의 하나이다. 오촌모는 '에이구 내딸 에이구 내 딸' 하며 커다란 엘리자벳트의 궁둥이를 두드리며 사랑하였고 엘리자벳트는 여왕과 같이 가만히 앉아서 모든 일을 오촌모를 부려먹었지만, 그것만으로 그는 만족지는 못하였다. 그는 낮고 더럽고 답답하고 덥고 시시한 냄새 나는 촌집보다 높고 정한 서울집이 낫고 광목바지 입고 상투 틀고 낯이 시커먼 원시적인 촌무지렁이들보다 맥고모자에 권연 물고 가는 모시두루마기 입은 서울사람이 낫다. (중략) 그러는 사이에도 틈만 있으면 그는 집 뒤 뫼에 올라가서 서울을 바라보고 한숨을 짓고 있었다. (전집 7권, 40~41쪽)

3) -이번 이와 같이 큰 재판을 일으킨 것이 엘리자벳트의 뜻은 아니었다. 법률을 아는 사람이 '그리하여야 좋다'는 고로 엘리자벳트는 으쓱하여서 그리할 뿐이다. (전집 7권, 39~40쪽)

1)은 강 엘리자벳트가 K 남작을 처음 받아들이는 장면이다. 강 엘리자벳트는 처음엔 "부인이 알으시면?" "부인이 계시면서두?"라며 남작에 대해 거부의 반응을 보이지만, 스스로 그러한 어리석은 물음에 대해 회의하면서 결국 K 남작의 뜻에 자신을 맡겨버리고 만다. 2)는 강 엘리자벳트의 일련의 행동들이 그녀의 순전한 충동과 순간적인 느낌에서 비롯되었다는 것을 단적으로 보여주는 장면이다. 그녀가 K 남작의 집에서 쫓겨나 시골 오촌모 집에 간 것은 어쩔 수 없는 정황이었지만, "서울서 떠난 것도 그의

느낌의 하나이다"라는 진술은 그러한 행동들이 깊은 사색과 성찰을 통해 자발적으로 이뤄진 것이 아니라, 폭압적 현실에 의해서 혹은 자신의 무분별한 충동에 의해서 이뤄지고 있음을 보여주는 것이다. 3)에서도 마찬가지로 "법률을 아는 사람이 그리하여야 좋다"라고 했기 때문에 그리 하였을 뿐이라며, 재판이 자신의 뜻과는 달리 커져버린 데 대해 강 엘리자벳트는 전혀 책임의식을 느끼지 못하고 상황에 휩쓸려가는 비주체적인 인물로 그려지는 것이다. 결국 K 남작의 일에서부터 파국에 이르기까지, 강 엘리자벳트는 자신이 행동의 주인으로서 상황을 이끌어간 것이 아니라, 자신의 우유부단함과 복잡한 심리 상태를 그대로 외부의 K 남작이라는 폭력적인 현실과 일련의 상황에 노출시킴으로써 거기에 희생당하고 마는 것이다. 결국, 동인은 이러한 비주체성과 나약함을 강 엘리자벳트로 하여금 스스로 자각케 하고, 이를 통해 새로운 주체적 인물로 재탄생시킨다.

> '약한 자의 슬픔!'
>
> '천하에 둘도 없는 명언이로다'
>
> 그는 생각하였다.
>
> 그는 이 문제를 두고 논문 비슷이, 소설 비슷이 하나 지어보고싶은 생각이 났다. 그는 생각하여 보았다. -
>
> 자기의 설움은 약한 자의 슬픔에 다름 없었다. 약한 자기는 누리에게 지고 사회에게 지고 '삶'에게 져서, 열패자(劣敗者)의 지위에 이르지 않았느냐? 약한 자는 이환에게 사랑을 고백치 못하고, S와 혜숙에게서 참말을 듣지 못하고, 남작에게 더 저항을 못하고, 재판석에서 좀 더 굳세게 변론치를 못하여, 지금 이 지경에 이르지 않았느냐? (중략) 자기의 아직까지 한 일 가운데서 하나라고 자기께서 나온 것이 어디 있느냐? 반동(反動) 안입고 한 일이 어디 있느냐? 남작 집에서 나온 것도 필경은 부인이 좀더 있으라는 반동에서 나온 것이 아니냐? 병원 안에 들어간 것도 필경은 집으로 돌아올 전차가 안보임에 있지 않으냐? 병원으로 향한 것도 그렇다. 재판을 시작한 것은? 오촌모가 말리는 반동을 받았다. 모든 일이 다 그렇다.

> '이십세기 사람이 다 그렇다.'
>
> 그는 힘 있게 중얼거렸다.
>
> '어떻든…… 옹! 그렇다! 문제는 「이십세기 사람」이라고 쓰고, 첫 줄을 「弱한 者의 슬픔」으로 시작하여 마지막 줄을 「현대 사람 다의 약함」으로 끝내자.
>
> 그는 자기 짓던 글을 생각하고 중얼거렸다.
>
> '표본 생활 이십년이란 구는 꼭 넣어야겠다.' (전집 7권, 52~53쪽)

윗 글에서 강 엘리자벳트는 자신의 모든 행동이 자신의 진실한 욕구에서 비롯된 것이 아니라, 외부의 힘에 대한 순전한 반동이었으며, 결국은 그것의 궁극적인 원인은 스스로를 자각하지 못하고 내세우지 못한, '약함'에서 비롯되었다는 것으로 진단하고 있다. 그리고 그것은 비단 자신뿐 아니라 현대인들의 공통의 문제이며, 강 엘리자벳트 자신의 삶은 그런 현대인들에게 하나의 '표본'으로서 의미가 있을 것이라고 생각하는 것이다. 결국 이러한 '참자기'에 대한 강 엘리자벳트의 깨달음은 자신의 문제뿐 아니라, 현실의 모든 문제를 '개인'이라는 하나의 개별적 인간의 문제로 환원시키면서 진정한 주체로서의 '근대적 개인'에 대한 각성을 부르짖는 것으로 끝맺는다.

> 약한 자의 슬픔! (그는 생각난 듯이 중얼거렸다) 전의 나의 설움은 내가 약한 자인고로 생긴 것밖에는 더 없었다. 나 뿐이 아니라 이 누리의 설움-아니 설움 뿐 아니라 모든 불만족, 불평들이 모두 어디서 나왔는가? 약한 데서! 세상이 나쁜 것도 아니다. 인류가 나쁜 것도 아니다. 우리가 다만 약한 연고인밖에 또 무엇이 있으리요. 지금 세상을 죄악 세상이라 하는 것은 이 세상이-아니 우리 사람이 약한 연고이다. 거기는 죄악도 없고, 속임도 없다. 다만 약한 것! 약함이 이 세상에 있을 동안 인류에게는 싸움이 안그치고 죄악이 안 업서진다. 모든 죄악을 없이 하려면 죄악을 없이하여야 하고, 지상낙원을 세우려면 먼저 약함을 없이하여

야 한다. (전집 7권, 56쪽)

윗 글에서 보면, 이 세상의 모든 죄악과 불합리와 모순 등은 개인의 나약함과 비주체성에 근거하고 있다고 주장하고 있다. 그리하여 개인이 모두 진정한 '참자기'로 거듭났을 때, 세상의 모든 죄악이 없어질 것이라는 너무나도 안일한 해결책을 제시하는 것이다. 이러한 생각은 "세상의 온갖 罪惡은 弱함에서 생기나니 사람의 性格이 强하기만 하면 世上에서는 저절로 온갖 罪惡이 업서진다"[36]는 논리로 발전하면서, '선함=강자, 악함=약자'라는 새로운 가치 구도와 힘의 논리로 나아간다. 그리고 이러한 논리를 통해, '절대 개성'을 옹호하는 근거가 마련되는 것이다. 근대적 개인과 주체의 확립이라는 시대적 요구와 관련하여 동인 작품 속에서 새롭게 정립되는 선악의 구도는, 강자/약자, 주체/타자라는 새로운 이분법으로 바뀌게 되는 것이다. 그리고 이러한 인식을 통해 동인은 참자아와 자기 감정에 기초하지 않고 수동적으로 모든 것을 받아들이는 '나약함'이야말로 악한 것임을 강조하고 있다. 결국, 모든 악의 근원이 '참자기'를 자각하지 못한 비주체성과 그러한 무지 속에서 수동적으로 타자의 규율에 의해 살아가는 데서 비롯된다는 것, 따라서 개개인이 모두 자신의 진정한 욕구를 인식하고 '참자기'로 거듭나면 세상의 모든 죄악이 없어진다는 것을 강조하고 있다. 그리고 선=강함/악=약자라는 구도 속에서 자아=선, 타자=악이라는 새로운 논리를 만들어냄으로써, 절대주체로 표상되는 예술가와 폭군 진시황이 긍정되는 기반을 마련하고 있다. 앞서 언급했듯 『無情』이 개인의 욕망에서 출발하여 주체의 자각을 통한 민족이라는 공동체의 이념 구현으로 나아갔다면, 「弱한 者의 슬픔」은 개인의 욕망에서 출발하여, 주체의 각성과 개별성의 확장으로 나아감으로써, 동인의 문학적 지향이 전적으로 '개인'의 문제에 머물게 됨을 보여준다.

36) 김동인, 「朝鮮近代小說考」, 『김동인 평론 전집』, 79쪽.

「弱한 者의 슬픔」에서 강 엘리자벳트라는 신여성의 파멸을 통해 진정한 주체성을 주장하였던 동인은 이어 「마음이 옅은 者여」(《創造》, 1919.12～1920.5)에서도 당시의 무분별한 '신'여성의 애정행각과 자유연애 풍조를 비판하고 있다. 「弱한 者의 슬픔」이 『無情』을 넘어서려는 동인의 야심에서 비롯되었듯, 「마음이 옅은 者여」도 춘원의 『無情』이 일으킨 자유연애 풍조를 전면적으로 비판하기 위해 쓰여진 작품이라고 할 수 있는데, 춘원 이후 조선 사회와 문단을 풍미하고 있는 자유연애 사상에 대해 동인이 얼마나 비판적이었고 반동적이었는지는 다음과 같은 평론에 잘 드러나고 있다.

> 文學靑年들 及 社會小說에 對한 誤解를 일으키게 한 것이니 道德的 표준이 嚴한 老人들은 小說을 가르켜 靑少年을 墮落케 하는 戀愛戲文이라 하엿고 文學靑年들은 '小說이란 社會改造(특히 戀愛解放)'을 표준 삼고 '戀愛物語'라는 概念을 가지게 되엇스니 이도 또한 春園의 初期의 모든 作品의 영향이라 아닐 수 업다. 그 뒤에 雨後竹筍과 가티 무수히 생겨난 만흔(一時的) 小說作만의 그 만흔 小說의 九割九分이 自由戀愛를 主張한 것이 아니면 新自由道德 갈등을 主旨로 한 것으로 볼지라도 그 영향을 알 수 잇다. (중략) 우리들이 보여주려 한 것을 결코 新舊道德이나 戀愛自由를 主張하는 이러한 小局部의 것이 아니고 人生의 問題와 煩悶이엇다.[37]

「마음이 옅은 者여」는 이렇듯 당시 자유연애 사상 풍토에 불만을 토로한 김동인의 평론을 실천한 작품이라 할 수 있다. 주인공 K는 아내와 아들이 있지만, 자신이 공부하는 동안 공부도 게을리 하고, 집안도 돌보지 않았다는 이유로 아내를 함종으로 보내고, 평양에서 교사 생활을 하면서 Y라는 신여성과 자유연애를 한다. 연애하는 과정은 열정과 고통으로 점철된 낭만주의의 전형으로 묘사되며, 이러한 격렬한 파토스에 휩싸인 K는

37) 같은 글, 같은 책, 70쪽.

Y와 온갖 쾌락의 연애 행각을 벌이다가 결국은 Y가 다른 남자와 결혼함으로써 실연을 당하게 된다. 그 뒤 K는 자살을 시도했으나 실패하고 금강산을 여행하는 등 방황하다가 마침내 아내와 아들에게로 돌아가지만, 이미 아내와 아들은 폐렴으로 세상을 떠난 이후였다. K는 그들의 죽음 앞에서, 자신의 죄를 뉘우치며, 진정 '마음이 옅은 자'는 아내도 아니고 Y도 아닌 자신이었음을 깨닫고 이제부터라도 참 삶을 살 것을 결심하게 된다. 궁극적으로 동인이 이 작품을 통해 의도하는 것은 작품 속에서 C라는 인물을 통해 직접적으로 토로하고 있듯, 이 나라 청년들이 자유연애라는 경박한 사조에 빠져 육체적 정신적으로 타락함은 물론 조강지처를 버림으로써 파탄에 이르게 된다는 것, 그리고 진정으로 해방되어야 할 것은, 개화기 청년들의 무분별한 욕망이 아니라 이 땅의 며느리라는 사실을 일깨우는 것이다.

이 작품을 통해 동인이 자유연애를 비판하는 근거는 그것이 남자들의 이기적인 욕망에 기반한 거짓된 사랑이지 참사랑이 아니라는 것, 그리고 그것은 진정한 근대적 주체에서 비롯된 것이 아니라 유행과 시류에 휩쓸리는 '마음이 옅은 자들'의 분별없는 방탕함이라는 것이다. 다음과 같이 처자식의 죽음 앞에서 대오각성하는 K의 말에서 이러한 요지가 드러난다고 할 수 있다.

> 아, 아내여-용서하라!
>
> 그대를 이렇게 한 것은 지금 이기적(利己的) 남자들이 발명한, 그 여자의 인권을 무시한 악사조(惡思潮)에 취하였던 이 나 그대의 남편이다. 나를 이와 같은 나를 생각하던 그대의 마음, 지금은 짐작하노라. 나의 죄, 헤일 수 없는 나의 죄, 지금 자복하노니 용서하라. (중략) 나는 이제부터는 참 삶을 살터이다. '마음이 옅은 자' 는 나의 아내도 물론 아니고 또는 Y도 아니고, 그 실로는 이 나-K이다. (전집 7권, 139쪽)

동인은 당시 자유연애를 봉건적 유교 질서에서 벗어나, 진정한 개인이 자율성을 바탕으로 이루어나가는 근대적인 낭만적 사랑으로 보지 않고, 무분별한 정욕의 소산으로 보고 있다. 또한, 육체성에 기반한 사랑은 참된 사랑이 아니라 더럽고 부정한 것이라는 전통적 유교 윤리관을 보여주고 있다. 따라서 K의 연애 과정은 주로 육체적 관계와 K의 번민으로 점철되어 있으며, 이를 통해 자유연애는 정욕에 기초한 더러운 사랑이며 오히려 K에 대한 아내의 헌신이야말로 '정신'에 기초한 참사랑이라는 깨달음으로 귀결되는 것이다.

이러한 무분별한 육적 사랑이라는 자유연애에 대한 시각은 K라는 인물이 처음 Y를 만나게 되는 과정부터 그려진다. 처음 K가 Y를 만나기 전, K는 서울 학당을 졸업하고 고향인 평양에 내려왔으나, 구식인 아내에 실망하여 쫓아버리고 교사생활을 하며 혼자서 지내면서 주로 "어린 기생도 보고, 남산현(南山峴) 예배당 특유의 R학당식 머리를 하고 쌍쌍이 밀려다니는 이팔 혹은 이구의 여학생"을 바라보거나 그러한 미인의 남편이 되거나 여학생의 부러움의 푯대가 되는 공상을 즐긴다. 이러한 정황에서부터 작가는 K가 서울에서 개화물결의 세례를 받고 허영심만 가득 차게 되었다는 것을 암시하고 있다. 이렇듯 여학생에 대해 공상만 일삼던 K는 그의 못생긴 얼굴과 성격으로 인해, 별로 예쁘지 않지만 자신을 좋아해주는 Y라는 신여성과 사귀게 된다. 그리고 그들의 자유연애는 Y에게 정혼자가 있다는 사실이 밝혀지면서 점점 균열되다가 마침내 Y의 결혼과 함께 파국에 이르게 되는 것이다. 그리고 그 과정 속에서 '자유연애'라는 악사조에 빠진 당대의 청년들의 전형적인 모습이 그려진다. 그 전형적인 모습은 다음과 같은 행로를 따라 진행된다. 첫째, K와 같이 신지식을 배운 엘리트와 신여성을 주인공으로 한다. 둘째, 구습에 의해 얽혀진 처자식을 버리고 신여성과 연애 행각을 벌인다. 셋째, 그 자유로운 연애 행각은 주로 육체적 쾌락을 중심으로 이루어지며, 그것은 청춘남녀들에게 조선 사회에서 아직까지 경험하지 못했던 무한한 황홀과 기쁨을 준다. 넷째, 그러나 육체를 바탕으로 한 사랑은 결코 '참사랑'이 아니기 때문에 영원할 수 없을 뿐만 아니라, 얼마든지 다른 탐욕과 욕망에 의해 내버려질 수 있는 하찮은 것이다. 다섯째, 그리하여 결국 그들, 자유연애를 하는 청춘남녀들은 자신들은 물론이려니와, 죄없는 이 땅의 며느리들과 자식들을 파멸에 이르게 한다. 이후 동인의 작품에서 보듯 이러한 과정이 외부 서술자의 시선에 의해 냉소적으로 그려지지 않고, 주로 작중 인물의 시각에 의해서 그려진다는 것은 의미심장하다.

이 작품은 세 가지 형식이 복합된 특이한 구성을 보여준다. 첫째는 편지, 두 번째는 일기, 그리고 세 번째는 3인칭 소설이다. 첫 번째, 편지를 통해 요약 제시되었던 K의 전체적인 정사가 두 번째 일기를 통해 더욱 자세히 그려지다가, 세 번째, Y의 결혼식이 있는 10월 9일부터는 3인칭으로 서술된다. K와 Y의 연애 사건은 대략 4월부터 9월 초순까지 진행된 것으로 보이는데, 9월 21일 날짜로 C에게 보낸 편지는 Y가 혼인 날짜를 통고하고 간 다음날에 쓴 것으로, 그들의 연애가 종결된 직후라고 볼 수 있다. 따라서 편지는 아직까지 Y에 대한 정념의 소용돌이 속에서 K가 자신의 절망적 상태를 호소한 글이면서, 동시에 자신의 연애사건을 토로하고 고백하면서 지난 과오를 돌아보고 참회하는 일종의 고백록이자 참회록의 형식을 띠고 있다. 작품 첫 부분에 "9월 21일, 형님-마침내 고백할 날이 왔습니다"로 시작되는 이 편지는 '고백'이라는 형식을 통해 자신의 죄과를 고백하고 참회하려는 속죄의 내용을 담고 있다. 편지 혹은 일기는 "사적인 영역의 내밀성을 토로함으로써 내면을 드러내고 그 고백 속에서 자신의 죄의식을 희석시키려는 의도"[38]에서 나온 것으로 볼 수 있지만, 근본적으로는 그보다 죄과를 저지른 자기 인식을 통해 '주체'로 서고자 하는 의도에서 비롯되었다고 할 수 있을 것이다. 편지와 일기를 통한 K의 고백은 '진정한 자기'에 대한 인식이자 탐구이며, 진리를 토로함으로써 '주체'

---

38) 노지승, 「1920년대 초반, 편지 형식 소설의 의미-사적 영역의 성립 및 근대적 개인의 탄생 그리고 편지 형식 소설과의 관련에 대하여」, 《민족문학사 연구》 20호, 민족문학사학회, 2002, 368쪽.

로 존재하고자 하는 것이다.[39] 그러나 이 고백 속에서 성적 욕망과 방탕에 대한 K의 인식은 전통적인 성모랄에서 크게 벗어나지 않은 윤리의식을 보여준다. “우주의 음양이 인간에게 있어, 곧 성(性)과 정(情)으로 나타나고, 性과 情이 밖으로 표현되는 것이 인덕과 탐욕이며, 인덕은 선, 탐욕은 악”[40]이라는 전통적인 유교 윤리관은 정신/육체의 이분법에 기초한 선악에 대한 이원적 사고이며, 이것은 서양의 전통과 그 맥을 같이 한다고 할 수 있다. 따라서 이 작품에서 K를 통해 고백되는 ‘죄악’은 고소설 내지 중세의 가치질서를 그대로 반영하는 것으로, 오히려 이광수가 ‘자유연애’를 통해 개척했던 ‘개인의 욕망’의 중립성[41]에서 퇴보하는 양상을 보여주

---

39) 가라타니 고진에 의하면, “고백이라 하는 형식 또는 고백이라는 제도가 고백해야 할 내면 또는 ‘진정한 자기’”라는 만들어낸다. 그러나 패배자의 형식인 이 고백은 왜곡된 또 하나의 권력의지이다. 고진에 의하면 “고백은 결코 참회가 아니라 나약해 보이는 몸짓 속에서 ‘주체’로서 존재할 것, 즉 지배”할 것을 목표로 하고 있다. 그리고 그 권력은 보잘 것 없는 인간이지만 진리를 진실을 ‘말했다’라는 것에서 나온 자기 합리화, 결국은 권력은 그 진리에서 나온다는 것이다(「고백이라는 제도」, 『일본근대문학의 기원』, 박유하 역, 민음사, 1997, 104~117쪽).

40) 곽신환, 「악에 대한 유가철학적 이해」, 『악이란 무엇인가』, 도서출판 창, 1992, 165쪽.

이외에도 전통적인 性情論에 의하면 ‘情과 性은 상대개념이며, 情은 性이 움직이는 것이다’라는 논리를 펴고 있다. 情은 喜怒哀樂愛惡慾의 七情이나 四端과 같은 범주에 맞추어 사물에 접촉하는 것이다. 情은 道와 욕망의 경계 개념이라 할 수 있다. 따라서 情을 性의 원리에 따라 순화하는 일은 수양의 핵심적인 영역이었다. 악의 근원은 전적으로 정에 있기 때문에 정이 작용하지 않아야 性이 온전할 수 있다는 멸정론 등이 제기된 것도 바로 이러한 맥락에서이다(김충렬, 「동양인성론설」, 『동양철학의 본체론과 인성론』, 연세대 출판부, 1982, 175~178쪽; 김동식, 「한국의 근대적 문학 개념 형성과정 연구」, 서울대 박사논문, 1999, 99쪽에서 재인용).

41) 서영채는 이광수의 「무정」이 고전소설과 신소설에서 전혀 알지 못했던 삼각관계적 애정 갈등을 통해, 공동체적 인륜성이라는 제2의 자연 속에 잠들어 있던 인간의 욕망을 소설이라는 인식틀로 포착했을 뿐만 아니라, 타락한 가치로서 존재하던 욕망을 그 자체로서는 중립적이고 보편적인 것으로서 포착했다고 평가하고 있으며, 『無情』의 소설적 근대성이 내용에 있어서는 개인의 욕망의 포착, 형식에 있어서는 내면 묘사라고 논구하고 있다(서영채, 「『무정』과 소설적 근대성」, 앞의 책, 491~492쪽).

며, 오히려 전통적인 가치 질서를 내화한 다른 방식의 계몽적 주체를 기획하고 있음을 드러낸다. 즉, 동인에게 있어서, "'사랑'이라는 감정의 해방 논리로서의 열정"[42]은 궁극적으로는 자기목적적이고 쾌락적인 섹슈얼리티와 잇닿아 있는 것으로, 그러한 사악하고 타락한 것으로 그려진다. 동인에게 있어서 섹슈얼리티 문제는 동인 자신, 기녀들과의 무분별한 연애행각을 즐겼음에도 불구하고 여전히 육체성에 기초한 모든 열정은 부정한 것으로 치부하는 유교적 가치규범에 사로잡혀 있는 것이다.[43]

주인공 K는 Y와의 연애에 몰입하고 더할 수 없는 황홀감을 느끼지만, 계속적으로 그러한 자신의 사랑이 '육체'적인 것은 아닌가라는 회의에 휩싸인다. 그리고 그가 존경하는 선배 C에게 남녀간의 사랑의 바탕은 육체성에 있으며 참환락은 그러한 분별없이 맹목적이어야 한다는 충고를 통해 자신을 합리화 한다.

> 내게 마음의 아픔이 무엇이 있을까? 나를 사랑하는 여자를 내가 사랑하는데 그것이 육의 사랑이든 참사랑이든 관계가 무엇이며 마음의 아픈 것이 무엇이랴! (중략) 사랑이란 이를 해석하려 할 때에는 벌써 그 신성한 점을 잃고 이적(理的) 속적(俗的), 여기 저기 뒹굴뒹굴 구는 허튼 사랑이 되고 만다. 사랑-남녀의-온 끝까지 맹목적이라야 한다. 언제 C도 내게 이 말을 했다.
>
> 맹목적이라야 할 사랑에 육적이니 영적이니 구별할 필요는 없다. 하물며-「영적(靈的)이라야 할 것인데 육적(肉的)이 되어서 마음 아프다.」고.
>
> 또 육의 사랑이라면 어떻단 말이냐? C가 이런 말을 한 적이 있다. -남

42) 서영채, 「韓國 近代小說에 나타나 사랑의 樣相과 意味에 관한 研究」, 서울대 박사논문, 2002, 15쪽.

43) 물론, 춘원이 이러한 섹슈얼리티에 기반한 사랑을 동인과 달리 긍정했다는 의미는 아니다. 그러나 동인은 춘원에서 비롯된 열정으로서의 '사랑'이 갖고 있는 이러한 위험성을 간파하고 작품을 통해 형상화함으로써, 더욱 철저히 전통적인 성모랄을 주창하고 있다고 볼 수 있다.

> 녀의 사랑이란 그 근원은 육의 환락에서 비롯하였다. 원시적 사람을 보라. 짐승들을 보라. 다정한 시인을 보라. 정에 날카로운 여자를 보라. 그들이 이 이성에서 다른 이성으로, 또 다른 이성으로 사랑을 옮기는 것은 -그 무엇을 의미함이냐? 정에 날카로운 사람은 참환락의 삶을 맛보는 사람은, 참세정을 아는 사람은, 사랑의 영적 육적 구별을 하지 않고, 영적보다 오히려 수적(獸的) 육적(肉的)으로 그들의 참 '순(純)'을 발휘함이 아닌가-라고, 나도 이렇게 생각한다.
>
> 사랑은 맹목적이라야 한다. 이론적이면 못쓴다. (전집 7권, 82쪽)

위 인용에서 육적 사랑이 긍정되는 방식은 그것이 참사랑이어서가 아니라 '정에 날카로운 사람의 참환락' '참세정' '순(純)수하고 맹목적'이기 때문이다. 그것은 바람직한 것은 아닐지라도, 참환락이고 그것에 대한 경향성이야말로 인간의 본능이기 때문에 긍정되는 것이다. 그러나 결국, 이러한 본능이 그러하기 때문에 그것이 '진실'일 수 있어도 바람직한 것도, 참사랑도 아니기 때문에 지양되어야 할 것으로 드러난다.

> K의 Y에 대한 사랑은 마침내 육(肉)의 사랑이었다. 음양(陰陽)이 합한 사랑이었다. K 자기가 육의 사랑이라도 괜치않다고 억지로 마음을 먹고 그렇게 믿으려 하였어도 여러 가지 C에게서 얻은 지식으로 자기 뇌민(惱悶)을 억지로 해결은 하였어도, 또는 참사랑이 되기를 대단히 원하였어도, 그의 사랑이 육적(肉的)이던 것은 자기도 아는 바이다. 육(肉)의 사랑은 육의 결합이 없으면 소멸된다고 K 자기도 말한 바와 같이, Y의 마지막 선고를 받은 다음부터-K와 Y의 사이에 육의 결합이 없어진 때-그 순간부터 K의 사랑의 한난계(寒暖計)는 차차 내리기 시작하였다. 물론 '기쁨의 반동인 슬픔'도 약하지는 아니하였지만, 당시의 K의 슬픔의 대부분은 시기로 인하여 나온 그것이다. 오늘에야 K는 그것을 깨달았다. (전집 7권, 105쪽)

위의 인용문을 통해 앞에서 합리화하려 했던 욕망과 육체성은 철저히 부정되고 반성되기에 이른다. 결국 앞서도 언급했듯이, 이러한 육체성과 자유연애에 대한 비판을 통해 K가 나아간 곳은 재래적인 도덕률을 내면화한 '주체'인데, 이것은 「弱한 者의 슬픔」의 강 엘리자벳트가 나아간 곳과 크게 다르지 않다. 그리고 이러한 과정을 통해 궁극적으로는 '주체'가 적극적으로 의미를 부여하는 것은 전통적인 선악의 가치질서이다. 그것은 신소설과 고전소설에서 구분 짓는 덕목 및 악행과 같다. 그러나 동인의 작품이 고소설과 다른 점은 그러한 선악의 윤리적 가치가 선험적으로 체화한 절대 악인이나 절대 선인을 통해서 드러나는 것이 아니라, '선악'이라는 행위의 결과 이전의 개인의 '내면'을 통해 경험되고, 인식됨으로써 내재화되고 주체화된다는 것이다.

정리하자면, 「弱한 者의 슬픔」과 「마음이 옅은 者여」를 통해 드러나는 '악'에 대한 인식은 재래의 관습과 소설이 보여주는 전통적인 윤리관에서 크게 벗어나지 않은 것이나, 이러한 전통적 윤리관을 받아들이고 인식하는 방식에 있어서 차이가 난다. 즉, 작품의 인물들은 하나의 사물화된 기호로서의 '악'을 선험적으로 체현하고 있는 인물이 아니라, 어떠한 필연적 과정을 거쳐 '악'의 나락에 떨어진 비련의 주인공들이다. 그리고 그들은 그러한 타락과 파멸을 통해 기존의 윤리관을 받아들여 주체로서 새롭게 탄생하는 인물들인 것이다. 이 두 작품에서 중요한 것은, 따라서 그러한 내면 묘사와 고백, 그리고 또 하나는 기존의 가치질서와 선악의 구도를 내면화하는 근대적 주체의 탄생인 것이다. 그러나, 이렇게 탄생된 근대적 주체는 결코 '윤리적 주체'는 아니다. 윤리적 주체란 우선적으로 타자성을 배려[44]하는 주체이고, 다양한 차이를 인정하고 받아들이는 주체이다. 결

44) "윤리란 '타자에 대한 인정'(타자를 부정하는, 인종주의에 반대하는)이나, '차이의 윤리(이민자들을 배제시키고자 하는 민족주의 또는 여성 존재를 부정하려는 성차별주의에 반대하는)나 '다문화주의'(행동과 지성의 통일된 모델을 부과하는 것에 반대하는)라고 할 수 있다. 또는 단순히 타자들이 자신과 다르게 사고하고 행동하는 것을 불쾌하게 여기지 않는, 그 훌륭하고 오래 된 관용이라고 말이다."(알랭 바디우, 『윤리학-악에 관한 에세이』, 이종영 역, 동문선, 2001, 35쪽)

국 윤리란 타자에 대한 열림이다. 그리고 그것은 주체의 동일성에 대한 강조가 아니라, 타자의 차이에 대한 주목이다. 따라서 김동인의 자아중심주의는 한편으로는 자율적이고 이성적인 주체를 발견했다는 중요한 의의를 지니지만, 한편으로는 그러한 자기에의 몰두는 타자를 배제함으로써 윤리를 거부하고 있다. 김동인 소설에서 나타나는 악의 문제는 바로, 이러한 과잉된 주체성의 강조에서 비롯된 것이며, 그것은 동인소설의 비역사성과 함께 탐미주의로 연결되면서 파시즘적 징후들을 보이고 있다. 그러나, 동인 소설에서 이러저러한 비극적 파멸을 통해 새롭게 탄생된 주체는, 자율성과 자기 동일성을 기반으로 한 근대적 이성적 주체이면서 자율성을 통해 기존의 윤리를 내면화한 주체이지만, 결코 타자성을 고려하는 윤리적 주체는 아니다. 무엇보다 강조되는 것은 기존의 윤리의 타당성이 아니다. 기존의 윤리를 받아들이든, 전복하든 문제는 그것을 행하는 주체의 문제라는 것이다. 따라서 이렇듯 부정되는 쾌락과 향락, 욕정 등은 다른 작품에서는 적극적으로 긍정되기도 하는 것이다. 예를 들면, 「눈을 겨우 뜰 때」(1923)와 같은 작품이 그러하다. 「눈을 겨우 뜰 때」는 매우 감상적이고, 다소 산만한 구성으로 이루어져있지만, 당시 동인의 방탕함과 향락주의가 잘 반영된 작품이다. 삶의 모든 쾌락을 '금패'라는 어린 기생의 시선을 통해 긍정하면서도, 한편 '금패'의 자살을 통해 삶과 향락에 대한 애상적 허무감을 표출하고 있다. 특히 이러한 향락주의와 비극적 애상감이 대동강 불놀이와 단오날의 향락적이고 화려한 풍속을 배경으로 펼쳐짐으로써, 「배따라기」와 흡사한 낭만성과 심미성을 성취하고 있다.

향락주의 혹은 쾌락주의라는 악의 표상은, 앞서 분석한 '나약함'을 비판함으로써 강조하고 있는 '근대적 주체'와 같은 맥락에서 의미화된다. 근대문학 형성기에 진행된 '근대적 주체'의 확립은 '이성적이고 자율적인 인식 주체'와 '情적 동물'이라는 감성적 존재로서의 자아동일성이라는 이중의 과제를 의미했다. '향락주의'라는 악의 표상은 바로 이러한 이중의 주체성을 드러내는 것으로, 하나는 개인의 감정과 욕망을 긍정한다는 의미에서, 또 하나는 '주의'라는 말에서 알 수 있듯이 이러한 자아의 내밀한 감정과 욕망을 자각하고 의식적으로 실천하고 있다는 측면에서 그렇다. 따라서 인간의 무자각적인 자연의 상태에 놓인 욕망이나 욕정, 혹은 비주체적인 욕망에의 끌림은 부정적으로 형상화되지만(「마음이 옅은 者여」, 「감자」), 주체적인 자각 속에 자발적으로 실현되는 모든 욕망과 쾌락은 긍정적으로 그려지고 있는 것이다.

이러한 향락주의는 김동인 자신의 오만한 기질과 실제 생활에서 탄생된 것이기도 하면서 동시에, 춘원과의 대결의식이 첨예화되는 과정 속에서 구체화되고 있는 극단적 탐미의식과 밀접하게 관련된다. 즉, 앞서 분석했듯, '자유연애'를 비판하여 춘원과의 차별성을 드러내려고 했던 동인은 여기서 좀더 나아가, 춘원과 함께 했던 사회계몽적 태도를 버리고 오히려 반사회적, 반계몽적 향락성과 심미성에서 자신의 입지를 마련하고자 했던 것이다. 그리하여 다음과 같이 선의식과 미의식의 갈등을 둘러싼 자신과 춘원과의 차이를 예각화하여 드러내고 있다.

> 春園에게는 內在的 美憧憬과 意識的 善欲求가 잇섯다. 그런고로 意識的 欲求(善)만 抛棄하면은 그는 美의 藝術家가 될 만한 素質이 잇섯다. 그러나 그는(반대로) 善意識을 保存하고 美觀念을 버리려 하엿다. 可能한 者를 버리고 不可能한 者를 保有하려 하엿다. 여긔 그의 破碇이 잇다.[45)]

윗 글에서 김동인은 춘원과 달리 자신에게는 선의식과 미의식이 내재적이었으며 그러기에 자신의 갈등과 번민은 한층 더 심각한 것이었음을 토로하고 있다. 그리고 뒤이어 선의식을 좇은 이광수와 달리, 자신은 선과 '상반'된 '미'를 택했으며, 이 선악을 초월한 '美'라는 절대적 가치 추구는 '도덕 관념' 때문에 더럽다하던 모든 광포한 행동을 가능케 했으며, 그의 문학과 생활을 탐미와 방탕으로 끌어가는 사상적 기반이 되었다고 고백하

---

45) 김동인, 「朝鮮近代小說考」, 앞의 책, 80쪽.

고 있는 것이다. 이광수와의 대결의식에서 비롯된 극단적 탐미의식은 결국 동인을 선각자, 혹은 사회교화자라는 집단적 주체가 아닌 미적 주체라는 개별성의 추구로, 그리고 퇴폐와 방탕을 적극적으로 긍정하고 실천하는 향락주의로 이끌었던 것이다.

2. 악의 실재와 형식에 대한 탐구

1) 「감자」에 나타난 악의 표상 : 진리의 표상으로서의 악의 실재

앞서 동인 문학이 권선징악이라는 기존 서사의 규범적 관습을 철저히 부정하면서도, 기존의 윤리에서 크게 벗어나지 못했음을 살펴보았다. 그러나 기존의 질서에의 재편입이 자율성을 바탕으로 한 주체의 각성을 통해서라는 것은 그의 작품이 지니는 근대성이라고 할 수 있다. 여기서 더 나아가 동인 작품의 근대적 의의는 '善者必才子佳人 惡者必愚男奸女'라는 당위적 차원을 넘어서 악으로 표상되는 '실재'를 탐구하려는 데 있다. 그리고 이러한 규범적 인식이 아닌 과학적 인식의 강조는, 계몽주의의 맥락에 놓이는 것으로 무엇보다 인식적 주체를 통해 가능해졌음을 알 수 있다. 또한 이러한 자율성을 바탕으로 한 '주체'의 각성이 문제시하고 있는 것은 기존의 모랄의 폐기 내지는 새로운 도덕의 창출과 같은 '윤리'적 차원이 아니라, '동일성'이라는 진리의 범주 안에 있음을 짐작할 수 있다. 즉, 전통적인 인습에 대한 부정과 절대 타자성에 대한 회의, 그리고 나약함과 비주체성의 타기와 정욕을 기반으로 한 자유연애 비판, 향락주의 긍정 등등은 모두 자기 동일성이라는 주체의 문제로 귀의하고 있으며, 그것이 의미하는 바는 계몽주의 철학의 핵심적 전제인 진리발견의 유일한 원천으로서의 자기 의식[46]이다.

동인이 문학에서 '선'을 모두 배제[47]한 것은 그것이 현실이 아니라 理

想이고 당위이기 때문이다. 동인이 '악'을 중시하는 것은, 그것이 이 세상의 현실원리이며, 바람직하지는 않지만 인정할 수밖에 없는 '진리'이기 때문이다. 따라서 동인에게 있어서 악의 표상은 진리인 것이다. 그리고 이것은 계몽주의 이후 강조된 과학적 인식의 반영으로, 규범적 인식을 대체하려는 합리주의적 실증적 태도의 일환이라고 볼 수 있다. 악의 표상으로서의 '진리'를 탐구하고 제시하는 데 있어서는 무엇보다 주관보다는 객관주의가 요구되며, 따라서 리얼리즘과 자연주의라는 스타일을 취하게 되는 것은 당연하다고 할 수 있을 것이다. 그의 대표작인 「감자」를 통해 좀더 구체적으로 살펴보자.

「감자」(《조선문단》, 1925.1)는 24년부터 발표되기 시작한 신경향파 소설들과 긴밀하게 관련이 있다. 카프계열의 작가들이 주로 작품 활동을 한 「개벽」이 창간된 것은 1920년이었고, 1924년에는 신경향파를 대표하는 최서해, 이기영, 김기진 등의 작품들이 발표되었다. 「감자」가 발표된 1925년에는 카프가 정식으로 결성(7월)되었을 뿐 아니라, 이 한 해에 발표된 작품들만을 훑어 보면, 「세 길로」(채만식), 「땅속으로」(조명희), 「탈출기」(최서해), 「가난한 사람들」(이기영), 「기아와 살육」(최서해), 「윤전기」(염상섭), 「뽕」(나도향)[48] 등으로 거개가 다 신경향파 계열의 작품이다. 김동

46) "계몽주의는 인간의 이성을 존중하고 생활의 경험을 통해 세계를 이해하려는 태도이다. 이것은 신의 계시에서 진리를 얻으려는 기왕의 태도와 대비되는 것으로서 계몽주의는 신의 왕국에서만이 달성할 수 있다고 믿었던 완벽의 상태를 인간의 이성적 노력에 의해서 지상에서 이룰 수 있다는 믿음을 전제하고 있다고 볼 수 있다. 더욱이 이러한 생각은 르네상스 이후 이루어진 과학적 발견에 크게 힘입고 있는데, 데카르트, 베이컨 등은 철학적으로 새로운 세계인식의 길을 제시했다. 그들은 개인의식, 특히 자기의식이 모든 진리발견의 유일한 원천임을 확신하고 그 방법을 체계적으로 제시하려 했다."(최유찬, 『문예사조의 이해』, 실천문학사, 1993, 98~99쪽)

47) 강인숙은 김동인의 문학을 현세적 쾌락주의, 에고이즘, 물질주의 등으로 설명하면서, "김동인이 추구한 것들 중에서 완전히 탈락되어 있는 항목이 '선'"임을 지적하고 있다(강인숙, 「김동인과 자연주의」, 『김동인전집』 17권, 조선일보사, 234쪽).

48) 김윤식 · 정호웅 공저, 『한국소설사』, 예하, 1997, 소설사 연표 참조.

인의 「감자」는 바로 이러한 당시의 작풍과 관련이 있다. 그러나 빈곤을 소재로 한 것은 동일하지만, 신경향파 소설이 사회의 구조적 모순을 파악하려는 것과 달리, 「감자」가 보여주는 황폐한 세계가 어떠한 이상이나 지향점을 담고 있지 않으며, 곤핍한 무산자들의 문제를 다루기 위해 빈곤에 주목했다기보다는, 동인이 생각하고 있는 인간 본연의 추루한 모습-악의 진실-이 발화될 수 있는 조건과 환경으로서 '극빈'이라는 극한 상황을 선택하고 있다는 점에서 신경향파 소설들과 변별된다.

「감자」는 많은 논자들이 동인의 대표작으로 꼽고 있는 작품으로, 주로 '자연주의'[49] 혹은 '리얼리즘' 등의 범주에서 논의되어 왔다. 「감자」에 나타나는 악의 표상들은 이렇듯 '자연주의' 혹은 '리얼리즘'[50]이 표방하고 있는 '진리' 혹은 '실재'와 관계된다. 그것은 앞서 살핀 바와 같이, 세계를 이해하는 유일한 기준으로서의 자기의식이라는 근대적 주체의 자각과 더불어서이다. 그러한 주체적 사유를 통해, 고전소설에서 선험적으로 주어진 선인과 악인의 전형적인 이분법적 구도가 해체되면서, 선악의 미분화된 상태에 있는 한 개인이 어떠한 경로를 통해 '악'과 파멸의 길에 이르게 되는지를 보여주고자 한다. 강 엘리자벳트라는 순진무구하지만 허영심 가득 찬 신여성의 성적 타락과 파탄, 무분별한 자유연애 풍조에 휩쓸린 낭만적 몽상가 K의 이야기는 그들이 처음부터 '악'을 체현하고 있는 절대 악인이 아니라, 나약함 혹은 욕정을 통한 자기 방기 등이 그들을 '악'으로 이끈 원인이라는 것을 제시하기 위한 것이다. 즉, 김동인의 문학에 있어서의 악은, 기존의 선악의 개념을 해체하고 새로운 모랄을 제시하는 속에서 드러

---

49) 자연주의의 범주에서 논의한 대표적인 연구서들은 다음과 같다.
김동리, 「자연주의의 구경」, 『문학과 인간』, 백민문화사, 1946.
김우종, 『한국현대소설사』, 성문각, 1982.
강인숙, 『자연주의 문학론 1』, 고려원, 1987.

50) 자연주의는 대체로 리얼리즘과 동일한 의미를 지니나, 굳이 구분지어 논의될 때의 기준은, 자연주의가 진실에 접근하는 방법이 보다 과학적 합리성에 가깝다는 것, 과학의 방법을 문학의 방법에 적용하려한다는 점이다(최유찬, 앞의 책, 200쪽).

나는 것이 아니라, 과정에 대한 분석에서 새롭게 조명되는 것이다.

「감자」에서 드러나는 '악'도 이러한 맥락에서 이해될 수 있다. 「감자」에서 드러나는 구체적인 '악'의 범주에 놓이는 목록들을 살펴보면, 간음, 매춘, 간통 등의 성적 타락, 게으름, 시기, 질투, 싸움, 도둑질, 살인, 구걸, 빈곤 등등이다. 이러한 목록들은, 전통적인 선악의 개념과 동일한 차원에서 인식되는 것으로 악에 대한 새로운 인식을 보여주지는 않는다. 그러나 김동인 문학의 근대성은, '악'을 체현한 개인이 그로 말미암아 파멸해가는 과정을 냉정하게 탐구하려는 태도에 있다. 이것은 자기의식을 통해 세계를 인식하고 이해하려는 계몽의식의 소산으로, 분석적 사유를 통해 세계의 법칙을 이해하려는 근대적 태도인 것이다. 이러한 탐구 속에 동인이 이해하고 있는 인간악의 실상은 이러하다. 복녀는 처음부터 비도덕적인 인물은 아니다. 첫 장에서 간략하게 제시되는 그녀의 이력은, 칠성문 밖으로 밀려나기 전까지는 복녀가 최소한의 '도덕적 저품'을 가지고 있는 평범한 양민이었음을 독자들에게 알려준다.

> 싸움, 간통, 살인, 도둑, 구걸, 징역, 이 세상의 모든 비극과 활극의 근원지인, 칠성문 밖 빈민굴로 오기 전까지는, 복녀의 부처는(사농공상의 제이위에 드는) 농민이었었다.
>
> 복녀는, 원래 가난은 하나마 정직한 농가에 규칙있게 자라난 처녀였었다. 이전 선비의 엄한 규율을 농민으로 떨어지자부터 없어졌다. 하나, 그러나 어딘지는 모르지만 딴 농민보다는 좀 똑똑하고 엄한 가율이 그의 집에 그냥 남아 있었다. 그 가운데서 자라난 복녀는 물론 다른 집 처녀들 같이 여름에는 벌거벗고 개울에서 멱 감고, 바짓바람으로 동네를 돌아다니는 것을 예사로 알기는 알았지만, 그러나, 그의 마음 속에는 막연하나마 도덕이라는 것에 대한 저품을 가지고 있었다. (전집 7권, 364쪽)

윗 글의 '농민이었었다. 처녀였었다'라는 진술은 복녀의 운명이 그녀의 태생과 관련없이 타락하여 갈 것이라는 것을 암시[51]하고 있는데, 그녀의 타락의 원인은 앞서 살펴본 강 엘리자벳트나 K와 같이 나약함과 정욕이 아니라, 보다 근본적인 차원에서의 '생존'이라는 필연성이다. 우선 동인은, 타락의 본격적인 시작을 칠성문 밖이라는 이 세상의 '모든 비극과 활극'의 근원지인 빈민굴로 옮기면서부터라고 상정해 놓는데, 이를 통해 빈곤과 악의 친연성에 대한 인식을 볼 수 있다. 그러나 신경향파 작가들이 주인공들의 악행을 통해 사회와 인간을 움직이는 '자본'의 논리와 사회적 모순을 고발하는 것과는 달리, 동인은 복녀의 타락의 원인으로 궁핍에 의한 개인적 윤리의식의 변질에 초점을 둔다. 즉, 「감자」에서 궁핍이라는 사회적 문제는 복녀라는 한 개인의 사적 영역인 '성'과 '윤리의식'의 문제로 전화됨으로써, 개인의 문제로 환원되는 것이다. 그것은 나도향의 「뽕」이 가난보다도 안협집의 성적 방탕에 초점을 두고 있는 것과 마찬가지로, 궁극적인 파국의 원인을 인간의 원초적인 욕망에 둠으로써 탈역사적인 관점을 취하고 있다. 이는 어디까지나 문학을 '사적 영역'에서 이해하고자 하는 동인의 일관된 문학관의 반영으로, 도덕은 물론 사회정치, 역사현실 등의 제 모순과 문제를 '개인'의 문제로 환원하고 있는 것이다.52)

---

51) 「감자」의 이러한 서술자의 태도, 문체와 관련하여 황도경은, 기존에 냉철한 객관적 서술의 작품으로 평가되어 왔던 이 작품은 사실, 서술자의 직접적인 설명과 인형조종술사적 태도로 인해, 오히려 리얼리티와 객관성을 확보하지 못하고 있으며, 동인의 객관주의는 단지 위장된 주관이라고 언급하고 있다(황도경, 「위장된 객관주의」, 『김동인 문학의 재조명』, 새미, 2001).

52) 동인문학의 탈역사적, 초현실적인 경향에 대해서는 많은 논자들이 지적한 바 있다. 특히, 임화가 동인을 주관적인 좁은 '자연주의'로 규정하면서 다음과 같이 '개인주의적' 경향에 대한 언급은 이후 많은 논자들에게 영향을 끼쳤을 뿐 아니라 매우 적실한 것으로 주목할 필요가 있다.

"김동인이야말로 도덕과 정치와 전통과 환경으로부터 독립한 순수한 의미의 개성이라는 것을 소설 가운데서 생각하기 시작한 사람이다. 그러나 춘원은 개성이라는 것보다는 언제나 정치와 민족과 도덕과 전통과 그 외의 초개인적인 전체라는 데 주요한 관심을 두고 온 사람이다. 비록 개성의 문제를 제기하고 그것을 추구할 때라도 언제나 초개인적인 전체의 일원으로서 개성이라는 것을 생각했다. 그러나 동인은 이와 반대로 전체의 문제라는 것을 생각할 때도 개인의 입장이라는 것을 근원

복녀가 최소한의 윤리의식을 저버리고 '빈민굴'의 타락한 생존방식을 택하게 되는 일차적인 원인은 다음과 같이 그녀의 남편의 게으름 탓으로 그려진다.

> 그는 열 다섯 살 나는 해에 동네 홀아비에게 팔십 원에 팔려서 시집이라는 것을 갔다. 그의 새서방이라는 사람은 그보다 이십년이나 위로서, 원래 아버지의 시대에는 상당한 농민으로서 밭도 몇 마지기가 있었으나 그의 대로 내려오면서는 하나 둘 줄기 시작하여서, 마지막에 복녀를 산 팔십원이 그의 마지막 재산이었었다. 그는 극도로 게으른 사람이었었다. (전집 7권, 364쪽)

결국 극도로 게으른 남편 탓에 그들 부처는 막벌이와 행랑살이에도 실패하고, 결국 칠성문 밖 부락으로 밀려가게 되는데, 여기까지의 경위까지가 이 작품의 서장에 해당하며, 본격적인 이야기는 칠성문 밖에 발을 디딘 이후부터 시작된다.

> 이젠 어디로 가나? 그들은 할일 없이 칠성문 밖 빈민굴로 밀리어 오게 되었다.
>
> 칠성문 밖을 한 부락으로 삼고 그 곳에 모여 있는 모든 사람들의 정업은 거라지요, 부업으로는 도둑질과 (자기네끼리의) 매음, 그 밖에 이 세상의 모든 무섭고 더러운 죄악이었었다. 복녀도 그 정업으로 나섰다. (전집 7권, 365쪽)

여기서 복녀의 파멸의 결정적인 원인으로 제시되는 '칠성문 밖'의 삶은,

에 두었고, 따라서 인간의 육체적 자연적 욕구라는 것을 긍정하였다. 춘원은 인간의 자연적인 욕구를 전면에 내세울 때라도 항상 그것을 도덕이라는 거울에 비추어 봄을 잊지 않았다."(임화, 「소설문학의 20년」, 임규찬 · 한진일 편, 『신문학사』, 한길사, 1993, 389～390쪽)

'칠성문 안'이 상징하고 있는 공동체 질서와 가치규범이 부재하는 '야만의 상태'를 상징하고 있다. 그곳에서는 '칠성문 안'에서 문명 사회가 타부시하고 죄악시하는 모든 것들이 활개를 치는 자연의 상태로, 그곳에서 유일하게 기능하는 것은 '가치'와 '도덕'이 아니라, '생존 본능'이라는 원초적 본능이다. 복녀는 칠성문 밖으로 밀려난 직후 한동안, '자연'의 생리를 받아들이지 못해 그네들과 동화되지 못하다가, 송충이 잡이 감독의 유혹을 통해 새로운 삶의 방식을 수용하면서부터 적극적으로 자연의 생리를 실천하게 된다.

> 복녀의 도덕관 내지 인생관은, 그때부터 변하였다.
> 그는 아직껏 딴 사내와 관계를 한다는 것을 생각하여 본 일도 없었다. 그것은 사람의 일이 아니요, 짐승의 하는 짓쯤으로만 알고 있었다. 혹은 그런 일을 하면 탁 죽어지는지도 모를 일로 알았다.
> 그러나 이런 이상한 일이 어디 다시 있을까. 사람인 자기도 그런 일을 한 것을 보면, 그것은 결코 사람으로 못할 일이 아니었었다. 게다가 일 안 하고도 돈 더 받고, 긴장된 유쾌가 있고, 빌어먹는 것보다는 점잖고……. 일본말로 하자면 '삼박자' 갖은 좋은 일은 이것뿐이었었다. 이것이야말로 삶의 비결이 아닐까. 뿐만 아니라, 이 일이 있은 뒤부터, 그는 처음으로 한 개 사람이 된 것 같은 자신까지 얻었다. (전집 7권, 367쪽)

윗 글에서 복녀가 보여주는 변화는 무엇보다 도덕이나 윤리의식을 벗어버린 상태에서 만끽하는 자존감과 자신감의 충족이다. 그녀는 이기적 요구에 대항하는 도덕성이 '칠성문 밖'의 삶에서 아무런 의미가 없음을 깨닫고 절대적으로 자기보존 본능과 여기에 기반한 탐욕을 실천하게 되는데, 그럼으로써 그녀는 '한 개 사람이 된 것 같은 자신감'을 획득하게 되고 그녀의 삶은 이제 '가치'와는 무관하지만 보기 드문 활력을 띠게 되는 것이다. 그러면서 그녀는 '성'이 치부의 강력한 수단이 된다는 것을 잘 인식하고 적극적으로 매음에 나서게 되고, 왕서방의 애첩이 되어 '빈민굴의 한 부자'가 된다. 그러나 왕서방이 색시를 얻자, 이에 분노한 복녀는 칼을 휘두르다가 결국 죽음에 이르게 된다. 마지막에 복녀가 보여주는 질투에 눈이 먼 광기에 찬 행동은 사실, 칠성문 밖의 야만의 세계에서 허용되는 그들 생존의 방식의 한 양상에 불과하다. 그것은 문명의 은택에서 배제된 인간들이 본능적 생의 충동을 표출하는 방식으로 칠성문 밖이라는 공간에 내재되어 있는 매춘부의 운명인 것이다. 그리고 복녀의 행위는 '성'을 '식량'과 맞바꿔버린 복녀의 처절한 자기보존본능에서 나온 원초적 본능일 뿐, 왕서방과의 애욕에서 나온 것으로 보기는 어렵다.

결국 「감자」를 통해, 동인이 형상화하고 있는 것은 평범한 인간 속에 내재되어 있는 '근본악'으로서 그것은 이기심과 탐욕을 의미한다. 그리고 이것은 문명이라는 공동체 질서 속에서 억압되거나 위장될 수 있지만, 극단적인 조건과 환경에서는 절대로 인간이 포기하지 못하는 인간의 본질이라는 것이다. 따라서 도덕이나 윤리는 인간의 사회적 제 행위의 표층을 이루는 허울일 뿐, 심층에는 이러한 야만성과 이기심이라는 인간의 진실이라는 것을 강조하고 있다. 동인은 이렇듯 '근본악'으로 드러나는 인간의 진실은 권선징악이라는 당위의 차원이나 인간에 대한 신뢰의 문제를 떠나 '사실'의 차원에서 우리가 승인해야할 필연성이자 '진리'임을 역설하고 있다. 극단적인 상황에서 폭로되는 인간의 진상은, 「태형」이나 「포플라」와 같은 작품을 통해서도 드러난다. 「태형」은 간혹 민족주의 사상을 형상화한 작품으로 논의되기도 하나, 그것은 독립투사로 감옥에 갇혔다는 주인공의 상황을 확대 해석한 것에서 비롯된 것이다. 오히려 민족의식은 이념적 지향은커녕 최소한의 도덕과 양심마저 거세되어버린 인물이 보여주고 있는 동물적 이기심과 본능에 대비되면서, 가장 강력한 허위의식으로 그려진다. 자신의 고유성을 상실하고 수감번호로 호명되면서 감옥 속에 한낱 사물로 던져진 '나'는 민족의 안위는커녕, 조금 더 넉넉한 공간을 위해 동료를 죽음으로 몰아넣는 극악한 수성(獸性)을 드러낸다. 다섯 평이라는 좁은 공간에 마흔 한명의 수감자가 빼곡히 들어찬 공간에서 간신히 숨만

내쉬고 있는 나에게는 더 이상 민족도 자유도 타인도 아무런 의미가 없다.

> 그러나 지금의 그들의 머리에는 독립도 없고, 민족 자결도 없고, 자유도 없고, 사랑스러운 아내나 아들이며 부모도 없고, 또는 더위를 깨달을만한 새로운 신경도 없다. 무거운 공기와 더위에게 괴로움 받고 학대받아서, 조고맣게 두개골 속에 웅크리고 있는 그들이 피곤한 뇌에 다만 한 가지의 바램이 있다 하면, 그것은 냉수 한 모금이었었다. 나라를 팔고 고향을 팔고 친척을 팔고 또는 뒤에 이를 모든 행복을 희생하여서라도 바꿀 값이 있는 것은 냉수 한 모금 밖에는 없었다. (전집 7권, 234~235쪽)

인용문에서 보듯, 민족 자결도, 자유도, 가족조차도 다 팔아서라도 얻고자 하는 것은 단지 그들 개인의 일신상의 안위가 아니라, 최소한의 생존이다. 이것은 기한작도(飢寒作盜)의 원리로, 생존 앞에서는 어떠한 윤리도 무가치하다는 생각을 드러내는 동시에, 극단적인 상황에서 노출되는 이기심을 보여준다. 그러나 최소한의 생존이라는 절박함 속에서 드러나는 그들의 이기심은 작가의 의도적인 상황연출을 통해 배척해야할 '악'의 형상이 아니라 수긍할 수밖에 없는 인간의 어쩔 수 없는 본질로 형상화되는 것이다.

착하고 정직하고 근면한 한 사내가 정욕 때문에 악의 구렁텅이로 빠져 살인과 강간을 일삼는 치한과 살인자로 변모하는 「포플라」에서도 이러한 인간의 본질은 어김없이 드러난다. 정직하고 부지런한 인간이 광포스러운 색마로 돌변한다는 선과 악의 밀착은 어떠한 위대하고 고귀한 인간조차도 근본악으로서의 욕정과 충동에서 자유로울 수 없다는 동인의 인간관을 보여주는 것이다.

결국 동인이 이해하는 인간의 참모습은 도덕이나 윤리를 벗어던진 원초적인 본능의 인간이다. 그리고 그러한 인간의 참모습은 극단적인 상황에서만 폭로되는 것으로, '궁핍' 혹은 '생존' 혹은 '최소한의 성욕 충족' 등의 절대적인 상황 앞에서는 '선'은 단지 허위의식일 뿐이라는 것을 거듭 강조하고 있다. 한 인간이 극단적인 상황에 놓이면 기존의 춘원식의 이상주의 문학에서 보여주듯, 타인과 이념을 위해 희생하기보다는 자기 보존 본능에 충실한 것이 '진실'이라는 것은, 많은 논자들이 지적했듯, 물질주의와 자연주의적 사고에 기반한 것이다. 그러나 이러한 동인의 인간관이 물질주의적 혹은 자연주의적 사고에서 비롯되었다는 논의와 상관없이, 문제는 이렇듯 객관적 과학적 실증적 태도에 의해 고찰되었다는 근본악으로서의 인간의 실상이, 사실은 전혀 객관성과 보편성을 얻고 있지 못하다는 것이다. 동인은 모든 인간을 극단적인 상황에 몰아넣으면 반드시 '선'이라는 위선의 탈을 벗고 인간 본연의 '악'을 드러낼 것이라고 주장하는데, 그것은 다만 동인의 그러한 생각에서 출발하여 인물들을 배치하고 이끌고 가고 있을 뿐, 리얼리티를 획득하고 있지 못하다. 이는 다음 장에서 좀더 구체적으로 살펴볼 항목으로, 그의 근본악으로서의 인간관이 매우 주관적이고 선험적인 인간 이해라는 것, 그리고 그것은 권선징악이라는 기존의 윤리의식에 대항하여 진리의 편에 서려했던 동인의 지나친 목적의식에서 나온 것이라고 볼 수 있다.

정리하자면 「감자」에서 보여주는 악의 표상은, '사실'적 차원에서 드러나는 인간의 본질로 탐욕과 본능에 충실함으로써 비롯되는 야만성과 이기심이다. 그리고 고전소설에서와 같이 절대 악인과 절대 선인이라는 전형적인 인물이 따로 있는 것이 아니라, 환경에 의해 인간악이 발현되고 결정된다는 동인의 인식은 '근대'의 산물인 과학적 계몽적 의식의 소산이라고 할 수 있다.

2) 「狂炎소나타」에 나타난 악의 표상 : 미의 표상으로서의 악의 형식과 악마적 탐미성

앞서 「감자」에서의 '악'은, 봉건적 윤리는 물론 인간에게 덧씌워진 모든 당위성을 제거하고 철저히 인간을 진리의 차원에서 고찰하였을 때 드러나는 인간의 실체였다. 그리고 그것은 계몽 기획의 한 범주로서, 전근대적 미몽에서 깨어나 근대적인 과학문명을 조선에 실현하려는 당대 지식인들의 열망을 반영한다. 앞 장에서 밝혔듯, 김동인은 신문화 운동을 통해 근대화에 앞장서고자 했으며, 이는 그가 예술과 과학을 동일시함으로써 가능했다. 그가 문학을 신문물이자 박래품이자, 선진문명으로 받아들였다는 것, 따라서 누구보다도 문학을 '형식'으로 이해했다는 점은, 동인 문학에서 계몽성과 탐미주의가 공존할 수밖에 없는 배경을 암시하고 있다. 앞서 「감자」의 악의 표상이 사실적 차원에서 '진리'를 드러내주고 있다면, 「狂炎소나타」 계열의 작품에서의 악의 표상은 미학적 차원에서의 '탐미주의' 내지는 '낭만주의'를 의미한다. 어찌하여 동인문학에 계몽주의와 탐미주의가 함께 공존할 수 있었는지는 김동인만의 개인적인 사정보다는 개화기 이후 한국 근대가 맞이한 특수성 속에서 이해해야 할 것이나, 이 글의 맥락에서 이해하자면, 이러한 도식이 가능할 것이다. 우선적으로 김동인이 예술을 과학과 동일시함으로써 무엇보다 문학을 통해 '근대성'을 지향했다는 것, 그리고 그 근대성 지향은 이광수와는 다른 계몽의 담론을 통해 실천되었는데, 그것이 동인에게는 이광수식의 공리적 문학관이나 이상주의 문학이 아니라, 예술의 자율성을 옹호하는 '미적 근대성'을 의미한다. 미적 '근대성'은 서구 사조상 낭만주의 문학의 발생과 밀접하게 관련이 있으며, 미적 모더니티는 '예술지상주의' 내지 '탐미주의' 등의 보다 극단화된 예술적 자율성 옹호를 통해 구체화되고 확립된다. 미적 근대성을 통해 근대성을 추구하고자하는《創造》를 위시한 동인지 문단과 동인도 춘원의 공리주의와 이상주의에 맞서 자연주의 내지 예술지상주의를 주장했으나, 문제는 미적 근대성이라는 '반근대적 근대성'을 밀고 나가기에는 당대의 현실은 서구의 경우와는 달리 아직 근대성조차 확립되지 못한 척박한 상태였다는 데 있다. 따라서 당대의 여타의 작가들도 이러한 문제에서 크게 벗어나지 못했듯이, 동인 또한 계몽주의라는 근대성과 탐미주의라는 반근대적 근대성을 함께 병행할 수밖에 없었던 것이다. 이러한 구도에서 드러나는 '악'의 표상도 이러한 맥락에서 이해할 수 있을 것이다. 첫째, 동인문학에서 '악'은 고전소설은 물론 이광수의 이상주의 문학에서 '권선징악'이라는 전근대적인 미몽에서 탈피하여 '자아'라는 근대적 주체를 정립하였을 때 인식할 수 있는 세계의 모습이다. 둘째, '악'은 공리적 문학관에서 벗어나 예술의 자율성이라는 미적 근대성 차원에서 사유할 때, 적극적으로 긍정되고 수용될 수 있는 미학적 범주이다. 첫 번째는 「감자」를 통해서 살펴보았듯이 리얼리즘 내지는 자연주의라는 보다 넓은 계몽적 합리성 속에서 드러나는 악의 표상이었다. 두 번째는, 「狂炎소나타」라는 작품을 통해 구체적으로 형상화되는 것으로, '악'이 단지 미학적 차원에만 놓이는 것이 아니라 궁극적으로는 근대적 합리성의 지평 위에 있음을 구체적인 작품 분석을 통해 살펴볼 것이다.

동인이 이광수식의 계몽주의 내지 목적론적 문학관에 대항하여 예술의 자율성을 강조하고, 더 나아가 '예술을 위한 예술'이라는 기치를 내세워 한국 근대문학사에 유미주의를 정초하였음은 주지의 사실이다. 동인을 탐미주의 혹은 예술지상주의로 논할 때, 가장 뚜렷한 증거로 제시되는 동인의 '예술지상주의' 선언, 즉 선과 상반된 '惡'을 포함한 일체를 '美'에 합치시키고자 한다는 미학적 선언은 문학의 영역에서 '선'의 항목을 모조리 배격하고 오히려 '선'의 반대편의 것을 미적인 것으로 끌어들이는 극단적 사상으로 나아간다. 따라서 여기서 그가 파악하고 있는 '미'의 이념은 '악' 혹은 특이한 것, 그로테스크 한 것 등등의 부정적인 것들을 적극적으로 수용하고 있는 낭만주의 미학관에 속한다고 할 수 있다. 이러한 낭만주의적 미학관은 당시, 20년대 동인지 문단의 낭만주의 경향과 영향관계에 놓이면서 한편으로는 동인의 일본 체류 시절, 일본 낭만주의 미술의 중심인물인 후지시마에게 미학 강의를 들었다[53]는 데서 그 기원을 찾아볼 수 있

53) 김윤식에 의하면 후지시마 다케지(藤島武二, 1867~1943)는 낭만주의 사조의 중심부에 서 있던 화가로 동인이 이러한 후지시마의 낭만주의적 탐미 정신을 통해 문학에서 예술지상주의를 주창하였을 것이라 추측하고 있다(김윤식, 『김동인 연구』, 88

다. 이것은 동인이 문학을 문사수양의 전통에서 벗어나 미학적 차원에서 사유할 수 있었던 배경으로 이해할 수 있을 것이다. 무엇보다 예술을 '자기 욕구'에 기반한 자기 표현과 창조성으로 이해하고[54] 이를 통해 예술의 절대성을 추구하는 동인의 문학관은 미적 근대성을 가능케 한 서구의 낭만주의 예술론과 기본적으로 같은 입장을 취하고 있음을 알 수 있다. 동인뿐 아니라 1910년대 이후 한국문학이 근대적 개인의 내면을 강조하고 내면적 질서를 정립하려는 낭만주의적 명제를 그 핵심적 과제[55]로 지니고 있었음은 여러 논자에 의해 지적된 사실이다. 그러나 누구보다도 '참자아'[56]를 강조하고, '참예술론'을 강조한 동인이지만, 실제 창작에 있어서는(초기 작품은 물론 낭만주의적 경향을 띠고 있긴 하다) 낭만주의와는 변별되는 여러 가지 동인만의 특색을 보여준다. 예를 들어, 당시 동인지 문단의 낭만주의나 혹은 서구 문예사조에서 강조하고 있는 낭만주의 중요한 특징으로 거론되는 '동경'이나 '무의식' '꿈' '환몽' '죽음에의 지향' 등등이 동인문학의 핵심적 테마는 아니었다. 다만 김동인은 그러한 낭만주의에서 강조하는 몇 가지의 항목들을 공유하면서도 동인만의 독특한 문학세계를 펼쳐보인다고 할 수 있을 것이다.

「狂炎소나타」(1929)는 이러한 동인의 낭만주의 경향이 어떻게 그의 계

~93쪽).

54) "藝術이란 무어시냐, (중략) '사람이, 自己 기름자의게 生命을 부어 너어서 活動케 하는 世界-다시 말하자면, 사람 自己가 지어노흔, 사랑의 世界, 그것을 니름이라'하는 것이다. 엇더한 要求로 말 암아 藝術이 생겨낫느냐, 한 마듸로 대답하려면, 이거시다. 하누님의 지은 世界에 滿足지 아니하고, 엇던 不完全한 世界던 自己의 精力과 힘으로서 지어 노흔 뒤에야 처음으로 滿足하는, 人生의 偉大한 創造性에서 말믜암아 생겨낫다."(「자긔의 創造한 世界」, 『김동인 평론 전집』, 20쪽)

55) 김춘식, 앞의 책, 47쪽.

56) 동인의 자아중심주의가 일본의 시라카바파의 영향을 입었음에도 불구하고, 실제적으로는 그들의 이상주의적 예술론과는 양상을 달리한다는 점은 김윤식이 지적한 바 있다(앞의 책, 96쪽). 이렇듯 여러 영향 관계에서 발생한 김동인의 자아주의가 '절대주체'라는 동인 특유의 주체론으로 발전하고 있음은 특기할 만하다.

몽주의적 합리성과 결합되는지를 잘 드러내주는 작품이라고 할 수 있다. 계몽주의와 낭만주의는 모더니티의 두 측면이다.[57] 서구 문학사상 낭만주의는 계몽주의에 대한 반발에서 비롯된 것이지만 사회적 정치적 모더니티와 함께 '반근대적 근대성'으로서 존재한다. 근대 '자연과학의 절대화'인 계몽주의가 이성을 통해 세계를 파악하는 반면, 낭만주의는 상상력과 환상을 통해 세계의 변혁을 요구한다. 그러나 이 둘은, '神'이라는 절대 타자에서 벗어나 인간을 세계의 중심으로 등극시켰다는 점에서 근대적 사고의 한 범주에 놓인다. 이광수 이후 우리 근대문학 초기의 풍경은 이러한 계몽주의와 낭만주의의 혼류를 통해, 근대성을 새롭게 정초하는 양상을 보여왔다. 김동인 문학의 출발점은 예술의 자율성을 확보하고자 한 낭만주의에서 시작되지만, 그 또한 이러한 한국 근대문학 초기의 복합적 양상에서 크게 벗어나지 못하고 있다. 이는 낭만주의적 문학관이 계몽적 언설을 통해 형상화되고 개진되고 있는 「狂炎소나타」를 통해 확인할 수 있을 것이다.

「狂炎소나타」는 김동인이 줄곧 강조하던 탐미주의적 사상을 소설로 옮겨놓은 일종의 예술론이라 할 수 있는데, 탐미주의 사상을 문학적으로 형상화했다기보다는 K라는 비평가의 계몽적 진술을 통해 주장된 일종의 담론의 성격이 강하다. 아무리 끔찍한 범죄행위도 미에 이바지하는 것이라면 허용될 수 있는가라는 동인의 문제의식이 문제적 인물인 음악가 백성수의 행로와 그의 내면을 통해 독자들에게 경험되고 물어지는 것이 아니라, 이미 천재를 옹호하는 음악 비평가를 통해 예시되고 주장되는 것이다. 범죄행위에서 얻은 감흥을 통해서만 창조적이고 위대한 작품을 만들어내는 가공의 인물에 관한 이야기인 「狂炎 소나타」는 크게 세 가지 층위로 이루어져 있다. 첫 번째는 서술자가 직접적으로 이야기의 허구성, 혹은 개연성에 대해 언급하는 층위, 그리고 두 번째는 음악 비평가 K와 사회교화

57) M. 칼리니쿠스, 앞의 책, 53쪽.

자 모씨의 대화, 또 하나는 백성수의 편지이다.

첫 번째 서술자는 작품 도입부에서 앞으로 하려는 이야기가 "이 지구상의 어떠한 곳에 있었는지도 모르겠다, 있는지도 모르겠다, 혹은 있을지도 모르겠다, 가능성(可能性)뿐은 있다. 그런지라, 내가 여기 쓰려는 이야기의 주인공 되는 백성수(白性洙를) 혹은 알벨트라 생각하여도 좋을 것이요"(전집 7권, 464쪽)라고 전제한다. 이것은 이 작품에 리얼리티와 개연성을 부여하려는 의도에서보다는 오히려 리얼리티에 대한 환상을 깨뜨리려는, 철저히 가공과 허구에 근거하는 것이라는 점을 강조하는 것이라고 볼 수 있다. 이를 통해 「狂炎소나타」가 다른 작품과는 달리 '상상력'과 '환상'이라는 낭만주의적 예술론에 입각하여 창작되고 있음을 알 수 있다.

짤막한 서두 부분을 제외하고는 이 작품은 크게 K와 사회교화자 모씨의 대화라는 외화와, K의 진술과 백성수의 편지를 통해 드러나는 내화로 구성되어 있다. 음악 비평가 K와 백성수의 편지를 통해 드러나는 백성수라는 천재 음악가는 낭만주의 예술론을 체현하고 있는 인물로, 그가 K라는 후원자를 만나, 그의 음악적 천분을 범죄와 함께 본격적으로 발휘하기 이전까지의 내력은 다음과 같다.

K에 의하면 백성수의 아버지 또한 음악적 천분을 타고 태어난 사람이었으나 시민 세계와 결연한 채, 술과 무분별한 생활 속에 그 광포성을 발휘하다가 죽는다. 백성수는 아버지가 죽은 후, 유복자로 태어나 홀어머니 밑에서 가난하나 어질고 현명한 어머니 덕분으로, 정규 교육은 받지 못했으나 계속적으로 음악을 접하면서 자라났다. 그의 무의식과 내부에는 아버지에게 물려받은 천재적 재능과 감흥들이 잠재되어 있으나 어진 교육 탓으로 성인이 되기까지 그는 건전한 한 명의 시민으로서만 자라온다. 그러다 위독한 어머니를 위해 우연히 돈을 훔치게 되고, 6개월의 감옥살이를 하고 나온 그는 어머니의 무덤도 모른 채 울분을 삭이게 된다. 그러던 어느날, 백성수는 예전에 돈을 훔치다가 잡혔던 가게를 지나가게 되고, 즉흥적으로 방화를 하게 된다. 자신이 저지른 불길을 보면서 평생 느껴보지

못한 감흥을 느끼게 된 백성수는 광기와 야성에 휩싸여 피아노를 두드리게 되고 그리하여 탄생한 것이 「狂炎소나타」라는 것이다. 이를 통해 입증된 백성수의 천재성과 탁월함은 예배당에서 우연히 백성수의 탄주를 들은 K의 감상을 통해 다음과 같이 전달된다.

> 그것은 순전한(野性) 야성적 음향이었습니다. 음악이라 하기에는 너무 힘있고 무기교(無奇巧)이었습니다. 그러나 음악이 아니라기에는 거기는 너무 괴롭고도 무겁고 힘있는 감정이 들어있습니다. 그것은 마치 야반의 종소리와도 같이, 사람의 마음을 무겁고 음침하게 하는 음향인 동시에, 맹수의 부르짖음과 같이 사람으로 하여금 소름 돋치게 하는 무서운 감정의 발현이었읍니다. 아아, 그 야성적 힘과 남성적 부르짖음, 그 아래 감추어 있는 침통한 주림과 아픔, 순박하고도 아무 기교가 없는 그 표현! (중략) …… 좀 급속도로 시작된 빈곤, 거기 연하여 주림, 꺼져가는 불꽃과 같은 목숨, 그러한 것을 지내서 한참 연속되는 완서조(緩徐調)의 압축된 감정, 갑자기 튀어져 나오는 광포(狂暴), 거기 연한 쾌미(快味), 홍소(哄笑)-이리하여 주화조(主和調)로서 탄주는 끝이 났읍니다. 더구나 그 속에 나타나 있는 압축된 감정이며 주림, 또는 맹렬한 불길 등이 사람의 마음에 주는 그 처참함이며 광포성은, 나로 하여금 아직 문명이라 하는 것의 은택에 목욕하여 보지 못한 야인(野人)을 연상케 했다. (전집 7권, 468~469쪽)

"음악이라 하기에는 너무 힘있고 무기교"의 것, "순전한 음향"에 가까운 "음악" "괴롭고도 무겁고 힘있는 감정" "처참함" "광포성" 등등의 과도한 감정적 수식어를 통해 표현되는 「狂炎소나타」에 대한 K의 감상은 백성수를 통해 동인이 추구하고자 하는 미학의 성격이 어떤 것인지를 잘 드러내준다. 불쾌와 쾌를 동반한 이상한 쾌미,[58] 감상자의 인식능력으로

---

58) 칸트에 따르면 "대상이 숭고한 것으로 파악될 때는 즐거움이 따르는데 이 즐거움은 오로지 불쾌의 매개를 통해서만이 가능하다. (중략) 숭고의 감정은 그래서 미가 이성을 대신하여 크기에 대한 평가를 할 때, 상상력의 불충분성으로 인해 유발되는

는 도저히 파악할 수 없는 불편한 체험, 광포성과 야만성에 의해 압도당하는 이러한 미적 체험은 다름 아닌 '숭고(sublime)'의 체험인 것이다. 그것은 조화와 균형과 질서의 세계인 고전적 '미'의 범주 바깥에 있는 것으로 롱기누스, 버크, 칸트 등에 의해 논의되고 낭만주의 미학에서 적극적으로 수용되면서 긍정적으로 조명받게 된 또 다른 미적 범주인 것이다. 고전적인 우아미와 반대편에 있는 '숭고'라는 차원을 통해 그동안 도외시되었던, 부정적인 것들, 대표적으로 공포나 악이나 혹은 무질서와 혼돈 등등의 사유를 뛰어넘는 것들이 새롭게 조명되고 긍정되었으며, 현대 미학은 이렇듯 숭고에 의해 새롭게 열린 감각의 지평 위에 놓인다고 할 수 있다. 위에서 일체의 사유의 틈입이 불가능한 격정과 파동 속에서 몰형식의 형식, 무기교의 기교 등 카오스와 혼돈, 질풍노도의 양상으로 드러나는 백성수 음악의 본질은 '감성'을 예술의 원천으로서 적극적으로 옹호하는 낭만주의 미학을 의미하는 것이다. 동인은 백성수를 이러한 낭만적 예술론을 완전히 체현하고 있는 인물로, '감정'의 순수한 현현으로서 그리고자 했는데, 그것은 두 가지 방법을 통해서이다. 하나는 '음악'이라는 예술적 장르를 통해, 또 하나는 일체의 사유를 벗어나 시민성과 규범과 문명을 위반함으로써만 가능해지는 예술적 충동을 통해서이다. 음악의 정신을 그리스 비극의 정신과 연결시켜 극찬하고 있는 니체에 의하면, 음악의 다른 모든 예술과의 차이점은 음악은 "의지의 적절한 대상의 모사가 아니라 의지 자체의 직접적 모사이고 따라서 세계의 모든 물체들에 대한 형이상학적인 것, 모든 현상에 대한 물 자체를 모사한다는 점이다."[59] 따라서 음악은 인간의 욕망과 감정과 충동을 가장 직접적이고 순수하게 표현하는 예술장르이며, 선율은 창작자의 감정의 추상적 기호가 되는 것이다. 따라서 백성수를 '감정'이라는 순수한 기호로서 기능케 하고자 했던 동인은 그에게 음악이라는 장르를 선택하게 한 것이다. 천재 음악가인 '백성수'는 범죄를 통해

불쾌의 감정이다."(뤽페리, 『미학적 인간』, 방미경 역, 고려원, 1994, 147쪽)

59) 니체, 『비극의 탄생』, 김대경 역, 청하, 1998, 106쪽.

일깨워진 격렬한 파토스를 가장 순수한 형태로 형식화하는 '감정'이라는 기호, 감정이라는 추상성에 다름 아니다. 이러한 추상화는 또다시 문명과 야만, 이성과 감정, 정신과 육체의 이분법 속에서 오롯이 한쪽의 세계에 속하게 함으로써 더욱 강화된다. 즉, 백성수의 음악은 전적으로 문명과 이성과 정신의 소산이 아니라는 것, 순전히 그것은 야만과 감정과 육체에 속하며, 이를 입증하게 위해 더욱 극단적으로 그를 반사회적으로 이끌고 있는 것이다.

그것은 처음에는 온건하게 체계적인 교육과 교양의 세계에 대한 거부에서 시작되고, 백성수를 간파한 K의 다음과 같은 충고 속에서 백성수의 음악 세계는 점차, 반문명적 성격을 드러내게 되는 것이다.

> 자네에게는 그러한 교육이 필요가 없어. 마음대로 나오는대로 하게. 자네 같은 사람에게 계통적 훈련이 들어가면 자네의 음악은 기계화해버리고 말어. 마음대로 온갖 규칙과 규범을 무시하고 가슴에서 터져 나오는 대로…… (전집 7권, 477쪽)

그러나 이러한 온건한 부정은 백성수에게 어떠한 창작 충동을 불러일으키지 못하고, 결국 그는 적극적이고 자발적인 범죄행각을 통해 강렬하고 야만적인 파토스를 체험하게 되고 흥분과 희열 속에서 음악 세계를 구축해간다.

> 그것은 너무도 기괴한 일이라, 저로서도 믿기워지지 않는 일이었습니다. 그 송장을 타고 앉았읍니다. 그리고 그 송장의 옷을 모두 찢어서 사면으로 내어던진 뒤에 그 발가벗은 송장을 (제 힘이라 생각되지 않는) 무서운 힘으로 쳐들어서, 저편으로 내어던졌습니다. 그런 뒤에 마치 고양이가 알을 가지고 놀듯, 다시 뛰어가서 그 송장을 들어서 도루 이편으로 던졌습니다. 이렇게 몇 번을 하여 머리가 깨어지고 배가 터지고-그 송장은 보기에도 참혹스러이 되었읍니다. 그리하여 그 송장을 다시 만질 곳이 없이

> 된 뒤에 저는 그만 곤하여 그 자리에 앉아서 쉬려다가 갑자기 마음이 긴장되고 흥분되어서, 집으로 달려왔읍니다. 그날 밤에 된 것이『피의 선율』이었읍니다. (중략) -그 여자가 죽었다는 것은, 제게는 너무도 뜻밖이었읍니다. 저는 그날 밤 혼자 몰래 그 여자의 무덤을 찾아갔읍니다. 그리고 칠팔 시간 전에 묻어 놓은 그의 무덤을 찾아갔읍니다. 그리고 칠팔 시간 전에 묻어 놓은 그의 무덤의 흙을 다시 파서 그의 시체를 꺼내어 놓았읍니다.
>
> 푸르른 달빛 아래 누워 있는 아름다운 그의 모양은 과연 선녀와 같았읍니다. 가브엽게 눈을 닫고 있는 창백한 얼굴, 곧은 콧날, 풀어 헤친 검은 머리-아무 표정도 없는 고요한 얼굴은 더욱 처염함을 도왔습니다. 이것을 정신이 없이 들여다보고 있다가, 저는 갑자기 흥분이 되어-아아 선생님, 저는 이 아래를 쓸 용기가 없읍니다. 재판소의 조서를 보시면, 저절로 알으실 것이올시다. 그날 밤에 된 것이『사령』이었읍니다. (전집 7권, 480~481쪽)

위의 장면은 편지를 통해 백성수 자신이 저지른 살인과 시체모독, 그리고 시간(屍姦)을 고백하는 대목으로「狂炎소나타」중에서 가장 끔찍하고 그로테스크한 장면이라고 할 수 있다. 시체의 머리가 깨지고 배가 터진 참혹한 광경, 시체를 강간하는 것을 통해 긴장과 흥분 속에서 <피의 선율> <사령>이라는 명곡을 완성했다는 것은, 백성수의 범죄본능과 창작심리의 함수관계를 가장 극명하게 드러내준다. 즉, 백성수의 음악은 단지 역겹고 추악하기만 한 대상에서 비롯된 '추의 미' '악의 미'가 아니다. 어디까지나 금기된 것들을 위반하면서 생기는 전율과 흥분이 그의 창작을 추동한다는 것, 그리하여 창작된 것이 '狂炎소나타' '성난 파도' '피의 선율' '사령'이라는 것은 제목이 암시하듯, 보다 역동적이고 생동적인 '힘의 미학'을 의미한다. 순수한 예술의 표상으로 기능하는 백성수의 음악세계는「감자」에서 온갖 범죄와 악행이 난무하는 야만적 세계인 칠성문밖과 동일한 세계이지만,「狂炎소나타」에서 보다 강조되는 것은 모든 충동과 본능이 갖고 있는 능동적이고 적극적인 힘에 대한 긍정인 것이다. 김동인의 유미주의가 구체적으로 지향하는 '미'의 특성은 다음과 같이 K를 통해 표명된다.

> 베토벤 이후로는 음악이라 하는 것이 차차 힘이 빠져 가서, 꽃이나 계집이나 찬미할 줄 알고 연애나 칭송할 줄 알아서, 선이 굵은 것은 볼 수가 없이 되었읍니다. 게다가 엄정한 작곡법이 있어서, 그것은 마치 수학 방정식과 같이 작곡에 대한 온갖 자유스런 경지를 제한해 놓았으니깐, 이 후에 생겨나는 음악은 새로운 길을 개척하기 전에는 한 기술이 될 것이지, 예술이 될 수는 없읍니다. 예술가에게는 이것이 쓸쓸해요. 힘 있는 예술, 선이 굵은 예술, 야성으로 충일된 예술-우리는 이것을 기다린 지 오랬읍니다. 그럴 때에 백성수가 나타났습니다. (전집 7권, 482쪽)

꽃, 계집, 연애 등이 의미하는 것은 서정적이며 감상적인 예술, 또는 고전적인 우아미를 의미한다. 그러나 K를 통해 진술되는 김동인의 유미주의 이상은, 꿈과 이상과 절도와 조화의 아폴로적 세계가 아니라 도취와 격정과 혼돈으로 가득찬 디오니스적인 황홀경인 것이다. 그리고 이러한 야만과 도취의 미학을 구현하고 있는 백성수는 낭만적 영웅이자 천재로 형상화된다. 영웅과 천재, 그것은 낭만주의 미학에서 강조하는 절대적 주관성의 표상이다. 천재는 예술적 자율성의 토대에서 발생한 미적 주관성의 표출로 '계몽적 근대가 내재화했던 주관과 객관의 이분법적 구분을 전제로 한 주관성이 아니라, 세계의 중심에 선 나로서의 절대적 주관성, 세계와 융합된 전체'를 의미한다.[60] 따라서 「狂炎소나타」의 백성수라는 '천재'는 디오니소스적 도취와 황홀경 속에서 자아처럼 개별적 존재의 내면성을 넘어서 세계의 중심에서 말하는 주관성의 표상인 것이다.

「狂炎소나타」를 통해 표출되는 동인의 미의식은 이렇듯, '자아'의 자기

---

60) 김진수, 앞의 책, 16쪽.

정립적 활동성을 강조하고 상상력과 절대적 주관성을 중시하는 낭만적 예술론의 범주에 놓인다고 할 수 있다. 모든 것을 '미'라는 이념에 수렴시키고자 한 동인의 예술지상주의는 이러한 낭만적 미학관에서 이해될 수 있으며, 탐미주의를 통해 지향하고 있는 '미'의 특성 또한 미의 이상이 아니라 낭만주의 예술의 이념인 정신의 창조적인 자유를 의미한다고 할 수 있다.[61)]

따라서 「狂炎소나타」를 통해서 드러나는 악의 표상은 공동체적 관습과 윤리의 차원을 뛰어넘어, 방화와 살인, 시체 모독 등등의 더 적극적이고 반인륜적, 반사회적인 범죄를 통해 구체화되는데, 「감자」계열의 작품에서와는 달리, 이것은 사실의 차원이 아니라 미학적 차원에서 긍정된다. 그러나, 「狂炎소나타」에는 이러한 끔찍한 악의 표상들이 단지 상상력과 환상을 통해 미적 차원에서만 향유되고 체험될 수 없게 하는 '사실적 차원'의 개입이 존재한다. 그것은 K라는 음악비평가와 사회교화자의 대화, 그리고 K라는 화자를 통한 간접서술과 백성수의 편지라는 형식[62)]에 의해 들여온다.

우선, 이 소설의 세 가지 층위에서 첫 번째 층위인 소설의 서두에서는 이 이야기의 리얼리티가 아니라 낭만성 혹은 비현실성을 강조하고 있다. 그러나, 뒤이어 계속되는 K와 사회비평가의 대화는 앞서 펼쳐놓은 이 이야기의 비현실적 환상성에 제동을 걸면서, 이 기괴한 이야기에 대한 반성적이며 비판적 인식과 성찰의 시선을 들여온다.

> 또 한 가지-사람의 천재라 하는 것도, 경우에 따라서는 어떤 '기회'가 없으면 영구히 안 나타나고마는 일이 있는데, 그 '기회'란 것이 어떤 사람에게서, 그 사람의 '천재'와 '범죄본능'을 한꺼번에 끄을어 내었다면 우리

61) 같은 책, 93쪽.

62) 편지는 앞장에서도 언급했듯, 고백의 형식을 통해 자신의 행위와 삶의 주인이 되고자 하는 근대적 주체의 양식이다.

는 그 '기회'를 저주하여야겠읍니까, 축복하여야겠읍니까?

글쎄요.

(중략)

네, 지금 ×× 정신병원에 감금돼 있는데, 그 사람의 일대기를 이야기할 께 들으시고, 사회교화자(社會敎化者)로서의 의견을 말씀해 주십쇼. (전집 7권, 465쪽)

K의 질문, 한 인간에게 천재성과 범죄본능이 함께 공존한다면 그것을 축복해야하는가 저주해야하는가라는 문제제기는, 백성수 이야기를 통해 동인이 묻고자 하는 것이 아니라, 미리 준비된 답을 제시하기 위한 하나의 포석에 불과하다. 그리고 바로 이 질문과 곧 이어질 답을 통해, 이 사태를 현실적으로 어떻게 인식하고 파악해야하는가라는 문제를 '인식의 지평' 속에 직접적으로 노출시킴으로써, 내화인 백성수의 이야기를 독자가 미적으로 향유할 수 있는 길을 차단하고 있는 것이다. 이것은 이를 테면, 브레히트의 서사극 이론처럼, 관객이 극중 인물과 사건에 감정이입의 유로를 차단하여 낯설게 보게 함으로써 보다 사태를 객관적으로 인식하도록 하는 효과를 가져오는 것이다. 따라서 작품 내화의 서술자로 등장하여 백성수의 이야기를 진행해가는 K라는 화자의 존재는, 독자가 낭만적 내화 속에 동화되지 못하도록 하면서, 이러한 사태를 어떻게 파악하고 이해할 것인가라는 인식론적 사유를 들여오는 것이다. 그러나, 이 K라는 존재는 전적으로 객관적 중립성을 유지하면서 그 판단과 인식의 지평을 독자에게 맡기지는 않는다. 오히려, K라는 화자는 사회교화자라는 대화상대 혹은 내포독자를 대상으로 끊임없이 자신의 입장과 의견을 피력하면서 이야기를 이끌어가는 것이다. 즉, 음악비평가 K는 오롯이 감성과 야성으로만 이루어진 백성수를 대신하여 백성수를 변호하는 '이성과 사유'를 의미하는 것이다. 그리하여 결국, 이야기를 마친 K는 사회교화자의 부정적 반응에 다음과 같이 언급함으로써, 백성수를 직접적으로 옹호하고 나선다.

> 사실 말이지, 백성수의 그의 예술은, 그 하나하나가 모두 우리의 문화를 영구히 빛낼 보물입니다. 우리의 문화의 기념탑입니다. 방화? 살인? 변변치 않은 집개, 변변치 않은 사람개는, 그의 예술의 하나가 산출되는 데 희생하라면 결코 아깝지 않습니다. 천 년에 한번, 만 년에 한번 날지 못날지 모르는 큰 천재를, 몇 개의 변변치 않은 범죄를 구실로, 이 세상에서 없이하려 버린다 하는 것은 더 큰 죄악이 아닐까요. 적어도 우리 예술가에는 그렇게 생각됩니다. (전집 7권, 482쪽)

서두에서 K가 조심스럽게 꺼낸 '기회'론에 비한다면, 결말의 K의 이러한 발언은 사뭇 과격하고 극단적인 주장이라고 할 수 있다. 결국, 화자로서 존재하던 K는 이 대목에서 전면적으로 자신의 존재를 드러내고 적극적으로 개입하면서 이제까지의 백성수의 이야기를 K의 주장을 위한 하나의 삽화로 떨어뜨리게 되는 것이다. 예술과 문화라는 인류 문명을 위해서라면, 백성수의 끔찍한 반사회적 비인간적 악행도 단지 '변변치 않는 범죄' '변변치 않는 사람개에 지나지 않다'라는 것, 그것 때문에 한 천재를 없이한다는 것이야말로 더 큰 죄악이라는 생각은 위험천만한 전체주의적 발상이며, 전도된 인간주의이다.[63] 그리고 K의 이러한 개입이야말로 독자로 하여금 백성수의 사건을 사실적 차원에서 판단하고 인식하게 하는 가장 큰 요인이 된다고 할 수 있을 것이다. 여기에서 또한 동인이 윤리와 당위를 제거하면서 정립시키고자 했던 새로운 가치질서와 선악개념이 다시 한번 강조된다. 즉 앞서 살펴본 「弱한 者의 슬픔」을 통해 드러냈던 선=강, 악=약자의 논리는 여기에서도 천재라는 한 영웅에 대한 숭배를 통해 드러나면서, 강자의 논리는 '힘의 미학'과 연결되면서 더욱 강화되고 있는 것이다. 차이와 타자를 배려하고 존중하는 윤리를 거세하고 남는 것은, 절대주체라는 유일자, 절대 강자라는 천재와 영웅숭배인 것이다.

---

63) 이러한 필자의 윤리적 비평이야말로 K의 적극적인 개입과 발언이 가져온 실재적 효과일 것이다.

「狂炎소나타」에서 악을 표상하는 백성수의 일련의 악행은 일차적으로 반사회적 반인륜적 범죄 속에 부정적으로 형상화되지만, 도취와 열정, 감정적 파토스를 중시하는 낭만주의 미학 속에 그의 악마적 탐미성이 긍정되고 옹호된다. 그러나 이러한 낭만성과 탐미성은 K라는 음악비평가라는 화자의 간접서술과 개입과 계몽적 언설, 그리고 백성수의 편지라는 양식을 통해 '악'은 미학적 차원에서 향유되지 못하고, 낭만주의 혹은 유미주의 사상은 보다 강고하고 직접적인 계몽적 진술 속에 하나의 이데올로기로서 제시되는 것이다. 따라서 「狂炎소나타」는 동인의 유미주의 사상을 구체화하고 있지만, 그것은 작품 내적으로 심미화되어 향유되기보다는 계몽되고 있다는 것을 알 수 있다. 또한 이 작품을 통해 드러나는 동인의 유미주의의 정향은 아름다운 꿈과 환상이 펼쳐지는 미학적 유토피아라기보다는 인간의 모든 욕망과 충동이 긍정되고 야만성과 광포성이 혼돈 속에 질주하는 디오니소스적 격정의 세계임을 알 수 있다. 그러나 그것은 오로지 특별한 개인, 즉 자각된 주체에게만 허용되는 것이다. 강 엘리자벳트의 육체성과 쾌락은 부정되는 것도 바로 이러한 이유인 것이다.

3. 초월적 욕망의 미학

1) 절대 주체와 인형조종술

앞서 사실적 차원과 미학적 차원에서 드러나는 악의 표상은 '필연성'과 '탐미주의'로 긍정되고 있음을 살펴보았다. 이번 장에서는 진리와 미의 표상인 '악'이 작품 내적으로는 어떠한 방식으로 형상화되고 있는지를 살펴볼 것이다. 구체적인 고찰 이전에, 다시 한번 지적하고 넘어가야 할 것이 있는데, 그것은 김동인의 문학론과 근대적 주체의 성격이다. 이것이 '악'의 미학적 차원을 살펴보는데 우선적으로 고려되어야 하는 이유는, 동인이 창작세계를 구축하는데 있어, 인물에 성격을 부여하고 플롯을 구상하며, 스타일을 결정하는, 동인의 확고하고 일관된 원리가 담겨 있기 때문이다.

앞서 살펴본 대로, 동인의 예술관은 기본적으로 낭만적인 예술관에 입각하고 있다. 그러나 서구의 낭만주의가 근대 부르주아적 합리성을 부정하고 '반근대적 근대성'이라는 또 하나의 모더니티를 탄생시켰던 것과는 달리, 동인은 예술을 과학과 동궤에 놓음으로써, '반근대적 근대성'으로서의 미적 근대성이 아니라, '계몽에 대한 또다른 계몽'이라는 이중의 근대성 속에서 예술을 인식했다는 것이다. 그리고 이러한 맥락 하에서 강조되는 미적 주체 또한 '근대에 대한 근대'라는 이중의 근대성을 입고 탄생하는 새로운 의미의 근대적 주체가 된다. 우선, 동인이 강조하고 있는 '절대자아'는 미적 차원에서만, 즉 상상력과 환상세계 속에서만 유의미하고 혁명적인 절대 주관성이 아니다. 그의 절대 자아는, 환상이나 유령으로만 존재하지 않고, 스스로가 '실체'가 되고자 한다는 데 문제가 있다. 악마적 탐미성을 상징하고 있는 '백성수'나 '솔거'와 같은 인물들의 예술세계가 비극적 파탄으로 치닫는 것 또한, 동인이 '환상'과 '낭만적 상상력'의 소산인 인물들은 그들 세계인 환상적이며 비현실적인 세계에 살도록 하지 않고, 냉혹한 현실 속에서 살아가게 했기 때문이다. 따라서 그들의 낭만적 미적 유토피아는 필연적으로 파탄에 이르게 되는 것이다. 리얼리즘과 로맨티시즘의 조우, 그것은 이질적인 두 미학의 유기적 통합이나 새로운 미학의 창조가 아니라, 미학의 파탄으로 귀결된다. 구체적으로 낭만주의와 문명, 창조적 자아와 계몽적 주체성, 욕망과 인식, 허구성과 리얼리티, 개성 존중과 개별성의 절대화 등은 동인문학에 속에 공존하는 대립적인 지향들이다. 우선 이러한 이질적인 것들을 대별하는 리얼리즘과 로맨티시즘이 어떻게 공존할 수 있었는지를 살펴보자.

근대소설의 요건으로서 리얼리즘을 강조하기 이전에, 김동인이 힘주어 강조한 소설의 의의는 "자긔의 創造한 世界"와 "자긔에 대한 참사랑"이라는 낭만주의적 예술관이다. 그러나 이러한 낭만주의적 예술관은 서구의 낭만주의와 당시 동인지 문단의 '창조적 자아'와 '개성'에 대한 강조라는 측면에서만 공통점을 보일 뿐, 실제 작품과 그가 추구하는 소설미학은 낭만주의와 궤를 달리 한다. 우선, 김동인의 '창조성'에 대한 숭배는 자연과의 친화력을 강조하는 낭만주의와는 달리 오히려 문명과 인공미라는 측면에서 소설을 적극적으로 긍정하는 것으로 드러나는데, 이런 맥락에서 그는 소설의 허구성을 가장 의식적으로 긍정한 근대 작가라 할 수 있다. '소설의 기원과 그 역사적 전개'를 소개하고, 사건(플롯), 성격, 분위기, 문체 등 소설의 실제적 요건을 들어 소설작법에 주의를 기울이는 등, 김동인은 '픽션'으로서의 소설에 대한 장르적 이해를 철저하게 의식하고 있었다고 볼 수 있다.

이러한 허구성에서 출발한 소설의 근대적 양식은 김동인에게는 리얼리즘을 의미했다. 그는 "近代小說 이전의 '이야기'와 近代小說의 차이점"은 '진실성'에 있으며, "리얼리즘의 발달이야말로 근대소설의 생명이며 가장 큰 요소"[64]임을 거듭 강조하였다. 그러나 이러한 리얼리즘이 단지 사실을 '있는 대로' 묘사하는 것이 아니라 실재치 못할 일이라도 실재성을 띠게 하고, 복합다단한 사실들에 통일성을 부여하는 것이라는 것임을 명확히 밝히고 있다. 또한 "善者必才子佳人 惡者必'愚男奸女"[65]나 '권선징악'의 구도를 보여주는 고소설이나 춘원 소설과 달리, 실제 인물의 다양한 성격을 창조하여 인생의 문제를 본격적으로 다루는 것이 리얼리즘의 사명이라고 언급하고 있는 것이다. 이러한 리얼리즘에 대한 인식은 '악의 표상'들이 김동인 소설에서 이전의 계몽적 태도와는 다른 방식으로 의미화 되는 배경이 된다. 즉, 선하고 아름다운 인물의 궁극적인 승리와 악하고 우둔하고 추한 인물의 궁극적인 패배의 연계고리를 부정함으로써, 「弱한 者의 슬픔」이나 「마음이 옅은 者여」의 재자가인의 비극적 파국을 통해 인생의

64) 김동인, 「朝鮮近代小說考」, 앞의 책, 51~52쪽.
65) 김동인, 「小說에 對한 朝鮮 사람의 사상을」, 같은 책, 30쪽.

추악한 진실을 드러낼 수 있었던 것이다. 또한, 인물이 욕망과 운명이라는 자연적 사태 속에서 그려지는 인생의 어두운 진상(「감자」「포플라」「송동이」)은 '자연주의'라는 보다 분화된 리얼리즘의 양식 속에서 표출된다.

김동인은 근대 소설의 가장 중요한 요건으로 리얼리즘을 강조하는 한편, 이와 함께 병행해야 할 근대소설의 또 다른 특징으로 로맨티시즘이라는 '꿈과 幻夢과 유토피아' 양식을 다음과 같이 제시하고 있다.

> 그러나 사실묘사의 일방에 기울이기 때문에 乾燥無味한 맛이 자연히 따르게 될 것이니 여기 이 결함을 보충키 위하여 생겨난 者가 로맨티시즘이다. (중략) 性格的 방면을 대표하는 리얼리즘의 골자와 事件的 방면을 대표하는 로맨티시즘의 가미가 잘 조화되여 여기서 비로소 近代人의 기호에 꼭 맞는 近代小說이 대성을 하게 되었다. 經驗과 幻夢의 아름다운 조화야말로 理智的이면서도 또한 미지의 나라를 동경하여 마지 않는 現代人에게는 가장 큰 귀여운 것임에 틀림이 없을 것이다.[66)]

이렇듯 리얼리즘을 근대소설의 성격으로, 로맨티시즘을 사건구성의 지침으로 파악하고 있는 윗 글은, 동인의 작품이 미학적으로 실패할 수밖에 없는 핵심적인 사태를 드러내준다. 동인 단편들의 미학적 균열은 바로 이러한 이질적 미학의 공존에서 필연적으로 예기될 수밖에 없는 것이다. 앞서 살펴 본 「狂炎소나타」가 대표적으로 그러하고, 낭만주의적 경향이 농후한 「弱한 者의 슬픔」「마음이 옅은 者여」「눈을 겨우 뜰 때」 등의 작품이 결말에서 보여주는 계몽적 담론 등은 바로 이러한 동인의 미학적 태도에서 비롯된 것이다.

그러나, 동인의 작품이 이질적인 두 개의 상반된 미학적 균열 속에 놓이지만, 끝내 그가 소설을 포기하지 않고, 지속적으로 작품을 양산해낼 수 있었던 것은, 그러한 균열 위에 버티고 있는 동인만의 창작방법론 때문이

66) 김동인, 「近代小說의 勝利」, 앞의 책, 52쪽.

다. 그것은 많은 논자들이 지적하고 있는 '신으로서의 소설가' 즉 '神'이라는 절대적 지위에서 인물과 사건을 인형처럼 놀리는 '인형조종술'67)이다. 창작방법론으로서의 '인형조종술'은 그의 낭만적 예술론과 리얼리즘을 균열을 견지하고 통합하는 핵심적 원리이며, '유아론적 주체', 절대개성이라는 천재 옹호론에 이미 발현되고 예기되었던 것이라고 할 수 있다.

그가 문학이라는 예술을 근대적 합리성의 산물인 과학과 동일시하고 있다는 것은 그의 '미적 주관성'이라는 낭만적 자아에 다음과 같은 행로를 부여한다. '참자아'는 공동체의 가치 내지 도덕과는 무관한 비윤리적이고 따라서 반사회적인 감정을 포함한 일체의 자기 욕구를 긍정하고 인식해야 하며, 진정한 예술가는 이러한 '자기의 세계'를 창조하고 이를 통해 '자아'를 드러냄은 물론, 자기의 세계를 개진하고 자신의 개별성을 입증해야 한다는 것이다. 이는 동인의 문학관이 삶에 대한 반성적 인식과 통찰력을 바탕으로 더 나은 인간의 삶과 사회를 지향하는 게 아니라, 어디까지나 자기 존재 증명이라는 개별성의 절대 긍정과 힘의 논리에 기반하고 있음을 보여준다. 따라서 예술과 과학은 진리를 탐구하는 근대적 형식이라는 데에서 일치할 뿐 아니라 '인간' 힘의 증명과 확대라는 측면에서 또한 일치되는 것이다. 「목숨」에 나오는 다음과 같은 구절과 평문은 이러한 동인의

---

67) 김윤식은 인간이 곧 神이라는 비유가 어떻게 김동인의 낭만주의와 자연주의라는 모순된 속성 위에 성립하는지를 다음과 같이 언급하고 있다.
"원래 인간이 바로 신의 자리에 놓일 수 있다는 주장은 낭만주의자들의 사상이었다. 무한이라든가, 영원이라든가, 완전한 것에 대한 동경이 바로 그러한 것으로 될 수 있다는 신념을 낳아 자기 황홀증에 빠진 것이 낭만주의의 허상이었다. 한편 인간은 이성적 동물이며 이성으로써 모든 것을 지배할 수 있다는 사상이 전개되었는데, 이 역시 이성중심주의적 세계관이다. 이 합리주의적 이성이 낳은 결과 중 하나가 갈릴레이의 측량술로 대표되는 자연주의다. 인간이 곧 신이라는 비유가 낭만주의 속성에도, 자연주의의 속성에도 함께 적용될 수 있었던 것이다. 김동인의 인형조종술이 놓인 자리가 이러한 모순된 비유 속에 섰던 것이며, 이를 당시의 용어로 바꾸면 개성의 자각으로 된다."(김윤식, 「김동인 소설의 놓인 자리」, 앞의 책, 141쪽)

의식을 잘 드러내준다.

> 나는 곤충학(昆蟲學)을 연구하고 있었는데, 그는 한 예술가로서 시인이었다. 다시 말하자면, 나와 그는 과학(科學)과 예술(藝術)의 두 끝에 대립하여 있었다. 그렇지만, 그와 나 사이에는 공통점이 있었다. 자연을 끝까지 개척하여 우리 '사람'의 정력뿐으로 된 세계를 만들어 보겠다는 과학자인 나와, 참 자기의 모양을 표현하고야 말겠다는 예술가인 그와는, 제이(第二)의 자기를 만들어 놓는다는 데 공통점이 있다. (전집 7권, 166쪽)

> 나는 科學과 藝術의 領域境界線을 珊瑚를 動物이랄지 植物이랄지 區別키 힘드는 그 以上 힘든다 생각혼다.
> "어듸까지가 藝術이냐."
> "어듸까지가 科學이냐."
> (중략)
> 모든 科學品(이라 ᄒᆞ는 것)도 그 實노는 藝術이다. 엇던 작은 科學品이던 그것은 사름의 煇然혼 사라 잇는 모양의 象徵이다. 藝術의 目的이 이것-사름의 사라잇는 모양의 表現-이면 엇던 科學品이라도 不知不覺 中에 藝術이 되어버린 것은 定혼 일이다. (중략)
> 모든 科學品(이라는 것)이 그 技術에 依ᄒᆞ여 藝術인 同時에 그 物件 자신도 또혼 藝術이다.
> 藝術의 偉大가 自然의 偉大보담 生命이 잇고 더 큰 것은 定혼 일이 아니냐. 사름의 힘은 위대혼 것이다.68)

시인과 과학자가 '자연'을 개척하여 사람의 '정력'뿐으로 된 세계를 만든다는 데 공통점이 있다는 인식은, 야만과 자연을 인간 이성의 힘으로 지배하고 인간화할 수 있다는 계몽주의의 소산이다. 그러나 차이점은 과학이 인간의 '이성'을 바탕으로 한 것이라면, 예술은 '감정'을 기반으로 한

68) 「사람의 사른 참 模樣」, 앞의 책, 344쪽.

것이라는 것, 그리고 '이성'과 '감정'은 '정력'이라는 총체적인 '힘'의 논리에 의해 규합되면서 '인공성'과 문명 예찬으로 귀결되는 것이다. 이것은 그의 작품의 구성과 양식상의 특징이 일관된 원리에서 파생된 것임을 말해주는 증거로 그의 근대성에 대한 인식이 "근대를 '기술'-대상에 대한 의식적 개입을 통해 그것을 인간적으로 의미 있는 사물을 변화시킬 수 있는 작용(지배)가능성-의 차원에서 파악"[69]되고 있다는 것이다. 따라서 예술적 범주 안에서 작가는 과학자와 동일하게 대상에 대해 의식적으로 개입하고 조작하는 '인형사'로서의 절대적 주체가 되는 것이다. 이는 위에서 살펴보았듯이 동인이 인식하고 있는 유아론적 주체관과 일맥상통하고 있는 것이다.

김동인에게 있어서 주체적인 인간이란, 기존의 선악을 초월하여 자신의 감정에 충실할 뿐 아니라, 자신의 감정에 대해서도 충분히 인식한 자이다. 동인은 전통적인 유교적 세계관에 의해 정욕, 욕망 그 자체는 악의 근원이지만, 윤리라는 당위성의 차원을 떠나, 그것은 필연적으로 인간 내부와 세상에 존재하는 실상이며, 그 속에서 몰락해가는 것이 인간의 운명이라고 보고 있다. 동인은 인간의 욕망과 정욕을 인간의 실체, 참모습으로 보았다. 그리고 동인에게 있어서 이러한 것은 기존의 전통적인 윤리관에서와 같이, '악'으로 인식된다. 예를 들어, 김동인이 악의 목록으로 부정적인 시선 속에 형상화하는 것은 성적 방탕, 타락과 탐욕 등등 성모랄과 기존의 도덕에서 비윤리로 치부하는 것들이다. 그리고 이러한 인물들은 '권선징악'의 고소설에서처럼, 몰락하는 운명으로 그려진다. 그런데, 그들이 몰락하는 것은 그러한 도덕적 타락 때문이 아니라 그 자체에 대한 주체적 인식, 자각이 부족한 탓이라고 본다. 즉, 비극은 한 인간의 비주체적 삶의 행태에서 비롯된 것이지, 인간 내부에 존재하는 '악'의 근원인 감정과 정욕

---

69) 박헌호, 「한국 근대 단편양식과 김동인(1)-김동인의 소설관을 중심으로」, 《작가연구》 2호, 1996, 298쪽.

때문은 아니다. 그리하여 그는 그러한 인물들의 정욕과 탐욕을 인간의 진짜 모습으로 제시하면서, 그들이 몰락하여 가는 것은 그들이 자신 안에 있는 욕망과 자기 욕구를 제대로 인식하지 못한 나약함과 비주체성 때문이라고 진단한다. 이와 반대로, 그러한 욕망을 자각하고 자기모랄로서 세계에 개진하는 사람, 이를테면 진시황과 같은 사람은 진정한 주체로 부상된다. 다만, 그러한 악의 근원인 충동과 욕망에 의해 파국에 이르지 않는 초인이 있다면, 그것은 참자기의 욕구를 정확히 인식하고, 선악을 초월하여 그것에 대해 신념을 가지고 세계에 개진하는 자이다. 그들이야말로 '참자기'로서 살아가는 자이고, 진정으로 강한 자라는 것이다. 예를 들어, 작품에서 짧게나마 암시되는 그러한 인물은 진시황 단 한 사람밖에는 없다. 진시황이야말로 김동인이 그리는 주체적 인간이며 진정으로 '강한 자'이다.

> 나는 이러한 아름다운 봄 경치에 이렇게 마음껏 봄의 속삭임을 들을 때는, 언제든 유토피아를 아니 생각할 수 없다. 우리가 시시각각으로 애를 쓰며 수고하는 것은-그 목적은 무엇인가? 유토피아 건설에 있지 않을까? 유토피아를 생각할 때는 언제든 그 '위대한 인격의 소유자'며 '사람의 위대함을 끝까지 즐긴' 진나라 시황(秦始皇)을 생각지 않을 수 없다.
>
> 우리가 어찌하면 죽지를 아니할까 하여, 소년 삼백을 배를 태워 불사약을 구하러 떠나보내며, 예술의 사치를 다하여 아방궁을 지으며, 매일 신하 몇천 명과 잔치로서 즐기며, 이리하여 여기 한 유토피아를 세우려던 시황은, 몇 만의 역사가가 어떻다고 욕을 하든, 그는 정말로 인생의 향락자며 역사 이후의 제일 큰 위인이라고 할 수 있다. 그만한 순전한 용기 있는 사람이 있고야 우리 인류의 역사는 끝이 날지라도 한 '사람'을 가졌었다고 할 수 있다. (전집 7권, 189쪽)

윗 글에는 동인이 동경하고 지향하는 '강자'의 성격이 극명하게 드러나 있다. 그것은 자신의 욕망과 향락을 끝까지 즐기고 실현시키는 자, 도덕과 윤리 등등의 타자의 관습과 공동체적 질서와 상관없이 '자신'을 끝까지 포기하지 않는 자이다. 따라서 그들은 악의 근원인 자신 내부의 '욕망'을 통제하고 극복하는 이성적 주체가 아니다. 그렇다고 그러한 욕망에 의해 파멸되는 인물들도 긍정적 인물은 아니다. 그들은 자신의 욕망에 의해 끌려가는 자가 아니라 욕망을 긍정적으로 인식하고 능동적으로 실현하려는 행위의 주인이다. 따라서 동인의 '강자'는 자신의 욕망에 대해 확신하고, 기존의 선악의 구도를 초월하여 세계 속에 자신을 개진하는 그러한 자를 의미한다. 동인이 추구하는 주체적 인간은 바로 진시황처럼 개별성을 최대한도로 확대하여 세계에 개진하는 존재, 힘의 논리에 의해, 개별성을 절대자의 위치에 올려놓을 수 있는 자이다.

이렇듯 선악과 모든 현세적인 질서를 초월하여 '자신'을 개진하는 인물은 동인에게 있어서는 '소설가' 즉 '예술가'이다. 그는 '神'이라는 절대 타자를 밀어내고 그 자리에 '창조자'로서의 '작가'를 신격화시킴으로써 위대한 인간의 한 가능성을 창작을 통해 타진하고 있는 것이다. 따라서 여러 번 그가 언급하고 있는 톨스토이의 위대함은 진시황의 위대함과 동일한 맥락에서 찬양되는 것이다.

> 먼저 써스터예으스키-를 보자. 그는 마침내 '人生'이라 하는 것을 創造하엿느냐. 하엿다. 그것도 훌륭한-참 人生의 모양에 갓가운 人生을 創造하엿다.
>
> "사랑으로써 모든 것은 解決된다"는 人生을 創造하엿다. 그러치만 그 뒤가 틀녓다. 그는, 自己가 創造한 人生을 支配치를 안코, 그만 自己 自身이 그 人生 속에 싸저서, 엇절 줄을 모르고 헤매엿다.
>
> 그러면, 톨스토이는 엇더냐. 그도 한 人生을 創造하엿다. 하기는 하엿지만, 그 人生은 틀린 人生이요 小규모의 人生이다. 그는, 범을 그리노라고 개를 그린 畵工과 한가지로, 참 人生과는 다른 人生을 創造하엿다. 그러고도, 그는 그 人生에 滿足하엿다. 그리고, 그 人生을 自由自在로, 人形 놀리는 사람이 人形 놀리덧 自己 손바닥 우에 올려 노코 놀렷다. 썩구러도 세워 보고, 바로도 세워보고, 웃겨도 보고, 울리워도 보고, 自己 마음대

> 로 그 人生을 操縱하엿다.
>
> 톨스토이의 偉大한 點은 여긔 잇다. 그의 創造한 人生은, 假짜던, 眞짜던 그것은 상관없다. 藝術에서는 이런 것의 區別을 許諾지를 안는다. 뿐만 아니라 自己의 要求로 말믜암아 創造한 그 世界가 假짜던 眞짜던 무슨 상관이 이슬가, 自己의 要求로 말믜암아 생겨나스니까.70)

이렇듯 현실과 실재와는 상관없이 가짜든 진짜든 자신의 욕구에서 말미암은 세계를 창조하는 자, 그 세계의 '인생'을 인형 놀리듯 손바닥 위에 올려 놓고 마음대로 조종할 수 있는 자야말로 위대한 예술가라는 지적은, 동인이 예술을 통해 이르고자 하는 길, 즉 '神'이 되고자 하는 초월적 욕망을 드러낸다. 동인은 극단적으로 기존의 도덕과 문학, 심지어는 춘원 문학의 근대적 성과까지를 일체 부정하고 자신과 더불어 《創造》의 문학사적 의의를 스스로 격상시키는 것은 이러한 초월적 욕망에서 비롯되었다고 볼 수 있는 것이다. 그러나 이 초월적 욕망은 낭만적 세계에 대한 동경과 무한한 절대성 지향을 통해 드러나는 것이 아니라, 현세적 욕망 위에 서 있다는 점에서 낭만적 초월과 변별된다. 동인은 자신을 비롯한 인물들의 현세적이고 본능적인 쾌락 욕구를 전적으로 긍정하였으며, 실제적으로 가산을 탕진하고 방탕과 향락을 일삼는 시기를 거치기도 했다. 동인의 근대적 합리주의는 감각주의의 진리를 긍정, 통속의 세계를 탐구하고, '물질적, 기계적' 인간관에 기초해 인간에 대한 환상을 제거하는 데 주력했지만, 그의 작품 세계가 안일한 통속주의에 머물지 않은 것은 '자아'라는 자명한 확실성에 집착했기 때문이다. 그의 유아론적 사고는 그가 누구보다도 '리얼리즘'을 강조했음에도 불구하고, 결국 문학을 통해 구체적 역사와 현실, 구체적 인간을 탐구하지 못하고, 자신의 선험적 현실인식을 강요하는 것으로 일관하고 있는 것이다.

70) 김동인, 「자긔의 創造한 世界」, 앞의 책, 22~23쪽.

2) 비정한 '거리'와 반도덕의 역설

인형사로서의 작가에게 작중 인물은 한낱 하나의 장치이자 기능에 불과하다. 그들은 인형사인 작가가 설정한 주제와 플롯을 위해 복무하는 하나의 부속품에 불과한 것이다. 동인이 창작하면서 줄곧 강조한 것은 현실과 인간의 문제가 아니라 무엇보다 소설의 근대적 형식이었다. 그리하여 한국근대문학사에 '소설작법'에 대한 의식적인 강조를 통해, 단편소설 형식이라는 근대 소설의 양식을 정립시켜 놓았지만, 이러한 형식에의 치중은 구체적인 역사와 현실, 그리고 인간 실체의 사장을 가져왔다. 그가 '소설작법'에서 소설의 요건으로 사건, 인물과 배경을 언급하면서 무엇보다 플롯을 강조하였다는 사실, 그리고 다음과 같이 '단순화와 통일, 연락'을 플롯의 핵심으로 간주하고 있다는 사실은 그의 평면적 인물이 탄생할 수밖에 없는 배경을 암시해주고 있는 것이다.

> 플롯트에 가장 귀한-업지 못할 것은, 單純化와 統一과 連絡이다. 세 가지의 말(單純化, 統一, 連絡)이 다 제각기 뜻이 다른 듯하지만, 追究하면 가튼 것에 지나지 못한다. 複雜한 世相에서 統一된 連絡 잇는 엇던 事件을 집어내여, 小說化하는 것, 이것이 單純化이겟다. (중략) 그런지라, 플롯트에 여러 자기 쓸데없는 군틔며, 에비소-트 等을 加하여, 小說을 다만 길게 하려는 것은, 不必要한 일일 쌘더러, 나아가서는, 그 作品을 죽이는 行動에 지나지 못한다. 目的地를 향하여 겻눈질 안하고, 쪽바로 나아가는 것-이것이 小說家로서 가장, 령리한 행동이라 할 수 잇다.[71]

'패기와 직선의 미학',[72] '단일한 성격과 굵고 명쾌하며 직선적이고 강한 인상'[73] 등등 동인의 문체적 특징으로 언급되는 수사들은 동인이 망설

---

71) 『小說作法』, 앞의 책, 42쪽.

72) 천이두, 「김동인론-패기와 직선의 미학」, 『김동인 문학 연구』(김동인전집 17), 조선일보사, 1988.

임 없이 자신의 작품세계를 장악하고 서술하는 태도에서 비롯된 것이다. 동인은 인형사로서 모든 것을 지배하고 장악하며 자신이 구상한 플롯 속에 인물을 배치함으로써 자신의 주제를 부각시킬 뿐, 구체적인 인물을 형상화하지 못하고 있다.[74] 따라서 인물들이 체현하고 있는 '악'의 형상 또한 구체적인 현실과 역사적 맥락에서 탐구되거나, 인물의 내면을 통해 선악이 아닌 다른 차원에서 묘사되는 것이 아니라, 고압적이고 권위적인 서술자의 냉소적인 시선 속에서 다만 '타자'로서 존재하는 것이다. 이들-악의 근원으로서의 욕망에 사로잡혀 파멸해가는 인물들은 어디까지나 작가와 '무관한' 객체이자 타자이며, 이러한 '비정한 거리'[75]를 의미하는 동인의 자연주의 내지는 리얼리즘은 루카치가 말하는 나쁜 의미의 자연주의 혹은 무력한 객관주의에 다름 아닌 것이다.

따라서 이러한 인형사의 시선에 의해 그려진 욕망은 "참된 대상으로서의 자신의 존재를 사물과는 다른 인식 '주체'로 변화시키는" 주체적 자각의 계기로서 존재하는 것이 아니라, 작가가 즐겨 쓰는 파국의 플롯을 위한 한 계기에 불과한 것이다. 김동인의 작품 안에서 주체의 욕망은 작가의 인형조종술이라는 작가의 욕망에 의해 대상화되고 사물화되는 욕망으로 환치될 뿐이다. 「감자」에서 돈과 성을 둘러싼 애욕이나 「弱한 者의 슬픔」의 강 엘리자벳트의 비주체적 욕망과 환상, 심지어 「狂炎소나타」의 백성수의 악마적 탐미성은 인간의 비극적 몰락과 타락을 위해 존재한다. 따라서 이

---

73) 정한모, 「김동인 문학의 문체론적 해명」, 『김동인 연구』, 새문사, 1989.

74) 예외적으로 초기작 「弱한 者의 슬픔」이나 「마음이 옅은 者여」에서는 동인이 분류한 '일원묘사체'에 의해 내면적인 인물이 등장하기도 하나, 결국 이들은 동인 자신이 애초에 의도한 플롯에 의해 구체적인 계기를 상실하고 파국으로 치닫고 만다.

75) 본고에서 말하는 거리(distance)란, '거리'에 관한 가장 기본적인 견해에 따라, "작중인물이나 소설적 오브제에 대한 작가의 심리적 상태 혹은 태도를 나타내는 말"을 의미한다. 즉, 작가의 작중인물에 대한 심리적 원근을 나타내는 말을 뜻하며, 브룩스와 워렌은 이와 관련하여 소설의 거리란 소설 속에서 인물이 관찰되는 '분리의 정도'라고 하고 있다(하일지, 『소설의 거리에 관한 하나의 이론』, 민음사, 1991, 19~21쪽).

들의 몰락과 타락은 높은 곳에서 내려다보고 있는 초월자인 작가에 의해 움직이는 대상화된 욕망이자 타자로서만 존재한다. 동인의 이러한 초월자적 혹은 자연주의 내지는 객관주의는 그들의 욕망과 신체에 어떠한 주체성도 부여하지 못하며,[76] 따라서 동인이 그토록 강조하던 '근대적 주체'는 오로지 작가에게만 해당되는 것이다. 동인이 '자신만의 문체를 발명'했다고 하는 것은 이렇듯 인형조종술의 요령과 기술을 완전히 습득했다는 것 이외에 다른 의미가 아니다. 그가 그토록 확신에 차서 '동인미'의 정수라고 외쳤던 「遺書」라는 작품은 이러한 그가 말한 동인미의 성격을 단적으로 드러내준다.[77] 이 작품은 작가뿐 아니라 화자인 '나'에 의해 주인공인 O와 아내의 인생이 조작되어가는 이야기를 담은 것으로 동인은 이러한 '조작'과 '개입' 그리고 그 속에서 발생하는 자기의 힘에 대한 긍지를 '동인미'라고 칭했던 것이다.

「遺書」(《영대》, 1924.8～11, 1925.1)는 기존 논자들이 동인의 창작방

---

76) "자연주의적 태도는 체험되지 않는 세계, 즉 객관적 세계만을 설명할 뿐이고 우리가 비반성적으로 참여하고 있는 많은 일상적 활동-본성을 규명할 수 없고 우리와 세계를 통합시키기보다는 분리, 고립시키며 실재론과 관념론의 공통 지반을 망각한다. 경험주의와 주지주의에 있어서 신체는 객관적 세계에 속하는 물리적 사물일 뿐 객관주의 철학은 신체에 어떤 주체성도 부여할 수 없다."(메를로 퐁티, 『지각의 현상학』, 류의근 역, 문학과지성사, 2002)

77) 김동인은 다음 글에서 「遺書」를 통해 동인만의 문체 표현방식을 발명하였다고 적고 있다. 그리고 이러한 동인미의 발명 이후 「감자」와 「明文」집필에까지 이어졌다고 자부하고 있는 것이다.

"全作의 任意의 一行을 읽고라도 '이는 東仁의 作이며 東仁만의 作'이라고 認識할 수 잇슬 만한 强烈한 東仁味가 잇는 獨特한 文體와 表現 方式을 發明치 안코는 滿足할 수 업섯다. (중략) 1924年 8月 이전 「創造」의 殘黨들이 모혀서 「靈臺」를 發行하였다. 거기 「遺書」를 썻다. 처음에는 無意識하게 써 나아가든 나는 엇던 때에 偶然히 그 「遺書」가운데서 强烈한 東仁味를 發見하엿다.

지금 보기 실흔 作品이다. 그러나 오래ㅅ동안 計劃하는 일이 無意識 中에 發芽生長한 意味로 「遺書」는 결코 내게는 닛지 못할 作品이다.

나는 마츰내 東仁만의 文體 表現 方式을 發明하엿다. 그리고 거기 대한 完全한 矜持와 意識下에 「明文」과 「감자」를 發表하엿다."(「朝鮮近代小說考」, 앞의 책, 81쪽)

법론이라 지적했던 '인형조종술'이 집약적으로 드러나고 있는 작품이다. 다른 작품에서는 사건과 인물을 조종하는 작가가 서술자아라는 육화되지 않은 목소리로 드러나는 반면, 이 작품에서는 작중 인물로 등장하여 직접적으로 작중 인물의 운명을 조작하고 개입하고 있다. 또한 「狂炎소나타」나 「狂畵師」에서 보여준 탐미주의 이상이 또 한번 독단적 비평가의 계몽적 언설에 나타나고 있음을 알 수 있는데, 그 대략적인 줄거리를 살펴보면 다음과 같다. 이 작품의 주인공 'O'는 조선의 한 재능있는 화가이다. 작중화자인 '나'는 이러한 O를 후원하고 아끼는 비평가로 그의 결혼까지 주선하여 배필을 주기도 한 인물이다. 그러던 어느날 '나'는 O가 중요한 미술전람회 출품을 앞두고, 아내에 대한 의심 때문에 질투와 번민으로 창작에 몰두하지 못하고 있다는 사실을 알게 된다. '나'는 심약하고 예민한 O를 잃을까 염려되어 그를 안심시키고 그의 부인의 부정 사실을 확인하기 위해 탐정 노릇에 나선다. 마침내, O의 아내인 봉선씨가 그의 육촌 오빠인 A와 밀회하고 있다는 사실을 알게 되고, 사건을 해결하기 위해 동분서주한다. 결국 '나'의 연출에 따라 화가 O는 진실을 끝끝내 모른 채, '나'는 A가 위독한 기회를 틈타 O의 아내를 속여 '거짓 유서'를 받아내고 그녀를 몰래 죽이고 만다는 내용이다. 「遺書」의 작중화자인 '나'는 독자만큼의 제약된 정보를 갖고 있으며, 진실을 추적하고 사건 해결을 도모한다는 점에서 흡사 탐정소설의 형태를 취하고 있지만, 궁극적으로 이와 다른 것은 작중화자인 '나'가 탐정소설의 관찰자 시점을 넘어서 전지적 작가의 수준에서 사건을 풀어가고 있다는 것이다. 즉, 「遺書」에서 작가를 대변하는 '나'라는 작중화자는 전면적으로 작품에 등장하여 자신의 목소리를 내고 있을 뿐 아니라, 전적으로 무대를 장악, 인물들의 운명과 희활극을 조종하고 있는 것이다. 예를 들어, 다음과 같은 대목을 살펴보자.

> 1) 무얼, 무대 감독이 이 나인데……. 여러분 이 무대 감독 ㅇㅇ씨가 지휘하는 일장의 희극을 보아 주십시오. 사건이 교묘하게 끝이 나거든 박

수 갈채를 원합니다. 닭 쫓던 개 모양으로 지붕만 쳐다볼 A씨. 무의식(無意識)히 일장의 희활극(喜活劇)을 연출할 O. 자 어떻습니까? (전집 7권, 290쪽)

2) 그러나, 이 나로 말하더라도 어지간한 바보-였었다. 자기의 역량을 너무 심하게 믿은 나는, 이 세상에는 나의 힘으로 당치 못할 「되어가는대로의 힘」이라는 것을 몰랐다. O의 아내와 A씨가 만나게 되어? 그런 일은 제이의 문제이다. 첫째로, 나는 나의 계획 모두 깨어져 나간다는 파천황의 일을 처음으로 발견하였다. 동시에 나의 자존심은 모두 부스러져 나갔다. 즉 나의 자존심은 다시 분연히 머리를 들었다.

「무얼? 내 계획이 깨어져 나가? 그런 바보의 소리가 어디 있어? 이 세상의 모든 다른 힘을 짓부수고 내가 성공의 무대에 올라서는 것을 보아라.」 (전집 7권, 290～293쪽)

3) 「여봅시오. 이제 전개될 ㅇㅇ씨의 각색하고 감독하는 일장의 연극을 보아 주십시오. 희극이 될까, 비극이 될까, 활극이 될까는 미리 말하고자 아니합니다. O와 그의 아내와 A씨 세 명 광대가 출연하는 이 연극은 마침내 막이 열렸읍니다. 오늘밤 늦어도 내일 아침으로는 이 일장의 큰 연극은 결말을 맺겠읍니다. 결말이 상쾌하게 맺아지거든 박수 갈채를 원합니다.」 (전집 7권, 299쪽)

인용문들을 통해 알 수 있는 것은, 결국 이 작품의 핵심이 '나'라는 화자이자 작중인물이자 작가라는 존재의 힘의 과시에 있다는 것이다. 따라서 다른 인물들, 주인공 O, 그리고 그의 아내, A라는 작품에서 중요한 주인물들의 내면과 삼각관계의 갈등은 드러나지 않으며, '나'라는 화자의 욕망과 의지, 그리고 이의 개진으로서의 '연출과 조종'만이 도드라지는 것이다. 작가는 여기서 평면적인 인물과 사건들을 적절히 배치하고 있을 뿐 아니라, 작중 인물을 통해 무대를 장악함으로써 신으로 군림하고 있다. 따라서 인물들의 행위 일체는 전적으로 이 화자의 목소리와 가치판단에 의해 제시되는데, 그럼으로써 드러나는 것은 앞서와 마찬가지로 기존의 인습적 사고와 동일한, 아니 오히려 더욱더 완고한 윤리의식이다. 즉, '나'라는 작중인물에 의해 비춰지는 O의 아내와 A의 불륜은 다음의 인용문에서 보듯 '짐승'의 행위에 다름 아니며, 한편 이러한 타락한 인간들은 천재 화가 O를 위해 얼마든지 희생되어야할 초개에 불과하다.

1) 사건의 내용은 다 알았다. 언제부터? 언제부터 그와 A씨의 사이에 더러운 관계가 있은 것은 이제는 조금도 의심할 여지가 없다.
「짐승이다」
나는 침을 탁 뱉으면서 소리까지 내어서 중얼거렸다. 「사람이 아니고 짐승이다」 (전집 7권, 277쪽)

2) 「암도야지는 숫도야지지에게로 가라」
이 한마디로 이혼하여 버리는 것도 한 방책이다. 그렇지 않으면 온갖 지혜와 계간을 다 부려서 아내의 마음을 애부(愛夫)에게서 떼어서 내게로 돌리게 한 뒤에, 아내가 마음껏 나를 사랑하게 되었을 때에, 한 발로 아내를 차 던지는 것도 한 방책이다. (전집 7권, 286쪽)

3) O와 같은 사람은 아무런 비경(悲境)에 빠질지라도 자살할만한 용기도 없는 사람이다. 그러매 그같은 사람으로서 그같은 경우에 빠지게 되면, 마치 피를 뱉기까지 우는 뻐꾸기와 같이 어쩔 줄 모르고, 다만 헤매일 밖에는 도리가 없는 것이었었다. 그러다가는 마침내는 정신적 타락경(墮落境)에 떨어져서 그의 모든 아까운 재주와 지혜는 간지(奸智)와 몹쓸 수단으로 변하고 마는 것이다. O의 아내? 그런 변변치 않은 여편네 하나는 죽든 살든 아무 관계 없으되, 아까운 재주를 품은 O뿐은 결코 타락시키고 싶지 않았다. (전집 7권, 266쪽)

4) 그의 아내를 A씨에게서 떼려는 것도 목적의 한 가지겠지만, O 그를 무서운 시기의 불길에서 증오의 권내(圈內)로 구원하여 올리는 것이 더

급한 일이었었다. 한 사람을 한 사람의 증오의 대상물이 되게 하려고 한다하는 것은 어떻게 보면 잔혹한 일이라 할 수 있지만, 한 귀한 사람을 구원키 위하여 한 변변치 않은 사람을 희생하는 것을 결코 그른 일이 아니라 생각한다. 더구나 O를 이와 같이 아프게 한 것은 그의 아내 그가 아닌가. 나는 곧 O에게 편지를 썼다. (전집 7권, 280~281쪽)

인용문 1)과 2)에서 보듯, O의 아내의 불륜은 한 마디로 일고의 가치도 없는 타락한 것으로 그려지면서, 완강한 윤리의식을 드러내고 있고, 또한 복수행위에 대한 암시를 통해 작중 화자의 오만하고 유아독존적 성격을 드러내 주고 있다. 이렇듯 「遺書」에서도 앞서 「감자」에서처럼 인물들의 악행이 '비정한 거리'에 의해 형상화되고 있지만, 여기서 보다 강조되고 있는 것은, 이러한 '악'의 실재라는 진실이 아니라, 이러한 인물을 처벌하고 한 영웅을 구원하는 나의 뛰어난 계략과 성공이다. 3)과 4)는 이렇듯 한 영웅을 위해서라면 '변변치 않은 사람'들은 희생되어도 좋다는 「狂炎소나타」의 극단적인 영웅주의와 탐미의식을 다시 한번 강조하고 있는 부분이다. 그리고 결국 O의 아내는 이러한 유아론의 소유자인 작중 인물의 트릭에 의해 희생되고 마는데, 이러한 작중 인물의 부도덕에 대한 혐오와 비판에 반비례 해 '나'의 '살인'은 희대의 천재를 위한 하나의 고귀한 행위로 합리화되고 있는 것이다. 「遺書」를 통해서도 확인할 수 있는 것은, 김동인이 작품을 통해 긍정하고 있는 '악'의 의미는 기존의 윤리적 가치관의 맥락에 놓여 있으며, 그것도 1920년대를 풍미하던 새로운 시류를 역행하는 완고한 도덕의식 수준에 있음을 알 수 있다. 그러므로 동인이 '악'을 보다 새롭게 의미화하고 있는 것은 선악을 넘어선 '주체성', 그 자율성에 대한 무한한 요구에서 나온 것이며, 이는 자율성을 넘어 유아론과 초월적 욕망으로 이어진다. 따라서 '악'은 근대적 주체를 자각한 개인에게만 의미있고 허용되는 것이고, 아직 주체로 거듭나지 못한 무자각적인 인물에게는 비윤리를 의미할 뿐이다. 여기서 '근대적 주체'란 앞서 살펴본 바대로 동인에게는 미적 주체와 절대적 주체를 뜻하며, 따라서 자신의 방탕과 타락은 오히려 자랑스러운 것이지만, '미'의 세계 바깥에 있는 것은 부정되는 것이다.

결국 동인 작품에 드러나는 '악'의 구체적인 목록들, 인간의 욕망과 타락은 단지 작가라는 절대적 주체에 의해 플롯의 한 계기로서만 존재할 뿐, 다른 차원에서 탐구되지 못하고 있다. 또한 이러한 맥락에서 동인의 작품은 진정한 주체에 대한 탐색이 아니라, 작가라는 '자아'를 위해 도구화된 것에 불과하다. 따라서 동인 소설의 작중 인물은 어떤 누구도 근대적 주체가 아니다. 단지 작가만이 근대적 주체이고 이러한 근대적 주체에 의해 희생된 타자들이고 대상이자 사물인 것이다. 주체의 발견이 아니라, 신이라는 절대적 주체의 상정에 의해 관찰되는 타자들과 자연주의적 태도는 오히려 불합리한 광기의 예술가와 비주체적인 인간 군상들을 부려놓았다. 따라서 이들 작품에서 구현되는 '악'은 체험되는 것이 아니라 진술되고 단지 판단되고 있으며, 이렇듯 진술되고 판단되는 그 '비정한 거리'로 인해 노출되는 것은 역설적이게도 작가의 도덕적인 의식인 것이다.

Ⅲ. 허위의 심미화와 僞惡 : 이상

김동인이 '악'을 통해 공동체적 윤리를 부정하고 개별성을 강조함으로써 근대적 주체를 계몽하였다면, 이로부터 10여년 뒤에 놓이는 이상 문학은 이러한 과정을 거쳐 선취[1]된 근대적 주체와 '개인'을 그 내부에서 해체하는 작업을 수행하였다고 볼 수 있다. 동인은 당위적 차원이 아닌 사실적 차원에서 악의 필연성과 실체를 긍정함으로써 근대과학의 합리성을 고취하고자 하였으며, 나아가 예술을 근대과학과 동일시함으로써 계몽이성으로 대변되는 근대정신에 대한 동경과 흔들림 없는 신뢰를 보여주었다. 이에 반해, 이상은 '최후의 모더니스트'라는 수사가 함의하듯, 근대정신을 최정점에서 구현하는 것과 동시에 해체 작업을 수행한 작가이다. 동인과 이상은 둘다 근대 과학이 가져온 도시 문명과 인공성에 매료되었던 작가들이다. 이상은 동인처럼 예술을 과학과 동일시하지는 않았지만, 이상 문학은 그 어떤 작품보다도 근대적 과학과 수학적 사고에 기초해 있었으며,

---

1) 1930년 전후의 한국, 특히 이상이 자라난 경성은 일본제국에 의해 본격적인 근대화가 형성되고 있었던 공간이다. 그러나 근대적 제도와 장치가 완전히 정착되지는 않았으며, 이상에게 있어 그것이 체험으로서가 아니라 선험적인 지식을 통해 우선적으로 받아들였다는 점에서 '선취'라고 할 수 있을 것이다.

"절망은 기교를 낳고 기교 때문에 또 절망한다"라는 유명한 에피그람이 상징하듯, 시 혹은 소설이라는 장르를 넘어 문학이 배태할 수 있는 모든 기교와 수사를 의식적으로 실험한 작가이다. 뿐만 아니라 근대 과학과 그 의식의 세계를 끊임없이 부정하고 회의하면서도 늘, 근대정신이 이룩한 찬란한 유토피아를 동경했던 작가이기도 하다.[2] 이상에게 있어서 유토피아는 언제나 '인공낙원'이자 '근대문명'이었으며, 그 밑바닥에 있는 것은 유클리트 기하학으로 상징되는 간명하고도 확실한, 모순없는 진리의 세계였다. 그러나 그가 경성고등공업학교에서 습득한 과학적 합리성으로 표상되지 않는 세계의 진상, 즉 절대 보편의 진리가 균열되는 지점에서 그는 경악했고 공포에 떨었으며, 그 균열이 그의 창작의 에너지가 되었다는 점은, 이상 문학에 나타난 악의 성격에 대해 많은 것을 암시한다. 즉, 동인 문학에 있어서 '악'이 기존의 공동체적 관습을 부정하고 개별성을 강조하면서, 윤리영역을 벗어나고자 하였다면, 이상 문학에 있어서 '악'은 근대정신이 표방하는 과학적 합리성의 오류, 그 허위에 대한 발견을 의미하는 것으로, 그에 대한 고백을 통해 근대적 합리성, 즉 과학적 진리 영역을 벗

---

2) 이상이 죽음을 맞이하였던 동경이라는 공간은 언제나 그에게 근대성의 고향, 근대적 유토피아로 인식되었으며, 따라서 이상이 실제 체험한 동경에 대한 실망과 절망, 그리고 그곳에서의 죽음은 자못 의미심장하다고 할 수 있다. 이상이 동경에서 김기림에게 보낸 사신에는 이러한 심경이 잘 드러나 있다.

"東京이란 참 치사스런 都십디다. 예다 대면 京城이란 얼마나 人心 좋고 살기 좋은 '閑寂한 農村'인지 모르겠읍디다.

어디를 가도 口味가 당기는 것이 없오그려! キザナ 表皮的인 西歐的 惡臭의 말하자면 그나마도 그저 分子式이 겨우 여기 輸入이 되어서 ホンモノ行세를 하는 꼴이란 참 구역질이 날 일이오.

나는 참 東京이 이따위 卑俗 그것과 같은 シナモノ인 줄은 그래도 몰랐오. 그래도 뭐이 있겠거니 했드니 果然 속빈 강정 그것이오.

閑話 休題-나도 보아서 來달 中에 서울로 도루 갈까 하오. 여기 있댔자 몸이나 자꾸 축이 가고 兼하여 머리가 混亂하여 不時에 發狂할 것 같소. 첫째 이 깨솔링 냄새 彌蔓 セット 같은 거리가 참 싫소."(이상, 「私信 (七)」, 『李箱문학전집』 3권, 문학사상사, 2002, 234쪽)

어나고자 하였다고 할 수 있다.[3] 그러나 그의 탈근대적 사유, 혹은 근대정신의 해체 작업이 철저히 근대적 방식[4]으로 이루어졌다는 점에서, 이상 문학은 여전히 '근대성'의 지반 위에 놓여있다고 할 수 있을 것이다. 동인에게 '악'이 근대 과학과 필연성으로 표상되는 진리라면, 이상에게 있어서 그것은 근대 과학과 필연성 바깥 영역에 있는 허위와 오류라는 것, 그리하여 다시 근대 과학과 합리성인 보편적 '진리'가 자명성을 스스로 포기하게 되는 과정을 거쳐 다시 그 오류가 진리임을 보여주는 것이 바로 이상 문학의 핵심이라고 할 수 있을 것이다. 그러나 앞서 분석했듯, 두 작가에게 공통적으로 나타나는 '진리'의 표상으로서의 '악'은 근본적으로 다음과 같은 방식을 통해 변별된다. 즉 동인에게 있어 '악'이 성적 타락과 탐욕, 이기심 등등의 비윤리적인 목록을 통해 윤리적 영역에서 탐구되었다면, 이상 문학에 있어서 악의 표상은 진위와 허위 등의 인식론적 영역에서 탐구되고 있다는 점이다. 즉 이상이 문제시하는 것은 도덕과 부도덕, 공동체와 개인의 대립이 아니라, 주체로 홀로 선 개인과 개인 간의 진정성의 문제, 혹은 개인 내부에 켜켜히 숨겨져 있는 진정성과 허위의 문제이며, 나아가 '자기 동일성'이라는 인식 주체에 표상되는 세계의 진위의 문제인 것이다. 따라서 김동인의 '악'이 반도덕성을 통해 역설적으로 도덕적 영역에 묶여 있었다면, 이상 소설에 있어서는 논리의 진위, 진정성과 허위를 판별하는 차원인 진리의 영역에서 사유되고 있다고 할 수 있다. 이러한 진정성과 허위, 진리/오류 등의 이원적 사고는 기본적으로 이성/감성, 정신/육체, 논리/

---

3) 이상 문학의 탈근대적 성격과 근대정신의 부정에 대해서는 이미 많은 논자들이 다양한 각도에서 고찰한 바 있다. 대표적으로는 조연현의 「근대 정신의 해체」(김윤식 편저, 『이상문학전집』 4권(연구 논문 모음), 문학사상사, 1996), 문흥술의 「이상문학에 나타난 주체분열과 반담론에 관한 연구」(서울대 석사논문, 1991) 등이 있다.

4) 주지하다시피 이상 문학은 물론, 1930년대 구인회를 중심으로 한 모더니즘 문학이 창작기술의 혁신과 언어의 세련화 등에 주력, 기성문단의 감정주의적인 문학과 리얼리즘 진영과의 변별성을 강조하면서 내세운 방법론은 이성과 사유에 입각한 주지주의였다.

모순, 주체/타자 등등의 이분법적 사고를 기반으로 하는 서구의 형이상학적 사유에서 비롯5)되었다고 할 수 있다. 따라서 주체의 '해체'는 객체를 타자화하는 자기동일성의 정립에서 가능한 것으로, 이광수 이후에 확립된 '근대적 주체성'을 긍정하는 동시에 부정하는 차원에서 시작된다.

이렇듯 주체의 부정과 해체에서 출발한 이상 소설은, '오류 혹은 허위'로 표상되는 '악'의 실체를 다음과 같은 여러 방식과 층위를 통해 구체적으로 형상화한다. 첫째, 인식 주체로서의 자기 동일성에 대한 부정과 해체, 그리고 이성적 주체에 대한 강조와 글쓰기 주체의 복수화, 둘째 주체와 타자와의 관계에 있어서의 진정성 부재와 소외, 셋째 논리와 관념의 세계를 벗어나는 육체성과 여성성, 그리고 죽음, 넷째 이러한 제반 모순과 균열이 가져오는 불안과 공포 등등의 무의식적 층위에 대한 탐사이다.

이러한 목록들을 통해, 이상은 동인이 발견해놓은 주체의 동일성과 '악'이라는 진리의 표상에서 그 심층에 놓여있는 또 다른 허위의 층위를 탐사하기 시작했다. 이상 문학이 애초에 초점화하는 것은 동인이 타자화했던 부도덕한 인간들의 내면이며, 그들의 진정성과 허위의식이다. 이러한 진정성과 허위의식, 그리고 근대과학의 합리성에서 벗어난 '오류'는 우선적으로 인식 주체로서의 자기동일성에 대한 균열, 즉 주체의 부정과 주체 내부

5) 데리다는 플라톤(Plato)에서 후설(Edmund Husserl)과 리쾨르(Paul Ricoeur)에 이르기까지 서양 형이상학의 여러 유파들의 공통된 특징이자 문제점으로 다음 두 가지를 들고 있다. "하나는 모든 형이상학에서는 자기 동일성을 갖춘 최초이자 최종의 원인 내지 토대를 철학적 공리를 설정하고 이 원인을 통하여 세상의 복잡다단한 존재물들이 파생되었다고 보는 이원적 대립 구조로 세상을 파악하는 것이다. 두 번째 특징은 이와 같은 일차적 원인과 이차적 파생물들이 단순히 대립적 관계로만 자리하는 것이 아니라 그 양자간에 선악 내지 우열의 위계적 가치 질서, 나아가 지배와 종속이라는 권력 질서를 설정하고 있다는 것이다. 즉 철학 유파에 따라서 용어와 개념상의 차이는 있지만, 형이상학 체계에서는 현존・직관・본질・있음・의미・진리・의식・주체・초월・내부・말 등을 일차적인 근원적 가치로 특권시하고, 그에 비해서 재현・공간・시간・경험・외부・차이・분열・역사・타자・물질・글 등을 이차적 파생물로 폄하하여 배제하는 것이다."(윤효녕, 「데리다: 형이상학 비판과 해체적 주체 개념」, 앞의 책, 16~17쪽)

에서 발견되는 타자성, 즉 주체의 분열적 양상에서 출발한다. 근대 주체, 즉 동인이 그토록 강조했던 '자기 동일성'이라는 절대 주체가 어떠한 과정을 거쳐 해체되고 분열되는지를 살펴보자.

1. 주체의 해체와 분열 : 거짓의 生과 複數的 自我

1) 두 개의 태양과 모순 해법

이상 문학의 주체의 분열과 해체는 무엇보다 그의 특이한 생의 경력과 불가분의 관계에 놓인다. 주지하다시피, 이상은 세 살에 친부모를 떠나 백부 김연필의 집에서 양자로 성장하였다. 많은 논자들이 지적하고 있듯이, 이 '양자'[6]라는 것은 이상의 삶이나 문학 세계에 있어서 중요한 상징적 의미를 띤다. 그는 어려서 양자로 갔으나, 후취로 들어온 큰어머니의 전부(前夫) 소생 문경으로 인해 백모와 갈등을 겪는다.[7] 그리고 백부 사후 그의 나이 23세로 다시 친가로 돌아오기까지 이상은 백부에게 극진한 사랑을 받았음에도 불구하고 친부모와 가족을 그리워하여 더러 사직동에 있는 친가를 찾기도 하는 등, 백부의 집에서 온전한 가족의 친밀감을 체험하지 못하고 자란다. 백부는 그의 친가 방문을 노골적으로 싫어하여 그를 호통

---

6) 조두영은 '양자'의 심리적 장애에 관해 미국 정신 분석 의사 콥의 말을 빌어 다음과 같이 적고 있다. "양자의 마음 속에는 부모라는 대상과의 관계(parental object relation)가 양분되어 있는데, 이는 그에게 실제로 좋은 부모와 나쁜 부모인 2쌍의 부모가 있기 때문이다. 그리고 그는 언젠가는 생모가 다시 자기를 찾아오려니 하는 소망을 충족시키려는 환상을 한다. (중략) 그 결과 양자는 자기야말로 귀염도 사랑도 받지 못하는 인간이라는 깊은 소외감과 열등감에 빠지며, 성장한 뒤 공격적이 되거나 성적 방종에 빠질 가능성이 크다."(「이상의 인간사와 정신분석」, 김윤식 편, 『이상문학전집』 4권(연구논문모음), 273쪽)

7) 이하 이상의 생애 기록은 윤태영·송민호 『절망은 기교를 낳고』(교학사, 1968)와 고은의 『이상 평전』(향연, 2003)을 참조한 것이다.

하였으며, 이렇듯 양가와 친가라는 두 가족 사이에 끼인 자연인 김해경(金海鯨)은 자신의 정체성에 혼란을 느끼지 않을 수 없었을 것이다. 또한 백부 김연필은 개화기의 서민계층이었으나, "기울어진 가운을 거의 자수성가로 일으켰으며 압록강 기슭의 국경지대 자성慈城까지 방랑해 가서 그곳의 보통학교, 기술학교 훈도 생활을 한 적"[8]도 있으며, 해경이 태어날 무렵부터 거의 죽기 전까지 총독부 기술직 관리로 근속한 입지전적 인물이었다. 반면에 해경의 실부인 김연창은 백부 김연필의 알선으로 관내부 활판소에서 일하다가 손가락 셋을 두 번이나 잘리고, 당시 賤業에 속하던 이발관을 경영하면서도 여전히 극빈을 면치 못하는 볼품없는 얽은뱅이였다. 자연인 김해경은 이렇듯 빈부와 신분에 있어서 대조적인 두 아버지 사이에서 어느 쪽에서도 온전한 아들일 수 없었으나, 그들은 모두 19세기식 봉건적 가족윤리를 통해 김해경에게 측량할 수 없는 무게로 압박해온다. 이상은 자신의 의지와 상관없이 그들 사이에서 기획된 '모조장자'로 장자로서의 책임의식을 느끼지 않으면 안 되었으며, 그것은 백부의 죽음으로 말미암아 본격화된다. 백부의 죽음 직후 친가에서 보낸 2주일을 단상으로 엮은 「슬픈 이야기」라는 수필에는 이러한 부채의식이 직접적으로 드러나 있다.

> 젖 떨어져서 나갔다가 二十三年만에 돌아와 보았더니 如前히 가난하게들 사십디다. 어머니는 내 다님과 허리띠를 접어 주셨읍니다. 아버지는 내 모자와 洋服저고리를 걸기 爲한 못을 박으셨읍니다. 동생도 다 자랐고 막내 누이도 새악씨꼴이 단단히 백였읍니다. 그렇건만 나는 돈을 벌 줄 모릅니다. 어떻게 하면 돈을 버나요 못 법니다. 못 법니다. (전집3, 63쪽)[9]

---

8) 고은, 앞의 책, 32쪽.

9) 본고에서 인용된 李箱 관련 텍스트는 기본적으로 김윤식이 篇한 문학사상사 판, 『李箱문학전집』 1, 2, 3권을 따른다. 그러나 필요에 따라 기존 논의에서 지적된 잘못된 부분은 원전과의 대비를 통해 바로 잡는다. 이상 텍스트의 원본과 오식의 문제는 김주현의 『이상 소설연구』와 조해옥의 「이상 산문 텍스트 확정을 위한 한 고찰」(고

두 가족 사이에서 어떠한 친밀감과 안정감도 얻지 못한 이상에게 돌아온 것은 가난하고 무지한 육친이라는 유산 이외에는 없다는 것, 이러한 부채의식에 눌려 이상은 다음과 같이 그들을 외면하고 싶은 심정을 토로하고 있는 것이다.

> 基督에 酷似한 한 사람의 襤褸한 사나이가 있었다. 다만 基督에 比하여 訥辯이요 어지간히 無智한 것만이 틀린다면 틀렸다.
>
> 年紀五十有一
>
> 나는 이 模造基督을 暗殺하지 아니하면 안된다. 그렇지 않으면 내 一生을 押收하려는 氣色이 바야흐로 濃厚하다.
>
> 한 다리를 절름거리는 女人-이 한 사람이 언제든지 돌아선 姿勢로 내게 肉迫한다. 내 筋肉과 骨片과 또 若少한 立方의 血淸과의 原價償還을 請求하는 모양이다. 그러나-
>
> 어쩌면 저렇게 심술궂은 女人일까 나는. 이 醜惡한 女人으로부터도 逃亡하지 아니하면 안된다.
>
> 단 한 個의 象牙스틱, 단 한 個의 風船.
>
> 墓穴에 계신 白骨까지가 내게 무엇인가를 强請하고 있다. 그 印鑑은 이미 失效된지 오랜 줄은 꿈에도 생각하지 않고.
>
> (그 代償으로 나는 내 知能의 全部를 抛棄하리라.) (「失樂園」-肉親의 章, 전집 3권, 190～191쪽)[10]

'基督에 酷似한 한 사람의 襤褸한 사나이'로 그려지는 실부는 그것은 19세기 윤리로 표상되는 봉건적 혈통주의를 상징하며 따라서 이상의 진정한 기독,[11] 즉 神일 수는 없다. 이상에게 친부라는 혈육이 진정한 기독이

려대학교 민족문화연구원 한국문학연구소 편, 『한국문학연구』 4권, 2003)에서 지적된 사항을 참고로 했다. 이하 인용문은 짤막하게 권수와 쪽수만을 밝힌다.

10) 이 '肉親의 章'의 내용은 이상의 시, 「門閥」과 「肉親」에서도 동일하게 반복되고 있다.

11) 이상 문학에서 '기독'은 서양 기독교의 '신'을 의미한다기보다는, 보다 상징적으로

될 수 없듯이, 묘혈에서 원가상환을 요청하는 백골이 함축하는 백부를 포함한 선조와 전통적 봉건적 가치관 또한 그에게는 더 이상 실효성이 없는 남루한 구시대의 규율이다. 그러나 그의 혈청에 남아있는 선조들의 흔적은 이상으로 하여금 그들을 외면할 수 없게 만든다. 그리하여 이상은 두 아버지라는 두 개의 태양 아래서 자라났듯, 19세기 봉건성과 새롭게 도래한 20세기의 새로운 세계질서 사이에서 어정쩡한 포우즈를 취할 수밖에 없었던 것이다.

가족사에서 비롯된 정체성의 혼란과 분열적인 인식은, 식민지 근대라는 역사적 정황과 결코 무관할 수 없다. 이상이 역사적 현실을 외면하고 자의식 과잉과 지적 조작으로 점철된 모더니즘 문학의 기수였다고 할지라도, 식민지 근대는 이상 문학 형성의 주된 토양이자 조건이 될 수밖에 없었다.[12] 즉, 이상이 경험한 '근대'의 성격이 어쩔 수 없이 식민성에 기반하

보편적인 절대자, 혹은 절대 이성 등으로 해석되는 것이 온당하다고 할 수 있다.

12) 김우창은 식민지 상황에서의 어쩔 수 없는 문학의 식민성과 李箱의 자기인식에 관해, 다음과 같이 언급하고 있다.

"모든 절대권력의 체제에서 그렇듯이 식민체제에는 사회세력의 이중운동이 존재하지 못한다. 이러한 상황 속에서 작가는 자기 스스로 이방의 문화, 정복자의 문화 속에 편입되어 들어간다. 그러나 식민지를 지배하는 사회는 어떠한 적극적인 의미에서도 그를 필요로 하지 않는다. 식민지 사회는 더구나 그를 필요로 하지 않는다. 먼 문화에로 외롭게 팔을 뻗는 이 이방인은 자기 사회의 動力學 속에서 전통적인 질서도 새로 태어나는 질서도 대표하지 않는다. 말하자면, 그는 선거구민을 갖지 않는 自選 선량이 되는 것이다. 그러면서 그는 두 문화 사이의 회색지대에 서식하는 기생충과 같은 존재가 된다. (중략) 그러나 식민지 사회에 있어서의 현대 예술가의 소외를 집중적으로 드러내 주는 것은 李箱이다. 이것은 그의 단편과 시에 잘 나타나고 있지만, 그의 생애 자체도 그 증후적인 것이라 할 수 있다. 그의 이름까지도 미묘한 방식으로 그의 소외를 표현하고 있다. 알다시피, 李箱이란 이름은 공사장 노동자가 잘못 부른이름을 그대로 자기의 筆名으로 삼았다는 것인데, 이러한 경위는 인간의 自我라는 것이 극히 우연적인 사정에 의해서 규정될 수 있다는 冷笑的인 인식을 드러내 준다. (중략) 李箱이 본래의 성을 버리고 아무렇게나 주운 성을 자기 성으로 한 것은 姓氏로 표현되는 家族意識의 무의미함을 표현하려 한 것으로 해석될 수 있는 것이다. 한국사람의 성은 의미를 상실했고 그들은 이제 일본의 <상>이 되어가고 있는 것이다. -이것이 李箱의 미묘한 자기 인식이 아니었

고 있다는 사실은, 이상의 천재성과 자만심, 그리고 그의 고도의 지적 경험이 양자라는 '가짜' 위에서 성립할 수 있었다는 사실과 맞물린다. 근대성, 그것은 어떤 측면에서든 이상 문학의 본질[13]인데, 그것이 일본 제국주의라는 가짜 아버지를 통해 받은 '빛'이었다는 것은 '근대성'으로 표상되는 이상 자신에 대한 자기긍정과 자기부정이라는 양가적 태도를 애초에 배태할 수밖에 없었던 것이다. 이상은 두 살에 한자를 깨우친 신동으로, 신명중학을 거쳐 동광, 보성중학교, 그리고 일종의 직업 양성소이긴 하지만 서울대 공대의 전신인 경성고보 출신이다. 경성공업학교에서 그는 3명에 불과한 조선인 중 한 사람이었으며, 측량 기사로서의 교육이었으나마 그는 당시 조선에 있어서는 최고의 근대적 지식을 습득하였다. 물론 그것은 공업에 해당하는 실무지식, 즉 기술공학에 속하는 것이긴 하지만, 거기서 형성된 공학적 세계인식은 그로 하여금, 생활과 일상에서 오는 불합리와 에토스를 부정할 수 있는 근거이자 힘이 되었다고 볼 수 있다.

이러한 자기동일성에 대한 생래적인 혼란과 회의는 김동인이 그토록 강조했던, 세계 인식의 주체로서의 '참자아'라는 자기동일성에 대한 균열을 가져왔으며, 이성적 자율적 주체가 자기 운명의 주인임을 설파하는 주관철학의 허구성을 부정한다. 이것은 우선적으로 근대적 주체에 의해 파악된 세계가 오류이자 오답이라는 사실을 인정하는 것에서부터 출발한다.

> 세상이라는 것은 우리가 생각하는 것과 같은 것은 아니라네, (중략) 모두가 돌연적이었고 모두가 우연적이었고 모두가 숙명적일 뿐이었었다. 세

을까?"(김우창, 「日帝下의 作家의 狀況」, 『궁핍한 시대의 詩人』, 민음사, 1993, 19~20쪽)

13) 김윤식은 이상 문학에서의 '근대성'을 다음과 같이 묘파하고 있다. "우리 문학에서 이른바 근대성(modernity)이 본격적으로 문제된 것은 카프 문학에서이며, 그 다음 차례에 이상 문학이 우뚝 놓여 있다."(「유클리드 기하학과 광속(光速)의 변주-이상 문학의 기호체계 분석」, 『이상 문학 텍스트 연구』, 서울대학교 출판부, 1998, 278쪽)

> 상이란 그런 것이야. 네가 생각하는 바와 다른 것, 때로는 정반대 되는 것, 그것이 세상이라는 것이야. (중략) 그것에 대하여 생각하여 보아라. 그런 다음에 너는 그 첫 번 해답의 대칭점을 구한다면 그것은 최후의 그것의 정확한 해답일 것이니. (『十二月 十二日』, 전집 2권, 22～23쪽)

이상의 처녀작 『十二月 十二日』[14] 서문에 쓰여진 윗 글은, 이상이 경성고보에서 습득한 과학적 사유의 표상인 기하학적 질서로 파악한 세계의 진상이다. 즉, 그것은 '돌연, 우연, 숙명'이라는 비합리성의 세계에 속한 것이지만, 생의 진실은 '나'라는 인식 주체가 파악한 해답과는 정반대되는 대칭점이라는 지점에서 구해질 수 있다는 것, 즉 주체의 인식이 부정되는 곳에 진리가 존재한다는 사실이다. 이러한 방법론은 인식 주체를 전적으로 부정하는 것이기는 하지만, 그 부정으로서라도 해답을 구하고자 하는 자의 모순 해법을 의미한다. 즉, 『十二月 十二日』은 이렇듯 20세 청년 이상이 자신의 불행한 운명과 질곡, 그리고 생의 허무한 심연을 깨닫긴 했어도, 이에 굴하지 않고 '惡志'에 의해서라도 이에 대항해서 싸우려는 능동적 삶의 태도를 보여주는 것이다. 이러한 능동성이 '주체'적인 능동성과 긍정성에서 나온 것이 아니라 반동적인(reactive) 힘을 의미한다 해도, 그것이 이상이 질병과 가난과 불행으로 점철된 자신의 운명을 어쩔 수 없이 살아내는 유일한 방법일 수밖에 없었다면, 이러한 반동적, 위악적 태도는 파라독스와 역설 등으로 변주되는 그의 위악적 수사와 더불어 부정적으로만 평가될 수는 없을 것이다. 이상의 삶의 태도와 수사학의 기원이 담겨있는 이 작품에 대해서 좀더 고찰해보도록 하자.

기존의 대부분의 논자들은 『十二月 十二日』을 일차적으로 이상의 가족사를 투영한 작품으로 읽으려고 하였으며, 따라서 주인공 ×와 업의 관계에 천착하고 있다.[15] 그러나 이 작품은 이상의 전기적 사실을 고증하는

---

14) 월간지 《朝鮮》(1930.2～12)에 9회에 걸쳐 연재되었다.

15) 기존의 논의들은 대부분 이 작품을 이상 문학에 나타나는 죽음과 공포의 기원으로

차원에서만 해석된다면, 이 작품을 쓸 당시의 청년 이상의 고뇌와 인식, 작가의 내면은 간과될 것이다. 이 작품에서 작가 이상의 내면은 객관적으로 서술되고 있는 '업'보다는 불행한 운명의 주인공 ×에 투사되고 동일시되고 있는데, 무엇보다 주인공 ×를 통해 서술되는 다음과 같은 고백은 이상이 작품을 통해 보여준 자신의 생애 인식과 크게 다르지 않다.

> 불행한 운명 가운데서 난 사람은 끝끝내 불행한 운명 가운데서 울어야만 한다. 그 가운데에 약간의 변화 쯤 있다 하더라도 속지 말라. 그것은 다만 그 '불행한 운명'의 굴곡에 지나지 않는 것이다. (전집 2권, 23쪽)

끝끝내 불행한 운명 가운데서 울어야만 하는 인간, 그것은 이상이 철나면서 깨달은 자신의 운명에 대한 예감과 다르지 않다. 그러나 '참담을 극한 과거의 공개장'으로 기록해나가는 ×의 반생, 총결산인 이 작품은 이러한 불행한 운명을 증명하기 위한 것이라기보다는, 그럼에도 불구하고 그 불행과 맞선 투쟁의 여정, 패배와 죽음에 이르기까지 끝까지 포기하지 않고 자기 삶을 도해하고 인식하고자 했던 ×의 비극적 생의 의지를 형상화하고자 한 것이다. 그럼으로써 작가 이상은 어렴풋이 직감하고 있는 불행한 운명에서 그가 취해야할 패배의 자세, 비관적이지만 '인식'을 포기하지 않겠다는, 그럼으로써 생의 진실과 맞서고자 하는 태도를 취한다.

『十二月 十二日』은 관념성과 감상성이 농후하고, 작품 내적으로도 구조적인 취약성과 미숙성을 드러내는 작품이다. 그러나 「이상한 가역 반응」 이후 난해한 기교와 수사로 점철된 글쓰기를 본격화하기 전에, 보다 일상적인 언어를 통해 비극적 생애 인식을 형상화함으로써 작가 '이상'을 보다 정직하고 진지하게 드러내고 있는 작품이라고 할 수 있다.

해석하면서, 개인적인 가족사와 결핵과 관련시켜 논의하고 있다. 대표적으로 김윤식의 『李箱 研究』(문학사상사, 1988), 조두영의 「이상의 인간사와 정신분석-초기 작품을 중심으로 하여」(앞의 책) 등이 있다.

『十二月 十二日』은 위의 인용문을 서두로 하여, ×라는 주인공이 자신의 불행을 끝끝내 어떻게 살아내는지, 그 비극적 운명을 어떻게 마감하는지를 그리고 있는 작품이다. 우선 이 작품의 제목인 12월 12일이라는 날짜는 이 작품에 세 번에 걸쳐 등장하는데, 첫 12월 12일은 ×가 처자식을 잃고 적빈에 쫓겨 고향을 떠나는 날짜, 즉 불행한 운명의 서막에 해당하는 날이고, 두 번째는 일본 각지를 돌아다니며 고생하다가 지인의 죽음으로 유산을 물려받아 다시 고향에 돌아온 날, 세 번째는 '부정되려는 생'을 줄기차게 살아가려는 ×의 노력이 모두 수포로 돌아가고 끝끝내 불행한 운명에 의해 파국을 맞음으로써 스스로 목숨을 끊는 날짜이다. 이러한 세 번의 12월 12일은 두 번째의 12월 12일이 생의 긍정의 좌표에 놓일지라도 결국은 '불행의 굴곡'에 지나지 않으며, 궁극적으로는 그의 불행한 운명을 완성하게 된다는 서문을 증명하기 위한 작가의 의식적 장치이다. 1-혹은 불행이나 2-행이나 그것은 결국은 '12월 12일'이 상징하는 불행, 그것의 변주에 지나지 않는다는 것이다. 결국, 12월 12월이라는 숫자는 서문에 드러난 작품의 얼개를 중심으로 불행과 행, 다시 불행이라는 삼각형의 꼭지점을 그리면서 원환적으로 구성되는 작품 속의 시간과 사건을 상징화한 것이라고 할 수 있다.

주인공 M의 불행한 운명은 아내가 산후의 발병으로 세상을 떠난 것으로부터 시작된다. 그 뒤 젖먹이 아이도 죽고, M은 가난에 허덕이는 동생 T와 어머니의 부양을 서로 미루다가 결국은 어머니를 모시고 일본으로 향한다. 여기까지가 첫 번째 12월 12일에 해당하는 불행이며, 그 뒤 두 번째의 12월 12일까지, 즉 '×'로 명명되는 '그'가 다시 고향으로 귀환하기까지의 시간은 죽마고우인 M에게 보내는 ×의 사신을 통해 그려진다. 다섯 번에 걸친 서신은 일본에서의 구체적인 실생활보다는 타국에서도 계속되는 불운에 절망하고 다시 의지를 불태우는 ×의 심경적 고백이 주된 내용으로 이루어져 있다. 이 편지에 의하면 ×의 불행은 이국에서도 그치지 않고 계속된다. 일본에 도착한 지 얼마 안 되어, 추위와 고생으로 어머니마저 세상을 떠나자 ×는 거듭되는 죽음에 질려 허무주의에 빠지고 만다. 그는 술과 도박으로 나날을 탕진하면서 조선소 노동자로 하루하루 연명하다 명고옥에서 식당일을 하게 된다. 거기서 그는 또한번 친구의 죽음을 경험하여 더더욱 절망적인 상태에 이른다. 그러다 그는 화태(樺太-사할린)의 공사장에서 토로코(공생 궤도차)사고로 인해 절름발이라는 불구자가 되고 말지만, 그것으로 인해 인생의 전환점을 맞는다. 이러한 재생을 통해 '생'을 긍정하게 되고, 생을 부정하려던 과거 자신의 비겁과 유희를 뉘우치고 생의 의지를 통해 신에 대한 최후적 복수를 결심하게 되는 것이다. 사고를 당한 뒤 그는 의학 공부를 시작하는데, 그러한 적극성은 그러나 참다운 생의 욕구에서 나온 것이 아니라 다음과 같은 '가엾은 악지'에서 비롯된 것이다.

> 「신에게 대한 최후의 복수는 내 몸을 사바로부터 사라뜨리는 데 있다」고. 그러나 나는 「신에게 대한 최후의 복수는 부정되려는 생을 줄기차게 살아가는 데 있다.」 이렇게…… (전집 2권, 43쪽)

이전에 ×는 자신을 압박해오는 불행에 절망하고 신에게 보란 듯이 그 불행의 생애를 끝내려 하였다면, 재생 이후 그는 부정되려는 생을 줄기차게 삶으로써 신에게 최후의 복수를 하겠노라는 부정된 운명의 적극적인 실천으로 나아가게 되는 것이다. 이것은, 애초에 ×가 서문에서 제시한, 삶의 해답, 즉 결국에는 대칭점에 놓일 수밖에 없는 '부정'된 해답으로 살겠다는, 오류를 실천하겠다는 적극적인 의지의 표명인 것이다. 이러한 인식은 이후 이상 소설의 인물들이 한결같이 보여주는 위악과 허위의 태도의 기원으로 "영원한 절뚝발이 그러나 절뚝발이의 무서운 힘을 보여 줄 걸 자세히 보아라"라는 ×의 말로 함축된다. 즉 ×의 '최후의 복수'는 부정을 부정하는 것이 아니라 부정을 긍정하는, '거짓과 오류가 참임'을 긍정하는 비논리의 세계, 모순 해법이다.

그러나 바로 이러한 그의 반동적인 힘에 의해 ×의 불행한 운명의 삼각형은 중단되지 않고 완성을 향해 나아간다. ×가 귀국하기 직전부터 3인칭 객관서술에 의해 그려지고 있는 T와 그의 천재 아들 업, 그들의 적빈의 생활은 ×의 사신과 병치되면서 조금씩 ×의 또 다른 불행의 윤곽을 드러내기 시작한다.

그리고 불행의 삼각형의 마지막 꼭지점은 '업'이라는 조카와의 비극적 사건으로 완성된다. '업'은 이미 여러 논자들에 의해 작가 이상의 자화상으로 해석되고 있는 만치 여러 면에서 이상의 자전적 모습을 반영하고 있다.[16] 우선 업은 가난하고 무지한 T의 집에서 태어난 천재로, T는 물론 M, ×의 극진한 사랑을 받는다. 업은 ×의 친구인 M의 도움으로 그의 천재성을 발휘하면서 중학을 마치나, M의 사업 실패로 '음악학교'에 대한 꿈은커녕 상급학교 진학에 실패한다. 그 뒤 평소 오만하고 비뚤어진 성격의 소유자인 업의 생활은 더 어그러져 간다. 이러한 와중에 ×는 가깝게 지내던 하숙집 주인이 남긴 유산을 가지고 십 여 년 만에 귀국한다. 그는 그 재산으로 병원을 개업하고 그 수입을 ×와 나누려 하지만, 어떤 이유에서인지 아우 T는 한사코 형의 돈은 물론 그를 완전히 외면한다.[17] 그럼에도 불구하고 ×는 여전히 '참마음'을 다하여 T를 설득하려 하였으나 거듭 실패하고 만다. 이러한 불화와 고독 속에서 지내던 ×는 어느 날, 개선되지 않는 자신의 불행에 대해 자신의 무죄를 들어 신에게 항변하다가 돌연, 자동차 사고를 당하고 만다. 그 뒤 자신의 병원에 근무하는 C 간호부와 업의 연애를 목격하고 질투에 사로잡힌 ×는 업의 눈 앞에서 해수욕복을 불태움으로써 돌이킬 수 없는 불행의 종말을 향해 나아간다. 백부의 행동에

16) 이러한 측면에서 김윤식은 이 작품을 이상이 ×의 결정적 파멸을 통해 백부에게 가졌던 애증과 원한을 풀고자 하는 일종의 심리적 복수극으로 읽고 있다(김윤식, 『李箱 研究』).

17) 아우 T가 ×를 외면하게 되는 계기와 원인은 이 작품에 잘 드러나지 않는다. 다만, ×가 T의 집에서 분가하여 M의 집에 기거한 것, 또는 이전에 어머니의 부양 문제를 둘러싸고 의가 좋지 않았던 것의 연장으로도 볼 수 있을 것이다.

경악을 넘어서 충격을 받은 업은 그 뒤 심하게 앓다가 결국 백부가 사준 해수욕복을 새 집 마당에서 불태움으로써 통철한 복수를 행한 뒤 죽고 만다. 그 뒤에 벌어지는 사건은 해수욕복 소각의 반복처럼 방화와 죽음이 계속된다. 그토록 애지중지하던 아들 업의 죽음 뒤에 T는 ×의 병원과 집을 방화하여, '희대의 방화범'으로 구속되고, 더 이상 살아갈 수 없는 ×는 결국 기차에 몸을 던져 자결하고 마는 것이다.

이렇듯, 이 작품은 이러한 대략적인 얼개를 통해, ×가 그의 의지와 상관없이 철저하게 파멸되어가는 과정을 담고 있다. 그러나 이러한 ×의 철저한 파멸은 기존의 논의에서처럼 백부에 대한 증오와 원한에서 나온 이상의 감정적 폭력의 표출이라기보다도, 청년기의 이상이 자신의 순탄하지 않은 운명을 예감하면서 그 좌표를 도해해보려는 의도의 소산으로 읽힌다.

『十二月 十二日』은 이상이 경성고보를 졸업하고 조선 총독부 기사로 근부하면서 의주통 공사장에서 틈틈이 기록했던 작품으로 알려져 있다. 따라서 이 작품의 집필 당시 이상은 구체적인 삶의 체험보다는 유클리드 기하학으로 표상되는 형이상학적 관념의 세계에 더 밀착해 있었으며, 따라서 이 작품은 기하하적 질서, 혹은 수학적 명증성을 통해 삶과 운명을 파악해보고자 하는 시도에서 나온 기록이라고 할 수 있을 것이다. 이러한 기하학과 수학적 표식을 통한 세계 이해와 창작은 이상 문학의 핵심적인 수사학으로 이후 詩作을 통해 본격화되는데, 『十二月 十二日』에도 이러한 경향성이 드러나는 것이다.

『十二月 十二日』은 청년 이상이 본격적인 창작활동을 하기 전에, 불행한 가족사와 암울한 운명의 예감으로 얼룩진 삶을 '글쓰기'를 통해 객관적으로 그려보고 이해해보려는 실존적 필요에 의해 쓰여진 작품이라고 할 수 있다. 즉, 끝끝내 불행해질 수밖에 없는 삶, 인과와 필연성과 무관한 비합리적이고 불가해한 운명, 그것을 '인식'을 통해 이해해보고자 하는 것, 그것은 분명 주체의 부정이 아니라, 인식 기반으로서의 자기동일성 속에

세계를 파악하고자 하는 주체적인 의지의 소산이며, 더 나아가 이 작품의 궁극적인 의미인 것이다. 총 9회의 연재 중에서 4회 분에서 등장하는 다음과 같은 또 다른 서문은 그러한 의식을 단적으로 드러내고 있다.

> 나는 나의 지난 일을 말끔하게 잊어 주어야 하겠다. 나조차도 그것을 잊으려 하는 것이니 자살(自殺)은 몇 번이나 나를 찾아왔다. 그러나 나는 죽을 수 없었다.
>
> 나는 얼마 동안 자그마한 광명을 다시금 볼 수 있었다. 그러나 그것도 전연 얼마 동안에 지나지 아니하였다. 그러나 또 한번 나에게 자살이 찾아왔을 때에 나는 내가 여전히 죽을 수 없는 것을 잘 알면서도 참으로 죽을 것을 몇 번이나 생각하였다. 그만큼 이번에 나를 찾아온 자살은 나에게 있어 본질적(本質的)이요, 치명적(致命的)이었기 때문이다.
>
> 나는 전연 실망 가운데 있다. 지금에 나의 이 무서운 생활이 노(繩) 위에 선 도승사(渡繩師)의 모양과 같이 나를 지지하고 있다.
>
> 모든 것이 다 하나도 무섭지 아니한 것이 없다. 그 가운데에도 이「죽을 수도 없는 실망」은 가장 큰 좌표에 있을 것이다.
>
> 나에게, 나의 일생에 다시 없는 행운이 돌아올 수만 있다 하면 내가 자살할 수 있을 때도 있을 것이다. 그 순간까지는 나는 죽지 못하는 실망과 살지 못하는 복수(復讐)-이 속에서 호흡을 계속할 것이다.
>
> 나는 희망한다. 그것은 살겠다는 희망도 죽겠다는 희망도 아무 것도 아니다. 다만 이 무서운 기록을 다 써서 마치기 전에는 나의 그 최후에 내가 차지할 행운은 찾아와 주지 말았으면 하는 것이다. 무서운 기록이다.
>
> 펜은 나의 최후의 칼이다. 一九三○. 四. 二十六 於 義州通工事場
>
> 李 ○ (전집 2권, 68쪽)

거듭 찾아오는 자살 충동,[18] 그 속에서 죽을 수도 그렇다고 살 수도 없

18) 이 작품에 나타나는 '죽음 충동과 공포의식'을 기존 논자들은 결핵으로 인한 공포로 보고 있지만 그렇게 보기는 어렵다. 기존 논의(대표적으로는 김윤식의『李箱 研究』)에서는 수필「병상이후」(《청색지》, 1939.5)라는 작품과 친구 문종혁의 증언을

는 그러한 자신의 실망스러울 뿐 아니라 공포스러운 현실 상황에서, 그러한 자신의 삶의 좌표를 조감해보겠다는 것, 그것이 이 '무서운 기록'과 이상 글쓰기의 궁극적인 의미인 것이다. 글쓰기는 본질적으로 자신이 맞닥뜨린 사태와 현실을 객관적으로 형상화함으로써 그 진실을 '파악'하고 '인식'하고자 하는 행위이다. 따라서, "죽을 수도 없는 실망과 살지 못하는 복수"의 정황에 선 ×는 참담을 극한 과거의 공개장을 통해 그 자신의 운명을 이해해보겠다는 의지는, 참담한 과거 속에 놓여있는 수많은 '불가해함'과 '우연'과 '돌연'을 기하학, 혹은 좌표로 표상되는 합리적인 인과관계 속으로 붙들어 놓고자 하는 지배 욕망이며, 그를 통해 자신과 삶의 주인이 되겠다는 주체적 욕망에 다름 아니다. 그것이 '무서운 기록'인 것은, 비합리와의 투쟁이기 때문이고, 그것을 마치기 전에는 '자살'이라는 행운조차 거부하겠다는 의지는 바로 이러한 투지를 의미하는 것이다. 그러므로 이 '무서운 기록'을 통한 생애 인식이야말로 ×의 부정하려는 생을 줄기차게 살아보겠다는 ×의 복수심이 실패에 실패를 거듭한 뒤의 진정한 복수인 것이다. 글쓰기와 더불어, 이 작품에서 × 혹은 작가가 삶을 인식하기 위한 매개체는 '좌표'이다. 좌표를 통한 인식론, 그것은 근대의 기점에 서있는 데카르트가 최초로 발명한 근대의 표상이다. 그것은 '12월 12일'이 불행의 삼각형이라는 기하학과 더불어 이상 특유의 세계 이해 방식이 되는 것이다. 그는 이 근대의 표상을 통해, ×라는 불운한 인간, 나아가 인간이라는 비극적 실존을 전체적으로 조감하고자 하는 것이다.

어디로 가나?

들어, 첫 각혈의 시기를 1930년 4월 26일 경으로 보고 있는데, 「병상이후」에서는 각혈에 관한 언급이 전혀 없으며, 병명도 정확히 명시되어 있지 않다. 또한 당시에 이미 결핵을 앓았다하더라도 『十二月 十二日』의 '자살'충동은 병으로 인한 실제적인 죽음에의 공포에서 기인한다기보다는 천재소년이 흔히 갖는 허무의식과 이상 개인의 생애에 비롯된 비관적 세계관에서 비롯된 것으로 이해하는 것이 보다 온당할 수 있을 것이다.

> 사람은 다 길을 걷고 있다. 그러므로 그들은 어디로인지 가고 있다. 어디로 가나?
>
> 광맥(鑛脈)을 찾으려는 것 같은 사람이 있는가 하면 산보하는 사람도 있다.
>
> 세상은 어둡고 험준하다. 그러므로 그들은 헤매인다. 탐험가(探險家)나 산보자(散步者)나 다 같이-
>
> 사람은 다 길을 걷는다. 간다. 그러나 가는 데는 없다. 인생은 암야의 장단 없는 산보이다. (전집 2권, 69쪽)

세상은 어둡고 험준한 암야, 그 방향없는 혼돈과 카오스 위에 작가 이상은 불행이라는 추락과 하락의 지향성만을 지닌 ×를 풀어놓는다. ×, 이 '죽을 수도 없는 실망'이라는 가장 큰 좌표 이전 이후의 맥락의 선분 긋기가 바로 ×의 참담을 극한 과거의 공개장이다. 이 작품의 서술 관점은 ×에 초점화되어 있지만, ×는 전적으로 긍정되거나 옹호되지 않고, 오히려 그를 따라다니는 질긴 운명처럼, 작가 초점은 부정적인 방식으로 ×에게 초점화되어 있다. 보통 이러한 부정적인 초점화를 우리는 '풍자'라고 하지만, 『十二月 十二日』에 ×를 통해 드러나는 ×에 대한 작가의 태도는 연민과 동정을 통해 동일시되면서도 ×를 비웃는 일종의 아이러니적 방법을 통해 나타난다. 작가의 다음과 같은 서술을 보자.

> (모든 사건이라는 이름 붙을 만한 것들은 다 -끝났다. 오직 이제 남은 것은 「그」라는 인간의 갈 길을 그리하여 갈 곳을 선택하며 지정하여 주는 일뿐이다. 「그」라는 한 인간은 이제 인간의 인간에게 넘어야만 할 고개의 최후의 첨편에 저립하고 있다. 이제 그는 그 자신을 완성하기 위하여 그리하여 인간의 한 단편으로서의 종식(終息)을 위하여 어느 길이고 걷지 아니하면 아니될 단말마(斷末魔)다.
>
> 작가는 「그」로 하여금 인간세계에서 구원받게 하여 보기 위하여 있는 대로 기회와 사건을 주었다.

> 그러나 그는 구조되지 않았다. 작자는 영혼을 인정한다는 것이 아니다. 작자는 아마 누구보다도 영혼을 믿지 아니하는 자에 속할는지도 모른다.
> 그러나 그에게 영혼이라는 것을 부여(賦與)치 아니하고는-즉 다시 하면 그를 구하는 구하는 최후에 남은 한 방책은 오직 그에게 영혼(靈魂)이라는 것을 부여하는 것 하나가 남았다. (전집 2권, 136쪽)

윗 글에서 이제까지 '그'에게 초점화되던 서술자는 불쑥 튀어나와 '그'의 인생에 대해 자신의 목소리를 내고 있다. 작가, 즉 자신은 '그'라는 불운한 인간을 구원하기 위해 모든 기회와 사건을 주었으나 결국 파멸에 이르고 말았다는 것, 이것은 그에 대한 작가의 연민의 표현이며, 결국 비극적이고 운명적이며 허무할 수밖에 없다는 비극적인 세계관과 공포의 표출이다. 비극적인 세계관에 의하면 ×는 끝내 파멸되어야 하지만, 결국 ×와 불행한 운명을 짊어진 작가의 분신에 다름 아니기 때문에 끝내 그를 버리지 못한다. 따라서 작가는 ×에게 파멸과 함께 구원이라는 또 다른 돌파구를 열어놓는데, 그 구원은 '영혼'을 통한 구원으로서 이제까지 도해하고자 했던 합리적 방식과는 무관한 초월성에 의한 구원이다.

> 그의 눈앞에는 이제 한 새로운 우주가 전개되고 있었다. 그곳은 여지껏 그가 싸여 있던 그 검은 빛의 분위기를 대신하여 밝은 빛의 정화된 공기가 있었다. 차디찬 무관심을 대신하여 동정이 있었고 사랑이 있었다. 그는 지금 일보 일보 그 세계를 향하여 전진을 계속하고 있는 것이었다.
> 「이리 오너라. 그대 배고픈 자여 !」
> 이러한 소리가 들려왔다.
> 「이리 오너라. 그대 심혈의 노력에 보수받지 못하는 자여!」
> 이러한 소리도 들렸다.
> (중략)
> 그는 지금 모든 세상에 끼치는 많은 노력에도 불구하고 보수받지 못하였던 모든 거룩한 성도(聖徒)들과 함께 보조를 맞추어 새로운 우주의 명

> 랑한 가로를 걸어가고 있는 것이었다.
>
> 그의 눈에는 일상에 볼 수 없었던 밝고 신선한 자연과 상록수(常綠樹)가 보였고 그의 귀에는 일상에 들을 수 없었던 유량 우아한 음악이 들려왔다. 그리고 그가 호흡하는 공기는 맑고 따스하고 투명하였고 그가 마시는 물은 영겁을 상징하는 영험의 생명수였다. 그는 지금 논공행상(論功行賞)에 선택되어 심판의 궁정(宫廷)을 향하여 걷고 있는 것이었다.
>
> 순간 후에 그의 머리에 얹혀질 월계수의 황금관을 생각할 때에 피투성이 된 그의 일신은 기쁨에 미쳐 뛰었다. 대 자유를 찾아서 우주애를 찾아서 그는 이미 선택된 길을 걷고 있는데 다름 없었다. (전집 2권, 139~141쪽)

위 인용문은 ×가 기차에 뛰어들기 전의 내면 풍경이다. 그것은 광증도 아니고 극도의 절망도 아닌, 기쁨에의 도취이자 환각이다. 이 작품에서 ×는 여러 번 신을 부정하지만 궁극적으로 '신'이라는 초월성을 통해 ×는 구원되는 것이다.[19)]

그러나 그토록 부정했던 '만인의 신, 혹은 자신의 신'으로부터 ×의 영혼은 구원받았으나, 애초에 이 글쓰기를 통해 도해하고자 했던 인생의 참모습, 진실은 좌표 속에서 포착되고 도해되었는가? 그렇지 않다고 할 수 있을 것이다. 그 근거로서, 현세적인 성공과 불행을 떠나 인간의 삶을 도해하려던 ×는, 끝내 이 세계와 자신의 삶을 이해하지 못했기 때문이다. 그의 구원은 유클리드 기하학과 좌표로 표상되는 합리적인 세계에 있지 않고, 이와 대칭되는 초월적인 세계에서 가능했기 때문이다. 결국 ×가 이해

---

19) 그렇게 보면 이 작품은 신 또는 운명과 맞서 싸우다 패배하고 마는 비극적 영웅의 서사시의 형식이라고 할 수도 있다. '카인'의 일행(132쪽) 또는 '『파우스트』의 노철학자' 등의 단어로 미루어 작가 이상은, 주인공 ×를 인간의 모든 가능성을 시도하고 체험하는 파우스트나 '카인' 과 같은 부정적 영웅을 모델로 하여 형상화했다고 할 수도 있다. 이 작품에서 다뤄진 '신과 영혼'의 문제는 李箱의 다른 작품에서는 볼 수 없는 낭만적 초월성과 관련된 존재론적 문제이다. 따라서 이후 이를 중심으로 보다 깊이 있는 연구와 천착이 이뤄져야 할 것으로 보인다.

한 세계의 진상은 모순, 우연, 돌연, 숙명으로서의 현실이다. 즉 × 혹은 이상의 기하학은 불행의 삼각형을 완성하긴 하였으나, 그렇게 될 수밖에 없는 필연성과 법칙을 찾아내지는 못했다.

> 1) 모든 것이 모순이다. 그러나 모순된 것이 이 세상에 있는 것만큼 모순이라는 것은 진리이다. 모순은 그것이 모순된 것이 아니다. 다만 모순된 모양으로 되어져 있는 진리의 한 형식이다. (전집 2권, 88쪽)

> 2) 인류의 역사가 시작될 때부터 사람은 얼마나 오류(誤謬)를 반복하여 왔던가 이 점에 있어서 인류의 정신적 진보는 실로 가엾을 만치 지지(遲遲)한 것이라고 아니할 수 없다. (전집 2권, 90쪽)

> 3) 그 사람은 그가 십유여 년 방랑생활 끝에 고국의 첫 발길을 실었던 그 기관차 속에서 만났던 그 철도국에 다닌다던 사람인지도 모른다. 사람은 이 너무나 우연한 인과(因果)를 인식치 못할는지도 모른다. 그러나 사람이 알거나 모르거나 인과는 그 인과의 법칙에만 충실스러이 하나에서 둘로, 그리하여 셋째로 수행되어 가고만 있는 것이었다.
>
> 「오늘이 며칠입니까?」이 말을 그는 그 같은 사람에게 우연히 두 번이나 물었는지도 모른다. 따라서 「십이월 십이일!」이 대답을 그는 같은 사람에게서 두 번이나 들었는지도 모른다. 그러나 모든 것은 다 그들에게 다만 모를 것으로만 나타나기도 하였다.
>
> 인과에 우연이 되는 것이 있을 수 있을까? 만일 인과의 법칙 가운데에서 우연이라는 것을 찾을 수 없다 하면 그 바퀴가 그의 허리를 넘어간 그 기관차 가운데에는 C 간호부가 타 있었다는 것을 어떻게나 사람은 설명하려 하는가? (중략)
>
> 이뿐일까, 우리는 더욱이나 근본적 의아에 봉착(逢着)할 수도 있다는 것이다. (전집 2권, 142쪽)

위 인용문에서 보듯, 작가 혹은 ×가 포착하고 파악한 생과 세계란, 모순이라는 진리의 형식, 또는 오류, '우연한 인과'[20]로 대변되는 인간의 무지이다. 결국, 이러한 생의 인식은 궁극적으로 유클리드 기하학으로 표상되는 선험적인 형이상학과 근대적 합리성의 패배이며, 근대적 주체의 패배를 의미한다.

결국, 대칭점에서 찾아진 다른 해답, 그 오류로서의 삶의 실천은 궁극적으로 ×를 파멸에서 구해내지 못했으며 따라서 그것조차, 즉 대칭점조차 해답은 아니었던 것이다. ×를 대칭점에서 구해내지 못하고 대칭점을 초월한 곳에서 구원했다는 것은, 작가의 유클리드 기하학과 좌표의 조감도, 즉 근대정신의 패배를 의미한다. 청년 이상은 생의 진실을 기하학과 좌표로 포착할 수 없었던 것이다. 그렇다면, 대칭점에서 굳건히 선, 이 '비뚤어진' 인간성의 소유자, 위악적인 인간, 죽을 수도 없는 실망의 좌표에 놓인 인간은 어디로 갈 것인가? 그것은 '양파까기'로 상징되는 자기동일성에 대한 끊임없는 부정의 유희, 즉 '몇 겹의 중첩된 자아를 드러냄'[21]으로써 주체의 진정성을 부정하는 차원으로 나아간다.

2) '虛名'과 複數적 自我

코기토로 표명되는 '자아의식'은 우선적으로 '지속의 원리'[22]이자 '자

---

20) 『十二月 十二日』에는 이 '우연한 인과'가 너무나도 빈번하게 등장한다. 특히 결말 부분에서는 인용문의 '우연한 인과' 법칙을 강조하기 위해 의식적으로 삽입하고 있는 우연들이 눈에 띈다. 예를 들어, ×의 병원에 ×의 죽은 친구의 여동생이 간호부로 근무하게 되는 것, 그리고 그 여자가 × 귀국 당시 기찻간에서 만났던 여인과 동일한 인물이라는 암시, 그리고 ×가 기차에 뛰어들어 죽었을 때, 그 기차에 간호부 C가 타고 있었다는 설정 등등이다. 이외에도 '신사' '죽음' 등을 매개로 한 과도한 우연성은 많다.

21) 이상 소설의 본질을 '위티즘과 은폐의 수사학'으로 논의하고 있는 서영채는, 위티즘이야말로 동일성의 수사학에 맞서는 차이의 수사학이며, 이상은 이를 통해 자기를 폭로하는 동시에 은폐함으로써, 주체의 진정성을 거부하고 있다고 분석한다(서영채, 「이상 소설의 수사학과 한국문학의 근대성」, 『소설의 운명』, 문학동네, 1995).

기보존'[23]의 파토스이다. 그것은 추상적 사고의 지속성의 원리이기 이전에, 우선적으로 개인적 삶의 영역에서 작동하는 지속성의 원리이다. 그리고 그 개인적 삶에 있어서의 자기 동일성은 관계 속에서 호명되고 변화되는 수많은 호칭과 상관없이 오직 하나의 '이름'을 통해 그 개별성과 고유성을 보장받는 것이다. 그러나 이상은 개인적 삶에 있어서도 이러한 고유명사를 통한 자기동일성과 지속성의 원리를 가장 적극적으로 부정한 작가이다. 주지하다시피, 李箱의 본명은 김해경(金海卿)으로 그의 조부 金炳福이 "바다와 같은 넓은 곳을 다스리는 큰 벼슬을 하라"는 뜻으로 조부 자신이 벼슬을 하지 못했기 때문에 이 손자가 큰 벼슬을 하기를 바라는 마음에서 지은 이름으로 알려져 있다.[24] 이 김해경이라는 본명은 그의 초기 일문시[25]와 동화, 평론 성격의 글에서만 사용되고, 그의 글쓰기는 주로 '이상'이라는 필명에 의해 이루어진다. '이상'이라는 필명은 그의 처녀작 『十二月 十二日』(1930.2~12)에서부터 나타나지만, '이상'이라는 필명이 본격적으로 사용되고 정식화된 것은 1932년 7월 《朝鮮と建築》에 일어로 쓰여진 「建築無限六面角體」 연작시에서부터라고 볼 수 있다. 1930년에서부터 1932년에 이르는 시기 동안, 이상은 김해경이라는 본명 이외에 比久,[26] 甫山,[27] 하융[28] 등을 취한 바 있으며, 이 가짜 이름들은 '李箱'이라

22) 김우창, 「한국 현대소설의 형성」, 『궁핍한 시대의 詩人』, 민음사, 1993, 81쪽.
23) 자기 보존이란 자신의 본질을 실현함으로써 스스로의 정체성을 유지하고자 하는 욕구이며, 또한 보다 넓은 단위의 주체로 자신을 고양시키고자 하는 열망을 뜻한다(서영채, 앞의 글, 앞의 책, 398쪽).
24) 김승희 편저, 「이상 평전」, 『이상』, 문학세계사, 1996, 21쪽.
25) 김해경이라는 이름으로 발표된 글의 목록은 다음과 같다.
일문시 「異常ナ可逆反應」외 5편, 《朝鮮と建築》, 1931.7.
일문시 「鳥瞰圖」연작시, 《朝鮮と建築》, 1931.8.
동화 「황소와 도깨비」, 《每日申報》, 1937.3.5~9.
평론, 「現代美術의 搖籃」, 《每日申報》, 1935.3.14~23.
(김주현의 『이상소설연구』(소명출판사, 1999, 423~429쪽에 실린 <이상문학작품 목록> 참조.)
26) 「地圖의 暗室」, 《朝鮮》, 1932.3.

는 미적 주체로 통일된다. 그리하여 전적으로 '미적 주체'를 의미하는 '李箱'이라는 이름은, 그의 일상생활에까지 침투하여 자연인 김해경은 지워지고 이후 오직 이 미적 가상으로서의 '이상'으로만 살아가게 되는 것이다. 그의 필명이 정식화되어 나타나기 시작한 1932년과 그 다음 해인 1933년은 이상의 삶에 있어 매우 중요한 해이다. 1932년은 그의 한 쪽의 삶을 지탱하고 있던 양부이자 백부인 김연필이 죽은 해이다. 그 해 7월 그는《朝鮮と建築》에 일어로 쓰여진「建築無限六面角體」연작시를 '李箱'이라는 이름으로 발표하였다. 그 바로 다음 해인 1933년에는 이상이 1930년부터 근무하던 총독부 건설국 영선과를 그만두었으며,[29] 각혈이라는 심중한 결핵 증상이 시작되었고, 배천 온천에서 '금홍이'를 만났으며,[30] 한글로 된 시를 '이상'이라는 이름으로 발표하기 시작하였다. 이러한 일련의 사건들은 허명 '이상'의 본격적인 출발에 있어 매우 의미심장하다. 1932년 그의 삶을 이중적으로 획책했던 백부의 죽음으로 인해, 그는 온전히 남루하고 빈한한 가계에 속하게 되었고 보다 막중한 부양의식을 갖게 된다. 그러나 곧이어 그는 총독부 건축기사를 사임함으로써 일상적이며 사회적인 자아와 완전히 결별하게 되는데, 이와 더불어 금홍이라는 여성과의 만남, 그리고 각혈이라는 결핵의 심각한 진전은 그에게 '섹슈얼리티와 질병'

比久(히쿠)라는 이름은 이상의 경성 고공 시절 친구였던 川上繁의 음식점 여종업원 絹子의 죽은 동생 이름이라는 설과 구본웅만이 알고 있었던 이상의 별칭이었다는 설이 있다. 전자는 김성수(앞의 책, 84쪽), 후자는 고은(『이상 평전』, 188쪽).

27) 「休業과 事情」,《朝鮮》, 1932.4.

28) 하융(河戎)은 1933년 박태원의「소설가 구보씨의 일일」에 실린 삽화에 붙은 이상의 익명이다(송민호・윤태영, 앞의 책, 37쪽).

29) 건축기사 사임의 원인에 관한 것은 기존 논자들에 따라 '결핵'과 '일본인 상사와의 불화'설, 혹은 이상의 룸펜적 기질설로 갈린다. 윤태영은 '결핵'으로 인한 첫 각혈로 보고 있으며, 고은은 '비일상적인 기질' 탓으로 보고 있다(송민호・윤태영, 앞의 책, 21쪽; 고은, 앞의 책, 참조).

30) 이상의 전기적 생애는 일차적으로 송민호・윤태영의 앞의 책과 고은의『이상 평전』을 참조하였다. 김윤식의『李箱 硏究』에 의하면, 이상이 총독부를 사임한 해를 1932년으로 기록하고 있으나, 윤태영과 고은은 1933년으로 기록하고 있다.

으로 상징되는 '육체성'을 발견하게 하였던 것이다. 이는 두 개의 '태양' 중 가짜에 해당하는 '일본 제국주의' 총독부와 백부와의 결별 이후 그가 맞닥뜨린 '실체', 바로 그것을 의미하는데, 즉, '이상'이라는 하나의 '의식'과 모더니스트를 낳았던 백부와 일본제국주의의 핵심이 사라지자, 김해경이 맞닥뜨린 또 하나의 '진짜' 태양은 가난한 실제 자신의 가계와 무직과 무위라는 생활의 불모성이다. 그리고 이러한 실체에 대한 자각은 결핵균으로 소진된 육체의 불모성과 동시에 이뤄졌으며, 그것은 프로이트 식으로 말하자면 '죽음에의 충동'과 맞닿아 있는 에로스에 대한 자각 위에서 서 있는 것이다. 이러한 역설적인 삶의 진상 위에서, 자연인 '김해경'이 나아간 길은 소멸된 가짜 근대성 대신 새로운 가짜 근대성을 세우기, 즉 '인식'과 미적 가상으로만 이루어진 '이상'이라는 미적 주체로서의 삶이다. 백부의 죽음 이후, 7월의 '이상'의 재등장은 이러한 의미를 띤다. 그리고 그는 28세의 나이로 죽기까지 '이상'으로 살았으며, '이상'으로 죽었다. 그리고 그의 육체가 소멸된 뒤에도 '이상'이라는 허명은 한국 근대문학사에서 불멸의 존재로 기억되는 것이다. 1932년 그 이후의 삶은 익히 알다시피, 룸펜과 게으름, 권태, 여성 편력, 그리고 결핵,[31] 알코올 등등 '건전한' 삶과는 무관한 것에서 이뤄졌다고 할 수 있다. 따라서 '이상'으로서의 삶이란, 전적인 '글쓰기'의 주체로서의 미적 삶을 의미하는 것과 동시에, 일상과 육체성을 상실한 죽음에 선 삶, 즉 삶을 부정하는 '악'의 체현으로서의 실존을 의미한다고 할 수 있을 것이다. 그런데 이 '李箱'이라는 이름의 탄생을 둘러싼 다음과 같은 에피소드는 '李箱'의 삶과 문학에 대한 시사하는 바가 자못 크다고 할 수 있다.

『하여간 딱한 일일세. 그건 그렇구, 김해경(金海卿)이란 본명의 펜네임

---

31) 최근, 이상의 사인을 김소운의 증언을 들어 '결핵'이 아니라 '결핵성 뇌매독'이라고 지적하고 있는 논의들이 있다(이경훈, 『철천의 수사학』, 소명출판, 2000, 132쪽; 김윤식, 『이상 문학 텍스트 연구』, 서울대학교출판부, 1998, 200쪽).

을 이상(李箱)이라고 한 연유를 자네는 아나?』

이렇게 내가 물으니 박 군(박태원)은,

『그거 참 이상이 아니라, 괴상한 이름이지. 좀 서름서름한 다른 친구들이 잘 모르고 그를 이형(李兄)이라고 부르는 때면, 이상은 그 텁석부리 얼굴에 너털웃음까지 터뜨리면서, '네, 그것도 좋습니다. 이상은 이형(李兄)과도 통할 수 있습니다. 이상은 괴상하고도 통하니까요.' 이렇게 떠들데. 그 이름의 시초는 의주통의 건축 공사장에서 다른 일꾼들이 잘못 알고「이상!'」하고 부른 데서부터 시작한 이름이라더군.』

박군의 주석이었다.[32)]

윗 글은 이상이 '李箱'이라는 필명이 환기하는 '異常', '怪狀', '異形' 등의 비정상성을 충분히 인식하고 있었고 그것을 거부하지 않았을 뿐 아니라, 오히려 그렇게 잘못 호명된 자신의 이름을 적극적으로 채용하고 있음을 보여준다.[33)] 자연인 김해경이 '李箱'이라는 잘못 불리운 이름에 고개를 돌렸을 때, '이상'은 그의 운명적인 고유명사가 된 것이다. 이 잘못 호명된 '이상'이라는 허명 위에 이뤄진 '진정성'과의 투쟁으로서의 글쓰기, 이것이야말로 아이러니, 파라독스, 위티즘 등으로 열거되는 이상 문학의 본질인 '오류와 허위'의 기원인 것이다.

이러한 허구와 가상으로서의 '이상'이라는 존재가 벌이는 글쓰기의 유희는 이미 많은 논자들이 논의한 대로, 외부 세계와 완전히 단절되고 고립된 내면세계에 갇혀 벌이는 유폐적 자아의 '자기'와의 놀이이다.「날개」의 '나'라는 인물에서부터,「逢別記」의 '나'「鼅鼄會豕」의 그,「동해」의 '나'는 모두 "밤이나 낮이나 누워 잠만 자"는 유형의 인물로(「逢別記」, 351쪽), "人間이라는 것은 臨時 拒否하기로 한" 비일상적인 인간일 뿐만 아니

32) 윤태영, 앞의 책, 22쪽.

33) 고은에 의하면, '이상'이라는 이름이 경성고보 앨범에서 사인으로도 나타나고 있는 것으로 보아, 윤태영 평전에서의 '의주통 공사장'은 사실 고공 시절의 공사현장에서의 있었던 일로 보는 것이 온당하다고 하고 있다(고은, 앞의 책, 154쪽).

라, 다시 생활을 찾기 위해 어떠한 노력도 하지 않는 인물들이다. 그들의 유일한 일은 '절대적인 내 방'(「날개」, 321쪽)에서 "그냥 그날그날을 그저 까닭없이 펀둥펀둥 게을르고만" 있는 것이다.

> 내 몸과 마음에 옷처럼 잘 맞는 방 속에서 뒹굴면서 축 처져 있는 것은 행복이니 불행이니 하는 그런 세속적인 계산을 떠난 가장 편리하고 안일한 말하자면 절대적인 상태인 것이다. (전집 2권, 321쪽.)

'절대적인 상태', 그것은 말하자면 일상적이며 사회적인 자아가 소멸된, 절대적인 개인으로만 존재하는 유폐된 공간이다. 그러나 이 개인이라는 '개별성'과 주체성의 기원에서 알 수 있듯, 주체의 성립은 언제나 타자를 전제로 한 것이 때문에, 타인으로 구체화되는 타자성의 부재는, '근대적 주체'의 붕괴를 의미한다. 자기동일성을 보장해주는 매개체가 오직 자기 의식과 육체 이외에는 없다는 것, 그리하여 이상 소설의 인물들은 주체의 거듭되는 해체를 통해, '분열된 자아'로서의 자기 긍정과 부정을 거듭하게 되는 것이다. '자신'을 끊임없이 반추하고 되비추는 이 자기반영적 인물이 놓인 '절대적인 내 방'은 곧 사면이 거울로 가득 찬 공간과 동일하다.

그 거울에 투영된 '나'란, '거울'을 모티브로 한 이상 시에서 나타나듯, 실제적인 자아와 '반대'되고 대립되는 또 다른 자아로서, 나와 닮아있지만 '낯선' 자아이다.[34] 그것은 「날개」의 주인공에게 '장지로 말미암아 두 칸

---

34) 「거울」이라는 시의 전문을 보면 다음과 같다.
거울속에는소리가없소/저렇게까지조용한세상은참없을것이오
거울속에도 내게 귀가 있소/내말을못알아듣는딱한귀가두개나있소
거울속의나는왼손잡이오/내握手를받을줄모르는-握手를모르는왼손잡이오
거울때문에나는거울속의나를만져보지를못하는구료마는/거울아니었던들내가어찌거울속의나를만
나보기만이라도했겠소
나는至今거울을안가졌소마는거울속에는늘거울속의내가있소/잘은모르지만외로된事業에골몰할께요

으로 나누어진' 방이 그의 운명을 상징하듯, 유폐된 공간에 놓인 이상의 인물들의 운명의 형식을 상징한다. 그리고 이 '두 칸의 방'으로 상징되는 이상의 자아분열은 무엇보다 우선적으로 정신/육체의 이분법에 기초하고 있다. 유명한 「날개」의 서문은 이러한 육체와 정신의 분화, 그리고 육체성이 폐기된 상태에서 오로지 '의식'으로만 존재하고자 한, 혹은 그럴 수밖에 없었던 한 근대인의 초상화를 보여준다.

> 「剝製가 되어 버린 天才」를 아시오? 나는 愉快하오. 이런 때 戀愛까지가 愉快하오.
>
> 肉身이 흐느적흐느적하도록 疲勞했을 때만 精神이 銀貨처럼 맑소. 니코틴이 내 蛔ㅅ배 앓는 뱃속으로 스미면 머리 속에 으레히 白紙가 準備되는 법이오. 그 위에다 나는 위트와 파라독스를 바둑布石처럼 늘어놓소. 可憎할 常識의 病이오.
>
> 나는 또 女人과 生活을 設計하오. 戀愛技法에마저 서먹서먹해진, 知性의 極致를 흘깃 좀 들여다 본 일이 있는 말하자면 一種의 情神奔逸者 말이오. 이런 女人의 半-그것은 온갖 것의 半이오-만을 領受하는 生活을 設計한다는 말이오. 그런 生活 속에 한 발만 들여놓고 恰似 두 개의 太陽처럼 마주 쳐다보면서 낄낄거리는 것이오. 나는 아마 어지간히 人生의 諸行이 싱거워서 견딜 수가 없게끔 되고 그만둔 모양이오. 꾿 빠이. (전집 2권, 318쪽)

육신이 피로했을 때만 '은화'처럼 맑아지는 정신, 그것은 '박제가 된 천재'처럼 육체성과 일상이 완전히 제거되었을 때만 가능한 순수 지성의 극치를 의미한다. 그리고 이렇듯 의식으로만 실존하고 있는 나에게 육체성을 표상하는 女人과의 생활 설계란, 순수한 의식과 순수한 육체의 동거를 의미하며, '두 개의 태양'처럼 기괴한 것이다. 이러한 이분법은 「날개」에

거울속의나는참나와는反對요마는/또꽤닮았소/나는거울속의나를근심하고診察할수없으니퍽섭섭하오. (전집1권, 187쪽)

서는 두 칸의 방, '볕 드는 방과 볕 안드는 방'이라는 도식으로 변주된다. 그리고 이 의식으로서만 현존하는 '나'란 '볕 드는 방'에 속한 일체의 것들과 무관할뿐더러 거기에서 어떠한 감각도 느끼지 못하는 것이다. 아내, 즉 여인에게 속한 것들, 즉 '외출복', '직업', '돈'에 대한 쾌감, 그리고 매춘으로 이뤄지는 육체적 쾌락 등등은 일상성과 육체성을 상징하는 것으로 '나'에게는 없는 것들로 그려진다. 그러나 이렇듯 아내 혹은 여인으로 상징되는 것은, '지성의 극치'에서 또 다른 '나'의 속성을 망각하고자 하는, 혹은 망각할 수밖에 없는 '나'의 또 다른 실체이기도 하다. 「날개」에서의 '숙명적으로 발이 맞지 않는 절름발이'인 나와 아내'는 결국 의식과 육체의 분열을 형상화한 것으로 볼 수 있을 것이다. 그러나 숙명적으로 내 의지에 속할 수 없는 결딴난 육체, 그리고 그것의 연장인 적빈과 가족이라는 일상에서 '나'라는 주체는 자기동일성의 확인은커녕, 부정되려는 '자아'만을 확인할 수 있을 뿐이다. 따라서, '나'라는 존재는 육체/의식의 이분법 속에서 육체와의 결별을 통해서만 주체로서의 자기동일성을 확인할 수 있게 되는데, 이렇듯 의식의 우위, 지성의 우위에 속한, '이상'이라는 허명은, 전적으로 미적 가상에 속한 삶과 자연인 김해경의 자살을 의미한다.

의식과 사유 속에서 확인되는 자기 동일성, 그러나 그것 또한 자신 내부의 수많은 타자성을 통해 끊임없는 분열과 해체를 통해 복수화된다. 완강히 믿었던 이성적 주체로서의 '자기동일성'이라는 판도라의 뚜껑을 열자, 수많은 이질적인 '나'들이 튀어나오는 것이다.

1) 사실 소하의 경우를 말하지 않고 나에게는 가장 적은 '지킬 박사'와 훨씬 많은 '하이드'씨를 소유하고 있다고 고백하고 싶습니다. 나는 물론 소하의 경우에서도 상당한 '지킬 박사'와 '하이드'를 보기는 봅니다만은 그러나 소하가 퍽 보편적인 열정을 얼른 단편으로 사사오입식 종결을 지어버릴 수 있는 능한 수완이 있는데 반대로 나에게는 倫敦市街에 끊임없이 계속되는 안개와 같이 거기조차 컴마나 피리어드를 찍을 재주가 없읍니다.

> 일상생활의 중압이 이 나에게 교양의 淘汰를 부득이하게 하고 있으니 또한 부득이 나의 빈약한 이중성격을 '지킬 박사'와 '하이드'씨에서 '하이드씨'와 '하이드씨'로 이렇게 진화시키고 있습니다. (「血書三態-하이드씨」, 전집 3권, 23~24쪽)

> 2) 그러나 와글와글 들끓는 여러 나와 나는 正面으로 衝突하기 때문에 그들은 제각기 베스트를 다하여 제 자신만을 辯護하는 때문에 나는 좀처럼 犯人을 찾아 내이기는 어렵다는 것이다. (「終生記」, 전집 2권, 376쪽)

인용문 1)에서는 '지킬 박사와 하이드'씨로 표상되는 분열된 자아는, 그 이분법 규율마저 지키지 못하고, '하이드씨'라는 비일상적이며 야만적 자아에서 또 다른 야만적 자아로 분열을 거듭한다. 그리고 그것은 인용문 2)에서 보듯, '와글와글 들끓는 여러 나'로 복수화되면서, '제각기 베스트를 다하여' 자신을 변호하기 때문에 '범인' 즉, 행위와 생각의 주체로서의 진정한 '나'를 발견하기 어렵다.

김동인에게 있어서 '근대적 주체'에 가장 적합한 창작방법론은 작가가 '신'의 위치에서 작중인물들을 조종하고, 그들을 통해 자신의 목소리를 내는 이른바 '인형조종술'이었다. 이 인형조종술에서 작가와 작중인물은 확연히 분리되고 분별되는 것으로, 작중인물은 절대 작가라는 신의 위치를 넘겨다볼 수 없을 뿐만 아니라, 전적으로 조작의 '대상'에 불과하다. 이것이야말로, 복화술사가 인형을 통해 자기 목소리를 내는 '복화술'이라고 할 수 있을 것이다. 그러나 이상 소설에 있어서 이러한 인형조종술은, 전도된 방식으로 나타난다. 즉, 자기동일성으로 구분되는 확연한 주체가 부재하기 때문에, 주체의 분열을 통해 탄생된 복수적 자아들이 오히려, 그들의 모태인 주체를 조종하고 조롱하는 형국인 것이다.

> 箱은 그러나 조종을 받고 있었다. 그는 저 十年이 하루 같은 몸짓을 그만두지는 못한다. 산다는 것은 어쩌면 이다지도 재미 없는 몸짓의 連續인

것일까. 허나 그만두든 그만두지 않든 人形자신의 意思에 의하는 것은 아니다. (「不幸한 繼承」, 전집 2권, 214쪽)

인용문에서 보듯, 「不幸한 繼承」의 작가는 주체가 자신의 운명의 주인이 되지 못하고, 인간이라는 혹은 일상이라는 타성적 관습에 젖어 살아갈 수밖에 없음을 표출하고 있다. 뿐 아니라, 이 작품에서는 자기 동일성의 해체, 복수화된 자아[35]를 '언짢은 그림자'라는 분신을 통해 구체적으로 형상화하고 있다.

1) 혼자서 못된 짓을 하고 싶다. 난 이제 끝내 살아나지 못할 것 같다. 필경 살아나지 못할테지.

허나 언제나 箱은 꼬옥 같은 모양을 한, 바로 箱 자신이 아니면 아니된다. 그림자보다도 不透明한 한 사나이가 그의 앞에 막아서면서 어정버정하는 것이었다.

그는 그 빛바랜 세피어 색 그림자 앞에선 고개를 들지 못한다.

어차피 살아날 수 없는 것이라면, 혼자서 한껏 殘忍한 짓을 해보고 싶구나. (「不幸한 繼承」, 전집 2권, 208~209쪽)

2) 그래 이번만은 後悔하지 않고 되는 첩경을 찾아내리라.

아니 이거 무슨 물건이 바로 이 내 몸에 달라붙어서 덜어지지 않기 때문이겠지. 요놈을 떼쳐버려야지-

그러나 그건 대체 무슨 놈일까.

---

35) 루소에 의하면 인간의 내면은 단지 복수로서 발견된다. 우리 안의 자연은 선과 악 너머에 있으며 무엇보다도 전통적인 선의 특성, 즉 지속성, 신뢰, 자신과의 합일은 여기서 발견할 수 없다.
"나 자신만큼 나와 닮지 않는 것도 없다. 그래서 이 독특한 다양성 외에 나 자신을 달리 정의하려 하는 것은 부질없는 일이다. 때때로 나는 냉혹한 인간 혐오를 느낀다. 그러다가 다시 사회의 매력과 사랑의 희열에 빠져든다. 한마디로 변덕스러운 프로메테우스고 지조없는 카멜레온이다."(뤼디거 자프란스키, 앞의 책, 185쪽)

그는 理性이 멀쩡했었다. 그것이 보였을 만큼-그러나 그가 疲勞를 회복하기가 무섭게 이내 그의 이러한 理性은 다시 무디어지고 마는 것이었다. (전집 2권, 209쪽)

3) 오늘 밤은 둘이 함께 해야 하나 보다. 그 언짢은 그림자의 사나이와 箱은 한 椅子 위에 걸터앉고 이젠 料理도 아주 한 사람 몫이다. (중략) 누이처럼 생각한 적도 있답니다.

케티 폰 나기 같이 아름다운 오뎅집 딸한테 그는 인제 그야말로 전혀 의미없는 말을 한마디 해 보았다. 누굴 말입니까? (정말 별란 소리 다 한다. 누이처럼 생각했던 사람이란 대체 누구를 말하는 건가)

한데 그 여자와 惡魔가 걸으니까 거 참 지독한 절름발이였지요. 하지만 어느 쪽이 길고 어느 쪽이 짧은지는 전혀 알 수 없었지요. (전집 2권, 210쪽)

4) 뭐 이런 건 이 언짢은 그림자의 사나이가 집게손가락으로 장난스런 주름살을 만들면서 나를 쿡쿡 찔러대기 때문이다.

(대단할 건 없다. 따돌려버려라)해서-난 이후로도 그를 누인 줄 알고 위로해 주곤 할 작정입니다. (전집 2권, 211쪽)

5) 차라리 이렇게 하자. 저 언짢은 그림자의 사나이가 나중에 무엇이라고 나무라든 아랑곳할 것이 뭐냐. (전집 2권, 212쪽)

6) 언짢은 그림자의 사나이는 驚愕했다. 처음으로, 정녕 처음으로 그의 성난 꼴이 무서웠던 것이다. 위험햇, 뭘하고 있나? (전집 2권, 215쪽)

인용문에서 보듯 「不幸한 繼承」에서 그려지고 있는 '언짢은 그림자'는 작중 인물로 등장하는 '그'를 끊임없이 방해하는, 그의 또 다른 분신으로 등장하고 있다. 그런데, '그'와 이 '언짢은 그림자'의 관계는, 지킬 박사와 하이드 씨의 관계가 아니라 반대의 경우라고 볼 수 있다. 즉 이 작품에서 등장하는 '그'라는 인물은 '혼자서 못된 짓을 하고 싶은', 그리고 과거, 자신의 감정에 진솔하지 못했던 것으로 인해 앞으로 도래할 '후회'를 기다리고 있는 '자아'이다. 그러므로 오히려, 하이드씨에 해당하는 제멋대로인 '나쁜 자아'라고 할 수 있으며, '그 여자와 惡魔가 같이' 걷는 형상으로 묘사되기도 한다. 따라서 이러한 그에게 '언짢은 그림자'란 오히려 이성적이며 윤리적인 자아, 혹은 초자아라고 할 수 있으며, 그가 그토록 겁내고 있는 '후회하는 자아'이기도 하다. 이 작품 전반에는 '후회'라는 개념을 중심으로 다음과 같이 작중인물의 혼란스러운 심리가 표출되고 있다.

> 1) 箱은 참으로 後悔하지 아니할까? 그건 참을 수 없는 冷情함보다도 더욱 冷情하여 참을 수 없는 것. 그럼에도 불구하고 그는 기다리고 있다. 後悔를-箱에게서 後悔하지 아니하는 時間은 더욱 위태하다는 그런 말일까. 그는 절실히 後悔를 苦待하고 있다. (전집 2권, 208쪽)
>
> 2) 箱은 사실은 이토록 後悔하고 있단 말이다. (전집 2권, 209쪽)
>
> 3) 그래 標本처럼 혼자 椅子에 端坐하여 蒼白한 얼굴이 後悔를 기다리고 있었던 것이다. (전집 2권, 209)
>
> 4) 아아, 後悔하긴 싫다, 아무 것도 갖다주지 않는 게 좋겠다. (전집 2권, 210쪽)

위 인용문에서 보듯, 후회를 고대한다는, 혹은 후회하기 싫다는 복잡한 내면 심리는 이미 후회하고 있음을 보여주는 것으로, 그 구체적인 내용은 애인을 애인으로 자각하지 못했음을, 그리하여 친구에게 빼앗겨버린 것을 지시한다. '후회'는 지난 자신의 행위에 충분한 자각과 의식이 뒤따르지 못한 것에 대한 것으로, 자신이 하는 일을 충분히 알지 못했다는 것을 의미한다. 따라서 "행동과 의식의 균열"에서 비롯된 이 '후회'는, 지난 행위의 "참현실성과 참의미"[36]를 비로소 깨닫는 반성적 자아, 이성적 자아의 몫이다. 그러나 이 작품의 작중 인물인 箱은 이러한 반성적 사유를 거부하는, 혹은 분열된 자아를 거부하고 추악성으로 일관하려는 인물로 그려지고 있는 것이다. 그러나 이러한 위악적 인물의 또 다른 분신인 '언짢은 그림자'는, '혼자서 나쁜 짓을 하고 싶어하는' 그에게, '언제나 箱과 꼬옥 같은 모양을 한, 箱 자신'이기를, 즉 하이드씨가 아닌 지킬 박사이기를 종용하고 그의 위악적 행위를 만류한다. 그렇기 때문에 '그'에게 이 그림자는 언짢을 수밖에 없으며, 이 그림자에게 고개를 들지 못하지만, 그러나 여전히 그는 이 언짢은 그림자를 떨쳐버리면서까지 '후회하지 않고 되는 나쁜 짓'을 궁리하고, '나기 孃'에게 위악적 농담을 던지기도 한다. 그리고 마침내 그가 친구 素雲과 여자친구가 자신을 배반한 사실을 듣고 강물에 뛰어들려고까지 하자, 경악한 '언짢은 그림자', 즉 이성적인 자아는 이를 만류하는 것이다. 결국 이 작품에서 총 여섯 번에 걸쳐 암시되는 분신, '언짢은 그림자'는 '후회'하는 자아, 즉 반성적 자아이자 윤리적 자아를 의미한다고 볼 수 있다. 그러나, 이 반성적 자아는 작품 중반까지 등장하다가 사라지고, 이후 '그'라는 인물은 '저주받은 육체'를 끌며 창녀를 사면서, 끝끝내 절망하고 자살충동에 휩싸이고 자학으로 얼룩진 '나쁜 자아'로 남게 된다.

이렇듯 이상 소설에 등장하는 분열된 주체는 의식과 육체의 분열로만 드러나거나, 이성과 감성의 대립으로 이분화되는 것이 아니라, 여러 층위의 의식들과 주체로 복수화[37]된다. 그리고 그것은 반성적 자아/위악적 자

36) 김우창, 「회한, 기억, 감각-삶의 깊이와 글쓰기에 대한 수상」, 《외국문학》, 1992년 봄호, 87쪽.

37) 복수화된 자아는, 주체의 동시적인 분열과도 관련있지만, '후회'라는 의미가 함축하듯 시간적 변화, 즉 과거와 현재적 자아에 따른 동일성 해체를 의미하기도 한다. 이러한 주체의 비동일성은 다음과 같은 시에서 잘 드러나고 있다.
"無數한나는말(譚)하지아니한다. 無數한過去를傾聽하는現在를過去로하는것은不遠間이다. 자꾸만反復되는過去, 無數한過去를傾聽하는無數한過去, 現在는오직過去만

아 등으로 분화되면서 본래적 자아는 분열을 거듭하는 속에서 해체되어 사라지고 만다. 따라서 '와글와글 들끓는 여러 나' 중에서 '犯人찾기'로 상징되는 복수된 자아의 진정성 탐구는, 벗기면 벗길수록 허위만 늘어가는 '양파까기'와 동일하다. "매개 없는 주체의 자기 반성은 헛되이 자기 자신을 들여다보고 있는 공허한 메타 주체들의 행렬만을 낳을 뿐"38) 어떠한 궁극적인 자아의 실체, 즉 진정성에 다다르지 못하는 것이다.

유폐된 공간에서 복수화되고 다중화된 자아들의 또 다른 자아를 상대로 자신을 드러내는 것, 이것이 이상 소설에서 서술적 자아가 '자신을 은폐하고 드러내는' 방법론인 것이다. 이러한 은폐와 위장의 창작방법론은 이미 여러 논자들에 의해 '분신'39) 혹은 '글쓰기의 서술 층위'40) 등 다양하게

을印刷하고過去는現在와 一致하는것은그것들의複數의境遇에있어서도區別될수없는 것이다."(「선에 관한 각서 5」, 전집 1권, 157쪽)

38) 서영채는 반성테제와 실천테제와 결별한 문학의 자율성 테제의 핵심인 진정성의 원리, 즉 진실/거짓, 드러내기/감추기의 방법으로 탐구되는 고립된 진정성의 변증법은 양파까기처럼 공허한 메타 주체들의 행렬만을 낳을 뿐이라며, 다음과 같이 지적하고 있다.

"사회성이라는 맥락으로부터 멀어져버리는 순간 반성은 대상을 잃어버린 주체의 공허한 자기 귀환이라는 형식이 되는 것이다. 물론 주체는 자기 자신을 바라볼 수 있다. 그러나 자신의 무엇을 본다는 것인가. 매개 없는 주체의 자기 반성은 헛되이 자기 자신을 들여다보고 있는 공허한 메타 주체들의 행렬만을 낳을 뿐이다. 흡사 거울을 마주 세워놓은 것 같은 형국으로 메타 주체의 무한 퇴행이 벌어진다. 원근법은 기괴하게 일그러지고, 낯설고 신기한 세계가 나타난다. 그 가운데서 내가 누구인지를 묻는 것, 어느 것이 진짜 나인지를 탐색하는 것은 고통스러운 일이다."(서영채, 「왜 문학인가-문학주의를 위한 변명」, 《문학동네》, 2000년 여름호, 350쪽)

39) '분신'을 주제로 이상 소설을 해석하고 있는 대표적인 글은 다음과 같다.

이보영, 『이상의 세계』, 금문서적, 1998.

김주현, 「이상 소설과 분신의 주제」, 『이상소설연구』, 소명출판사, 1999.

40) 이상 소설과 관련하여 주체의 분열과 해체를 다룬 논의들은 다음과 같다.

조연현, 「근대 정신의 해체」, 『이상문학전집』 4권.

김윤식, 「세 가지 글쓰기의 층위」, 『이상문학 텍스트 연구』, 서울대출판부, 1998.

김성수, 『이상소설의 해석』, 태학사, 1999.

이정엽, 「李箱 소설의 서술 방식 연구」, 서울대 석사논문, 2003.

분석된 바 있다.[41)]

이상 소설에서는 보통 「날개」에서 그렇듯 '서문'으로 대표되는 주인공 '나'와는 다른 서술 자아의 의식이 항상 존재한다. 이 서술 자아는 물론 또한 작가와는 다른 것으로, 이렇게 몇 겹으로 이뤄진 것이 이상 텍스트의 가장 핵심적인 특징인 것이다. 분열의 체험, 그것은 이상 문학에 있어서 중요한 주제로 다뤄지고 있는데, "거울속의나는참나와는반대요마는/또꽤닮았소/나는거울속의나를근심하고진료할수없으니퍽섭섭하오"(「거울」, 전집 1권, 187쪽) 등은 이러한 불일치의 체험을 형상화한 대표적인 작품으로, 그의 시 대부분은 이러한 자아분열을 주제로 하고 있다고 해도 과언이 아니다.

이러한 주체 분열과 복수화된 자아는 소설작품에서 주로 서술 층위의 중층화와 시간과 공간의 단절과 교차 등으로 반영되면서, 소설의 창작방법론에 투영된다. 「失花」와 「終生記」는 그 대표적인 작품으로 '작중인물/서술자/작가'라는 3분신으로 분열된 자아로 구성되어 있다.

「失花」에서는 조연현이 「근대 정신의 해체」라는 글에서 적실하게 분석[42)]한 바 있듯, 이상이라는 작자는 '경험하는 자아'이자 일인칭 작중 화

---

41) 글쓰기 주체의 분열적 양상에 대해서는 많은 논의들이 있어왔으므로, 이 장에서는 그 대표적 양상에 대해서 간략하게 언급하기로 하고, 이후 소설미학과 관련하여 3장에서 상세히 논의하기로 한다.

42) 조연현은 「失花」에 나타난 주체의 해체 양상을 다음과 같이 지적하고 있다. "「失花」의 작자인 '나'가 서술하는 형식으로 기록된 이 작품에는 '나' 이외에 '이상'이라는 또 하나의 이상이 등장하고 있다. '나', '너', '이상'은 분명히 '연(姸)'이라는 여주인공과 함께 「失花」라는 한 작품을 성립시키고 있는 네 명의 서로 독립된 작중 인물임에는 틀림없으나, 이 세 명의 작중 인물은 또한 모두가 이상이라는 한 인물의 3개의 분신들이 아닐 수 없는 것이다. '나'는 '그'나 '이상'으로부터 독립되어 있고 '그'는 또한 '이상'과 별도로 존재하고 있으나 '나', '그', '이상'은 서로 완전히 헤어질 수 없는 관련성을 가지고 있다. (중략) 그러나 '나'는 '그'를 희롱하고 '이상'은 '나'를 조소하고 '그'는 '이상'을 위로하는 위로하는 형식으로 이 세 개의 분신들은 서로 교섭되고 서로 관련되어 있으나 끝끝내 '나'는 '나'요, '그'는 '그'요, '이상'은 '이상'인 것이다. '나'는 '그'에게 합칠 수 없고 '그'는 '나'에게 합

자인 '나', 이러한 '나'를 대상화하여 ( )로 형상화되는, 심층에서 발화하고 있는 또 다른 서술자아, 그리고 작가 이상으로 분화되어 있으며, 이는 동경에서의 현재와 서술에서의 姸과의 과거 속에 놓인 '나'로 중층화된다. 이렇듯 작중인물과 서술자, 또 다른 서술자아의 분화와 중층화는, 그러한 분화된 자아들이 뚜렷하게 명시되어 있거나 변별적으로 드러나기보다는 혼합적 양상으로 표출되고 있다고 볼 수 있는데, 이러한 경향은 「終生記」에서는 더 심화되어 나타난다. 「終生記」에서는 정희와의 일을 경험하는 작중인물 이상, '종생기'라는 유서를 작성하는 자의식적인 서술자아인 '나' 그리고 실제 작가 이상이다. 이 세 명의 이상은, 「失花」처럼 장 구분이나 현재-과거/동경-서울이라는 시공간의 병렬적 구성 속에 변별성을 갖지 않기 때문에, 그 분화된 자아의 구분이 훨씬 모호하고 복잡하다고 볼 수 있다.43)

2. 악의 표상과 실체

1) 거짓과 위악의 대결

김동인 문학에서 탄생된 자율성 신화는 이상 문학에 있어서 더욱 공고히 되었으나, 이 근대적 주체라는 '신대륙'을 발견한 자와 그 신대륙 위에서 탄생한 자의 태도는 달라질 수밖에 없을 것이다. 즉 세계 인식과 존재원리가 전적으로 '나'에게 의존한다는 것은 김동인에게 있어서는 환희작약할 기쁨이자 세계 개진에의 의욕을 고취시키는 일이었지만, 이상의 경우는 달랐다. 왜나하면, 그 세계를 표상하는 바로 그 주체가 분열되어있기

칠 수 없으며 '이상'은 '나'나 '그'에 통괄될 수 없는 것이다."(「근대 정신의 해체」, 『이상문학전집』 4권, 25쪽)

43) 「終生記」의 서술자아에 관한 논의는 이하 3장에서 좀더 상세하게 분석될 것이다.

때문이다. 복수화된 자아, 복화술로서만 발화될 수 있는 수많은 내면의 중첩된 목소리, '와글와글 들끓는' 수많은 나, 그 어디에도 '동일성'과 '확실성'이라는 절대 인식의 기반은 없었던 것이다. 그것은 앞서 언급한 대로, 서구 철학사의 근본적인 테제인 본질과 현상의 이분법 위에서 다시 출발하고 있는 근대 철학의 확호한 이분법적 사고에 기인한다. 객관적 대상은 물론 '나'란 존재가 '자아의식'에서 기초한 코기토의 원리는 우선적으로 자아와 대상을 분리하고, 외면적 실재와 대립하는 내면적 세계에 우위를 둔 관념론에 속한다. '외면(타자, 물질, 현실)에 대한 의존성, 온갖 의타적 관계로부터 해방된 상태'[44]인 이러한 '내면적 자율성'은 근대화 초기의 지식인들에게 봉건적 윤리와 관습, 타율성을 벗어나 '참자아'라는 자유로운 개인으로 거듭날 수 있는 토대가 되었지만, 이와 더불어 '참자아'는 그렇게 확보한 '자유'만큼의 '불안'의 무게를 담당할 수밖에 없게 되었다. 왜냐하면, 모든 것이 '자기의식'에 기반하고 있다는 것, 나아가 모든 객관적 대상과 현실은 철저히 '자기의식'이라는 부정할 수 없는 진리의 중핵을 거쳐야만 확실성을 획득할 수 있다는 것은, 그만큼의 불확실한 세계에 존재한다는 것을 의미하는 것이기 때문이다. "의심할 수 있을 때까지 의심하라." 이러한 데카르트의 명제는 근대인들에게 '나'라는 조각배와 의심해야 될 망망대해 같은 무수한 타자들을 안겨준 것이다. 근대인들은 이 단단하다고 믿었던 조각배를 타고, 자신있게 출발하였으나, 그 조각배는 조금씩 마모되어가고 망망대해는 끝이 없다. 근대인의 불안[45]은 이렇듯, 근대과학의 탄생과 더불어 가능했던 인간에 대한 확신, 즉 너무나도 크게 느껴졌

44) 김상환, 「이상 문학의 존재론적 이해」, 『이상 문학 60년』, 137쪽.

45) 김상환은 이상 문학의 공포와 불안을 '세계 상실'의 공포로 해석하면서, 그 불안에 대해 다음과 같이 언급하고 있다. "내면의 발견은 그러나 불안을 수반한다. 데카르트의 「성찰」에서 읽을 수 있는 것처럼, 근대적 자아는 개인의 경험과 판단이 외적 실재와 무관한 허구이자 가상에 불과할지 모른다는 극도의 회의론적 불안 속에서 태어났다. 이 불일치의 공포는 데카르트 이래 근대의 인식론적 탐구의 역사 전체를 지배한다 해도 과언이 아니다."(같은 책, 138쪽)

던 '참자아'와 너무나도 쉬웠던 '자연과 객관'이 조금씩 그 비율을 달리하고 무너지면서 발생한다. '표상의 객관적 타당성'을 증명했던, '주체의 능동적 구성력'에 의해 자아는 특권적 권리를 획득하면서 내면성과 자율성 신화는 심화되어갔으며, 이광수에서부터 출발한 개인과 주체의 신화는 이상에 이르러 그 근대 정신을 최고 정점에서 구현하면서 동시에 그 한계점을 노출하고 만다. 앞서 분석한 『十二月 十二日』의 기하학에 기반한 세계 인식과 '대칭점 찾기'로 상징되는 모순 해법, 뿐만 아니라 신에 대한 복수로서의 삶 등은, 이러한 주체의 능동적 구성력에 대한 여전한 신뢰와 자신감을 의미한다. 그러나 끝내 ×의 구원이 '영혼'이라는 낭만적, 반근대적 근대성 위에서 구해졌다는 것은 이러한 근대 주체의 패배를 의미하기도 하는 것이다.

그리하여 근대 정신의 한계점은 앞에서 분석했듯 주체의 부정과 균열을 통해 우선적으로 드러난다. 자기를 대상으로 한 자기의식에서의 분열, 그것은 필연적으로 외부 대상의 내적 표상에 대한 의심과 의혹을 가져온다. 모든 대상관계를 가능하게 해주는 선행조건으로서의 자아의 자기관계의 균열은 대상관계에 있어서의 균열을 의미하는 것이다. 그리하여 이상 소설에서 여성, 즉 타자를 대표하는 많은 여인[46]들은, 아무리 벗겨도 정체를 드러내지 않는 양파껍질처럼, 끊임없이 '나'를 속이는 '稀代의 야웅의 天才'로 형상화되는 것이다. 이상의 대표적인 작품 「날개」에서부터 「逢別記」, 「幻視記」, 「失花」, 「斷髮」, 「終生記」에 이르기까지 남녀의 관계는 언제나 '오해'에 기반한 관계, 혹은 속고 속음의 관계이자 배반의 관계로 드러난다.

46) 이상 소설에 '여인'으로 등장하는 인물들은 다음과 같다.

날개	단발	실화	환시기	동해	봉별기	지주회시	종생기
안해	소녀	연	순영	임	금홍	안해	정희

(김현, 「이상에 나타난 '만남'의 문제」, 『이상문학전집』 4권, 169쪽 참조)

이상의 소설에서 남녀관계를 다루고 있는 소설들은 크게 다음의 세 가지로 나뉠 수 있다. 첫째, 이상이 본격적으로 소설 창작의 출발이라고 할 수 있는, 실제 '錦紅'과의 일을 소재로 한 「鼅鼄會豕」 「날개」 「逢別記」 계열, 두 번째 「幻視記」 「斷髮」, 세 번째, 「童骸」 「終生記」 「失花」로 묶일 수 있는데, 첫 번째 계열은 '매춘부'와의 기형적인 부부생활을, 두 번째는 연애하는 남녀의 어긋남을, 세 번째 계열은 '속이는 여자와 속은 남자'의 이야기를 그리고 있다. 이 중에서 이상에게 있어 '여성'을 대표하는 것은 세 번째 계열로, 이상 수사학의 특징인 파라독스와 아이러니 등이 현란하게 구현되고 있으며, 다른 두 계열 작품도 근본적으로는 남자를 배반하는 여성, 즉 다다를 수 없는 '절대 타자'로 등장한다는 점에서는 동일하다고 할 수 있을 것이다.

첫 번째 계열의 소설은 금홍 혹은 연심, 아내와의 비정상적인 결혼 생활 혹은 동거 생활을 다룬 것으로 '창부와 기둥서방' 형태로 드러나고 있다. 즉, 이들은 「鼅鼄會豕」에서 '거미'와 '돼지'라는 메타포가 의미하는 것처럼 '착취하고 착취당하는 관계, 사육시키고 사육당하는 관계'로 묶여 있으며, 기본적으로 그것은 '돈'과 '성'이라는 욕망에 기초한 관계이다. 「鼅鼄會豕」에서는 R 까페에서 여급으로 일하는 '안해'와 경제력을 상실한 '그', 그리고 자본주의 속물성을 대변하는 '吳'와 마유미, '양돼지'와 '안해', 그리고 '그'의 돈을 떼먹은 친구 '吳', 이 모든 관계는 이해 관계 내지는 매춘이라는 자본 관계로 묶이면서 철저히 속물화된다. 이러한 물신화된 사회에서 어떠한 강력한 힘도, 의지도 행사하지 못하는 무력한 '그'는 '첩첩이 닫힌 방'에 스스로를 가두고 자폐적 생활을 영위하지만, "세상은 그 잔인한 관계를 가지고 담벼락을 뚫고" 스며들면서(전집 2권, 312쪽), 그와 '안해'라는 가장 사적인 영역까지 침투한다. 이렇듯, 「鼅鼄會豕」와 「날개」 「逢別記」를 통해 드러나는 남녀관계는 여성에 대한 남성의 경제적 예속과 '매춘'이라는 강력한 현실논리에 의해 타락한 관계로 형상화되는 것이다. 그리하여 '성'의 배타적 점유와 경제적 공동체라는 '결혼'이라는 제도는 이들에 있어, '성'의 독점적 소유권에 대한 포기와 여성에 대한 남성의 경제적 예속이라는 기형적인 관계로 바뀌면서, 애초 이들이 기초했던 내면성과 자율성을 바탕으로 한 애정의 얽힘이라는 '진정성'은 사라지고 마는 것이다.

이상 문학에 자주 등장하는 '정조'의 문제는 바로 이러한 남녀관계의 '진정성'에 관한 물음이지, 그가 그렇게 혐오해마지 않던 '19세기식 도덕'으로만 국한될 수 있는 것은 아니다. 여기서 남녀관계의 '진정성'이란 결국 '애정'의 문제가 될 것인데, 애초에 진정성이 아무런 의미도 없는 매춘관계에서 출발한 기생과의 동거 생활은 「逢別記」에서 보듯, 이미 파국 위에 서 있는 불안한 '정조'의 실체를 예견하고 있는 것이다.

> 지어 가지고 온 藥은 집어치우고 나는 전혀 錦紅이를 사랑하는 데만 골몰했다. 못난 소린 듯하나 사랑의 힘으로 喀血이 다 멈췄으니까-
>
> 나는 錦紅이에게 노름채를 주지 않았다. 왜? 날마다 밤마다 錦紅이가 내 房에 있거나 내가 錦紅이 房에 있거나 했기 때문에-
>
> 그대신-
>
> 禹라는 佛蘭西 留學生의 遊冶郎을 나는 錦紅이에게 勸하였다. 錦紅이는 내 말대로 禹氏와 더불어 「獨湯」에 들어갔다. 이 「獨湯」이라는 것은 좀 淫亂한 設備였다. 나는 이 淫亂한 設備 문간에 나란히 벗어 놓은 禹氏와 錦紅이 신발을 보고 언짢아하지 않았다.
>
> 나는 또 내 곁房에 와 묵고 있는 C라는 辯護士에게도 錦紅이를 權하였다. C는 내 熱誠에 感動되어 하는 수 없이 錦紅이 房을 犯했다.
>
> 그러나 사랑하는 錦紅이는 늘 내 곁에 있었다. 그리고 禹, C等等에게서 받은 十圓 紙幣를 여러 장 꺼내 놓고 어리광석게 내게 자랑도 하는 것이었다. (전집 2권, 350쪽)

위 인용문에서 보듯, 나와 금홍의 애정, 혹은 금홍에 대한 나의 애정은 매춘의 관계에서만 귀하고 의미있는 진정성이었다. 그들은 '창부와 기둥서방'이라는 비윤리적인 관계일망정, 어떠한 윤리적 책임이나 진정성을 요구하지 않았기 때문에, 그 안에서 화해로운 관계를 유지할 수 있었다. 나는 금홍에게 여러 손님들을 직접 소개할 수 있었고, 그것으로 고통 받지 않았다. 그들의 애정이 매춘의 관계라는 진정성의 부재 위에서 성립되었기 때문이다. 그러나 그들이 근대적 사랑의 공식인 자유로운 개인의 내면성과 감정에 기초한 낭만적 사랑, 즉 진정성을 토대로 한 관계로 묶이자, 아이러니하게도 그들의 애정은 매춘으로 타락하고 만다. 그리고 전과 달리, 이제 금홍의 매춘과 간음은 절대적으로 문제가 되고, 용서할 수 없는 배반이 되는 것이다.

> 나는 또 이런 것을 생각하지 않았던 것도 아니다. 즉 남의 아내라는 것은 貞操를 지켜야 하느니라고!
> 錦紅이는 나를 내 懶怠한 生活에서 깨우치게 하기 위하여 우정 姦淫을 하였다고 나는 好意로 解釋하고 싶다. 그러나 世上에 흔히 있는 아내다운 禮儀를 지키는 체해 본 것은 錦紅이로서 말하자면 天慮의 一失 아닐 수 없다.
> 이런 實없는 貞操를 看板 삼자니까 自然 나는 外出이 잦았고 錦紅이 事業에 便宜를 도웁기 위하여 내 房까지도 開放하여 주었다. (전집 2권, 351쪽)

'실없는 정조', 그것이 문제시하는 것은 위에서 보듯 남의 아내 된 도리, 즉 도덕성과 윤리를 의미하는 것일텐데, 이상은 이에 대해 다음과 같이 언급하고 있다.

> 貞操
> 이런 境遇-즉 「남편만 없었던들」 「남편이 용서만 한다면」하면서 지켜진 아내의 貞操란 이미 간음이다. 貞操는 禁制가 아니요 良心이다. 이 境遇의 良心이란 道德性에서 우러나오는 것을 가리키지 않고 '絶對의 愛情'

그것이다. (중략)

내가 이 世紀에 容納되지 않는 最後의 한꺼풀 幕이 있다면 그것은 오직 「간음한 아내는 내어쫓으라」는 鐵則에서 永遠히 헤어나지 못하는 내 곰팡내 나는 道德性이다. (「十九世紀式」, 전집 3권, 182쪽)

윗 글에서 강조하고 있는 '정조'란 도덕성에 대한 당위적 차원이 아니라, 진심에서 우러나오는 '절대의 애정'이어야 한다는 것, 즉 절대적 '진정성'을 의미한다. 결국은 절대적 애정 혹은 진정성이야말로, 이상이 그토록 자조하고 자책하던 곰팡내 나는 그의 '19세기식' 도덕인 것이다.

이 '정조'로 상징되는 관계의 진정성, 이것은 「逢別記」 「날개」 「鼅鼄會豕」 계열의 창부와의 기이한 동거생활에서만 드러나는 것이 아니라, 이상의 다른 소설에서도 현란한 기교와 수사를 통해 적극적으로 탐구된다. 「失花」 「終生記」 「동해」 등은 바로 이러한 '허위'와 '거짓'으로 드러나는 여성을 가장 적극적으로 다루고 있는 작품이다.

「失花」 「동해」 「終生記」 이 세 작품은 사실상 연작[47]이라고 해도 좋을 만큼 서사적 측면에 있어서 밀접한 관련이 있다. 이들은 모두 서사적인 면에서 지적이고 성적 경험이 많은 여성과의 연애에서 속았던 남자, 혹은 속고 있는 남자의 고통과 상처를 다루고 있으며, 남자 주인공 또한 '이상'이라는 작중 인물(「失花」 「終生記」)과 그와 겹치는 성격의 인물(「동해」의 '나')이 등장하고, 여인들, 姙(「동해」), 姸(「失花」), 貞嬉(「終生記」)는 모두 '공포에 가까운 翻身術'(「終生記」)로 남자를 속이는 '야웅의 천재'(「失花」) 들이요, 간음한 처녀들이다. 이들 작품은 아내의 순결치 못한 과거에 경악

47) 이 세 작품의 집필 시기 또한 매우 밀접하게 연결되어 있다는 점에서 이 세 작품의 상사성은 더욱 확실해진다. 즉, 각 작품의 발표 시기는 차이가 있지만(「동해」, 《朝光》, 1937.2; 「終生記」, 《朝光》, 1937.5; 「失花」, 《文章》, 1939.3), 집필 시기는 「동해」를 선두로, 1936년 11월 동경행 직전과 이후, 즉 그에 이은 죽음(1937.4.17) 직전에 쓰여진 것으로 추정된다. 「失花」는 이상의 마지막 소설로 보고 있다(김주현, 『이상소설연구』, 322쪽 참조).

한 남자, 그리고 다시 발견되는 다른 거짓과 간음 사실에 절망하고 '종생' 하는 남자의 이야기를 다루고 있는데, 이 연작을 하나의 서사로 읽으면 다음과 같은 이야기로 요약될 수 있을 것이다. 「童骸」에서의 나는, 과거 尹의 여자였던 姙과 동거 혹은 결혼생활을 한다. 첫날밤 '나'는 그녀의 과거를 캐묻고는 '속았다'는 것을 알았지만 '속아넘어가기'로 한다. 그러한 임이의 과거를 용납할 수 없는 나는 임이와 옛 남자인 윤이를 찾아가지만, 그 남자에게 모욕을 당하고 치욕만 가중시킨다. 그리고 '나'는 다시 거듭되는 여자의 거짓과 간음에 치를 떨고 동경으로 떠나 과거를 회상하는 것이 「失花」이다. 「終生記」는 배신당한 남자가 '종생기'라는 유서를 쓰는 중, 또다시 여인을 만나 다시 속고 마는 이야기이다. 「동해」「失花」「終生記」는 이렇듯 '거짓과 간음'이라는 주제를 반복하고 있을 뿐 아니라, 거듭되는 거짓과 배신감과 치욕의 강도를 높임으로써, 결국 파국에 이르는 남녀관계를 보여주고 있는 것이다. 이 거짓과 간음에 대한 남자의 반응은 "간음한 계집은 버리라"는 철칙의 준수, 그리고 다시 "속아서는 안된다"라는 거듭되는 다짐과 위악적 태도로 요약된다.

> 理由
>
> 나는 내 아내를 버렸다. 아내는 「저를 용서하실 수는 없었읍니까」한다. 그러나 나는 한번도 '용서'라는 것을 생각해본 일은 없다. 왜? 「간음한 계집은 버리라」는 鐵則에 疑惑을 가지는 내가 아니다. 간음한 계집이면 나는 언제든지 곧 버린다. 다만 내가 한참 망설여가며 생각한 것은 아내의 한 짓이 간음인가 아닌가 그것을 判定하는 것이었다. 不幸히도 結論은 늘 「간음이다」였다. 나는 곧 아내를 버렸다. 그러나 내가 아내를 몹시 사랑하는 동안 나는 우습게도 아내를 辯護하기까지 하였다. 「될 수 있으면 그것이 간음은 아니라는 結論이 나도록」나는 나自身의 峻嚴 앞에 哀乞하기까지 하였다. (「十九世紀式」, 전집 3권, 182쪽)

이상의 실제 내면을 별 가공없이 보여주고 있는 위 수필은, 간음한 아내에 대한 팽팽한 갈등심리를 드러내고 있다. 즉, 용서할 수 없는 배신감과 또 하나는 그 극한의 배신감의 뒷면에 놓인 아내에 대한 지극한 애정이다. 지극히 사랑하기 때문에 용서할 수 없는 것이고, 그렇기 때문에 용서하고 싶은 욕망의 이중성을 드러내주고 있는 것이다. 이 양가감정은 「童骸」「失花」「終生記」를 관통해서 드러나 있는데, 「童骸」가 이러한 양가감정 중에서 용서치 않으려는 심리에 더 치중하고 있는 작품이라면, 「失花」는 용서하고 싶은 마음에 더 기울어진 작품이라고 할 수 있다. 「童骸」는 '어린 아해'라는 제목에서 느껴지는 섬뜩한 이미지가 암시하듯, 간음한 아내에 대한 칼날같은 증오와 복수심을 형상화한 작품이다. 「童骸」는 애증의 양가감정에 있어서도 복잡한 양상을 드러내는데, 왜냐하면 상대 여인 姙과의 결혼이 다음과 같이 '지극한 애정' 위에서 성립한 것이 아니기 때문이다.

> 내가 結婚하고 싶어하는 女人과 結婚하지 못하는 것이 결이 나서 結婚하고 싶지도 저쪽에서 結婚하고 싶어하지도 않는 女人과 結婚해버린 탓으로 뜻밖에 나와 結婚하고 싶어하던 다른 女人이 그 또 결이 나서 다른 男子와 結婚해 버렸으니 그야말로-나는 지금 一朝에 파멸하는 結婚 위에 佇立하고 있으니--擧에 三尖일세 그려 (전집 2권, 280쪽)

위 인용문은 임과 나의 결혼이 양쪽 다 원치 않는 결혼, '파멸하는 결혼'이라는 것을 고백하고 있다. 따라서 내가 원래 결혼하고 싶어하던 여인에 대한 '지극한 애정'에의 배신감은, 얼결에 결혼한 姙에 대한 미움으로 전이되면서, 여기에 姙의 과거의 부정으로 인한 치열한 증오심이 가중된다. 그리하여 그들의 부부행세는 마치 유희처럼 묘사되고 있으며, 姙을 거부하고 싶어하는 심리는, 尹이라는 인물, 즉 그녀의 과거의 不貞의 대상을 현재화하고 곱씹는 행위를 통해 드러나는 것이다.

1)「거 뭘 찾누?」
「엉-엉-반지-엉-엉」
「원 세상에, 반진 또 무슨 반진구」
「결혼반지지」
「옳아, 옳아, 옳아, 응, 결혼반지렷다」
(중략)
나는 신부 손을 붙잡고
「이리 좀 와봐」
「아야, 아야, 아이, 그러지 마세요, 놓세요」
하는 것을 달래서 왼손 무명지에다 털붓으로 쌍줄반지를 그려 주었다. 좋아한다. 아무 것도 끼기운 것은 아닌데 제법 간질간질한 게 천연 반지 같단다.
천연 결혼하기 싫다. 트집을 잡아야겠기에-
「몇번?」
「한번」
「정말?」
「꼭」
이래도 안되겠고 間髮을 놓지 말고 다른 방법으로 拷問하는 수밖에 없다.
「그럼 尹 以外에?」
「하나」
「예이!」
「정말 하나예요」
「말 마라」
「둘」
「잘 헌다」
「셋」
「잘 헌다, 잘 헌다」
「넷」

「잘 헌다, 잘 헌다, 잘헌다」

「다섯」

속았다. 속아넘어 갔다. 밤은 왔다. 촛불을 켰다. 꺼다. 즉 이런 假짜 반지는 탄로가 나기 쉬우니까 감춰야 하겠기에 꺼도 얼른 켰다. 밤이 오래 걸려서 밤이었다. (전집 2권, 261~262쪽)

2) 나는 바른 대로 말하면 애정 같은 것은 희망하지도 않는다. 그러니까 내가 결혼한 이튿날 新婦를 데리고 外出했다가 다행히 길에서 그 신부를 잃어버렸다고 하자. 내가 그럼 밤잠을 못자고 찾을까.

그때 가령 이런 엄청난 글발이 날라 들어왔다고 내가 은근히 희망한다.

『小生이 某月某日 길에서 주은 바 少女는 貴下의 新婦임이 確實한 듯하기에 通知하오니 찾아가시오』

그래도 나는 고집을 부리고 안 간다. 발이 있으면 오겠지, 하고 나의 念頭에는 그저 汪洋한 自由가 있을 뿐이다.

돈 지갑을 어느 포켓에다 넣었는지 모르는 사람만이 容易하게 돈 지갑을 잃어버릴 수 있듯이, 나는 길을 걸으면서도 결코 新婦 姙이에 대하여 주의를 하지 않기로 주의한다. (전집 2권, 269쪽)

인용문 1)은 첫날밤 혹은 그들의 성적 결합을 유희적으로 묘사한 장면이다. 윗 글에서 姙이에게 없는 결혼반지란 결국 나에 대한 '애정'과 더불어 '정조'를 의미하며, 나는 그런 姙과 애정도 신뢰도 없는 '가짜 반지'로 결합된다. 그런 거짓 신부에 대한 불신과 미움은 1)의 인용문에서와 같이 '고문'을 통해 그녀의 남성편력과 불결함이 확인되면서 더욱 가중된다. 이 '심문'의 장면은 「동해」와 다른 수필에서 반복적으로 드러나는 것으로, 이상의 심리적 외상의 층위를 이루고 있는 중요한 장면이다. 그는 '진실'을 밝히고자 하나, 그 거짓의 퇴적을 파헤치면 파헤칠수록 진실은 오리무중이다. 여기에서 비롯된 절망과 증오심은 2)에서와 같이 姙이를 '遺失'하고 싶어하는 나의 심리묘사를 통해 형상화된다. 그러나 이 거짓 신부를 버리러 나선 길에서도 신부는 좀처럼 '遺失'되지 않자, '나'는 '내 마음에 忍耐를 명령하여 놓고 파라독스에 의한 復讐에 착수'한다. 이 '나'의 복수란, 파라독스에 의한 것, 즉 이상 스스로 거듭 강조하고 있는, "제일 싫어하는 飮食을 貪食하는 아이러니의 實踐"(「날개」, 전집 2권, 318쪽)을 의미하는 것으로 위악적인 대응을 말한다.

나의 이 위악적 대응은 이 가짜 신부의 과거를 현재화하여 그녀를 모욕하고자 하는, 즉 尹과의 삼자 대면으로 나타나는데, 그러나 막상 尹의 집에 당도하자 자신의 위악적 태도에 대해 스스로, '色素가 없는 血液'이랄 수 있는 핏기없는 얼굴로 변하면서 당황한다. 그리고 그의 복수는 다음과 같은 윤과의 대결을 통해 결국 패배하고 마는 것이다.

> 尹과 나는 악수하지 않았다. 握手 以上의 痛棒이 尹은 몰라도 적어도 내 위에는 내려 앉았던 것이니까. 이것은 여기 앉았다가 밴댕이처럼 납작해질 징조가 아닌가 겁이 차츰차츰 나서 나는 벌떡 일어나면서 들창 밖으로 춤을 탁 배앝을까 하다가 자분참
>
> 「그렇지만 자네는 萬金을 기울여도 이젠 姙이 裸體 스냅 하나 보기두 어려울 줄 알게, 조꿈도 사양헐께 없이 구구로 나허구 竝行해서 온전한 正義를 유지허능게 어떵가?」
>
> 하니까.
>
> 「二着 열 번 헌 눔이 아무래도 一着 단 한번 헌 눔 앞에서 고갤 못드는 법일세, 자네두 그만헌 禮義쯤 분간이 슬듯헌데 왜 그리 바들짝바들짝허나 응? 그러구 그 萬金이니 萬萬金이니 허는 건 또 다 무언가? 나라는 사람은 말일세 자세 들게, 女子가 날 싫여허면 헐수록 좋아허는 체허구 쫓아댕기다가두 그 女子가 선불리 그럼 허구 좋아허는 낯을 단 한번 허는 나날에는 즉 말허자면 마지막 물건을 단 한 한 번 건드리구 난 다음엔 당장 눈앞에서 그 女子가 싫여지는 성질일세, 그건 자네가 아주 바루 正義가 어쩌니 허지만 이거야말루 내 정의에서 우러나오는 걸세, 대체 난 나버덤 낮은 人間이 싫으예 女子가 한 번 제 마지막 것을 구경시킨 다암엔

열이면 열 百이면 百, 밑으로 내려가서 그 男子를 쳐다보기 시작이거든, 난 이게 견딜 수 없게 싫단 그말일세」

나는 그제는 사뭇 돌아섰다. 그만침 精密한 侮辱에는 더 견디기 어려워서. (전집 2권, 275쪽)

위 인용문에서 보듯, 나의 복수는 결국 실패하고, 나는 '언어가 이미 이 荒漠한 地上에서 蕩盡된 것을 느끼지 않을 수 없을 만치 精神은 空洞이요, 思想은 당장 貧困'하게 되었음을 절망한다. 그러나 그러한 절망은 여전 그를 위악적으로 끌고 나가는데, 키네마 구경을 마치고 나온 尹이 姙을 넘겨주려 하자, 다음과 같이 내뱉는 것이다.

一着 選手여! 나를 列車가 沿線의 小驛을 잘디잔 바둑돌 黙殺하고 通過하듯이 無視하고 통과하여 주시기(를) 바라옵나이다 (전집 2권, 281쪽)

결국, 나는 자진하여 이러한 '一着의 릴레'를 포기하고 윤과 임은 나란히 나의 곁을 지나 사라지지만, 나에게는 아직 해결되지 않은 것이 남아있다. 그것은 '서슬이 퍼런 칼자루'로 상징되는 부글부글 끓는 증오와 배신감인데, 애초부터 이 작품은 이 '칼자루'를 어떻게 처리할 것인가가 문제였던 것이다. 이 '칼자루'는 애초 姙으로 인해 발생된 것으로, 소설의 서두에서부터 이미지를 통해 암시된다. 그런 姙에게 "임재는 刺客입니까요?"라고 묻는 나의 물음에는 그녀가 쥔 칼자루에 대한 불안과 공포가 분명히 함축되어 있지만, 그녀는 그 칼로 그저 나쓰미깡을 깍을 뿐이다. 姙에게서 이 '칼자루'로 상징하고 있는 '애증'이란 결국 그저 나쓰미깡을 깍는 도구에 불과한 것이고, 어떠한 의도와 정조책임이 없는 그저 도구일 뿐이라는 것이다. 이것은 작품 내에 삽입된 「Text」라는 장에서 '정조'를 둘러싼 둘의 논쟁에서도 잘 드러나고 있다. 그러나 '나'에게는 다르다. 그것은 언제든 나를 죽일 수도 있는 刺客의 위협일 수 있는 것이다.

> 나는 차츰차츰 이 客 다 빠진 텅 빈 空氣 속에 沈沒하는 果實 씨가 내 허리띠에 달린 것 같은 恐怖에 지질리면서 정신이 점점 몽롱해 들어가는 벽두에 T군은 은근히 내 손에 한 자루 서슬 퍼런 칼을 쥐여 준다.
> (復讐하라는 말이렷다)
> (尹을 찔러야 하나? 내 決定的 敗北가 아닐까? 尹은 찌르기 싫다)
> (姙이를 찔러야 하지? 나는 그 毒花 핀 눈초리를 網膜에 映像한 채 往生하다니)
> 내 心臟이 꽁꽁 얼어들어 온다. 빼드득 빼드득 이가 갈린다.
> (아하 그럼 自殺을 勸하는 모양이로군, 어려운데 어려워, 어려워, 어려워) (전집 2권, 282쪽)

위 인용문의 구절은 결국, T가 건네주는 나쓰미깡에 대한 착각으로 형상화되지만, 보다 중요한 것은 위 인용문에서처럼 나의 심리적 층위에서 드러나는 배신감과 모욕으로 인해 생긴 복수심과 파괴욕이다. 주인공 나는 "윤, 임이 그리고 나, 누가 제일 미운가, 즉 나는 누구 편이냐는 말이다"(265)라고 증오의 대상을 찾지 못해 임, 尹과의 최후의 대결을 벌이지만, 위 인용문에서처럼 그 증오와 복수의 대상은 결국 나를 향하게 되는 것이다. 「동해」는 이렇듯 姙의 거짓과 나의 위악의 대결에서 결국 패배하고 마는 나의 위악의 파국을 그리고 있다.

「失花」는 자신을 배신한 여자를 버린 이후의 이야기를 담고 있다. 이 작품에는 여전히 여자의 거짓과 간음, 허위, 그리고 나의 위악과 복수심이 형상화되어 있지만, 「童骸」에서 '서슬이 퍼런 칼'이라는 감각적 이미지를 통해 예리하게 드러나던 증오심은 조금 누그러지고 대신 상실감이 더 크게 드러나고 있다. 총 9장으로 구성된 「失花」는 12월 23일 현재의 동경과 두 달전 10월 23일 전후에 발생한 姸과의 일을 교차적으로 배치하면서 전개되는 작품으로, 앞선 소설에서 줄기차게 반복되던 '거짓과 간음'의 여인은 다음과 같이 더할 수 없는 奸女와 '야웅의 천재'로 그려진다.

> 姸이는 飮碧亭에 가던 날도 R英文科에 在學中이다. 전날 밤에는 나와 만나서 사랑과 將來를 盟誓하고 그 이튿날 낮에는 깃싱과 호-손을 배우고 밤에는 S와 같의 飮碧亭에 가서 옷을 벗었고 그 이튿날은 月曜日이기 때문에 나와 같이 같은 東小門 밖으로 놀러가서 베-제했다. S도 K敎授도 나도 바보요 姸이만이 홀로 눈가리고 야웅하는 데 稀代의 天才다. (「失花」, 전집 2권, 362~363쪽)

姸은 「동해」에서와 마찬가지로 서술자아 혹은 작중인물로 등장하는 나, 이상의 친구인 S의 여인이었고, 나의 아내가 된 후에도 여전히 뭇 남자와 애정행각을 버리는 간악한 여인이다. 그리고 나는 S의 조롱섞인 암시를 통해 아내의 부정을 알게 되고 치욕에 떨며, '간음한 계집은 버리라'라는 19세기식 도덕을 실행하지만, 「동해」에서와 마찬가지로 외면상 관계의 청산 이외에 나의 심층심리에는 청산되지 않는 배신감과 모멸감, 증오심이 자리한다. 이 증오심은 즉각적으로 姸에 대한 살해충동으로 치닫지만, 결국은 매저키즘적 자학, 자멸의 충동으로 귀결되면서 자살을 결심한다.

> 1) 「말해라」
>
> 머리말 책상 설합 속에는 서술이 퍼런 내 면도칼이 있다. 頸動脈을 따면-妖物은 鮮血이 댓줄기 뻗치듯하면서 急死하리라. 그러나-
>
> 나는 일찌감치 면도를 하고 손톱을 깎고 옷은 갈아 입고 그리고 예년 十月 二十四日 경에는 死體가 며칠만이면 썩기 시작하는지 곰곰 생각하면서 모자를 쓰고 인사하듯 다시 벗어들고…… (전집 2권, 361쪽)

> 2) 해가 서산에 지기 전에 나는 二三日內로는 반드시 썩기 시작해야 할 한개 「死體」가 되어야만 하겠는데, 도리는?
>
> 도리는 막연하다. 나는 十年 긴-歲月을 두고 세수할 때마다 自殺을 생각하여 왔다. 그러나 나는 決心하는 方法도 決行하는 방법도 아무것도 모르는 채다.

> 나는 온갖 流行藥을 暗誦하여 보았다.
> 그리고 나서는 人道敎, 變電所, 和信商會 屋上, 京元線, 이런 것들도 생각해 보았다. (전집 2권, 364쪽)

인용문에서 보듯 1)에서의 姸에 대한 살해충동이 2)에서는 자살충동으로 바뀌고 있음을 알 수 있는데, 그러나 나는 자살을 결행하지 못하고 동경으로 달아나고 만다. 죽음, 혹은 동경으로 달아나는 것, 그것은 결국 거짓, 비밀과의 대결에서의 나의 궁극적인 패배를 의미하는데, 그 패배는 작품을 통해 세 번이나 반복되는 "사람이 秘密이 없다는 것은 財産 없는 것처럼 가난하고 허전한 일이다"라는 에피그램을 통해 지속적으로 암시된다. 이러한 궁극적인 패배에 이르기 전, 이상의 인물들은 앞서 언급한 대로 두 가지 방법으로 통해 이 대결에서 벗어나고자 했다. 첫 번째는 앞서 언급한 대로 '간음한 계집은 버리라'는 19세기식 도덕의 엄정한 실행을 말하며, 이를 통해 이 거짓과 비밀의 세계로부터 단절하고자 한 것이다. 그러나 이 거짓과 비밀은 아무리 '첩첩이 닫힌 방'에 스스로를 가두어도, '담벼락을 뚫고 스며들면서' 결코 중단되는 일이 없이 그의 '비밀없는 가난한' 세계를 침범해왔으며, 속지 않기로 거듭 다짐한 꼭 그만큼, 그는 다시 속고 만다. 단절을 통한 차단이 실패하자, 범람하는 거짓에 대해 이상이 보여준 이차적인 대응은 '위악', 즉 거짓에 대한 거짓으로 맞서 싸우기, 혹은 속기 이전에 먼저 속이기 등의 적극적인 '위악'과 '거짓'의 실천이었다. 이것은 앞서 분석했던 대칭점에서의 해답 찾기와 같은 맥락에서 놓여 있는 것으로, '부정되려는 삶을 줄기차게 살아가기'와 동일한 '불행의 실천'이라 할 수 있다. 이 불행의 실천은 타자와의 관계에서 부정되려는 관계의 진정성을 능동적으로 부정하기, 허위에 대해 더한 허위로 맞서기라는 가공할만한 '복수'와 '절망'의 태도로 변주되는 것이다.

> 1) 나는 近來의 내 心境을 正直하게 말하려 하지 않는다. 말할 수 없다.

滿身瘡痍 나이언만 若干의 貴族趣味가 남아 있기 때문이다. 그러나 萬若 남 듣기 좋게 말하자면 나는 絶對로 내 自身을 輕蔑하지 않고 그 代身 부끄럽게 생각하리라는 그러한 心理로 移動하였다고 할 수는 있다. 적어도 그것에 가까운 것만은 事實이다. (「恐怖의 記錄」, 전집 2권, 190쪽)

2) 남들이 보는 데서는 나는 可及的 어쭙지 않게 (잠을) 자야 되는 것이어늘, 하고 늘 이를 닦고 그리고는 도로 얼른 자버릇 하는 것이었다. 오늘도 또 그럴 세음이었다.

사람들은 나를 보고 짐짓 奇異하기도 해서 그러는지 驚天動地의 육중한 經綸을 품은 사람인가보다고들 속는다. 그러니까 고렇게 하는 것이 내 시시한 姿勢나마 維持시킬 수 있는 唯一無二의 秘訣이었다. 즉 나는 남들 좀 보라고 낮에 잔다. (「終生記」, 전집 2권, 281～282쪽)

3) 그러나 짜장 貨物自動車가 탁 앞으로 닥칠 적이면 뎅급을 해서 避하는 재주가 世上의 어떤 사람보다도 能히 빠르다고는 못해도 비슷했다. 그럴 적이면 혀를 쑥 내밀어 제 自身을 嘲弄하였읍네 하고 제 自身을 속여 버릇하였다. (「恐怖의 記錄」, 전집 2권, 199쪽)

4) 그런데 이상한 것은 그 시절에 나는 제가 배가 고픈지 안 고픈지를 모르고 지냈다면 그것이 듣는 사람을 능히 속일 수 있나. 거짓부렁이리라. 나는 걷잡을 수 없이 皮膚로 거짓부렁이를 해버릇 하느라고 인제는 저도 눈치 채이지 못하는 틈을 타서 이렇게 虛妄한 거짓부렁이를 엉덩방아 찧듯이 해 넘기는 모양인데, 만일 그렇다면 나는 큰일 났다. (「童骸」, 전집 2권, 266쪽)

위의 일련의 인용문은 자신의 위악적 포즈를 직접적으로 고백하고 있는 글들이다. 여러 논자들이 지적하고 있듯,[48] 이러한 이상의 위악적 포즈는

48) 김성수, 서영채의 앞의 책.

일종의 '만신창이'의 자신을 은폐하기 위한 하나의 방법이자, 자신을 시시각각으로 위협하고 있는 '허위와 거짓'에 대한 자기방어이다. 허위와 거짓에 대한 자기 방어로서의 허위와 거짓의 위장, 그것은 처음에는 포즈에 불과하였으나, 점차적으로 내면으로 침윤되면서 자기기만으로까지 발전한다. 즉, 인용문 4)에서 보듯 거짓부렁이를 해버릇하느라고 이제는 완전히 허위가 습속화되어 자신조차 스스로 속고 마는 지경까지 이르는 것이다. 이렇듯 습속화된 위악의 포즈는 자기기만과 함께 다시 통합되는 자기동일성을 벗어나기 위해, 또 다른 허위를 불러온다. 즉 남을 속이기 위해 위장한 포즈가 어느새 습속화되고 내면화되어, 애초의 자신을 몰아내고 자리잡음으로써 또 다른 허위를 필요성을 가져오는 것이다. 이것은 "계집의 얼굴이란 다마네기다. 암만 베껴 보려므나. 마지막에 아주 없어질지언정 正體는 안 내놓느니"(「失花」)라는 절망에서처럼, 나의 위악과 허위는 자기기만이라는 '거짓 진정성'으로 인해 아무리 뒤집어써도 좀처럼 가면같지 않은 불안한 가면들을 덧쓰게 되는 것이다. 자기기만 상태에 이른 허위는 아무리 가리려고 해도 가릴 수 없는 현재의 진정성으로 둔갑하게 되고 애초의 진짜/가짜의 기원은 모호해진다. 이는 앞서 분석한 복수화된 자아의 진짜/가짜의 공허한 양파까기가 타자와의 관계에 있어서도 진정성/허위라는 범주로 변형되어 반복되는 것으로 볼 수 있다.

이러한 '위악'의 포즈는 이상 소설의 인물과 수사학의 가장 큰 특징으로, 이를 가장 유희적이며 의식적으로 드러내고 있는 작품은 「斷髮」이다. 「斷髮」은 1939년에 《朝鮮文學》에 발표된 유고작으로 위에서 분류한 세 부류 중에, 두 번째, 즉 어긋난 연애, 실패한 연애를 다루고 있는 작품이라고 할 수 있다. '그'와 '少女'와의 연애는 서로의 패를 감추고 계속 딴청을 부리는 일종의 '도박'처럼 진행되는데, 이러한 거짓과 거짓, 허위와 허위의 맞섬은 「동해」나 「失花」에서처럼 실제적인 의미를 띤 것이 아니라 일종의 자존심 싸움 혹은 말장난에 불과한 것이다. 따라서 절망감이나 침통함보다는 경쾌함이 두드러진다. 이 작품의 '소녀'는 '그'의 허위와 위악의 태도를 간파하고 이에 응수할 수 있는 지적 능력을 갖추고는 있지만, 「逢別記」의 금홍이나 「失花」의 연이처럼 남자를 속이고 조롱하고 간음하는 여성이 아니다. 따라서 이들이 벌이는 '서로 속고 속이기'의 게임은 사뭇 경쾌한 놀이처럼 진행되는데, 이러한 이야기 전개를 지휘하고 있는 위티즘과 역설, 아이러니 등의 이상의 특유한 수사학은, 이 작품에서는 더욱더 '인위적'인 측면을 띰으로 인해 어떤 작품보다도 도드라지는 것이다.

> 공연히 그는 서먹서먹하게 굴었다. 이렇게 함으로 自己의 不幸에 高貴한 탈을 씌워 놓고 늘 人生에 한눈을 팔자는 것이었다.
>
> 이런 그가 한 少女와 川邊을 걸어가다가 그만 잘못해서 그의 少女에 대한 愛慾을 지껄여 버리고 말았다.
>
> 여기는 분명히 그의 淫亂한 衝動 外에 다른 아무런 理由도 없다. 그러나 少女는 그의 强烈한 體臭와 惡意의 怠慢에 逆說的인 興味를 느끼느라고 그냥 그저 흐리멍텅하게 그의 愛情을 용납하였다는 자세를 취하여 두었다. 이것을 본 그는 곧 後悔하였다. 그래서 그는 二重의 역설을 驅使하여 動物的인 애정의 말을 거침없이 少女 앞에 쏟고 쏟고 하였다. 그러면서도 그의 육체와 그 부속품은 이상스러울만치 게을렀다.
>
> 少女는 조금 왔다가 이 드문 愛情의 형식에 그만 갈팡질팡하기 시작하였다. 그리고는 내심 이 남자를 어디까지든지 천하게 대접했다. 그랬더니 또 그는 옳지 하고 카멜레온처럼 태도를 바꾸어서 少女에게 하루라도 얼른 愛人이 생기기를 희망한다는 둥 하여 가면서 스스롭게 구는 것이었다. (전집 2권, 245쪽)

위의 인용문에서 보듯, 「斷髮」의 주인공 그, 혹은 衍은 少女의 태도와 상관없이 이미 위악의 포즈를 통해 자기를 줄곧 은폐해왔던 인물이다. 그러나 이러한 위장술은 소녀로 인해 위기를 맞게 되는데, '그만 잘못해서' 소녀에 대한 진심[49]을 노출하고 만 것이다. '애욕'을 지껄인 것-즉 일종

49) 이 작품에서 '그'는 少女에 대한 애정을 줄곧 부정하려 하고 있지만, 작품 전체 맥

의 애정 고백에 그가 당황할 수밖에 없었던 것은 무능력한 생활세계와 상대적으로 유의미한 정신세계의 불균형을 감추기 위해 자신에게 금제해 놓은 '위악'과 '유희'적 태도에 대한 자기 규율이 순간 흔들렸기 때문이다. 스스로에게 어떠한 '진정성'도 허용하지 않기로 한 그에게 있어 애정 고백이야말로 일촉즉발의 위기인 것이다. 위 인용문에서 보듯, 자신의 진심 섞인 애욕에 대한 '지껄임'이라는 것이 진지하게 이뤄진 것은 아닐지나 철저히 은폐하지 못하고 노출하고 만 자신의 진정성과 그리고 그러한 '위악'에 대한 소녀의 역설적인 흥미는 그를 당혹하게 한다. 그리고 이를 만회하기 위해 그는 일층 더 과장된 위악과 거짓을 늘어놓는다. 그는 자신의 애욕을 더욱 '동물적인 충동'으로 과장하고, 뒤이어 'Double Suicide'를 제안하는데, '놀음하는 세음치고 푸로포즈' 한 것이 거절당하자, 그는 또 천연덕스럽게 "혼자 죽을 수 있는 수양을 허지"라고 거짓말을 늘어놓는다.

그 뒤에도 '그'의 위악과 거짓은 일층 더 심해지면서 계속된다. 그는 소녀를 따라 郊外 조용한 방에 대좌하여, "가장 소녀가 싫어하는 몸맵시로 넙죽 드러누워서 그냥 장정없이 지껄여대다가"(전집 2권, 248쪽) 소녀가 동경으로 떠난다는 이별사에 "그래? 그건 섭섭허군. 그럼 내 오늘밤에 기념 스탐프를 하나 찍기루허지"(전집 2권, 249쪽)라며 허위에 기반한 속악한 충동으로 대처하는 것이다. 그리하여 그의 이러한 위악은 다음과 같이 한층 가학적 성향이 농후한 상상력으로까지 발전하는 것이다.

> 그가 과연 그의 훈련된 동물성을 가지고 少女 위에 스탐프를 찍거든 山女는 그가 보는 데의 그 스탐프와 얼굴 위에 침을 뱉는다. 그가 초조하면서도 결백한 체하고 말거든 少女는 그의 비겁한 정도와 추악한 가면을 알알이 폭로한 후에 少人으로 천대해 준다. (전집 2권, 249쪽)

락에서 보면 이것이야말로 위장으로 少女에 대한 애정을 은폐하기 위한 것이라고 볼 수 있다.

그러나 그는 이러한 상상력을 실행하지 못하고, 소녀와 헤어진 후, 그의 오빠로부터 소녀의 '고독'한 상황에 대해 암시를 받는다. 즉, 소녀-仙은 E와 동경행을 약속한 막역지우였으나, 오빠와 친구 E는 연인이 되어 소녀 대신 둘이 동경으로 떠난다는 것이다. 이러한 정황에 대해 이미 알고 있었지만, 그는 짐짓 처음 알게 된 것처럼 가장하고 소녀에게 동경행 제안을 담은 편지를 띄운다. 그러나 이 동경행 또한 동반자살처럼 하등 어떠한 진정성도 없는 장난인 것처럼 다음과 같이 서술되는 것이다.

> 그는 좀 겸연쩍은 것을 참고 어쨌든 이 편지를 포스트에 넣었다. 저로서도 이런 俠氣 우스꽝스러웠다. 이 *少女*를 건사한다?-당분간만 내게 의지하도록 해? -이렇게 수작을 해가지고 *少女*가 듣나 안듣나 보자는 것이었다. 더 그에게 발악을 하려 들지 않을 만하거든 그는 *少女*를 한 마리 「카나리아」를 놓아주듯이 그의 「윗티즘」의 地獄에서 석방-아니 제풀에 나가나? 어쨌든 *少女*는 길게 그의 길에 같이 있을 것은 아니니까다. 답장이 왔다. (전집 2권, 252쪽)

위 인용문에는 소녀에 대한 그의 태도가 어디까지나 협기, 혹은 놀음에 지나지 않음을 명시해놓고 있다. 소녀는 단지, 자신의 전적인 '정신생활'을 위한 위티즘의 상대일 뿐, 그 '윗티즘'의 대결에서 소녀가 그보다 더한 윗티즘의 牌를 보여주지 않는다면, 소녀와의 관계 또한 아무런 의미도 없다는 것을 그는 말하고자 하는 것이다. 그러나 과연 *少女*는 처음부터 끝까지 그에게 윗티즘의 대결 상대일 뿐 아무런 의미가 없는 걸까? 그렇지 않다. 그것은 처음부터 이 짧은 단편을 꽉 메우고 있는 역설과 파라독스가 의미하는 바인데, 다음과 같은 구절 속에 위악적 수사가 탄생할 수밖에 없는 배경이 암시되어 있다.

> 「가령 자기가 제일 싫어하는 음식물을 상 찌푸리지 않고 먹어보는 거 그래서 거기두 있는 『맛』인 『맛』을 찾아내구야 마는 거, 이게 말하자면

『파라독스』지. 요컨댄 우리들은 숙명적으로 사상, 즉 중심이 있는 사상생활을 할 수가 없도록 되먹었거든. 知性-홍 지성의 힘으로 세상을 조롱할 수야 얼마든지 있지, 있지만 그게 그 사람의 생활을 『리드』할 수 있는 근본에 있을 힘이 되지 않는 걸 어떡허나? 그러니까 仙이나 내나 큰소리는 말아야 해 일체 맹서하지 말자-허는 게 즉 우리가 해야 할 맹서지. (전집 2권, 250쪽)

파라독스, 위트, 아이러니 등은 이상이 작품에서 직접적으로 표명하고 있는 그의 수사학의 본질이다. 이것을 통틀어 우리는 '위악'의 수사학이라고 이름 할 수 있는데, 위 인용문에서 보듯, 이것은 '숙명적으로 중심 있는 사상생활을 할 수 없는' 현실, 조롱으로밖에는 어떠한 실질적인 힘도 발휘할 수 없는 '지성'의 무능함에 대한 절망과 냉소에서 비롯된 것이다. 무기력한 '지성'은 생활을 '리드'할 수 있는 실질적 힘이 아니라, 파괴하는 '반동'의 힘으로써만 다소간 위력을 발휘하고 유의미한 것이다. 따라서 그는 '지성'이 아무런 힘을 발휘하지 못하는 생활세계를 철저히 거부하는데, 「斷髮」에서 소녀에게 느낀 '세속적 애정'에 대해 과도한 위악적 태도를 보이는 것도, 앞서 살펴보았듯이, '거짓'으로만 존재하는 여성과 난공불락의 생활세계가 자신에게 위해를 가하는 것을 막기 위한 것이다. 그러나 소녀는 다른 여인과 달리, '거짓과 허위'의 여인이 아니다. 그녀의 거짓과 허위는 단지, 그의 위악에 대한 응수로서만 발생하기 때문이다. "E하고 동경으로 떠난다"는 거짓은 단지 E와 오빠에 대한 배신감의 표현일 뿐, '그'에게는 어떠한 상처도 되지 않는다. 오히려 그의 위악과 허위를 간파하면서도 그런 허위조차 받아들이는 그녀의 진정성 앞에서 그의 위악적 태도는 힘을 잃고 패배하고 만다.

1) 「싫습니다. 불행을 짊어지고 살아가는 것이 제게는 더없는 魅力입니다. 그렇게 내어 버리구 싶은 생명이거든 제게 좀 빌려 주시지요」

戀愛보다도 한句 윗티즘을 더 좋아하는 그였다. 그런 그가 이때만은 풍

경에 자칫하면 패배할 것 같기만 해서 갈팡질팡 그 자리를 피해 보았다. (전집 2권, 247~248쪽)

2) 엊그제 衍을 속였다고 너무 꾸지람은 말아 주세요. 오빠의 悲壯한 出發을 같이 축복하여 주어야겠지요. 저는 결코 오빠를 야속하게 여긴다거나 하지 않아요 ? 愛情을 計算하는 버릇은 언제든지 미움을 받을 버릇이라고 생각하니까요. 「歲月」이요? 衍께서 가르쳐 주셔서 참 비로소 이 「歲月」을 느꼈읍니다. 「歲月」! 좋군요-敎授-, 제가 제 맘대로 敎授를 사랑해도 좋지요? 안 되나요? 괜찮지요? 괜찮겠지요 뭐? 斷髮했읍니다. 이렇게도 흥분하지 않는 제 자신이 그냥 미워서 그랬읍니다.』

斷髮? 그는 또한번 가슴이 뜨끔했다. 이 편지는 필시 少女의 패배를 의미하는 것인데 그에게 의논없이 少女는 머리를 짤렸으니. 이것은 새로워진 少女의 새로운 힘을 상징하는 것일 것이라고 看破하였다. 그러면서도 그는 눈물이 났었다. 왜?

머리를 자를 때의 少女의 마음이 필시 제 마음 가운데 제 손으로 제 애인을 하나 만들어 놓고 그 애인으로 하여금 저에게 머리를 자르도록 명령하게 한, 말하자면 少女의 끝없는 고독이 少女에게 一人二役을 시킨 것에 틀림없었다.

少女의 孤獨! (전집 2권, 253쪽)

인용문 1)은 동반자살을 프로포즈한 데 대한 소녀의 대답이고 2)는 소녀의 답장과 그의 반응이다. 윗 글에서 보듯, 그의 위기와 패배는 소녀의 위악이나 거짓, 패악에서 비롯된 것이 아니라, 그의 끈질긴 위악에도 불구하고 의연함을 잃지 않는 소녀의 태도, 그리고 그런 소녀의 고독에 대한 연민에서 비롯된 것이다. 그리고 이 두 장면은 궁극적으로 작중 인물 '그'가 소녀에 대해 품고 있는 감정이 결코 '세속적' '동물적' 애정이 아니라 진정성 위에 기초하고 있으며, 오히려 주인공 '그'의 위악적 태도는 이러한 자신의 진정성에 대한 두려움에서 비롯되었다는 것을 보여준다. 더 정확히 말하면, 그것은 배신에 대한 두려움이며 앞서 분석한 작품들에서 남자 주인공들이 경험했던 여성 전체에 대한 불신 때문이다. 여성에 대한 불신, 이것은 이상의 인물들이 여성에게뿐 아니라 세상 전체를 불신하고 생활세계로부터 자신을 단절시키게 된 중요한 계기로 작용하는 것으로 다음과 같은 직접적인 토로를 통해 이를 확인할 수 있다.

> 1) 「信念을 빼앗긴 것은 健康이 없어진 것처럼 죽음의 꼬임을 받기 마치 쉬운 경우더군요」
> 「李箱兄! 兄은 오늘이야 그것을 빼앗기셨읍니까? 인제-겨우-오늘이야-겨우-인제」
> 兪政! 兪政만 싫다지 않으면 나는 오늘밤으로 치워버리고 말 작정이었다. 한 개 妖物에게 負傷해서 죽는 것이 아니라 二十七歲를 一期로 하는 不遇의 天才가 되기 위하여 죽는 것이다.
> 兪政과 李箱-이 神聖不可侵의 찬란한 情死-이 너무나 엄청난 거짓을 어떻게 다 주체를 할 작정인지.
> 「그렇지만 나는 臨終할 때 遺言까지도 거짓말을 해줄 決心입니다」(「失花」, 전집 2권, 367쪽)

> 2) 한 여름 대낮 거리에 나를 배반하여 사람 하나 없다.
> 敗北에 이을 敗北의 履行, 그 苦痛은 絶大한 것일 수밖에 없다.
> 나는 그것을 잘 알고 있다-自殺마저 허용되지 않고 있다는 것을. (「不幸한 繼承」, 전집 2권, 208쪽)

1)은 「失花」에서 이상이 유정을 찾아가 동반자살의 뜻을 비치는 장면으로, 여인의 배반이 '신념'과 생의 의욕에 대한 총체적인 상실로까지 확대되고 있음을 보여주며, 2)는 이러한 불신과 좌절을 더욱 구체적으로 서술하고 있는 장면이다. 결국, 이상의 작품에서 그토록 집착했던 여인의 '거짓'과 '허위'의 문제는 단지 남녀관계에 국한된 것만 아닌, 삶과 세상에 대한 신뢰의 근거를 완전히 잃어버린 한 근대인의 정신적 상흔의 궤적에

해당됨을 보여주고 있는 것이다.

위에서 분석한 작품들을 통해 드러나는 이상 소설에 있어서의 악의 표상은 '허위'이다. 이것은 앞서 분석했던, 이상 주체의 분열과 해체와 관련하여 분석했던 '진정성'의 문제가 타자와의 관계를 통해서 표출되고 있다고 볼 수 있다. 그리고 이러한 허위와 거짓에 대한 반응으로서 남자 주인공은 철저히 위악적 태도를 견지하고 있음을 보았다. 그러나 거짓에 대해 거짓의 맞섬인 '위악'은 결코 타자의 거짓의 넘어서거나 막을 수 없을 뿐 아니라, 오히려 거듭되는 거짓의 증식만을 낳았을 뿐, 어디에도 진정성은 발견될 수 없었다. 그것은 앞서 분석한 '복수적 자아'의 '양파까기'식 허망한 놀이처럼 공허함으로 귀결되고 마는데, 다음과 같은 고백은 이러한 거짓과 위악이 대결이 가져온 참담한 파국, 그것을 의미한다.

> 어떤 點을 붙잡아 한 女人을 믿어야 옳을 것인가. 나는 대체 종잡을 수가 없어졌다.
>
> 하나같이 내 눈에 비치는 女人이라는 것이 그저 끝없는 輕佻浮薄한 음란한 妖物에 지나지 않는 것이 없다.
>
> 生物의 이렇다는 意義를 홀떡 잃어버린 나는 宦臣이나 무엇이 다르랴. 산다는 것은 내게 따는 必要 以上의 「揶揄」에 지나지 않는다.
>
> 그것은 무슨 한 女人에게서 背反 당하였다는 고만 理由로 해서 그렇다는 것이 아니라 事物의 어떤 '포인트'로 이 믿음이라는 力學의 支點을 삼아야겠느냐는 것이 全혀 캄캄하여졌다는 것이다.
>
> 「믿다니 어떻게 믿으라는 것인구」(「恐怖의 記錄」, 전집 2권, 198쪽)

결국 믿음과 인식의 어떠한 근거도 찾을 수 없다는 것, 그것은 여인의 문제 뿐 아니라, 삶에 대한 총체적인 절망을 가져오는데, 이러한 패배에도 불구하고 이상의 패배는 결코 무력하고 수동적인 굴욕으로 끝나지 않는다. 그는 마지막으로, 「終生記」라는 필생의 글쓰기를 통해 이 '거짓과 허위'의 세계를 주체적이고 능동적인 구성력으로 포착하려고 한다. 그러나 이러한 위악의 극단적 실행조차도 결코 그 허위로 표상되는 '실재'의 심연을 포착하지 못한다. 「終生記」에서 그는 이를 "나의 終生은 끝났으되 나의 終生記는 끝나지 않는다"라는 말로 고백하고 있는데, 그 이유는 그의 종생 이후에도 계속되는 정희의 거짓, 그 경악할만한 거짓의 진군이 계속되기 때문이다. 허위와 거짓이 계속되는 한, 그의 글쓰기는 계속 될 수밖에 없다는 것, 그것은 이상이 죽는 그 순간까지, 세상을 주체적으로 인식하고 그럼으로써 삶의 진정한 주인으로서 진정성과 진리를 추구해나가는 것을 포기하지 않겠다는 의미이다. 그리고 이것이야말로, 이상 문학이 근대 정신의 최고의 정점이자 붕괴의 시작이 될 수 있었던 이유이다.

2) 공포의 실체

李箱의 경우에 있어서, '혐오'라는 심리적 대응으로 지목되는 '악'의 표상들은, 무엇보다 '거짓과 허위'로 드러나고 있음을 살펴보았다. 그리고 이러한 악의 목록들은 일련의 작품에서 철저히 부정되면서 한편으로는 강박적으로 반복 형상화됨으로써 일종의 정신적 외상(trauma)으로 드러나고 있음을 알 수 있다.[50] 이를 좀더 면밀히 고찰해보면, 여인의 거짓과 허위에 대한 작중 인물 혹은 화자의 반응이 단지 혐오, 증오, 부정의 차원에만 놓이지 않고 '공포와 불안'이라는 훨씬 더 복잡하고 심층적인 심리적 층위에서 작동하고 있다는 것을 알 수 있다. 예를 들어, 다음과 같은 대목을 보자.

---

50) 프로이트에 의하면, 의식의 차원에서 생긴 상처인, 정신적 외상은 외상성 신경증을 야기시키며, 반복을 통해, 강렬한 흥분을 훨씬 완화된 흥분으로, 의식의 차원에서 수용 가능한 것으로 바뀌게 하려는 것이다. 결국, 외상성 신경증 환자의 꿈에서 반복강박은, 충격적인 경험으로 인해 야기된 내부의 강렬한 흥분을 길들이고 완화시킴으로써 의식에 의해 수용 가능한 것으로 만들어주는 무의식의 기제인 것이다(프로이트, 『쾌락 원칙을 넘어서』, 박찬부 역, 열린책들, 1997, 10~33쪽).

> 모든 것은 끝났다. 어젯밤에 貞姬는-
>
> 그 낯으로 오늘 貞姬는 내게 李箱先生님께 드리는 速達을 띄우고 그 낯으로 또 나를 만났다. 恐怖에 까가운 翻身術이다. 이 惶惚한 戰慄을 즐기기 위하여 貞姬는 無辜의 李箱을 徵發했다. 나는 속고 또 속고 또 또 속고 또 또 또 속았다.
>
> 나는 勿論 그 자리에 昏倒하여 버렸다. 나는 죽었다. 나는 黃泉을 헤매었다. 冥府에는 달이 밝다. 나는 또다시 눈을 감았다. 太虛에 소리 있어 가로대 너는 몇 살이뇨? 滿二十五歲와 十一個月이올씨다. 夭死로구나. 아니올씨다. 老死올씨다. (「終生記」, 전집 2권, 396쪽)

윗 글에서 보듯, 貞姬의 翻身術과 기만에 대한 '이상'의 심리적 반응은 분노를 넘어 '공포'와 '혼도'와 죽음의 경지에까지 이른다. '恍惚'이라는 한자어를 이상은 여기 '惶'자로 바꾸면서까지 '두려움'을 강조하고 있다. 그러나 가공할 공포와 죽음으로까지 치닫게 한 것은 윗 글에서 지시하듯 '거짓'으로 판명된 여인의 부정이라는 표층적인 차원을 의미하는 것은 아니다. 그것은 보다 정확히는 아무리 껍질을 벗겨도 실체를 드러내지 않는 '실체없음'을 뜻하는 것으로, 진리/거짓이라는 표상 속에 결코 포착되지 않는, 일종의 '인식 불가능한 것' 혹은 '심연'을 의미한다. 이는 라깡의 말을 빌면 상징계[51]에서 벗어난 실재계[52]라 할 수 있는데, 이 '실재'라는

51) 라캉의 이론에 있어 가장 핵심이 되는 세 가지 질서(order)는 상상계, 상징계, 실재계이며, 이것은 주체의 탄생과도 밀접하게 관련이 있다. 상상계(the imaginary)는 거울 단계(mirror stage)에 해당하는 것으로, 이 단계에서 아이는 거울에 비친 자신의 상을 총체적이며 완전한 것으로 인식하며, 타자와 대상을 자신과 동일시함으로써 대상과의 거리를 유지하지 못한다. 이 단계는 자기애, 나르시시즘을 특징으로 하며 이상적 자아상에 사로잡혀 '끊임없이 거울에 자신을 되비추는 자기 반사의 놀이와 존재의 결여를 채우기 위한, 지칠 줄 모르는 탐욕으로 가득 차 있다'. 반면에 상징계는, 이러한 거울단계를 벗어난 '차이와 대립이 존재하는 질서의 세계로, 여기에서는 서로 다른 주체들이 자기를 주장하고 서로 대립하며, 상호 작용하는 기호 표현들로 이루어진 질서세계'이다(김인환, 「언어와 욕망」, 『한국문학이론의 연구』, 을유문화사, 1988, 282~283쪽과 딜런 에반스, 『라깡 정신분석 사전』, 김종주 외 역,

핵은 어떠한 개념으로도 붙잡을 수 없기 때문에[53] 상징계 층위에서 보자면 그것은 '구멍'에 해당한다.

이상은 근본적으로, 근대적 개념 틀인 숫자, 합리성, 이성 등등의 근대적 사유 체계에 사로잡힌 전형적인 근대인으로, 이러한 자신의 인식적 기반 위에서 세계와 현실의 실체를 파악하고 도해하고자 하였고, 또 그럴 수 있다는 믿음과 신념 속에서 일종의 기호놀이라는 진실게임에 빠져들었다. 그리고 그는 자신의 사유체계를 벗어나려는 것들조차, '거짓' '허위', '비대칭', '오류' '무의미' 등으로 근대적 사유 체계의 한 좌표 속에 끊임없이 포박하고 포섭하려 하였으며, '기호놀이'로 상징되는 그의 문학 세계가 도달하고자 한 곳도 여기라고 할 수 있다. 그가 습득한 유클리드 기하학과 근대 지식 속에 포괄되지 않는 것들은 이상의 문학 속에 '모순 어법'이나 '비대칭' 등의 원근법 등을 통해 그의 세계 인식 좌표에 포섭되어갔던 것이다. 그러나, 그것은 앞서 살핀 바와 같이, 실체 없는 양파까기처럼 '허위'는 계속적으로 또 다른 허위를 보여주면서 절대로 표상 위에서 고착되지 않는 어떤 것으로 거듭 변신해간다. 이렇듯 계속 움직이고 바뀌면서 실

인간사랑, 1998, 175~181쪽 참조).

실재계는 이러한 '상징화에 절대적으로 저항하는 것', '상징화 밖에 존재하는 그것이 무엇이든 그의 영역'이다. 실재계는 '불가능한 것'으로 왜냐하면 그것은 상상할 수도 없고, 상징계에 통합할 수 없으며, 어떤 방법으로도 얻을 수 없기 때문이다. 실재계의 이런 불가능성이라든가 상징화에 대한 저항과 같은 특성 때문에 실재계는 본질적으로 외상적인 성질을 갖는다(딜런 에반스, 같은 책, 217~218쪽).

52) 이 실재계에 대한 인식은 라깡 이전에 니체에 의해 표상 바깥에 있는 세계, 결코 파악될 수 없는 세계로 설명된 바 있으며, 진리(Wahrheit)와 구분되어 'wahre Welt'로 명명된다. "3.실재 세계, 도달할 수 없고, 증명할 수 없고, 약속할 수 없으면서도 하나의 위안으로서 생각될 때조차 하나의 의무이며 하나의 명령인 세계. (중략) 4. 실재세계-도달할 수 없다? 어떻든 도달되지 못한 세계. 그리고 도달되지 못했다면 알 수도 없는 세계. 따라서 위안도; 보상도, 의무도 없다. 알지도 못하는 것에 대해 어떻게 의무를 질 수 있겠는가?"(니체, 「실재세계가 마침내 어떻게 하나의 신화가 되고 말았는가」, 『우상의 황혼/반그리스도』, 송무 역, 청하출판사, 1998, 41쪽)

53) 페터 비트머, 『욕망의 전복』, 홍준기・이승미 역, 한울 아카데미, 1998, 15쪽.

체인양 허위로서 판명되는 것들, 이러한 것들이야말로 이상에게는 불안이자 공포, 혐오의 대상이었던 것이다.

따라서 그의 진실찾기, 허위의식에 대한 탐구는 결국은 소모적이고 허무적인 파국을 맞게 되고, 이상은 대칭점, 해답의 대칭점에 놓여있는 '다른' 대답이 아니라, 대칭점 위에 없는 점, 즉 '모순'이라는 논리적 명제로도 설명할 수 없는 '실재'[54]와 맞닥뜨린다. 그것은 앞서 언급했듯, 라깡의 '실재계'에 해당되는 것으로, '개념적 사고를 항상 벗어나는 사물 자체', 상징계라는 언어와 기표들의 질서 세계에 존재하지 않는 '빈 곳' '부재하는 것' '無이면서도 또한 아무것도 아닌 것이 아닌 無'[55]이다. 이것은 근본적으로, '진리와 거짓을 가능하게 하는 상징계'[56]를 벗어나 있으며, 따라서 진위의 판명이 불가능한 어떤 것으로 의식 세계에 포착되지 않는 '비의미'이다. 그리고 유클리드 기하학으로 상징되는 근대 과학과 합리성으로 인식되지 않는 '구멍'이라는 실재야말로 이상에게는 가공할 만한 공포의 대상이자 근원이었다고 할 수 있을 것이다. 이것은 근대 정신이 어쩔 수 없이 맞닥뜨릴 수밖에 없는 지점이며, 근대정신을 최고 정점에서 구현

54) 라깡의 실재 개념을 좀더 부연하자면 다음과 같다. "실재란 '불가능한 것'이라고 말하며, 다른 한편으로 '항상 같은 곳에 있는 곳'이라고 말한다. (그것은 육체적인 것일 수도 있고, 동시에 무시간적인 것, 파악할 수 없는 것일 수도 있다.) 그리고 끝으로 그것은 인간이 끊임없이 머리를 아파해야 하는 '저항하는 그 무엇' 일 수도 있다. (중략) 실재는 개념성을 벗어나는 것이다. 인간은 논리라는 도구를 통하여 실재를 파악하려고 노력하지만, 그것은 어떤 것으로부터 연역될 수는 없는 것이다. 라깡이 실재에 대해서 이야기할 때 그에게 무엇보다도 중요한 점은, 실재를 논리에 의해 배제되는 어떤 것으로서 경험되도록 보여주는 것이다. 그것은 동시에 실재의 비규정성, 비포착성을 밝히는 것을 의미한다. 논리를 벗어나는 이러한 장소를 지칭하기 위해 라깡은 존재(Existenz)와 구별되는 탈존(Ek-sistenz)이라는 용어를 사용한다. 부재자 또는 주체의 육체라는 의미에서 실재는 탈존한다. 다시 말해 존재자(Seindes)로서 그리고 동시에 비존재자(Nichts-Seindes)로서 탈존한다(페터 비트머, 앞의 책, 74쪽).

55) 같은 책, 25쪽.

56) 라깡은 상징계는 '진리' '거짓' 그 자체를 가능하게 하는 조건이라고 생각했다. 같은 책, 31쪽.

하고 하는 이상이었기 때문에 이러한 '구멍'과 맞닥뜨릴 수 있었던 것이다. 라깡에 의하면, 이렇듯 상징계에 들어가기를 거부하는 것, 즉 외상(trauma)이라 불리울 수 있는 것은 성, 죽음, 폭력, 비의미, 육체성 등이다.[57] 이상의 작품에서는 구체적으로는 '비의적인 생의지와 여성성, 육체, 죽음' 등으로 드러난다.

우선, 이러한 심층적인 심리인 '공포와 불안'으로 드러나는 '여성성', '육체'와 '죽음'이라는 실체에 대한 구체적인 분석 이전에, 좀더 표층적인 차원에서 이뤄지고 있는 의식구조를 살펴보자.

주지하다시피 이상 문학은 주로 무의식적 층위를 탐사하고 있는 텍스트로서 정신분석학의 문학적 적용에 있어 대표적인 분석 대상이 되어 왔다. 그것은 이상 텍스트가 주로 일상적 삶의 언어로 이루어지기보다는 공포나 불안, 권태 등의 심리적 층위를 드러내는 심층 언어로 구조화되어 있기 때문이다. 이러한 점을 들어 조연현은 이상 문학이 지니는 현대 문학적 성격에 적극적인 의미를 부여하기도 하는데,[58] 이렇듯, 심층 심리에 대한 이상의 문학적 탐사가 가능했던 것은, 앞서 김동인에서 살펴보았듯, 공동체적 질서로부터의 벗어난 '개인'과 '주체'의 발견, '개성'의 존중, 그리고 이와 더불어 가능하게 된 '내면성'에 대한 인식에 의해서이다. 1910년대 이후로 계속된 개인의 '주체성'에 대한 계몽은, 1930년대에 이르면 오히려 개체성과 개별성에 대한 극단적인 추구로 인한 자기 소외에까지 이르게 되

57) 같은 책, 63쪽.

58) 조연현은 이상 문학의 의의를 "우리의 신문학이 지닌 그 근대문학적 성격을 현대문학적 성격으로 전환시키는 데 전위적인 역할"을 한 데 두고 있으며, 이상 문학의 현대문학적 성격에 대해 다음과 같이 언급하고 있다. 첫째, 주지적 성격 둘째, 인물들을 통하여 보여주고 있는 이상의 문제의 초점이 개인 대 사회와의 관계 또는 자기와 타인과의 관계이기보다는 늘 자기 대 자기와의 관계에 집중되어 있는 점, 셋째 이상의 그의 작품을 통하여 추구하고 있는 세계가 의식의 세계이기보다는 무의식 또는 전의식의 세계라는 점. 넷째, 현대 소설의 단독자, 개별자, 예외자 등으로 불리어질 수 있는, 보편적인 인간이 아닌 단독자가 나타난 것(조연현, 『현대한국작가론』, 정음사, 1974, 98~107쪽).

는데, 이상 문학은 바로 이러한 주관성 편향의 한 극단적 지점을 보여주고 있다고 할 수 있다. 그리고 이러한 주관적 의식세계의 추구는 '악'을 공동체적 관습과 규범이라는 윤리적 차원에서 고구하기 보다는, 오히려 주관에 의해 표상된 '인식의 지평' 속에서 그 질서 바깥에 있는 혼돈과 무질서 등으로 변주하여 사유한다. 특히나 무엇보다 현실세계를 자신의 근대적 사유 체계 속에서 능동적으로 구성하고 도해하려던 이상에게 있어 '악'은 '선'이라는 대립적 구도 속에서 강조되는 게 아니라, 주체/타자, 정신/육체, 본질/현상, 논리/비논리, 참/거짓 등의 이분법적 서구 형이상학적 사유틀 속에서 해체되고 새롭게 의미화되는 것이다.

선/악의 이분법적 구도의 해체, 그리고 심층 심리와 무의식에 대한 탐사는 무엇보다 의식세계에로의 능동적이며 자발적인 고립과 자기 유폐를 통해 가능해진다.[59)]

이상의 소설에 등장하는 대부분의 주인물들은 주지하다시피 거개가 다 생활세계에서 소외되거나 생활세계를 스스로 거부한 전형적인 룸펜의 모습을 보여준다.

「날개」에 등장하는 '박제가 된 천재'로 묘사되고 있는 '나'나, '그저 한 없이 게으른 것'이 유일한 생활인 「鼅鼄會豕」의 주인공은 말할 것도 없고, 「休業과 事情」「童骸」「失花」「逢別記」「終生記」에 이르기까지 주인공들은 대부분 일상과는 무관하게, 밤과 낮을 바꿔서 살며 절대적으로 '腦髓'에 무게를 둔(「동해」, 265쪽) "형상없는 모던뽀이이다."(「동해」, 264쪽)

> 1) 생명에뚜껑을덮었고 사람과사람이사귀는버릇을닫았고 그자신을닫았다. 온갖벗에게서-온갖관계에서-온갖희망에서-온갖慾에서-그리고온갖욕에서-다만방안에서만그는활발하게발광할수있었다. 미역핥듯핥을수도있었

59) 이에 대해서는 최재서는 이상 문학에 대해 다음과 같이 언급하고 있다. "그의 藝術의 世界는 生活과 行動 以後에 오는 純意識의 世界이다."(「『川邊風景』과 『날개』에 關하여-리아리즘의 擴大와 深化」, 『文學과 知性』, 人文社, 1938, 107쪽)

다. 전등은그런숨결때문에곧잘꺼졌다. 밤마다이방은고달팠고뒤집어엎었고 방안은기어병들어가면서도빠득빠득버티고있다. 방안은쓰러진다. 밖에와있는세상-암만기다려도그는나가지안는다. 손바닥만한유리를통하여꿋꿋이걸어가는세월을볼수있을따름이었다. (「龍龕會豖」, 전집 2권, 302쪽)

2) 그뿐 아니다. 첫째 나의 態度問題다. 그 시절에 나는 무엇을 하고 세월을 보냈더냐? 내게는 歲月조차 없다. 나는 들창이 어둑어둑한 것을 드나드는 안집 어린아이에게 一錢씩 주어가면서 물었다. (「童骸」, 전집 2권, 265쪽)

3) 生活, 내가 이미 오래 前부터 生活을 갖지 못한 것을 나는 잘 안다. 斷片的으로 찾아오는 '生活 비슷한 것'도 오직 '苦痛'이란 妖怪 뿐이다. 아무리 찾아도 이것을 알아 줄 사람은 한 사람도 없다.

무슨 方法으로든지 生活力을 恢復하려 꿈꾸는 때도 없지는 않다. 그것 때문에 나는 입때 自殺을 안하고 待機의 姿勢를 取하고 있는 것이다-이렇게 나는 말하고 싶다만. (「恐怖의 記錄」, 전집 2권, 190쪽)

위의 인용문들에서 볼 수 있듯이, 이상 소설은 일상에서 소외된 인물들의 정신적 편력과 의식세계를 주로 다루고 있으며, '박제가 된 천재'로 상징되는 '의식'으로서만 존재하는 인물에게 생활세계는 일종의 '맹목적 의지들의 난립이자, 정신의 완전한 부재'로 이해된다. 이 맹목적 의지의 투쟁장으로서의 생활세계는, 쇼펜하우어의 말을 빌면, '어둠과 무의미'의 세계[60]이다. 쇼펜하우어가 파악한 삶의 기본 원리는 '의지'이다. 이것은 일

60) 뤼디거 자프란스키에 의하면, "쇼펜하우어가 파악한 삶의 기본 원리는 '의지'이다. 그러나 그 의지는 밝아지는 과정을 거치지도 않고, 숭고한 쪽으로 진화하지도 않는다. 그 의지의 보편성은 밝아지는 것이 아니라 어둠과 무의미함이다. (중략) 의지로서의 존재는 원래 선과 악 너머에 있다. 쇼펜하우어는 의지 전부를 악이라 칭하는데 주저하지 않는다. '이 어둠은 절대적이고 근원적이다. 세상의 내적이자 근원적인 본질은 인식이 아니라 단지 인식이 미치지 않는, 의지란 것으로 설명할 수 있다. 인

반적으로 쓰이는 '의지'와는 달리, 맹목적이며 정신성과 도덕성이 결여되었다는 점에서 어둠의 세계이자 '악'이다. 이상에게 있어서도 생활 세계에 속하는 '의지'는 전적으로 그의 '의식' 편향적인 인물들에게 '무의미' '비의미'로 존재하며, 그렇기 때문에 그 세계에서 대한 거부인 무능과 게으름은 오히려 능동적으로 이루어지고 있다.

1) 될 수만 있다면 이 무의미한 인간의 탈을 벗어버리고 싶다. 나에게는 인간사회가 스스로왔다. 모두가 서먹서먹할 뿐이었다. (「날개」, 전집 2권, 324쪽)

2) 장하다. 힘 의지-? 그런 강력한 것-그런것은어디서나 오나, 내 -그런것만있다면이노릇안하지-일하지-하여도잘하지-들창을열고뛰어내리고싶어졌다. 아내에게서 그악착한끄나풀을끌러던지고훨훨줄달음박질쳐서달아나버리고 싶었다. 내의지가작용하지않는온갖것아, 없어져라. 닫자. 첩첩이닫자. 그러나이것도힘이아니면무엇이랴- (「鼅鼄會豕」, 전집 2권, 307쪽)

'무의미한 인간의 탈', '내 의지가 작용하지 않는' 세계는 일체 세속적인 것으로 치부되면서 거부되기에 이른다. 그리고 그러한 생활세계에 속하는 일체의 것들에 대한 염증과 혐오를 표하는 데, 이러한 부정 의식은 가족과 돈, 그리고 일체의 관계로부터의 일탈을 불러일으킨다.

1) 세상에서땅바닥에달라붙어뜯어먹고사는 천하인간들의쓰는시와는운소로차가나는훌륭한시를 보산은몇편이나몇편이나써놓은것이건만 그대신세상사람들은 그의시를이해하여줄리가없는과대망상으로밖에는볼수없는것

식 자체는 이차원적 근원이고 부가적이며 외향적이다. 그래서 어둠은 우연히 빛의 영역 안에 생긴 그늘진 부분이 아니며, 인식은 스스로를 잃을 수 있는, 끝없는 근원적인 어둠 속의 빛이다.'"(앞의 책, 93~100쪽)

이었다. (「休業과 事情」, 전집 2권, 155쪽)

2) 닭의 집 높이가 내 턱 좀 못미쳤기 때문에 나는 거기 가로 질린 나무에 턱을 받히고 닭의 집 속을 내려다보고 있자니까 내음새도 어지간한데 제일 그 수탉이 딱해 죽겠다. 공연히 성이 대밑둥까지 나서 모가지 털을 벌컥 일으켜 세워 가지고는 숨이 헐레벌떡 야단법석이다. 제딴은 그 가운데 막힌 철망을 뚫고 이쪽 암탉들 있는 데로 가고 싶어서 그리는 모양인데 사람 같으면 그만하면 못 넘어갈 줄 알고 그만둠직 하건만 이놈은 참 성벽이 대단하다.

저놈이 그만 단념하였다 하고 있으면 그래도 여전 야단이다. 나는 그만 그놈의 끈기에 진력이 나서 못생긴 놈, 미련한 놈, 혼자서 화를 벌컥 내어 보다가도 또 그놈의 그런 미칠 것 같은 情熱이 다시 없이 부럽기도 하고 尊敬해야할 것 같이 생각키도 해서 자세히 본다. (「恐怖의 記錄」, 전집 2권, 193~194쪽)

3) 나는 勿論 이래서는 안된다고 생각한다. 작은어머니 얼굴을 암만 봐도 미워할 데가 어디 있느냐. 넓은 이마, 고른 齒牙의 列, 알맞은 코, 그리고 작은아버지만 살아 계시면 아직도 얼마든지 戀戀한 愛情의 색을 띠울 수 있는 총기 있는 눈하며 다 내가 좋아하는 部分 部分인데 어째서 그런지 그런 좋은 부분들이 綜合된 「작은어머니」라는 印象이 나로 하여금 憎惡의 念을 일으키게 한다.

勿論 이래서는 못 쓴다. 이것은 분명히 내 病이다. 오래 오래 사람을 싫어하는 버릇이 살피고 살펴서 及其也에 이 모양이 되고 만 것에 틀림없다. 그렇다고 내 肉親까지를 미워하기 시작하다가는 나는 참 이 세상에 의지할 곳이 도무지 없어지는 것이 아니냐. 참 안됐다. (「恐怖의 記錄」, 전집 2권, 192쪽)

4) (돈이었다)사람을속였단다. 다털어먹은후에볼품좋게여비를주어서쫓는것이었다. 三十까지百萬원. 주체할수없이달라붙는계집. 자네도공연히꾸

물꾸물하지말고청춘을이렇게대우하라는 것이었다. (거침없는吳이야기)어쩌다가아니-어쩌다가나는이렇게훨씬물러앉고말았나를알수가없었다. 다만 모든이런吳의저속한큰소리가맹탕거짓말같기도하였으나 또 아니부러워할려야아니부러워할수없는형언안되는것이확실히있는것도같았다. (「鼅鼄會豖」, 전집 2권, 302쪽)

인용문 1)에서는 자신의 시를 몰라주는 세상에 대해 '세상에서 땅바닥에 달라붙어 뜯어먹고 사는 천한인간들'로 폄하하고 있으며 2)에서는 암탉에 대한 수탉의 끈질긴 욕정에 못마땅해 하면서도 그런 수탉의 맹목적인 정열에 대해 일종의 부러움마저 느끼고 있다. 그리고 이러한 수탉의 맹목성은, 일상을 살아가는 무수한 인간 군상의 그것과 겹쳐지면서 환멸과 동시에 선망의 시선 속에 담겨지는 것이다. 3)에서는 이러한 인간 군상의 일원이면서, 동시에 아무런 필연성과 합리성도 없이 '육친'이라는 관계로 얽혀버린 '작은어머니'에 대한 미움과 연민을 담고 있다. 순일한 의식 세계를 추구하는 이상에게는 이 '육친'과 '가족'은 줄곧 증오와 연민의 대상으로 형상화되고 있으며, 자신의 생활을 회복하려는 것도 이러한 가족에 대한 책임감에서 비롯되지만, 그만큼 그의 자유를 구속하면서 '원가 상환을 요구하는' 가난한 육친들은 그에게 비합리적인 영역으로 남아 끊임없이 이상에게 애증의 대상이 된다. 4)에서는 자신의 돈을 떼먹고 속인 친구 吳의 처세술에 대한 경멸과 놀라움을 표시하고 있는데, 이상에게 있어 '화폐'는 처음부터 세속적이며 속물적인 것으로 환멸의 대상이 되고 있지만, 윗 글과 또한 「날개」에서 보듯, 인간들을 움직이게 하는, 어떠한 마력, 확연히 말할 수 없는 어떤 '힘'을 지녔다는 데서, 자폐적 인물의 '연구' 대상이 되기도 한다. 그러나 이러한 것들은 처음부터 끝까지 이상에게는 아무런 의미도 의의도 없는 것으로, 미움과 환멸, 경멸은 배제된다. 순수관념의 세계에 속한 이상은 일상적 삶과 현실에서 어떠한 정신성도 의의도 찾을 수 없었던 것이다.

따라서 그는 그러한 일상적인 것으로부터의 완전한 초탈, 내지는 일탈을 꿈꾸는데, 물론 이것은 완전히 능동적이며 자발적인 의도에 의해서 이뤄진 것만은 아니다. 앞 장에서 언급했듯이, 이러한 자기 유폐와 고립은 그를 둘러싼 일상과 현실의 불모성, 즉 식민지 현실과 가족사적인 불행과 가난, 거듭되는 연애와 결혼의 실패, 그리고 무엇보다 모든 일상에의 회복을 불가능하게 하는 '결핵'이라는 심각한 질병, 그로 인한 죽음의 그림자 등에 의해 어쩔 수 없이 운명적으로 주어진 것이지만, 문제는 이렇듯 '불행'과 '죽음의 위협'으로 얼룩진 자신의 삶에 대한 작가 이상의 능동적인 수락이다. 그것은 앞서 언급했듯 운명에의 순응이 아니라 오히려 운명에의 반항인데, 시시각각 자신을 위협하는 '불길함'과 '죽음의 그림자'를 오히려 앞서 실행하고 선취함으로써 이를 부정하는 것이다. 단적으로 「終生記」라는 유서를 통해 보여준 죽음의 예고와 확정이야말로 이러한 불행의 능동적 실천을 통한 운명에의 반항을 보여주는 것이라고 할 수 있다. 그리고 이러한 죽음에 대한 능동적 실천의 도정에는 일상과 생활에로의 회복을 희망케 하고 욕망을 불러일으켰던 '여인의 배신'이 있다.

「恐怖의 記錄」에는 각혈로 인한 죽음에의 예감과 생활의 폐기, 그리고 무엇보다 삼년동안 동거를 했던 금홍의 배신으로 인한 절망과 증오, 그리고 그로인한 자발적인 고립과 자기 유폐의 과정이 단편적이지만 비교적 위악적 포즈 없이 진지하게 그려지고 있다.

> 나는 나의 親舊들의 머리에서 나의 番地數를 지워버렸다. 아니 나의 服裝까지도 말갛게 지워 버렸다. 은근히 먹는 나의 朝夕이 게으르게 나은 肉身에 蔓延하였다. 나의 營養의 찌꺼기가 나의 皮膚에 지저분한 수염을 낳았다. 나는 나의 讀書를 뱊죽하게 접어서 종이飛行機를 만든 다음 어린 아이와 같이 나의 自棄를 태워서 죄다 날려 버렸다.
>
> 아무도 오지 말아 안 드릴 터이다. 내 이름을 부르지 말라. 七面鳥처럼 심술을 내이기 쉬웁다. 나는 이 속에서 全部를 살라 버릴 작정이다. 이 속

에서는 아픈 것도 거북한 것도 동에 닿지 않는 것도 아무것도 없다. 그냥 쏟아지는 것 같은 기쁨이 즐거워할 뿐이다. 내 맨발이 값비싼 香水에 질컥질컥 젖었다.

한 달-猛烈한 절뚝발이의 歲月-그동안에 나는 나의 性格의 序幕을 닫아 버렸다.

두 달-발이 맞아 들어 왔다.

呼吸은 깨끼저고리처럼 찰싹 안팎이 달라붙었다. 彈道를 잃지 않은 疾風이 가리키는 대로 곧잘 가는 黃金과 같은 絶頂의 세월이었다. 그동안에 나는 나의 性格을 서랍 같은 그릇에다 담아 버렸다. 性格은 간데온데가 없어졌다.

석 달-그러나 겨울이 왔다. 그러나 장판이 카스테라 빛으로 타 들어왔다. 얄팍한 요 한 겹을 通해서 올라오는 溫氣는 可히 秘密을 끄실를 만하다. 나는 마지막으로 나의 特徵까지 내어놓았다. 그리고 단 한 가지 才操를 샀다. 송곳과 같은-송곳 노릇밖에 못하는-송곳만도 못한 才操를-果然 나는 녹슬은 송곳 모양으로 멋도 없고 말라버리기도 하였다.

혼자서 나쁜 짓을 해보고 싶다. 이렇게 어두컴컴한 房 안에 標本과 같이 혼자 端坐하여 蒼白한 얼굴로 나는 後悔를 기다리고 있다. (「恐怖의 記錄」, 전집 2권, 203쪽)

위 인용문은 여인과의 살림을 청산한 뒤, 모든 것들과 단절하고 의식세계로 고립된 인물의 독백을 담고 있다. 이 작품의 화자는 스스로를 가둔 채, 점차 개체로서의 자신의 존재를 지워나가기 시작한다. 그것은 우선적으로 관계로부터의 벗어남이며, 그 다음은 자신의 존재의 육체성과 실체성을 부여하는 일종의 개별성과 직접성을 지워나가는 일이다. '自棄', 즉 자신을 버리는 일은, 자기 동일성으로서의 이름을 지우고, 성격을 버리고, 그리고 최후의 특징을 버리는 일로 수행된다. 이러한 존재로서의 육체성과 직접성을 철저히 버리고 난 뒤의 그는 추상적인 의식으로서만 존재하는 하나의 희귀한 존재가 된다. '박제가 되어 버린 천재'가 되어버린 이

'순수 관념'으로서의 하나의 의식은 '아픈 것도 거북한 것도 동에 닿지 않는 것 없이, 쏟아질 것 같은 기쁨만 있는' 완벽한 충족 상태[61]에 이르는데, 이것은 이상이 줄곧 꿈꾸었던 죽음의 상태를 의미한다. 그러나 이것은 단지 조작되고 위조된 죽음이라는 점에서 '가짜 죽음'을 의미하며, 따라서 이상의 죽음 충동[62]은 여전히 이 의사 죽음 상태에서도 끊임없이 그를 추동하면서 동시에, 그가 스스로 폐기했다는 삶의 직접성과 에로스적 욕망 또한 이 사물화된 존재 속에서 끊임없이 상기된다. 그리고 이러한 의사 죽음 상태에서도 끊임없는 일어나는 욕망과 충동은 오직 하나의 재조(才操)로 모여진다. 윗 글에서 그 '재조'는 송곳 같은 재조, 송곳 노릇밖에 못하는 재조, 송곳만도 못한 재조라고 비유되는데, 그것은 다름 아니라 '글쓰기'를 의미하는 것이자, 이상의 글쓰기의 방법론적 핵심인 순수의식을 통한 조작과 기교, 냉소적이며 위악적인 파라독스와 역설 등을 의미한다. 파라독스와 역설에 의한 글쓰기, 이것은 '혼자서 하는 나쁜 짓'에 해당된다. 그것은 어떠한 긍정적이며 낙관적인 생의 희망과 의지를 불러일으키지도, 그렇다고 진실한 자기 고백과 참회도 아니라는 점에서 일종의 나쁜 짓이다. 반성의 영역에 해당하는 '후회'는 이렇듯 과거의 행위가 잘못되었다는 인식에 근거하며, 따라서 "후회를 기다리고 있다"는 서술은 지금의 행위-외부와의 완전한 단절과 자기 유폐, 自棄-가 잘못되었음을 스스로 시인하는 것을 의미하며, 또한 그것으로 인한 불행과 고통을 예견하고 있다는 것이다. '후회'를 기다리겠다는 결의는 그럼에도 불구하고 지금의 행위를 포기하지 않겠다는 것, 그로 인한 불행과 고통을 기꺼이 감수하겠다는 것을 의미한다. 이러한 육체성과 직접성을 폐기한 절대 관념은 어떠한 모랄과

---

61) 프로이트에 의하면, 욕망의 완전한 충족 상태는 죽음밖에 없다.

62) 죽음의 충동은, 잃어버린 '직접성'에서 기인하는 것이며 기표의 작용에서 초래된 결과라는 것을 보여준다. 주체는 잃어버린 자기자신과의 합일을 끊임업이 추구한다. 그러나 주체가 거기서 만나는 것은 실재의 허무일 뿐이다(페터 비트머, 앞의 책, 73쪽).

습속과 관습 등을 담고 있지 않는, 순수 기하학 혹은 수학으로 이루어진 '절대 논리'[63]의 세계이다. 이상 소설의 인물들은 대개, 일상적 감각이나 감성으로 현실을 '살아내는' 인물들이 아니라, 어디까지나 이러한 직접성으로부터 거리를 두고, '순수 관념'을 통해 현실을 도해하고 인식하고자 한다. 그 대표적인 작품으로 우리는 「날개」를 들 수 있다.

> 「剝製가 되어 버린 天才」를 아시오? 나는 愉快하오. 이런 때 戀愛까지가 愉快하오.
>
> 肉身이 흐느적흐느적하도록 疲勞했을 때만 精神이 銀貨처럼 맑소.
>
> 니코틴이 내 蛔ㅅ배 앓는 뱃속으로 스미면 머리 속에 으레히 白紙가 準備되는 법이오. 그 위에다 나는 위트와 파라독스를 바둑布石처럼 늘어놓소. 可憎할 常識의 病이오. (중략)
>
> 그대 自身을 僞造하는 것도 할 만한 일이오. 그대의 作品은 한번도 본 일이 없는 旣成品에 依하여 차라리 輕便하고 高邁하리다.
>
> (중략)
>
> 感情은 어떤 포우즈. (그 포우즈의 素만을 指摘하는 것이 아닌지나 모르겠소) 그 포우즈가 不動姿勢에까지 高度化할 때 感情은 딱 供給을 停止합니다.
>
> 나는 내 非凡한 發育을 回顧하여 世上을 보는 眼目을 規定하였소. (전집 2권, 318~319쪽)

「날개」의 서문이 전달하고자 하는 것은, '박제가 되어버린 천재'의 '은

---

63) 김윤식은 이상 문학의 비극성을 그의 절대 논리의 의식세계와 비논리적 현실과의 불균형으로 설명하고 있으며, 이상이 자신의 육체와 질병이라는 가장 비논리적인 생리 현상을 논리 속에 정립하고자 했다고 지적하고 있다. "유클리드 기하학(수학)이 절대인 것은 그 논리성에 있음이라면, 운명으로서 각혈이란 무엇인가. 물을 것도 없이 그것은 비논리적인 것이다. (중략) 그는 도처에서 이처럼 각혈이라는 생리적 현상을 논리 속에 정립하고자 노력하였다. 그러나 이러한 노력이란 시간과의 경주에 지나지 않는 것, 조만간 끝장이 나게 되어 있을 뿐이다(김윤식, 「斷髮」解題, 『이상문학전집』 2권, 256~258쪽).

화처럼 맑은 정신' 속에서 이루어진 '위트와 파라독스'의 세계이다. 그리고 이 작품에 등장하는 인물이 이러한 박제된 의식으로 존재하는 작가의 '위조'[64]이자 모조품이라는 것, 뿐만 아니라 이 인물의 위조된 성격은 어떠한 진정성과 감정도 존재치 않는 단지 고착화된 포우즈에 불과하다는 것 등이다. 이렇듯 작가를 통해 위조된 인물인 '나'란 어떠한 존재인가? 그는 이상의 다른 작품에서와 달리, 자의식은 물론 의식과 일상적 감각이 거세된, 거의 백치에 가까운 인물로 그려지고 있다.

1) 내 아내 외의 다른 사람과 인사를 하거나 놀거나 하는 것은 내 아내 낯을 보아 좋지 않은 일인 것만 같이 생각이 들었기 때문이다. (전집 2권, 320쪽)

2) 내 몸과 내 마음에 옷처럼 잘 맞는 방 속에서 뒹굴면서 축 처져 있는 것은 행복이니 불행이니 하는 그런 세속적인 계산을 떠난 가장 편리하고 안일한 말하자면 절대적인 상태인 것이다. 나는 이런 상태가 좋았다. (전집 2권, 321쪽)

3) 나는 쪼꼬만 「돋보기」를 꺼내 가지고 아내만이 사용하는 지리가미를 끄실려가면서 불장난을 하고 논다. 평행광선을 굴절시켜서 한 초점에 모아 가지고 고 초점이 따끈따끈해지다가 마지막에는 종이를 끄실르기 시

64) 김성수는 「날개」의 서문에서 드러나는 '위조'와 '부동자세'를 매저키스트의 속성과 연관시켜 읽어내고 있다.
"위조나 부동자세는 타인의 눈에 쉽게 주체의 생각과 행동을 간파당하지 않는 포즈이기 때문이다. (중략) '부동자세'란 프롤로그에서도 제시된 바와 같이 감정의 공급을 끊고 박제의 상태로 되는 것을 말한다. 어떤 상황이나 사태에 감정을 절제하고 무념무상의 표정으로 처신할 수 있는 인간이란 박제된 독수리나 미이라와 다를 바 없다. 사체(四體)를 바닥에 붙인 채 신의 뜻에 몸을 맡긴 자의 수동심(受動心)이야말로 철저한 매저키스트의 태도이다."(김성수, 『이상 소설의 해석-生과 死의 感覺』, 태학사, 1999, 208~209쪽)

작하고 가느다란 연기를 내이면서 드리어 구녕을 뚫어놓는데까지에 이르는 고 얼마 안되는 동안의 초조한 맛이 죽고 싶을 만치 내게는 재미있었다. (전집 2권, 322쪽)

4) 그렇건만 나에게는 옷이 없었다. 아내는 내게는 옷을 주지 않았다. (중략) 나는 허리와 두 가랑이 세 군데 다-고무 밴드가 끼여 있는 부드러운 사루마다를 입고 그리고 아무 소리 없이 잘 놀았다. (전집 2권, 323쪽)

위의 인용문에서 볼 수 있듯이, '나'라는 주인공과 아내와의 관계는 부부의 관계가 아니라 모자 관계처럼 설정되어 있다. '나'는 아이처럼 두 칸으로 나누어진 나와 아내의 방을 오가며 주로 잠을 자거나 '돋보기와 거울'을 가지고 놀거나 그가 '정신적 유희'라고 일컫는 아내의 화장품과 옷가지를 구경하면서 보낸다. 제대로 된 옷도 없는 그는 사루마다만을 걸친 채 그야말로 아이처럼 지낸다. 이렇듯 거의 자의식 없는 '어린아이'처럼 그려지는 '나'에게는 어떠한 생활감각도 현실의식도 있을 수 없다. 이러한 '나'는 '아내의 직업이 무엇인지', 왜 아내에게는 돈이 많은지를 알 수 없으며, 그리고 그 돈에 대해 어떠한 기쁨도 느낄 줄 모르는 인물로 설정되어 있다. 그는 내객이 아내에게 돈을 놓고 가는 것이나, 아내가 내게 돈을 놓고 가는 것이나 일종의 쾌감 때문일 것이라는 가정 하에 그 쾌감이 어떤 종류의 것인지를 연구하기도 하고, 아내의 매춘 장면을 목격했음에도 불구하고 오히려 아내에게 꾸지람을 듣는 '천치'같은 인물로 그려지는 것이다. 「날개」는 상식과 의식이 결핍된 완전히 즉물적인 감각의 소유자이지만, 어떠한 사회적 관습에도 물들지 않은 순수한 백치같은 인물이 보여주는 비극적 생의 편린을 박제화된 천재의 '의식'을 통해 추적하고 있다. 다른 작품과 달리 이 작품의 주인공은 냉소와 조롱을 내세운 '위악'적 인물이 아니라, 악의는커녕 세속적인 이욕에도 어두운 인물로 등장하고 있는데, 그것은 앞선 분석에서 언급했듯 성격과 특징 등등을 닫아버린 '특성 없는 인간', 존재감을 상실한 인간으로서 그려지는 것이다. 이 인물은 단지 주변의 사물과 아내의 일상을 순수하게 비춰주는 일종의 '거울'처럼 기능하고 있으며, 어떠한 생의 의지도 심지어 죽음의 충동도 보여주지 않는 사물화된 존재이다. 문제적인 것은 이 작품의 주인공이 다른 여타의 작품의 인물들처럼 의식과 논리적 세계에 경도되어 있는 인물도, 글쓰기와 독서만이 유일한 일상이 되어버린 인물도, 그렇다고 결핵이라는 심중한 질병으로 고통받고 있는 인물도 아니라는 것이다. 「날개」의 주인공은 이상이 형상화한 인물 중에 가장 성공적인 캐릭터라고 할 수 있는데, 그 이유는 이상이라는 작가의 실제 모습을 투영하면서도 직접적인 방식이 아닌 철저히 미학화된 방식으로 드러내기 때문이다. 특히 이 특성 없고 어리석은 인간에게서 철저히 일상적 감각은 물론 '의식'조차 배제하였다는 것은, 그만큼 인물을 미학적 거리를 두고 창조했음을 의미하는 것이다. 이 배제되어버린 '의식'은 인물을 통해 드러나는 것이 아니라 에피그람에서 등장하고 있는 실제 이 작품의 서술자아, 즉 추상화되고 논리적인 세계에 속한 '순수 의식'으로서의 박제된 천재와 이 서술자아가 써 나가는 '나'라는 인물의 행위에 대한 서술을 통해 드러난다.65)

> 그때 내 눈앞에는 아내의 모가지가 벼락처럼 내려 떨어졌다. 아스피린과 아달린.
>
> 우리들은 서로 오해하고 있느니라. 설마 아내가 아스피린 대신에 아달린의 정량을 나에게 먹여 왔을까? 나는 그것을 믿을 수는 없다. 아내가 그럴 대체 까닭이 없을 것이니, 그러면 나는 날밤을 새면서 도적질을 계집질을 하였나? 정말이지 아니다.
>
> <u>우리 부부는 숙명적으로 발이 맞지 않는 절름발이인 것이다. 내가 아내</u>

---

65) 이러한 서술문체의 이중성에 대해서는 황도경이 자세히 분석해 놓은 바 있다. 황도경은 이 이중성을 "지적이고 논리적인 존재로서의 '의식'인 '나'와 구체적인 생활 공간에서의 어리석고 무력한 '몸'의 '나'의 분열"이라 보고, 이 양면성이 이중화된 문체를 통해 드러나고 있음을 지적하고 있다(황도경, 「존재의 이중성과 문체의 이중성-李箱 소설의 문체」, 《현대소설연구》, 한국현대소설학회, 1994, 132쪽).

나 제 거동에 로직을 붙일 필요는 없다. 변해할 필요도 없다. 사실은 사실대로 오해는 오해대로 그저 끝없이 발을 절뚝거리면서 세상을 걸어가면 되는 것이다. 그렇지 않을까? (「날개」, 전집 2권, 343쪽)

윗 글에서 밑줄 친 부분은 「날개」의 어린아이 수준의 판단력 밖에 안되는 주인공 '나'의 것이라고는 볼 수 없는 매우 지적인 사유를 보여준다. 이와 같은 문장은 이외에도 여러 군데에서 드러나는데, 앞서 지적했듯 서문을 통해 드러나는 서술자아의 '나'의 지적이며 관념적인 의식이 이렇듯 백치와 같은 인물의 행위와 사건 사이에 '서술자아'로서 틈입하고 있음을 볼 수 있다. 그러므로 이 작품에서의 '나'라는 인물은 「날개」의 주요한 구도라 할 수 있는 이항대립적[66] 변주, 즉 볕드는 방/볕이 들지 않는 방, 생활/무위, 아달린/아스피린, 밤/낮처럼 일종의 추상적이며 관념의 세계에 속한 나/구체적인 생활 공간에서의 나로 분열되어 있다. 결국 「날개」는 '박제가 되어버린 천재'라는 독립적인 '의식'이 구체적인 삶을 살아가는 자신의 육체가 겪는 일련의 사건과 비극성을 조감하고 있는 작품이라고 할 수 있다.

이렇듯, 삶의 직접성과 구체적인 현실을 '순수관념' 내지는 '의식'으로서 조감하고 도해하려는 것이 이상이 글쓰기의 목적[67]이라고 볼 수 있는

---

66) 최재서는 이러한 「날개」의 이항대립적 양상을 두고 다음과 같이 언급하고 있다. "肉體와 精神, 生活과 意識, 常識과 叡智, 다리와 날개가 相剋하고 鬪爭하는 現代人의 한 타잎을 본다. 精神이 肉體를 焦火하고 意識이 生活을 壓倒하고 叡智가 常識을 克服하고 날개가 다리를 휩슬고 나갈때에 李箱의 藝術은 誕生한다."(최재서, 「『川邊風景』과 『날개』에 關하여-리아리즘의 擴大와 深化」, 앞의 책, 107쪽)

67) 모든 글쓰기 행위가 근원적으로, 존재와 현실의 의미를 조망하고 이해하고자 하는 행위이지만, 이상의 경우는 특히나 일상어를 통한 구체적인 재현이 아니라, 논리와 관념이라는 보다 추상적인 의식세계를 통해 현실을 조망하고자 했다는 데 특징이 있을 것이다. 임명섭은, 이러한 맥락에서 이상 문학을 '삶에 대한 해석과 그에 대한 반응'이라고 보고 '책읽기, 글쓰기, 지우기'라는 비유를 통해 읽어내고 있다(임명섭, 「李箱의 文字 經驗 硏究」, 고려대 박사논문, 1997, 11쪽).

데, 이는 소설에서 뿐 아니라 시에서부터 줄기차게 지속되어왔다. 예를 들어, 「烏感圖」 詩第四號의 전복된 숫자의 나열로서 자신의 심리 혹은 병든 육체를 도해하는 것이나, 거울을 모티브로 한 시들에서 보여주는 거울을 통한 자기 분석, 여러 가지 도형과 기하학을 통한 '존재'와 '성'[68]에 관한 도해 등이 대표적인 경우라고 할 수 있다. 소설에서도 마찬가지로 상황과 현실을 도해하고 '인식'하려는 지향이 우선적으로 작품을 구조화하고 있다고 볼 수 있다.

'觸角이 이런 情景을 圖解한다'로 시작되는 「童骸」는 觸角-敗北 시작-走馬加鞭-明示-TEXT-顚跌 등 총 6장으로 이어진다. 이 작품은 각 장의 제목을 통해, 姙과 나, 尹의 삼각관계를 능동적이며 조작적으로 구성하고 있으며, 「鼅鼄會豕」도 주인공이 아내와 나, 나와 吳, 吳와 마유미, 아내와 취인점 전무를 둘러싼 돈과 매춘의 관계를, '거미와 돼지'라는 비유와 상징을 통해 이해하고자 한 것이라고 볼 수 있다. 「失花」에서도 ( ) 안에 표기되는 작중 인물 이상의 분신 의식을 중심으로 과거 서울에서의 姸과의 일, 그리고 현재의 동경을 오가는 시간의 분절화와 중층적으로 이뤄지는 구성은, 이상이 현실의 사건과 시간을 비틀고 재구성함으로써 그의 '의식' 속에 새롭게 배치하고자 하는 의도의 소산이라고 할 수 있을 것이다. 뿐 아니라, '죽는 한이 있더라도 이 珊瑚 채찍을랑 꽉 쥐고 죽으리라 네 弊袍破笠 위에 褪色한 亡骸 위에 鳳凰이 와 앉으리라'로 표현되는 '극한의 글쓰기'와 '종생기'라는 유서 작성은, 공포의 번신술을 자랑하는 정희와의 일련의 일, 무한광변의 '실체'를 반드시 붙잡고야 말겠다는, 그렇지 못한다면, '종생기'를 통해 끝내기라도 하겠다는 각오의 표명인 것이다. 그러나 이러한 주체의 능동적 구성력은 끝없이 표변하고 달아나는 삶의 편린들과 실체를 의식의 표상 속에 의미화 하였는가? 그렇지 않다고 볼 수 있을 것이다. 추상과 관념은 현실의 무한한 기미들을 결코 온전히 다 포착할

68) 특히 「線에 關한 覺書」시 계열에 잘 드러나 있다.

수 없다.[69] 그리고 한국문학사상 가장 근대적인 합리성과 이념에 붙들려 있던 이상이라는 희유의 사유 주체는, 그의 과도한 인식에의 욕구만큼이나 그 불가능성과 불가해함에 대해 절망하고 고통스러워했다고 볼 수 있을 것이다.

사실과 실체는 의식을 빗겨가고, 「날개」의 주인공은 끝내 아달린/아스피린이라는 '모호한' 아내의 '실체'를 확인하지 못한다. 사실 「날개」의 주인공이 이러한 사실 확인을 '모호함' 속에 두는 것은, '아달린'이라는 죽음의 선고, 아내의 음모에 대한 확인이 그의 생에 대한 완전한 부정을 의미하기 때문이다. 따라서 「날개」의 '나'는 "아내나 제 거동에 로직을 붙일 필요는 없다. 변해할 필요도 없다. 사실은 사실대로 오해는 오해대로 그저 끝없이 발을 절뚝거리면서 세상을 걸어가면 되는 것이다"라는 잠정적 결론을 통해 가공할 실재 앞에서 끝끝내 물러나고 만다. 그리고 그는 미스꼬시 옥상에서 문득, '아내'와 같이 끝없이 미끌어지고 활개치는 생의 한 순간을 맞닥뜨린다.

> 이때 뚜우하고 정오 사이렌이 울었다. 사람들은 모두 네 활개를 펴고 닭처럼 푸드덕거리는 것 같고 온갖 유리와 강철과 대리석과 지폐와 잉크가 부글부글 끓고 수선을 떨고 하는 것과 같은 찰나, 그야말로 현란을 극한 정오다.
>
> 나는 불현듯이 겨드랑이 가렵다. 아하, 그것은 내 인공의 날개가 돋았던 자국이다. 오늘은 없는 이 날개, 머릿속에는 희망과 야심의 말소된 페

69) 김인환은 이와 관련하여 다음과 같이 언급하고 있다. "현실의 모호성을 피하여 수학적 확실성을 모방하려고 하면 현실은 왜곡되고 만다. 분량은 사물의 내용이 소멸되는 외면적 형식이다. 소설은 고정된 형식을 초월하여 삶의 완강한 사실들을 제시해야 한다. 헤겔은 '긍정 판단 또는 판단 일반과 같은 형식으로 진리를 조립한다는 것은 불가능하고 부조리한 일'이라고 말하였다. 고정된 정의로는 대립을 포함한 현실의 전체를 파악할 수 없다. 삶의 구체적인 전체성은 어떠한 계명이나 교리로 요약되지 않는다."(김인환, 「한국 현대소설의 주류」, 『기억의 계단』, 민음사, 2001, 137쪽)

> 이지가 딕셔너리 넘어가듯 번뜩였다. (「날개」, 전집 2권, 344쪽)

정오, 그것은 이상의 인물들이 속한 '의식'의 세계, '밤'과 가장 대극점에 놓인 순간으로, 모든 비의적인 생의 의지와 소란스러운 삶의 실체들이 네 활개를 펴고 수선을 떠는 '현란을 극한' 시간이다. 이 순간만큼은, 모든 단단한 물질과 추상과 논리, 의식으로 상징되는 '온갖 유리와 강철과 대리석과 지폐와 잉크'마저도 부글부글 끓는, 그야말로 난공불락의 생의 실체 앞에 경악하고 마는 것이다. 그리하여 날개의 이 '박제된 천재'는 이 생의 활력과 소란스러움이 그를 위협하는 이 정오의 순간에, 다시금 '인공의 날개' 즉, '아내'라는 극한 '빛' 속에서 흔적도 없이 사라져버린 '의식', 즉 '순수의식'을 통해 세상과 현실에 맞서고자 했던 희망과 야심이 다시금 회복되기를 꿈꾼다. 따라서 이러한 인공의 날개의 회복과 '날자'라는 희구는 일상과 생활에 대한 희망이 아니라, 이러한 일상과 현실에 패배하고 만 자신의 '이상'과 '이념'의 회복에 대한 염원이라고 볼 수 있을 것이다.

「終生記」에서도 포착 불가능한 실체에 대한 절망과 공포는 정희라는 여성에게 도달하지 못한다는 사실로 드러나고 있다.

> 勿論 이것은 죄다 거짓뿌렁이다. 그러나 그 一觸卽發의 아슬아슬한 用心法이 特히 그中에도 結尾의 비견할 데 없는 清楚함이 壯히 疾風迅雷를 품은 듯한 名文이다.
>
> 나는 까무러칠 뻔하면서 혀를 내어둘렀다. 나는 깜빡 속기로 한다. 속고 만다. (전집 2권, 381쪽)

> 貞姬는 사팔뜨기다. 이것은 무엇으로도 對抗하기 어렵다. 정희는 近視六度다. 이것은 무엇으로도 對抗할 수 없는 先天的 勳章이다. 左亂視右色盲 아-
>
> 이는 실로 完璧이 아니면 무엇이랴.
>
> 속은 후에 또 속았다. 또 속은 후에 또 속았다. (전집 2권, 393~394쪽)

앞 장에서 살펴보았듯이, 이상 소설에 등장하는 여성은 끊임없이 남성을 속이는 '야웅의 천재'로, 결코 실체를 드러내지 않는 '양파껍질'로 묘사되어 있다. 이는 이상의 합리적인 근대적 사유체계와 그것을 뛰어넘으려는 비유클리드 기하학이라는 의식으로도 포착할 수 없는 실재계이다. 「逢別記」에서부터 「날개」「幻視記」「동해」「失花」「終生記」에 이르기까지 이상 소설은 주체의 능동적 구성력과 근대적 사유를 통해 이 희대의 사기술의 소유자인 '여성'을 분석하고 인식하고자 했지만, 결국 실패하고 만다. 그것은 위의 인용문에서 드러나듯이, '거짓'이라는 고정적 판단을 지속적으로 위반하는 다른 거짓들 속에서 여성이 끊임없이 유동하기 때문이다. 따라서 다시 라깡의 말을 빌자면, 이상 소설의 '여성'은 개념성을 벗어나 규정될 수 없고, 포착될 수 없는 실재계에 속한 것으로 반복되어 드러나고 있다고 할 수 있을 것이다. 라깡에게 있어서 욕망의 완전한 충족과 남녀의 합일을 뜻하는 "팔루스적 향유(das pallische Genießen)는 여자는 파악될 수 없는 타자라는 사실 속에서 나타나는, 결코 충족될 수 없는 향유를 의미한다. 여성의 속성으로 간주될 수 있는 이 실재의 속성 때문에 라깡은 성행위를 빗나간, 목표에 도달하지 못하는 행위라고 말한다. 남자는 여자에 도달하지 못한다. 항상 어떤 것이 빠져 있고, 도달될 수 없으며, 그래서 그것이 무엇이라고 확실히 규정할 수 없기 때문에, 성행위는 목표에 도달하지 못한 채 항상 반복된다."[70] 이런 맥락에서 이상 소설에서 형상화되는 여성성은, 라깡이 설정한 실재계의 범주의 속성을 어김없이 보여주고 있다고 볼 수 있을 것이다.

이러한 여성성과 함께, 이상 소설에서 의식의 표상을 벗어나 '실재'의 범주에 놓이는 것은 '육체성'과 '죽음'이다. 상징계라는 질서체계에 끊임없이 저항하는 이 육체성(die Körperlichkeit)은 주체의 측면에서 드러나는 타자성이다. 라깡은 "논리를 벗어나는 이러한 장소를 지칭하기 위해 존재

70) 페터 비트머, 앞의 책, 122쪽.

(Existenz)와 구별되는 탈존(Ek-sistenz)라는 용어"[71]를 사용하였는데, 이 '탈존'으로서의 육체성은 이상 문학에 있어 결핵이라는 심각한 질병과 증후들로 인해 집중적으로 탐색하고 있는 대상이다. 특히 이 '육체성'은 '성'과 함께 이상의 시에 있어서 중요한 시적 대상으로 등장[72]하고 있는데, 앞서 잠시 언급한 대로 이상은 근대적 사유체계인 기하학과 수학적 질서로 포착하고자 하였다. 그러나 이상 시에서 드러나는 육체는 절대적인 타자로 형상화되고 있을 뿐 아니라, 사물화되고 파편화되어 형식이나 관념을 빗겨간다. 소설에서는 이러한 육체의식이 시에서보다는 좀더 약화되어 있으나, 결핵으로 파괴된 육체 의식, 그리고 이로 말미암은 '죽음'에의 강박과 자살 충동으로 표출되고 있다.

> 1) 얼굴이 이렇게까지 蒼白한 것이 웬일일까 하고 내가 煩悶해서-내 荒漠한 醫學知識
>
> 이 그에 診斷하였다. -蛔蟲-
>
> 그렇지만 이 診斷에는 深遠한 由緖가 있다. 蛔蟲이 아니면 十二指腸蟲-十二指腸蟲이 아니면 條蟲-이러리라는 것이다.
>
> 蛔蟲藥을 써서 안 들으면, 十二指腸蟲을 쓰고, 十二指腸蟲을 써서 안으면 條蟲藥을 쓰고, 條蟲藥을 써서 안 들으면 그 다음은 아직 硏究해 보지 않았다.
>
> 어떤 몹시 不快한 하루를 選擇하여 爲先 蛔蟲散을 頓服하였다.
>
> (중략)
>
> 그렇다고 금방 十二指腸蟲을 써 보기도 싫다. 내 診斷이 너무나 虛妄한데 스스로 놀래이고 또 그 藥을 求해야 할 努力이 아깝고 귀찮다. (「恐怖의 記錄」, 전집 2권, 195쪽)

---

71) 같은 책, 74쪽.

72) 조해옥은 특히 '육체'를 이상의 시세계를 이루는 근간으로 보고, 육체의식을 중심으로 이상 시를 분석하고 있다(조해옥, 『이상 시의 근대성 연구-육체의식을 중심으로』, 소명출판, 2001).

2) 레일은 더욱 더 차겁다. 매질하듯 箱의 咀呪 받은 肉體를 가로질렀다. (「不幸한 繼承」, 전집 2권, 218쪽)

3) 第二次의 喀血이 있은 後 나는 어슴푸레하게나마 내 壽命에 對한 概念을 把握하였다고 스스로 믿고 있다. (「恐怖의 記錄」, 전집 2권, 190쪽)

3) 죽음이그에게왔다고 그는 놀라지않아본다 죽음이묵직한것이라면 나머지얼마안되는시간은 죽음이하자는대로하게내어버려두어 일생에없던 가장위생적인시간을향락하여보는편이 그를위생적이게하여주겠다고그는생각하다가 그러면그는죽음에 견디는세음이냐못 그러는세음인것을자세히알아내이기어려워괴로워한다 죽음은평행사변형의법칙으로 보이르샤아르의법칙으로 그는앞으로 앞으로어나가는데도왔다 떼밀어 준다. (「地圖의 暗室」, 전집 2권, 170쪽)

4) 시가지한복판에 이번에새로생긴무덤위로 딱정버러지에묻은각국웃음이 헤뜨려떨어뜨려져모여들었다 그는무덤속에서다시한번죽어버리려고 죽으면그래도 또한번은더죽어야하게되고하여서 또죽으면또죽어야되고 또죽어도또죽어야되고하여서 그는힘들여한번몹시 죽어보아도 마찬가지지만그래도 그는여러번여러번죽어보았으나 결국마찬가지에서 끝나는끝나지않는것이었다 하느님은그를내어버려두십니까 그래하느님은죽고나서또죽게내어버려두십니까 (地圖의 暗室」, 전집 2권, 171쪽)

6) 죽음은 食前의 담배 한 목음보다도 쉽다. 그렇건만 죽음은 결코 그의 窓戶를 두드릴 리가 없으리라고 미리 넘겨짚고 있는 그였다. 그러나 다만 하나 이 列外가 있는 것을 인정한다. A double Suicide (「斷髮」, 전집 2권, 246쪽)

7) 슬퍼? 응-슬플밖에-二十世紀를 生活하는 데 十九世紀의 道德性밖

에 없으니 나는 永遠한 절름발이로다. 슬퍼야지-萬一 슬프지 않다면-나는 억지로라도 슬퍼해야지-슬픈 포우즈라도 해보여야지-왜 안 죽느냐고? 헤헹! 내게는 남에게 自殺을 勸誘하는 버릇밖에 없다. 나는 안 죽지. 이따가 죽을 것만 같이 그렇게 衆俗을 속여 주기만 하는 거야. 아-그러나 인제는 다 틀렸다. 봐라, 내 팔. 皮骨이 相接. 아야아야, 웃어야 할 터인데 筋肉이 없다. 울려야 筋肉이 없다. 나는 形骸다. 나-라는 正體는 누가 잉크 짓는 약으로 지워 버렸다. 나는 오직 내 -痕迹일 따름이다. (「失花」, 전집 2권, 369쪽)

8) 나는 날마다 殞命하였다. 나는 자던 잠-이 잠이야말로 언제 시작한 잠이더냐-을 깨이면 내 痛切한 生涯가 開始되는데 青春이 여지없이 蕩盡되는 것은 이불을 푹 뒤집어쓰고 누웠지만 歷歷히 目睹한다. (「終生記」, 전집 2권, 378~379쪽)

9) 그저께는 그끄저께보다 여위고 어저께는 그저께보다 여위고 오늘은 어저께보다 여위고 내일은 오늘보다 여윌 터이고-나는 그럼 마지막에는 보숭보숭한 骸骨이 되고 말 것이다. (「恐怖의 記錄」, 전집 2권, 202쪽)

인용문 1)은 자신의 쇠약과 질병을 자가 진단하고 처방을 내리는 장면을 제시하고 있다. 그러나 그의 진단은 회충, 십이지장충, 조충 등등으로 바뀔 수 있는 단지 추정에 불과할 뿐, 결국에는 오진으로 판명되고 그의 빈약한 지식은 '육체'의 반역 혹은 오류를 규명해내지 못한다. 이렇듯 은화처럼 맑은 정신성과 대조적으로 드러나는 결핵균에 의해 침윤된 그의 육체, 이미 죽음이라는 타자성이 점유하고 있는 자신의 육체를 인용문 2)에서는 '저주받은 육체'로 규정하고 있다. 인용문 3)에서부터 9)까지는 이상 소설에서 끊임없이 등장하는 '죽음'에 관한 강박과 자살 충동을 부분 발췌한 것으로, 이상 문학에 있어서 이러한 죽음 충동은 이미 많은 논자들이 언급했듯이 전 작품에 걸쳐 미만해있다. 그러나 위 인용문들에서 드러나는 죽음에 대한 화자의 태도는 절망적이거나 침통하다기보다는 '유희'적이다. 이러한 유희는 이미 '죽음'이라는 절대 타자를 이미 내부로 끌어들임으로써 가능한 것으로, 밑줄 친 인용문, '죽음이 왔다고 해서 놀라지 않는다', '죽음은 식전의 담배 한 모금보다 쉽다', '나는 날마다 운명하였다' '다시 한번 죽어버리려고……' 등에서 볼 수 있듯, 죽음은 이미 '그' 혹은 '나'라는 주체가 적극적으로 끌어안아버린 내부, 즉 이미 기정사실화된 죽음이다. 그럼으로써 죽음은 공포와 불안으로 맞아야할 낯선 미지의 것, 알 수 없는 것, 불가해함이 아니라, 이미 체험된 것, 이미 '나'라는 내부 속에 깃든, 타자가 아닌 것 등의 친숙한 것으로 바뀐다. 물론 이렇듯 죽음을 내재화하고 자신을 '형해' 혹은 '흔적' 등의 사물화된 물질, 죽음의 상태로 인식하는 것을 통해 이상은 죽음에 대한 공포와 불안에서 어느 정도 벗어날 수 있었지만, 그러나 이것은 다만 이상의 죽음 강박이 불러일으킨 지적 조작일 뿐, 온전히 이러한 공포와 불안에서 벗어날 수는 없었다. 그렇기에 「終生記」라는 유서를 통해 자신의 죽음을 표방하면서까지 끝끝내 '죽음'이라는 보이지 않는 실재에 대한 집착과 공포에서 벗어나지 못했던 것이다.

이렇듯 이상은 자신의 의식 속에 포착되지 않는 여성과 죽음, 그리고 비의적인 생의지 등에 대해 끊임없이 탐구했으며, 그럼에도 불구하고 끊임없이 패배하고 마는 이 불가해한 실체와 타자를 능동적으로 내재화하고 끌어안음으로써 극복하고자 했다고 볼 수 있다. 거짓에 대한 위악적인 대응, 죽음의 기정사실화 내지는 내재화, 형해와 해골로서의 자기인식 등등이 바로 그것인데, 그러나 이러한 자발적인 불행과 죽음의 실천에도 불구하고 소설에서 강박적으로 반복되고 있다는 것, 그리고 그러한 반복강박 속에서 드러나는 일련의 심리적 반응들은 여전히 주체화되지 않는 타자로서의 실체를 드러내 보인다.

반복강박은 프로이트에 의하면, '억압된 무의식에 의해 생기며, 불쾌한 경험에 대한 최초의 충격을 완화시키고 길들임으로써 의식에 의해 수용

가능한 것으로 만들어주는 무의식의 기제'73)이다.

이상은 시에서 뿐 아니라 소설에서도 이러한 반복강박에 의해 그의 의식의 차원에서 생긴 상처, 즉 정신적 외상을 드러내고 있는데, 대표적으로 '여성의 배반과 거짓'은 소재적 차원에서뿐 아니라, 구체적인 텍스트를 통해 반복되고 있음을 볼 수 있다. 예를 들어, "몇번? 한번? 정말? 거짓말?"로 이어지는 여인의 배반에 대한 심문은 「동해」와 「失花」에서 반복되고 있으며, 다음과 같은 문장들은 반복을 통해 주제를 한층 강화시킬 뿐 아니라 미학적으로도 적극적으로 기능하고 있다.

> 1) 한여름 대낮 거리에 나를 배반하여 사람 하나 없다. (「불행의 계승」, 208쪽)
>
> 2) 사람이
> 秘密이 없다는 것을 財産없는 것처럼 가난하고 허전한 일이다. (「失花」-4번)
>
> 3) 꿈-꿈이면 좋겠다. 그러나 나는 자는 것이 아니다. 누운 것도 아니다. (「失花」-3번)

인용문 1)은 「불행의 계승」에서 '한 여름 대낮 거리 사람들은 모두 날 배반하여 虛虛롭고야', '한여름 햇살이 퍼붓는 거리에 사람들은 나를 배반한 것이다.' 등으로 조금씩 달리 반복되면서, 친구에게 애인을 뺏긴 배신감을 삶 전체로 확장시키고 있으며, 2)와 3)도 작품을 통해 각각 4번, 3번

73) "불쾌한 경험을 반복하는 것은 어떤 강력한 인상을 단지 수동적으로 경험하는 것보다는 스스로 적극적으로 부딪침으로써 좀더 철저하게 정복할 수 있다는 또 다른 이유 때문일 것이라고 추정할 수 있었다. 각각의 새로운 반복은 그들이 추구하는 정복을 완벽하게 해주는 것 같다."(프로이트, 『쾌락 원칙을 넘어서』, 박찬부 역, 1997, 열린책들, 49쪽)

씩 반복되면서, '姸'의 배신으로 인한 상처와 고통을 드러내고 있다. 앞서 지적했듯, 이러한 거짓과 배신으로 드러나고 있는 여성성은 본질적으로 '실재계'에 속하는 것이다. 다시 라깡의 말을 빌자면, 실재계는 "불가능성이라든가 상징화에 대한 저항 같은 특성 때문에 실재계는 본질적으로 외상적 성질을 갖는다."[74] 그리고 이러한 실재계에 대응하는 심리적 반응은 '불안'으로 나타난다. "실재계는 더 이상 하나의 대상이 될 수 없는 본질적인 대상이지만 모든 말이 멈추고 모든 범주가 실패한 것, 즉 불안의 대상과 대면했던 그 무엇이다."[75] 이상 문학의 중심부에 놓여있는 '공포'의 개념은 이렇듯 외상에 대한 불안의 심리가 보다 극대화된 경우로 각각의 작품에서는 구체적인 대상과의 관련을 통해 드러나지만, 근본적으로는 '명료하지 않은' 대상에 대한 잠재적 추정일 뿐, 그 근본에는 '불안'이라는 심리적 층위가 놓여있다고 볼 수 있다. "우리가 말할 수 있는 공포, 의미작용을 하는 대상이 존재하는 공포는 훨씬 뒤에 이루어진 논리적 소산이다. 이것이 재현 불가능한 원시적 공포에 속하는 이전의 모든 감정의 동요까지 전담한다. 언어, 특히 오이디푸스로 포착한 결과 나타나는 발화된 공포는 다른 것을 대신하는 것이 확실한 거짓 대상에 대한 공포일 수 있다."[76] 따라서 '공포'는 확실치 않는 대상을 적극적으로 지목하고 실체화함으로써 오히려 불안으로부터 벗어나려는 상징화[77] 작용일 뿐, 그 기저에는 여

---

74) Dylan Evans, 『라깡 정신분석 사전』, 김종주 외 역, 인간사랑, 1998, 218쪽.

75) 라깡, 『Seminar2』, 164쪽, 『라깡 정신분석 사전』, 218쪽에서 재인용.

76) 줄리아 크리스테바, 『공포의 권력』, 서민원 역, 동문선, 2001, 67쪽. 이런 맥락에서 크리스테바는 '작가란 겁에 질려 죽지 않기 위해, 그리고 기호들 속에서 부활하기 위해 은유화 작업을 성공시키는 공포증 환자에 다름 아니라'고 한다(같은 책, 73쪽)

77) 크리스테바는 이를 '발화된 공포'라 지칭하면서, 프로이트의 심리학에 등장하는 한스의 예를 든다. 말을 무서워하는 한스는 '말'이라는 기표를 통해 거세에 대한 공포를 숨긴다. '그(한스)는 공포증의 대상을 지칭하는 하나의 기표로 "말"을 지적한 것뿐이다. 대상이 없는 충동체계로서 이 '말'은 이름 붙일 수 없는 박탈이나 욕구불만, 공포의 집적물에 다름 아니다. 공포의 대상은 충동이 대상을 가지지 못한 상태

전히 상징화를 거부하는 '실체'가 도사리고 있는 것이다. 이것은 나뉘어지지 않는 '素數'(「童骸」, 268쪽) 등으로 상징화되기도 한다. 이렇듯 이상 문학은 '여성성, 죽음, 육체성' 등등의 '실체'를 한편으로는 능동적인 수락과 실천에 의한 내재화를 통해, 또 한편으로는 명확한 공포의 대상화를 통한 상징화라는 이중의 작업을 통해 그 불가시성에 대한 인식을 시도하지만, 그러나 결코 이것은 내재화라는 동일성으로 흡수되지도, 상징화되지도 않는다. 이는 크리스테바의 이론을 빌리면, 일종의 '주체도 대상도 아닌' 일종의 '아브젝시옹(abjection)'[78]에 해당하는 것으로 시 「오감도」[79]에 가장 뚜렷하게 형상화되어 있다. "무서운 兒孩와 무섭다고 하는 兒孩라는 주객체의 혼동"은 "공포가 주체이면서 동시에 공포가 객체가 되는 심리세

를 대신하여 자신들의 대상으로부터 소외당하기도 하면서 우회된 욕망 같은 모든 충동의 돌발 사건들을 전담한다.'(같은 책, 68~69쪽)

78) 아브젝시옹(abjection)은 '아버지'라는 상징적 질서에 들어가기 전에, 동일시되었던 어머니를 더러운 것으로 기각하는 기제를 의미한다. 이때 버려진 것은, 어머니만이 아니라, 내 안에 각인된 어머니로써 이는 자아로부터 완전히 분리될 수 없다. 따라서 아브젝시옹은 혐오와 매혹을 동시에 불러일으키는 양의성을 지닌다. 또한 아브젝트는 명명하고 상상할 수 있는, '내 앞에 있는 대상(ob-jet)'이 아니며, '동일성이나 체계와 질서를 교란시키는 것'으로 설명된다(같은 책, 21~30쪽).

79) 「烏感圖-詩第一虎」의 전문을 보면 다음과 같다.

13人의兒孩가道路로疾走하오. (길은막다른골목이適當하오)

第1의兒孩가무섭다고그리오./ 第2兒孩도무섭다고그리오./ 第3兒孩도무섭다고그리오. / 第4兒孩도무섭다고그리오./第5兒孩도무섭다고그리오./ 第6兒孩도무섭다고그리오./ 第7兒孩도무섭다고그리오./ 第8兒孩도무섭다고그리오./ 第9兒孩도무섭다고그리오./ 第10兒孩도무섭다고그리오.//

第11兒孩도무섭다고그리오./ 第12兒孩도무섭다고그리오./ 第13의兒孩도무서다고그리오./ 13人의兒孩는무서운兒孩와무서워하는兒孩와그렇게뿐이모였소.

(다른事情은없는것이차라리나았소)

그中에 1人의兒孩가무서운兒孩라도좋소./그中에 2人의兒孩가무서운兒孩라도좋소./그中에 2人의兒孩가무서워하는兒孩라도좋소./그中에 1人의兒孩가무서워하는兒孩라도좋소.

(길은뚫린골목이라도適當하오.) /13人의兒孩가道路로疾走하지아니하여도좋소.

(전집 1권, 17쪽)

계로 공포이기보다는 불안으로 해석하는 것이 타당"[80]하다고 볼 수 있으며, 따라서 이상 문학의 공포의 체험은 이렇듯 상징세계를 빗겨가는 실체에 대한 '불안'에서 출발한다고 볼 수 있다.[81] 그러나 불안은 앞서 각주 76) 77)에서 설명한 대로, 은유화 작업을 통해 '실체없음'을 대상화하면서 공포로 드러나는데, 이 공포의 대상으로 지목되는 것에 대한 심리적 층위는 크리스테바의 '업젝션'에서처럼 더러움, 불결함, 이질성 등에 대한 혐오감을 포함한다.

1) 赤貧-重要한 汚物들은 집안 사람들이 하나, 둘 집어 내었다. 特히 더러운 商品價値 없는 汚物만이 病菌같이 남아 있었다. (「恐怖의 記錄」, 전집 2권, 200쪽)

2) 잔디 위에는 곳곳이 가아제와 붕대 끄트럭이가 널려 있었다. 순간 먹은 것을 당장에라도 게우지 않고는 견디기 어려울 것 같은 극도의 汚穢감이 五官을 스쳤다. 동시에 그 불붙는 듯한 열대성 식물들의 풍염한 화변조차가 무서운 毒을 품은 妖花로 변해 보였다. 건드리기만 하면 그 자리에서 손가락이 썩어문들어져서 뭉청뭉청 떨어져나갈 것만 같았다.

마누라 얼굴이 왼쪽으로 삐뚤어져 보이거든 슬쩍 바른쪽으루 한번 비켜서 보게나- (「幻視記」, 전집 2권, 294쪽)

3) 눈을 감고 아내의 살에서 허다한 指紋내음새를 맡았다. (「鼅鼄會豕」, 전집 2권, 304쪽)

4) '구데기, 구데기만도못한인간아내는' (「鼅鼄會豕」, 전집 2권, 312쪽)

---

80) 「烏感圖」 註解, 『이상문학전집』 1권, 20쪽.

81) 이강수는 이상 문학의 공포의 근원을 '결핵에 의한 죽음 충동, 원초적인 어머니와의 분리에서 오는 상실감, 어머니의 대체물인 여성과의 성적 합일 등의 좌절' 등으로 보고 이를 크리스테바의 '아브젝시옹' 이론을 적극적으로 차용하여 분석하고 있다(이강수, 「李箱 텍스트 生産過程 硏究」, 서울대 석사논문, 1997).

5) 그는 「레브라」와 같은 화려한 밀탁승의 佛畵를 꿈꾸고 있다. 새털처럼 따뜻하고 또한 사향처럼 향기짙다. 그리고 또 배양균처럼 생생하게 살아있다. (「恐怖의 城砦」, 전집 3권, 336쪽)

6) 멸망할 것을 악취가 날 것을 두통이 나야 할 것을 죄 많을 것을 구토할 것을 졸도할 것을. (「恐怖의 城砦」, 전집 3권, 337쪽)

7) 시계 같은 것도 엉터리다. 성은 움직이고 있다. 못쓰게 된 전차처럼. 아무도 그 몸뚱이에 달라붙은 때자국을 지울 수는 없다.

스스로 부패에 몸을 맡긴다.

그는 한난계처럼 이러한 부패의 세월이 집행되는 요소요소를 그러한 문을 통해 들락거리는 것이다.

나와서 吐瀉 들어가서 吐瀉. 나날이 그는 아주 작은 활자를 잘못 찍어놓은 것처럼 걸음새가 비틀거렸다. (「恐怖의 城砦」, 전집 3권, 337~338쪽)

인용문 1)은 자신을 버린 아내와의 살림살이에 대한 반응, 2)는 자살소동을 벌인 친구에게 애인을 뺏기고 난 뒤의 반응, 3) 4)는 가출한 아내와 여급으로 일하는 아내에 대한 서술이다. 5)에서부터 7)까지는 수필「공포의 성채」에서 보여주는 육친을 비롯한 인간 전체에 대한 염오, 그리고 자신에 대한 매저키즘적 증오심을 표출하고 있는 부분들인데, 특징적인 것은 이렇듯 '여성'과 '나'에 대해 오물, 오예감, 때, 때자국, 악취, 부패, 토사 등의 더러움과 역겨움으로 반응하고 있다는 것이다. 여성의 정조에 대해 극도로 민감한 이상은, 자신의 육체성과 더불어 '여성의 부정'을 모두 더러움과 관련시켜 적극적으로 타기하고 있다. 그러나 이렇듯 '더러움과 역겨움'으로 타기되고 배척되고 있는 '육체성'[82]과 '여성성'은 또 한편 매

82) 폴 리쾨르에 의하면, 원래 흠이나 때, 더러움 등등은 일반적으로 보다 성적인 죄의식과 밀접하게 관련있다. "흠의 영역에서 특히 엄하게 다룬 것이 성과 관련된 금기

혹과 욕망의 대상으로 드러나기도 하면서, 아브젝시옹의 양의성을 보여준다.

결국, 이렇듯 공포와 불안, 혐오의 심층심리로 표출되는 것은, 순수 관념과 논리, 개념성으로 포착되지 않는 실재이며, 이것은 "세계를 스스로 형성하고 규정하고 지배하는 주체, 그럼으로써 능동적이고 활동적인 행위 주체"[83]와 무관하게 존재하면서 표상을 빗겨간다. 이상의 절망과 공포는 근본적으로는 이렇듯 세상을 능동적으로 의미화하는 주체 속에 표상되지 않는 '일체'에 대한 반응이며, 그것은 아주 간명하게는 「권태」에서 등장하는 '공포의 초록'이기도 하다. "똑같이 草綠色 하나로 되어먹은" 것, "밤낮 두어야 열 번에 열 번을 이기는 장기" "하루 종일 아무 짓도 하지 않는 푸른 빛" 아무런 긴장도 없이 "아주 放心狀態가 되어버린" 농민들은, 일종의 관계맺음으로 상징되는 기표들의 질서와 무관하게 아무런 연관도 의미도 없이 '나'와 혹은 어떤 누구와도 동떨어져서 저 홀로 영원히 있는 것이다. 이를 이상은 극권태, 절대권태라 지칭했는데, 즉 '공포의 초록'과 권태는 그러므로 동일선상에 놓여있는 것으로 다음과 같은 '주체'의 완전한 부정에 대한 두려움, 자기 망실의 불안을 가져온다.

> 한꺼번에 이처럼 많은 별을 본 적은 없다. 어쩐지 공포감마저 불러일으킨다. 달 없는 밤 하늘은 무어라 말할 수 없는 귀기마저 서린 채 마치 커다란 음향의 소용돌이 속에 서 있는 느낌이다. 마을 사람들의 식후의 한담을 멀리 들으며 때때로 이 방대함에 공포를 느끼면서도 하늘을 바라보

의 훼손이다. 근친상간·남색, 낙태의 금지 및 특성시간–가끔 특정 장소–의 성교 금지 따위가 가장 기본적인 금기로 되어 있다. 아예 흠은 곧 성과 관련된 것이라고 말할 정도다. 흠과 성의 공범 관계는 태고 적부터 있었던 것처럼 보일 정도다. (중략) 원래 흠이란 성과 연관된 것임을 볼 때, 순결(흠없음)과 처녀성이 일치됨을 알게된다. 처녀성과 무접촉은 같이 간다. 마치 성교와 오염이 같이 가듯이 말이다." (폴 리쾨르, 『악의 상징』, 양명수 역, 문학과지성사, 2002, 39~41쪽)

83) 김상환, 앞의 글, 141쪽.

> 았다.
>
> 과연 이 한 몸은 광대한 우주에 비하면 티끌만한 가치도 없다. 그런데도 이 야망은 어떻게 된 것인가. 이 불안은 뭔가. 이 악에의 충동은 또 뭔가. 신은 이 순간에 있어서 건강체인 나의 앞에선 단연 무력하다. 그러나 그렇다고 해도 나는 그 신을 이길 수는 없지만, 그러나 나는 신에 대해 저주의 마음 같은 것은 추호도 갖고 있지 않다. 신을 이기겠다는 의욕도 갖고 있지 않다. 왜냐하면 나의 이 불안감은 끝없는 환희 속에서 신의 의지, 신의 제재를 인정하지 않기 때문이다.
>
> 그럼에도 불구하고 나의 이 바윗덩이 같은 우울의 근거는 어디서 오는 것인지 전혀 불명이다. 이 원천이 내 자신의 내부에 있다면 나는 무엇 때문에 나 자신에 의해 고통을 받는 것일까? 그건 우스운 이야기다.
>
> 인간 세상이 온통 제멋대로인 것처럼 자꾸만 생각된다. 그것은 사실 신이 관여하는 바가 아니기 때문이다. 그래서 인간은 자기 한 몸을 마음대로 처리할 수 있고 간섭받지 않는 완전한 자유를 지녔다. 자살이 바로 그것이다. (「夜色」, 전집 3권, 339쪽)

위 인용문은 이상의 이름난 수필 「권태」와 흡사한 분위기로 쓰여진 「夜色」이라는 작품이다. 위의 글에서 보듯, 별들의 풍광은 '공포의 초록'처럼 동일성과 영원성으로 존재하면서 그의 고도의 의식의 사유체계가 작동될 수 없는 최대한의 단순함과 방심상태로 무장되어 그에게 질식할 것 같은 단조무미, 광대무변, 일망무제의 조야함만을 선사한다. 그리고 이것은 바로 티끌만한 가치도 없는 '나'의 존재의 실체를 드러내준다. 이렇듯 망실의 위기에 놓여있는 주체는, 불현듯, '악에의 충동'에 휩싸이는데, 이는 그러한 '온통 제멋대로인 세상'으로부터 간섭받고 싶지 않은 의지, 자유로워지고 싶은 의지를 의미한다. 그리고 자기자신을 제멋대로 하는 왕양한 자유의 한 극단에는 '자살'이 놓여 있다. 죽음은 그 오랜 유구한 역사에도 불구하고 인간이 침묵할 수밖에 없는 신의 영역이다. 그러므로 자살, 삶과 죽음에 대한 자기 결정권이야말로 역설적으로 인간의 주체성을, 자유를 증명하는 증거가 될 수 있는 것이다. 결국 "혼자서 나쁜 짓을 해보고 싶다"(「恐怖의 記錄」, 전집 2권, 203쪽) "후회를 기다린다"(전집 2권, 203쪽) "限없는 罪를 섬겼다"(전집 2권, 202쪽) 등의 악에의 충동과 위악적 포즈, 그리고 자살 충동은 이렇듯 '나'라는 의식 혹은 의지와 무관하게 돌아가는 일체의 것들, 즉 표상되지 않는 실체라는 심연과 '無'에 대한 일종의 반항이자 존재증명, 그리고 그러한 모든 것들로부터 자유로워지고자 하는 의지의 표명이라고 할 수 있을 것이다.

3. 오류와 파격으로서의 소설미학

1) 문법 파괴와 오류에의 충동

앞에서 살펴보았듯 '악에의 충동'은 "온통 제멋대로인 것처럼 자꾸만 생각되는" 인간 세상으로부터, 자신의 의지가 관여할 수 없는 일상과 여성, 육체로부터 자유로워지고자 하는 의지를 의미한다. 그리고 그것은 이상에게 일차적으로 모든 것을 차단한 자발적인 고립을 통해, 이차적으로는 유폐적 공간 안에서 "혼자서 하는 나쁜 짓"을 통해 수행된다. "혼자서 하는 나쁜 짓"이란 앞서 살펴본 대로, 방대한 공포감으로 다가오는 광대한 우주와 제멋대로인 세상에 '상채기 내기', 즉 오류의 적극적인 실천을 통한 자유의 실현을 의미한다. '온갖 성격과 특징'을 내어버리고 얻은 '단 한 가지의 재조'를 통해 이행되는 자유의 구가는, 완강한 상징 질서와 체계에 흠집을 내고 파괴하는 데 바쳐지는 데, 이를 우리는 '위반'의 글쓰기라 할 수 있을 것이다. 즉, 이상에게 있어서의 근대적 주체의 능동적 구상력은 김동인의 경우처럼, '나'라는 주체의 의지를 세계에 개진하고 작가의 초월적 욕망 속에서 타자들을 재단하고 배치하면서 실현되는, 기존 질서와 관습의 완전한 정복으로 수행되는 것이 아니라, 질서 파괴 내지는 교란, 변형이라는 '위반'의 방식으로 수행된다. 이는 이상이 '절대 논리와 관념 세계'를 상징하는 유클리드 기하학과 수학적 질서로 포착하고자 했던 세계 진상과 생의 실체가 수많은 허당을 통해 그에게 의식 세계의 결정적인 패배만을 안겨 준 결과이기도 하다. 앞서 살펴보았듯, 이상이 끊임없이 맞닥뜨린 '실체'는 '거짓, 허위, 오류'가 아니라, 사실은 '진위'의 상징계와 관념과 표상에 속하지 않는 '무엇'이다. 이상은 그럼에도 불구하고 '실체 없음'을 '대칭점'이라든가, 비유클리드 기하학, '모순 해법', 그리고 전복된 논리와 숫자, 도상을 통해 도해하고 규명하고자 했으며, 이러한 노력은 특히 시에서 형식실험과 기교에의 탐닉을 통해 표출되고, 초현실주의, 아방가르드라는 모더니즘 미학의 한 범주에 놓인 작품들을 양산하기도 한다.

이상의 형식 파괴와 실험의식이 소설 창작에서도 여지없이 드러나는 것은 주지의 사실이다. 그러나 이를 단순히 '유희 의식'에서 나온 기호놀이로 볼 수 없음은, 앞서 언급했듯, 이상의 절망과 그리고 그 절망에서 비롯된 자기 망실에 대한 부정으로서의 글쓰기가 보여주는 치열성과 진정성 때문일 것이다. 방대한 공포로 다가오는 불가해한 세계, 그 안에서의 무력하기 그지없는 하나의 개체로서의 존재의식, 아무리 다가가려 해도, 다가갈 수 없는 타자와 '나'라는 존재의 본질, 그리고 고통과 절망적 인식에의 노력에도 불구하고 '방심 상태'로 놓여 있는 그 모든 것들 앞에서 선 이상은, 소리치고 개입하고 간섭하고자 했으며, 더불어 소진되어가는 육체와 죽음이라는 운명의 형식에 반항함으로써 자기존재를, 살아있음을 증명하고자 했다. 그리고 그것은, 완전한 자유의지의 실현을 의미하는 '자살'에의 욕망처럼, 나의 의지와 무관하게 돌아가는 일체의 것들에 대한 '상채기내기'로 이어진다. 따라서 이상의 글쓰기가 기존의 언어규약과 상징체계, 그리고 기존의 소설적 관습을 거스르고 위반하고 허무는 방식을 취하게 되는 것은 이러한 맥락에서 이해될 수 있을 것이다.

김동인이 근대 소설의 요건을 항목화하여 여기에 충실한 글쓰기를 통해

'근대 소설'을 형식과 제도로서 정착시키고자 했다면, 이상은 소설문법은 물론 일반 언어문법까지를 파기함으로써, 글쓰기의 반역적 모험을 감행한다. 그리고 이러한 반역적 모험을 통해 한국 소설사상 가장 전위적인 소설의 한 전범을 보여주는데, 이러한 전위성은 앞서 언급한 대로, 기술문명과 인공성에 매료된 한 근대인의 자의적인 기표 놀이에의 충동의 소산이면서, 이 표상에서 자유로워지고자 하는 악에의 충동, 오류에의 충동에서 비롯된 것이다. 이것은 1장에서 살펴보았던, 『十二月 十二日』에서 표명된 바 있는 대칭점 위에서의 해답 구하기와 동일 선상에 놓이는 것으로, 우리가 진리라고 생각하는 것들 저편에 놓인 것들이야말로 '진리'이자 '해답'이라고 생각하는 것에서 기인한다. 이상에게 있어서 강렬한 진리에의 충동과 오류에의 충동은 동전의 양면처럼 동일한 것으로 볼 수 있으며, 그것은 코기토로 요약되는 주체성의 원리가 불어넣은 자기 인식의 확실성, 나아가 근대 합리성에 대한 무한한 신뢰 또는 불신감의 양가적 선택일 뿐이다. 즉, "자연이 수학적 요소와 법칙에 의해 구성된다는 존재론적 주장"[84]을 함축하고 있는 근대 과학과 합리적 이성, 그리고 보다 근본적으로 동일하지 않은 자연과 사물을 인위적으로 평균화하고 추상화한 '언어'라는 상징질서는 건축기사 이상에게는 애초부터 맹목적인 신뢰를 보낼 수밖에 없는 내면화되고 습속화된 사유방식이었고 그의 중요한 창작방법론이 되었지만, 그러나 어떠한 개념이나 언어도 직관적으로 포착한 현실과 현상, 사물들에 대한 일대일의 정확한 기술이나 표현이 될 수 없다는 것, 나아가 그것은 오히려 실체와 무관하게 존재하는 하나의 비유체계에 불과하다는 것은, 자신이 딛고 있는 가장 확고한 영토에 대한 불신과 두려움을 뜻하기 때문이다.

"臨終할 때 遺言까지도 거짓말을 해줄 決心"(「失花」, 전집 2권, 367쪽)이라고 공언하던 李箱은, 그 거짓조차 이미 '거짓'일 수밖에 없는 '언어'라

84) 서양근대철학회 편, 『서양 근대 철학』, 창작과비평사, 2002, 72쪽.

는 커다란 비유체계에 의존할 수밖에 없다는 것을 알고 있었으며, 따라서 관습적 언어규약에 따른 '거짓'은 이상이 의도하는 의미의 '거짓'이 아니다.[85] 니체에 따르면, 인간은 자기 자신조차 완전히 지각할 수 없을뿐더러 자연은 물론 세계를 이해할 수 없는 존재이다. 인간의 지성은 그것을 할 수 없으며, 단지 개체 보존을 위해 사용할 뿐이다. 니체에게 있어서 인간의 '진리에 대한 충동'만큼 불가해한 것은 없는데, 왜냐하면 인간은 '진실' 혹은 '기만' 그 자체가 아니라, 그것의 효과 때문에 진실에의 도덕적 의무를 관습화하고 있다고 보기 때문이다. 인간은 단지 진리가 가져다주는 삶을 보존하는 편안한 효과들을 욕망한다. 그는 효과 없는 순수 인식에 대해서는 무관심하며, 유해하고 파괴적인 진리에 대해서는 적대적이기까지 하다. 따라서 진리와 거짓의 대비가 처음으로 발생하는 언어의 입법은 단지, 유동적인 한 무리의 비유, 환유, 의인관들이며, '진실되어야 한다'는 도덕적 충동은 이러한 관습적 비유들을 사용해야한다는 사회적 규약일 따름이다. 그러나 비유를 토대로 언어와 학문을 통해 구축된 개념의 건축물은 보호가 필요한데, 왜냐하면 이러한 학문적 진리에 대항해 전혀 다른 종류의 '진리들'을 내세우는 가공할 힘들, 즉 비유를 형성하고자 하는 충동이 끊임없이 새로운 전용과 비유와 환유를 세움으로써 개념들의 제목과 방을

---

85) 니체에 의하면 "언어의 발생은 논리적으로 진행되지 않으며, 사물들의 본질에서 유래하지 않는다. 특히 모든 개념들은 동일하지 않은 것을 동일하게 만듦으로써 생성된다. (중략) 진리란, 시적 수사학적으로 고양되고 전용되고 장식되어 이를 오랫동안 사용한 민족에게는 확고하고 교의적이고 구속력이 있는 것으로 여겨지는 인간적 관계들의 총계이다. 진리는 환상이다. 진리는 마멸되어 감각적 힘을 잃어버린 비유라는 사실을 우리가 망각해버린 그런 환상이며, 그림이 사라질 정도로 표면이 닳아버린 더 이상 동전이기보다는 그저 쇠붙이로만 여겨지는 그런 동전이다. 우리는 진리를 향한 충동이 어디에서 나오는지 여전히 알지 못한다. 왜냐하면 우리는 이제까지 사회가 실존하기 위해 세워놓은 '진실되어야 한다'는, 즉 관습적 비유들을 사용해야 한다는 책무에 관해서만 들어왔기 때문이다. 그것은 도덕적으로 표현하자면, 확고한 규약에 따라 거짓말해야 한다는, 모든 사람에게 타당한 양식으로 무리지어 거짓말해야 한다는 책무이다."(프리드리히 니체, 이진우 역, 「비도덕적 의미에서의 진리와 거짓에 관하여」, 『유고(1870~1873)』, 니체 전집 3, 책세상, 2001, 450쪽)

끊임없이 혼동시키기 때문이다.[86)]

李箱에게 있어서 '거짓'이라는 비도덕적 충동도 이러한 맥락에서 이해할 수 있을 것이다. "지성의 극치를 흘깃 들여다 본 일"(「날개」, 전집 2권, 318쪽)이 있는 이상-여기서 지성의 극치란 동시에 지성의 한계를 의미하는 것이라 볼 수 있다. 따라서 이것은 앞서 언급한 대로, 근대 주체 철학이 보여주는 무한한 인간 이성에 대한 신뢰의 폐기를 의미한다-은, 기하학과 수학적 질서라는 도식과 추상의 세계, 그리고 기존의 언술체계를 떠받들고 있는 법칙성과 논리로는 현실과 세계의 무한함을 다 포착할 수 없음을 깨닫고, 온갖 도식과 추상들의 법칙성을 뒤집어 봄으로써 현실을 도해하고자 하였다. 따라서 이상의 '거짓'의 수사학은 여인들이 보여준 그러한 일상적 언어에서 '아닌 것'으로 판명되는 그러한 거짓이 아니라, 관습적 비유들을 위반하겠다는 것, 언어규약에 따르지 않겠다는 것, 일종의 새로운 비유와 수사-단적으로 예를 들어 파라독스나 위티즘-을 창조하겠다는 것을 의미한다. 그것은 일상적 문법으로 보면, 거짓이자 오류의 세계이고, 미학적으로 보면, "강력한 직관의 인상들에 창조적으로 대응하기 위해"[87)] 고안된 미적 가상, 심미적인 허구의 세계이다. 그리고 이러한 금지된 비유와 새로운 개념군을 통한 미적 가상의 창조는, 이상에게 있어서 본질적으로 '강렬한 자아성과 냉철한 주관성'의 표출에 다름 아니었다. 그것은 객관 현실에 대한 반영이나 수동적 주관을 거부하고, 객관에 대한 주관의 완전한 우위를 미학화하고자 한, 20세기 초 표현주의 이후의 현대예술의 흐름을 명확히 인식하고 있는 이상의 미학관의 표출이기도 한데, 다음 글에는 이러한 의식이 잘 드러나 있다.

> '꾸르베'로 낭만주의에서 현실주의로 에폭크 메이커를 삼는다면 이제 현실적 객관주의에서 주관주의로의 에폭크 메이커를 '세잔느'로

86) 니체, 같은 글, 같은 책, 444~459쪽에서 요약 발췌.
87) 니체, 같은 글, 460쪽.

> 한다.
>
> 이 '세잔느'는 현대 미술의 최후의 고개였다. '세잔느'-너무나 존재 큰 시대의 旗手이다.
>
> '세잔느' 이전 그네들이 무의식적 오류로 가졌던 객관에 대한 수동적 주관을 주관이 객관에 대립하는 데서부터 주관이 객관을 지배하도록까지 의식적으로 能動하였다.
>
> 주관내의 객관, '세잔느'는 그 강렬한 주관적 성격으로부터 겸손하되 충실히 대상에 대한 수동적 觀照에 의한 묘사에서 일보 그 자신의 주관으로서 적극적으로 대상을 凝視하며 대상에 향하여 自我를 작용케 하며 나아가 대상을 정복 지배하여 표현하게 되었다.
>
> 그리하여 그를 필두로 후기 인상파의 각 멤버는 모두 대상보다도 작자 자신의 내용이 主가 되어 대상은 차라리 그것을 표현하는 수단, 또는 도구로서만 그 以上을 인정하지 않았다. 즉 종래의 작가가 늘 대상으로부터 지배받는 위치에 있던 것을 바꾸어 표현하고자 하는 것이 작자의 내면적 주관이요, 다만 그 수단으로 작자가 대상을 도리어 능히 지배하게 해버렸다.
>
> 그것은 드문 가치의 顚倒를 의미한다.
>
> 그리하여 예술은 객관을 묘사하는 것에서 주관을 표현하는 것으로 진보하였다.
>
> 즉, 예술이 현실주의적 객관주의에서 주관주의로 急轉直下한 것이다. 입체파, 미래파, 표현파, 구성파 등 그 후에 오는 모든 현대미술의 簇生的 現象은 다같이 예술이 주관주의화하는 種種相에 지나지 않는 것이다. (「현대미술의 요람」, 전집 3권, 280~281쪽)

위의 글을 보면, 이상이 현대 예술의 주관적 표현에 얼마나 의식적이었는지를 짐작할 수 있다. 그는 이 글에서 현대적인 것으로의 발전을, 이상주의에서 현실주의로, 그리하여 주관주의로의 진보를 통해 이루어졌다고 보고 있으며, 이러한 모더니즘 미학관이 이상의 파격적인 글쓰기를 추동하였음은 주지의 사실이다.

모더니즘 미학관에 기초한 대상과 객관에 대한 주관의 적극적인 개입, 즉 새로운 문법과 새로운 비유에의 충동은 기존의 문법 파괴, 그리고 오자 삽입과 파자를 통한 오류의 미학화, 소설관습의 전복을 통한 파격적 글쓰기로 이어진다. 「地圖의 暗室」은 이상의 소설 작품 중에 현실적 언어규약을 가장 의식적으로 파기하면서 새로운 미학적 모색을 실천한 작품으로, 이후 「休業과 事情」(1932.4, 《朝鮮》), 「鼅鼄會豕」(1936.6, 《中央》)로 이어지는 띄어쓰기 무시와 문장형식의 자의적 변형 양상을 가장 두드러지게 보여주고 있다. 「地圖의 暗室」은 1932년 3월 조선어판 《朝鮮》에 발표한 작품으로 '比久'라는 필명을 사용하고 있다. 당시, 이상은 김해경이라는 본명으로 「鳥瞰圖」(1931.8)로 대표되는 일문시들을 창작하여 《朝鮮と建築》에 발표하는 데 주력했으며, 소설로는 이보다 훨씬 앞선 1930년에 《朝鮮》에 연재한 『十二月 十二日』이 있을 뿐이다. 따라서, 「地圖의 暗室」은 1936년 「鼅鼄會豕」로 시작되는 본격적인 소설 창작 시기 이전의 장르적 모색에 해당하는 습작이라고 할 수 있다.

이 작품은 국한문 혼용체로 쓰여진 후기 작품과 달리, 한글전용으로 쓰여졌지만, 띄어쓰기 무시, 구두점 생략은 물론 일반적인 통사 구조를 무시한 문장들의 나열로 의미 해독이 어려운 부분이 많다. 뿐만 아니라, 구체적인 사건이나 이야기가 있는 것도 아니고, '그'라는 인물의 하루 행보를 '의식의 흐름'에 따라 서술해나가고 있으며, 고도의 시적 비유와 상징이 많아 논자에 따라 다의한 해석[88)]을 불러일으키기도 하는 작품이다. 예를

---

88) 김윤식의 경우, 이 작품에서 두드러지는 띄어쓰기 금지를 '낯설게 하기'위한 하나의 기교로 보고, 이 기교의 목적이 대상의 지각과정을 연장하고, 대상의 지각을 어렵게 하는 데 있으며, 따라서 이러한 형식적 내용적 낯설음이 이 작품의 미학적 목적이라고 설명하고 있다(김윤식, 『이상문학전집』 2권, 177~179쪽).
이 작품을 보다 면밀하게 분석하고 있는 김성수의 경우, 「地圖의 暗室」을 내용상으로는 "어느 일요일 오후에 외출한 주인공이 거리를 배회하다 밤에 귀가하기까지의 한나절 일과를 특별한 사건이나 계기 없이 내면의 의식을 좇아가며 권태스러운 표정으로 기록해 놓은 것"으로 보고 있다, 띄어쓰기 금지, 문법적 왜곡과 비논리적

들어 「地圖의 暗室」의 첫 부분을 보자.

> 기인동안잠자고 짧은동안누웠던것이 짧은동안 잠자고 기인동안누웠던그이다 네시에누우면 다섯 여섯 일곱 여덟 아홉 그리고 아홉시에서 열시까지리상-나는리상한우스운사람을아안다 물론나는그에대하여한쪽보려하는것이거니와-은그에서 그의하는일을떼어던지는것이다. 태양이양지짝처럼 내려쪼이는 밤에비를펴붓게하여 그는레인코우트가없으면 그것은어쩌나하여 방을 나선다.
>
> 離三茅閣路倒北停車場 坐黃布車去 (전집 2권, 164쪽)

'기인' '아안다'와 같이 발화된 음성을 모사하여 그대로 표기한 것, 그리고 첫 문장, '기인동안잠자고 짧은동안누웠던것이 짧은동안 잠자고 기인동안누웠던그이다'라는 비논리적이고 주술관계가 분명치 않은 문장, 줄표로 이어지는 '나'라는 또 다른 층위에 놓인 서술자의 느닷없는 등장,

---

문장과 고도의 언어 상징 등의 형식적 특성 등은, 당시의 근대 사상의 실천 영역에 있는 언문일치 운동에 정면으로 역행하여, 일상어와 기존의 언술체계를 거부하고 새로운 미학을 수립하려는 작가의 미학적 반성과 실험으로 소산으로 읽고 있다. 또한 「地圖의 暗室」이라는 제목을 '근대라는 네거리 한복판에 서 있는 자의 의식 현상이며, 미로 같은 암실 속에서 이루어지는 지도읽기처럼 혼몽한 상황'을 의미하고 있다고 보고 있다. 한편, 이경훈의 경우 특이하게 「地圖의 暗室」을 이상의 일문시들에 나타나는 성적 이미지들과 관련하여 매춘과 성교에 관한 작품으로 읽고 있는데, 논지전개를 위해 텍스트 전체를 성적인 메타포로 읽는, 다소 과도한 해석을 보여주지만, 일면 타당한 부분이 있다고 보인다(김성수, 「문법의 반역과 수사적 방법의 모체-「地圖의 暗室」, 앞의 책, 84~138쪽).

조영복은 이 작품에서 '산책자'의 내면화된 모습에 주목하여, '산책'이 죽음에 대한 사유로 나아가는 하나의 계기로 작용하고 있음을 지적하고 있다(조영복, 「1930년대 문학에 나타난 근대성의 담론 연구-김기림, 이상을 중심으로」, 서울대 박사논문, 1996, 20쪽).

그밖에 이 작품을 논의하고 있는 글들을 보면 다음과 같다.

김상태, 「부정의 미학-이상의 문체론」, 문학사상자료조사연구실 편, 『이상소설전작집』 2, 갑인출판사, 1977.

류광우, 『이상문학연구』, 충남대학교 출판부, 1993.

'태양이 양지짝처럼 내려쪼이는 밤에 비를 퍼붓게 하여'라는 전혀 의미가 닿지 않는 비유와 '그는 레인코우트가 없으면 어쩌나 하여 방을 나선다'라는 요령부득의 비문들, 그리고 띄어쓰기와 구두점 없이 촘촘하고 지루하게 연속되는 불가해한 텍스트 사이사이로, 비밀의 열쇠인양, 타이포그라피처럼 문득 문득 들어서 있는 한문과 불어, 영어의 삽입 등등, 이 작품은 제목에서 풍기듯 암담하고 혼몽한 '그'의 내면 풍경을 글자와 문장을 통해 도해한 듯 구성되어 있다. 이렇듯 고도의 상징 언어와 비의적인 문장들로 이루어진 이 작품에 대한 명확한 해석과 의미의 확정은 애초에 불가능하며, 김윤식의 지적대로 '낯설게 하기'를 통한 '대상의 지각 과정의 연장'이 이 작품의 미학적 목적이라고 할 수도 있을 것이다. 그럼에도 불구하고 작가의 의도적인 오류와 의식적으로 의미해석을 방해하는 본의를 무시하고 언뜻언뜻 비치는 그 밑그림을 추출해보면 다음과 같다.

「地圖의 暗室」은 위 인용문에서 '나'라는 서술자아가 직접적으로 표명하고 있듯, '리상한 우스운 사람'인 '리상'-작가 자신-의 한쪽, 즉 '책임의 무체육선생 리상'의 비일상적인 시간과 의식세계를 형상화하고 있다. 「地圖의 暗室」에서도 분열적 주체는 어김없이 드러나는 바, '리상'이라는 실제 작가(물론 이 작품은 '이상'이라는 필명으로 쓰여진 것은 아니다)의 분열된 양상은 '그'로 표상되는 '의식' 주체와 '리상'이라는 육체적, 일상적 주체, 그리고 위 인용문에서의 '나'라는 서술 주체로 해체되어 드러난다.

> 인사는 유쾌한것이라고하여 그는게으르지않다 늘. 투스부럿시는그의이사이로와보고 물이얼굴그중에도뺨을건드려본다그는변소에서 가장먼나라의호외를 가장가깝게보며 그는그동안에편안히서술한다 지나것은버려야한다고거울에여린들창에서그는리상-이상히이이름은 그의그것과똑같거니와-을만난다리상은그와똑같이 운동복의준비를차렸는데 다만리상은그와달라서 아무것도하지않는다하면 리상은어디가서하루종일있단말이요 하고싶어한다.

> 그는 그책임의무체육선생리상을만나면 곧경의를표하여그의얼굴을리상의얼굴에다문질러주느라고 그는수건을쓴다. 그는리상의가는곳에서 하는일까지를묻지는않는다. 섭섭한글자가하나씩 하나씩섰다가쓰러지기위하여나암는다. (전집 2권, 166쪽)

위 인용문에서 '그'가 들창에서 만난 동명의 '리상'은 그 자신, 그리고 '그'라는 의식의 형상인 육체를 의미한다. 그런데 그러한 '리상'이 아무 것도 하지 않는다는 것은, '그' 혹은 '리상'이 단지 의식으로서만 존재할 뿐, 일상적인 삶을 영위하지 않는다는 것을 의미한다. 그리고 이러한 분열된 '리상'의 한쪽을 보려하는 '나'라는 서술자아는 분열되어 있는 '그'라는 의식과 육체를 매개하고 통합하는 존재로서 등장한다. 이렇듯 육체와 단절된 '그'라는 의식이 그려나가는 내면 심리의 지도는 특별한 방향도 지향성도 없이, 한없이 무료하고 권태로운 그의 하루 일과처럼 불투명하기 그지없다. 앞선 논자들의 대체적인 해석처럼, 이러한 불분명한 인물의 의식의 흐름 속에 그나마 대략적으로 확정할 수 있는 구체적인 사실은 다음과 같다.

'그'는 보통 4시에 일어나서 10시에 일어난다. '그'는 옷을 입고 벗고 하는 일상사는 물론 '시계의 종소리'가 가리키는 산술적인 하루의 시간조차 거추장스럽고 무의미하다고 생각하는 인물이다. 그는 카렌더를 통해 그날이 일요일이라는 것을 알게 된다. 세수를 하고 변소에서 신문을 보고 나서 그는 에로시엥코을 읽다가 산책을 나선다. 그는 가까운 산등성이에 앉아 볕을 쬐며 상념에 잠기기도 하고 졸기도 하다가 차라리 여자구경이나 하는 것이 낫겠다는 생각에 여자를 찾아 'LOVE PARRADE'에 나선다. 그리고 레스토랑에 들어가 여급과 대화를 나누다가 집에 돌아와 '아름다운 복잡한 기술'에 몰두하다가 잠이 든다. 그러나 이러한 간단한 주인공의 행보의 요약은 작품에 대한 이해에 별 도움이 되지 않는다. 이러한 간단한 줄거리는 「地圖의 暗室」에 있어서는 차라리 아무런 의미도 갖지 않는다고까지 할 수 있다. 「地圖의 暗室」에서 보다 중요한 것은 간단명료하게 이해되는 이러한 줄거리-물론 이것 또한 명확하다고 할 수만은 없다. 이경훈 같은 논자에 의하면 이 작품 전체는 '매춘'과 '성교'에 관한 것으로, 그렇게 보면 이상에서 요약한 것은 전체적으로 다르게 해석되어야하는 극도의 메타포이다 -가 아니라, 차라리 요약되지도 이해되지도 않는 비의들로 가득 찬 다음과 같은 문장들이다.

> 1) 어떤방에서그는손가락끝을걸린다 손가락끝은질풍과같이지도위를거웃는데 그는마않은은광을보았건만의지는걷는것을엄격케한다 왜그는평화를발견하였는지 그에게묻지않고의례한K의바이블얼굴에그의문에서나온한조각만의보자기를조각만덮고가버렸다. (전집 2권, 164쪽)

> 2) 암뿌으르에불이확켜지는것은 그가깨이는것과같다하면이렇다 즉밝은동안에불인지마인지하는얼마쯤이 그의다섯시간뒤에 흐리멍텅이달라붙은한시간과같다하면 이렇다즉그는봉투에싸여없어진지돔르는암뿌으르를보고침구속에반쯤강삶아진그의몸덩이를보고봉투는 침구다생각한다 봉투는옷이다 침구와봉투와 그는무엇을배웠느냐몸을내어다버리는법과 몸을주워들이는법과 미닫이에광선잉크가 암시적으로쓰는의미가 그는그의 몸덩이에불이 확켜진것을알라는것이니까 그는봉투를입는다 침구를입는것과 침구를벗는것이다봉투는옷이고 침구다음에그의몸덩이가 뒤집어쓰는것으로닭는다 발갛게암뿌우르에습기제하고젖는다 받아서는내어던지고 집어서는내어버리는하루가불이들어왔다불이꺼지자시작된다 (전집 2권, 165~166쪽)

인용문 1)에서의 '어떤 방'이 어떤 구체적인 공간을 의미하는 것인지 혹은 다른 것에 대한 암시인지 추정할 수 없을 뿐더러, '손가락끝을 걸린다, 지도, 은광, 의지, 평화, K, 바이블' 등의 단어가 어떻게 연결될 수 있는지, 쉽게 해독되지 않는다.[89] 그것은 이 작품을 끝까지 읽은 뒤에도 여전히 미궁으로 남는데, 왜냐하면 이후 텍스트에서도 이를 이해할만한 맥락의 어떠한 정보도 제공해주지 않기 때문이다. 다만, 그가 어떤 방에서 발견한 '무엇'이 그에게는 확실한 구원, 혹은 희망-소박하게 해석하면 바이블이라는 단어로 미뤄 성경이라고 할 수도 있을 것이다-일 수도 있지만 그 스스로 그것을 외면한다는 느낌만을 감지할 뿐이다. 그러나 이 텍스트가 주는 수수께끼도 곧 잊혀지고 마는데, 왜냐하면 이 인용문이 전체 작품의 이해에 있어서 반드시 짚고 넘어가야 할 부분도 아니거니와 곧 이어지는 다른 수수께끼 같은 텍스트의 연속 속에 덮여지고 마는 것이다. 인용문 2)도 마찬가지이다. 인용문 1)에 비해 다소 긴 부분을 차지하고 있는 '암뿌우르와 봉투, 침구'[90]에 관한 구절도 구체적이고 명확한 의미가 아니라 어렴풋한 느낌만을 전달하고 있다. 이 구절은 이 텍스트에서 명시된 단어의 외연대로 받아들인다면, 방 안의 전구와 그 전구를 감싸고 있는 봉투를 몸과 '옷', '침구' 들의 사물에 대한 자유연상이며, 함축적인 의미에 주목한다면 텍스트 앞 부분에 나온 '발간 몸덩이'와 함께, 보다 은밀한 성적인 메타포라고 할 수 있다. 그러나 이 두 가지 중, 어떤 것이 보다 온당한 것인지는 이 작품 자체로는 규명할 수 없으며, 이상의 다른 작품과의 상호텍스트성에 주목하여 의미를 규명하는 데 있어서도 한계가 있다.[91] 즉, 이

89) 전봉관은 이상 소설 문체의 비정상적인 통사구조를 로만 야콥슨의 논의를 빌어 유사성 장애라는 병리학적 언어 현상으로 분석한 바 있다(전봉관, 「이상 문학에 드러난 실어증적 징후」, 《한국학보》 77, 1994.12).

90) 김윤식의 주석에는, 전류의 세기를 뜻하는 '암페어(ampere)'의 표기임을 명시해놓았으나, 김주현에 의하면, '암뿌우르'는 '유리병, (전등이나 온도계의) 구(球), 그릇, 물집, 기포, 주사약이 든 병' 등 다양한 의미를 지닌 불어의 ampoule의 표기로, 당시 일본식 발음뿐만 아니라 우리 발음도 '암뿌우르'였음을 지적하고 있다. 그러나, 같은 ampoule로 보고 있더라도 논자들마다 그 구체적인 해석이 다른데, 즉 남금희(「이상 소설의 서술 형식 연구」, 대구효성카톨릭대 박사논문, 1996.8, 88쪽, 주 58)와 이보영(『이상의 세계』, 금문서적, 1998, 271쪽)의 경우는, '주사액이 들어 있는 작은 병'으로 해석하고 있으며, 김주현의 경우(앞의 책, 390쪽)는 전구로 해석하는 것이 온당하다고 보고 있다.

91) 이경훈의 경우, 이상의 다른 작품들과의 상호텍스트성에 주목하여, 이 작품의 어떤 구절을 '매춘'과 '성교'에 관한 것으로 해명해내고 있는 것은 일면 타당하나, 전체

작품을 이루고 있는 부분 부분들은 일정한 플롯을 위해 인과적으로 구성되어 있지도 않으며, 일련의 의미맥락 속에 서로를 지시하는, 긴밀한 구조 속에 통합되지도 않는다. 각각은 의미맥락과 상관없이, 독립되어 표류하는 무의미한 문자들의 집적과 같다. 각각의 부분들의 순서 또한 어떠한 필연성도 없이 나열되어 있으며, 오히려 일정한 의미 생성을 방해하면서, 충돌을 통해 새로운 의미를 파생시키는 돌출된 섬처럼 흩어져 있을 뿐이다. 따라서 이 작품 전체에 미만한 비문법과 비논리의 문장, 모호한 비유들의 개연성 없는 나열들은 '지도의 암실'이라는 작중 인물의 내면심리를 그대로 체험하게 하고자 하는 의도에서 제작된 것이라고 할 수 있다. 그렇다면 이렇듯 의도적인 오류와 문법파괴를 통해 '감지'될 뿐인 인물의 내면 심리란 어떤 것인가.

> 1) 그는아파오는시간을입은 사람이든지길이든지 걸어버리고걷어차고싸와대이고싶었다 벗겨도옷 벗겨도옷 벗겨도옷 벗겨도옷 인다음에야 걸어도길 걸어도길인다음에야 한군데버티고서서 물러나지만않고 싸워대이기만이라도하고 싶었다. (전집 2권, 165쪽)

> 2) 너무나의미를 잃어버린그와 그의하는일들을 사람들사는사람들틈에서 공개하기는 끔찍끔찍한일이니까 그는피난왔다 이곳에있다 그는고독하였다 세상어느틈사구니에서라도 그와관계없이나마 세상에관계없는짓을하는이가있어서 자꾸만자꾸만의미없는 일을하고있어주었으면그는생각아니할수는없었다. (전집 2권, 168쪽)

> 3) 그의의미는 대체어디서나오는가 머언것같아서불러오기어려울것같다 혼자사아는것이 가장혼자사아는것이되리라하는마음은 낙타를타고싶어하게하면 사막넘어를생각하면 그곳에좋은곳이 친구처럼있으리라생각하게한

텍스트를 매춘과 성교에 관한 것으로 확대해석하는 것은 다소 무리가 있다고 생각된다.

다. (전집 2권, 169쪽)

4) 죽음이그에게왔다고 그는놀라지않아본다 죽음이묵직한것이라면 나머지얼마안되는시간은 죽음이하자는대로하게내어버려두어 일생에없던가장위생적인시간을향락하여보는편이 그를위생적이게하여 주겠다고그는생각하다가 그러면그는죽음에 견디는세음이냐못 그러는세음인것을자세히알아내이기어려워괴로워한다 죽음은평행사변형의법칙으로 보이르샤아르의법칙으로 그는앞으로 앞으로걸어나가는데도왔다 떼밀어준다.

活胡同是死胡同 死胡同是活胡同

그때에그의잔등외투속에서.

양복저고리가 하나떨어졌다 동시에그의눈도 그의입도 그의염통도 그의뇌수도 그의손가락도 외투도 자암뱅이도모두어얼려떨어졌다 남은것이라고는 단추 넥타이 한리틀의탄산와사부스러기였다 그러면그곳에서있는 것은 무엇이었더냐하여도 위치뿐인폐허에지나지않는다 (중략) 시가지한복판에 이번에새로생긴무덤위로 딱정버러지에묻은각국웃음이 헤뜨려떨어뜨려져모여들었다 그는무덤속에서다시죽어버리려고 죽으면그래도 또한번은더죽어야하게되고하여서 또죽으면또죽어야되고또죽어도또죽어야되고하여서그는힘들여한번몹시 죽어보아도마찬가지지만그래도 그는여러번여러번죽어보았으나 결국마찬가지에서끝나지끝나지않는것이었다 하느님은그를내어버려두십니까 그래하느님은죽고나서또죽게내어버려두십니까 그래그는그의무덤을어떻게 치울까생각하던끄트 머리에 그는그의잔등속에서 떨어져나온근거없는 저고리에그의무덤파편을 주섬주섬싸끌어모어가지고 터벅터벅걸어가보기로작정하여놓고 그렇게하여도 하느님은가만히있나를 또그다음에는 가만히있다면 어떻게되고 가만히있지않다면어떻게 할작정인가그것을차례차례로보아내려가기로하였다. (전집 2권, 170~171쪽)

위 인용문을 통해 '그'라는 인물의 내면은 대략 세 가지로 짐작될 수 있다. 하나는 인용문 1)에서 보듯, 어떤 절망적인 상황에서의 갈피 없는 반항심과 충동, 두 번째는 인용문 2) 3)에서 보듯 자신의 존재의 무의미함에 대한 절망과 의미의 탐색, 세 번째는 인용문 4)에서 보듯 죽음에의 충동이다. 이러한 세 가지의 심층 심리는 따로 흩어져있는 것이 아니라 연계되어 있다. 즉 자기존재에 대한 회의와 무의미함에 대한 절망이 '의미'에의 탐색과 갈망으로 이어지고, 이 도정에서의 혼란과 좌표상실이 죽음에의 충동으로 연결되는 것이다. 따라서 이 작품은 제목과 관련시켜 다음과 같이 이해할 수 있을 것이다. '지도의 암실'이라는 제목은 일상 언어에 비춰보면 오류에 해당하는 조합이지만, '시적 언어'를 전제했을 때, 지도 위에 있는 '암실' 정도로 이해될 수 있다. '지도'는 이상이 집착한 기하학과 숫자와 같은 근대 과학의 산물로 치밀하고 정확한 지표를 통해, 실제의 지형을 조감한 것이다. 따라서 그러한 조감도와 대비되면서 그 위에 놓인 '어두운 방'이란, 작중 인물의 혼란스럽고 모호한 의식공간을 암시하며, '그'라는 존재 자체를 의미한다고 볼 수 있다. 결국 이 작품은 현상되지 않은 지도, 정확한 좌표와 지형도가 그려져 있지 않는 캄캄한 암실과 같은 어둠 속에서 자신의 의미와 삶의 좌표를 찾아 방황하고 탐색하는 인물의 의식 과정을 형상화해놓은 것으로 읽을 수 있다.

1) 남아있는박명의영혼 고독한저고리의 폐허를위한완전한보상그의영적산술 그는저고리를입고 길을길로나섰다 그것은마치저고리를안입은것과같은 조건의특별한사건이다 그는비장한마음을가지기로하고길을그길대로생각끝에생각을겨우겨우이어가면서걸었다 밤이그에게그가갈만한길을잘내어주지아니하는 협착한속을-그는밤은낮보다 빽빽하거나 밤은낮보다되애다랗거나밤은낮보다좁거나하다고늘생각하여왔지만 그래도 그에게는 별일별로없이 좋았거니와-그는엄격히걸으며도유기된그의기억을안고옷깃을여기저기적시어 건설되지도항해되지도 않는한성질없는지도를 그려서가지고다니는줄 그도모르는 채밤은밤을밀고 밤은밤에게밀리우고하여 그는밤의밀집부대의 속으로속으로점점깊이들어가는모험을모험인줄도 모르고모험하고있는것같은것은 그에게있어 아무것도아닌그의방정식행동은 그로말미암아집행되어나가고있었다 그렇지만. (전집 2권, 172쪽)

2) 백지와색연필을들고 덧문을열고문하나를 여언다음또문하나를 여은다음 또열고또열고또열고또열고 인제는어지간히들어왔구나 생각키는때쯤하여서 그는백지위에다색연필을 세워놓고무인지경에서 그만이하다가고만두는아름다운복잡한기술을시작하니 그에게는가장넓은 이별판이밝은밤이어서 가장좁고갑갑한것인것같은 것은 완전히잊어버릴수있는것이다 나날이이렇게들어갈수있는데까지 들어갈수있는한도는점점늘어가니 그가들어갔다가는 언제든지처음있던자리로도로 나올수는염려없이있다고 믿고있지만차츰차츰그렇지도않은것은 그가알면서도는 그러지는않을것이니까 그는확실히모르는것이다. (전집 2권, 176쪽)

인용문 1)은 '지도의 암실'이 뜻하는 바를 보다 더 구체적으로 암시하고 있다. 즉 나아갈 길이 보이지 않는 어둠 속에서 생각과 길을 더듬고 힘겹게 모색해가는 인물의 비장한 심리가 드러나 있다. 그러나 그렇듯 힘겹게 더듬어 가는 하루하루의 삶의 지속, 즉 모험의 집행은 '밤이 밤에 밀리고 밀리우는' 것처럼 명확한 지향 없이 떠밀려가는 암실의 행로일 뿐, 그에게는 항해를 위해 건설된 지도가 존재하지 않는다. 따라서 그의 날마다의 여정은 '모험'이 될 수밖에 없으며, 어둠의 미로 속을 헤매이는 것과 같다. 어둠 속에서의 좌표를 찾기 위한 노력은 '방정식' 풀이처럼 가장 합리적이고 이성적인 수단에 의해 수행되지만, 그 풀이와 해답은 검증될 수 없으며, 그렇다고 어떠한 지향점을 도달할 수 있는지조차 확신할 수 없는 것이다. 그것은 인용문 2)에서 드러나는 것처럼, 무엇을 찾으려는 것인지, 어디에 닿으려는 것인지에 대한 명확한 목표 없이, 끊임없이 매혹되면서 빠져드는 글쓰기와 같다. '아름답고 복잡한 기술'은 '방정식 풀이'처럼 고도의 기교에 의해 수행되는 글쓰기를 의미하지만, 그것은 계속 다른 문을 보여줄 뿐, 궁극적인 어떤 지점을 그에게 열어주지 않는다. 그러나 그 계속되는 덧문 앞에서 절망하면서도 새로운 문을 향해 나가기를 멈추지 않는 것, 이는 그 유명한 '어느 時代에도 그 現代人은 絶望한다. 絶望이 技巧를 낳고 技巧때문에 또 絶望한다'(「시와 소설」(1936.3.13))라는 아포리즘으로 표출되는 절망이기도 하다.

결국 「地圖의 暗室」은 혼란된 주체의 자의식을 형상화하기 위해 의식적으로 제작된 무질서의 세계를 의미한다. 즉 기존의 언술체계의 파괴와 왜곡, 문법 교란 등등의 의식적인 언어규약의 파기를 통해 설계된 인위적인 무질서와 혼돈으로서, 일상적 언어로 '진술'되는 게 아니라 미학적 가상을 통해 감각적으로 체험되는 것이다. 「地圖의 暗室」을 통해 드러내는 이러한 카오스의 세계, 그것은 이상이 가장 두려워하면서도 "맞서 싸워대이기만" 하고 싶은 비논리의 '실체'이며, 공포로 인해 위조된 '실체'이기도 하다.

이렇듯 문법 파괴와 위반으로 드러나는 '악에의 충동' 혹은 '오류에의 충동'은 '문장의 통사적(Syntactic) 구조를 위반한 해사적(Paratactic) 글쓰기',[92] 그리고 띄어쓰기와 구두점 무시, 반언문일치로 드러나는 국한문 혼용체[93] 통해서 실천되는 동시에 오자와 탈자의 삽입, 단어 바꾸기 등의 의식적인 작업을 통해서도 적극적으로 수행된다. 단적인 예를 들면, 잘 알려져 있는 '鳥瞰圖 → 烏感圖', '童孩 → 童骸' 등이 그것인데, 이러한 한자 변용은 단지 기호놀이라는 유희적 차원에만 머물지 않고 왜곡과 변형을 통해 새롭게 창출된 의미가 작품 전체의 심미적 차원에까지 영향을 미치기도 한다. 따라서 그 변형에 의해 새롭게 생성된 의미와 그 방식에 대한 고찰은 이상 작품의 해명을 위해 필수적인 것이라 볼 수 있다. '鳥瞰圖→烏感圖'의 경우는 작품의 제목이자 표제어로 쓰이면서 작품 전체의 주제를 적극적으로 규정하는 대표적인 예로서, "높은 곳에서 지표를 내려다보았을 때의 모양을 그린 그림"을 뜻하는 '鳥瞰圖'에서 鳥자를 '烏'로 바꿈으로써 전체 시를 통해 전달하고자 한 불안과 공포의 분위기를 심미적으로 강화하고 있다. 또한 '童孩→童骸'도 '어린 아이'를 뜻하는 한자어 '童

92) 조연현, 『현대한국작가론』, 정음사, 1974, 105쪽.
93) 「地圖의 暗室」은 한글전용으로 쓰여졌지만, 「鼅鼄會豕」, 「童骸」, 「斷髮」, 「終生記」 등등의 소설은 대부분 국한문혼용체이다.

孩'에서 '孩'를 '骸'로 바꾸어 '어린 아이의 해골'이라는 새롭고 낯선 의미를 생성함으로써 소설에서 드러난 표층적 차원의 사건과 의미, 즉 '아내 姙, 그리고 그녀의 옛 애인 尹, 그리고 사이에서 고통스러워하는 나'라는 진부한 삼각관계를 섬뜩하고 불가해한 심미적 차원으로 바꿔놓고 있는 것이다.[94] 그로테스크까지 한 '童骸'라는 제명은 실제 텍스트에 나타나는 '觸角', '이발관' '슏케-스' '서슬이 퍼런 칼' '刺客' '假짜반지' '素數' '幻覺의 人' '自殺' '毒花' 등의 감각적 어휘, 그리고 여러 장의 병렬적 구성과 함께 신선하고 특이한 분위기를 창출하고 있다. 이렇듯, 이상에 의해 창조된 새로운 세계는 기존의 단어에 새로운 의미를 중첩시킨 좀더 소박한 은유의 방식이나, 기존의 언술체계에 가탁하여 이뤄지는 것이 아니라 전면적인 해체를 통한 전면적인 새로움의 세계이다. 즉, 이상의 새로운 조어와 단어파괴는 이미 완강하게 고착화되어 있는 기존의 기호체계와 표상을 해체하고 여기에 틈을 내는 작업으로, 엄밀하게 말하면 새로운 의미표상을 생성하는 것이 아니라 "일체의 명명을 거부한 '사고없는 사고'", "실제 요구 대상 간에 부단히 교착되는 존재자의 기분(Humor, Mood)"[95]을 추상화한 것이다. 그것은 앞서 살펴보았던, 표상과 상징질서 속에 포착되지 않는 '실체의 그 무엇'이라 할 수 있다. 이상의 일종의 모노그램, 아나그램, 혹은 말장난 등으로 지칭될 수 있는 기호해체와 조립은, 그러한 것들을 감각적 현현을 통해 포착하려는 의도의 소산이라 볼 수 있다. 이상의 이러한 아나그램과 그 방식은 다음과 같은 다른 구체적인 사례들에서도 드러난다.

1) 鬼才 → 괴재 (怪才) (윤태영 · 송민호, 앞의 책, 71쪽)
2) 傑作 → 궐작 (闕作-빠진빈 궐/ 蹶作-넘어질 궐/ 獗作-날뛸 궐) (윤

94) 김윤식은 이상의 새로운 '의미생산의 방식'이야말로 이상문학의 본질적 측면이라고 지적한 바 있다(김윤식, 『이상문학전집』 2권, 285쪽).
95) 고석규, 「반어에 대하여」, 『이상문학전집』 4권, 101쪽.

태영 · 송민호, 같은 책, 같은 곳)

3) 窈窕淑女 → 窃窕淑女 (「失花」, 전집 2권, 362쪽)[96)]

4) 恥事 → 侈奢 (「終生記,」, 전집 2권, 378쪽)

5) 沒覺 → 歿覺 (「終生記」, 전집 2권, 386쪽)

6) 恍惚 → 惶惚 (「終生記」, 전집 2권, 396쪽)

1) 2)는 이상 텍스트에 등장하는 것은 아니지만, 윤태형에 의해 기록된 이상 평전에서 볼 수 있는 일상적 수준의 말장난이다.[97)] 한자를 바꾸지 않고, 다만 발음을 달리함으로써, 전혀 다른 '괴기한 재주', '빠진 작품, 미친 작품'이라는 괴이한 의미를 파생시키고 있다. 3)은 김주현에 의해서 지적된 바와 같이 행실이 얌전하고 정숙한 여자를 '窃窕', 즉 정조를 훔친 여자라는 전혀 다른 의미로 바꾸고 있으며, 4)는 '치사한 소녀'라는 구절에서 '치사'라는 한자를 '侈奢'로 바꿈으로써 「終生記」에서 변신술에 능한 소녀의 부정적 이미지에, 소녀와의 사건이 '終生記'를 좀더 화려하게 꾸미기 위한 '사치'한 세간사리라는 의미를 중첩시키고 있다. 5) 6)에서의 '歿覺'과 '惶惚' 또한 '歿'과 '惶'이라는 의도적인 오류를 통해 '깨달아 인식하는 바가 없다'는 뜻에서 '완전히 죽어 깨닫지 못한다'는 뜻으로, '한 가지 사물에 홀리어 마음이나 시선이 어지러움'에서 '공포에 사로잡혀 정신이 혼미함'이라는 뜻으로 바꾸어 죽음과 공포에의 경향성을 드러내고 있는 것이다. 이렇듯 이상이 기존의 철자를 바꾸어 새롭게 창출하는 단어의 의미와 이미지는 주로 '섬뜩함' '기괴함' '죽음' 등과 관련이 있는데, 프로이트가 적절히 지적하고 있듯, 이러한 불편함과 섬뜩함은 오랫동안 친근하고 익숙했던 것이 낯설게 느껴짐으로써 발생하는 것이다.[98)] 즉, 어린 아

---

96) 문학사상판 이상 소설집에는 '窈窕淑女'라고 되어 있으나, 원본에는 窃窕淑女라고 되어 있다, 이는 김주현에 의해 지적된 바 있다(앞의 책, 385쪽).

97) "두고 보시오. 괴재(鬼才-일부러 괴라고 발음했다.) 이상이 이번에 궐작(傑作-이것도 궐작이라고 발음) 소설을 하나 썼소. 잡지 「중앙(中央)」에 주었는데 명(名)하여 가로되 지주회시(鼅鼄會豕)라 했소."(송민호 · 윤태형, 앞의 책, 71쪽)

해(童孩)라는 친숙하고 기분 좋은 이미지가 갑자기 어린 해골이라는 이미지로 바뀌고, '조감도'라는 명확하고 합리적인 투시도가 갑자기 까마귀 혹은 '눈 없는 새'라는 형상을 들이밀면서, 섬뜩함을 환기시키는 것이다. 이것은 지적인 불확실성[99]과도 관련 되는데, 변형된 새로운 표상이 의미하는 바는 전혀 낯선, 기존의 상징질서에 없는 새로운 것이며, 따라서 그 의미가 전혀 알려지지 않은 어떤 것이다. '괴재'나 '궐작'에서 느껴지는 섬뜩함도 이와 동일하며, 그 밖에 이상 문학 전반에는 '섬뜩함'을 환기시키는 여러 가지 미적 장치들이 미만해 있다.[100] 예를 들어, 1장에서 살펴보았던 『十二月 十二日』에서의 12월 12일의 세 번의 우연한 반복, 그리고 12라는 동일한 숫자의 되풀이, 분절되고 해부된 육체 의식, 그리고 복수화되고 분열된 자아의식과 분신모티프, 시체와 가사상태로 드러나는 자의식 등등, 이 모든 것들은 프로이트가 지적하고 있는 섬뜩함의 구체적인 조건으로서

---

98) 독일어로 '섬뜩함'에 해당하는 'das Unheimliche'는 'das Heim(집)에서 나온 파생어들, heimlich(비밀의), heimisch(고향의) 등과 대립되는 것이다. 프로이트에 의하면 '섬뜩함'은 이렇듯 언어적인 측면에서는 'das Heimliche'(친한 것, 기분 좋은 것)이 'das Unheimliche'(나쁜 것, 비밀인 것)으로 되는 것이다. 그리고 감각적인 측면에서 또한 애니미즘, 마법과 주술, 사고의 전능, 죽음에 대한 태도, 의도하지 않은 반복, 거세컴플렉스 등과 관련지어 '극복된 사고방식'이 다시 낯설어지는 것을 의미함으로써, 결국 '일단 억압을 거쳐 다시 되돌아온 친숙한 것'이라고 정의하고 있다(프로이트, 「섬뜩함」, 이노은 역, 『프로이트의 문학예술이론』, 민음사, 1997, 391~430쪽).

99) 섬뜩함의 조건으로서의 지적인 불확실성과 애매함은 E. 옌치가 지적한 것이다. "이야기에 의해 섬뜩한 인상을 용이하게 불러일으키는 확실한 기교의 하나는, 이야기 속의 한 인물이 인간인지 또는 자동인형과 같은 것인지를 불확실하게 해둘 것, 그리고 독자에게 즉시 이 사태를 탐구하여 정확히 하고 싶다는 생각이 일어나지 않도록, 이 애매함이 직접 독자의 주의력의 초점이 되지 않게 해두어야 한다. 왜냐하면 어떤 일이 명확해지고 나면 흔히 말하듯이 특별한 감정적 효과는 즉시 소멸되어 버리기 때문이다."(같은 책, 401쪽에서 재인용)

100) 프로이트의 같은 글에 의하면, 섬뜩함의 구체적인 예는, 생명 없는 사물이 생명이 있을지도 모르는 '납인형, 정교한 인형', 자아분열, 자아 혼동과 관련된 '분신 모티프', '동일한 것의 되풀이', '죽음, 시체, 죽은 이의 귀환, 정령, 유령, 가사상태' 등으로, 李箱의 시와 소설에서 다양하게 나타나고 있는 것들이다.

너무나도 적확한 사례를 제시하고 있는 것이다. 뿐 아니라, 동일한 것의 되풀이와 관련하여 프로이트가 분석하고 있는 반복강박에 관한 논의는, 이상의 문학에서 두드러지게 드러나는 반복 모티프와 '공포'의 연관성에 중요한 해석의 실마리를 제공하고 있다. 이상 문학에서 표출되는 비슷한 기호와 단어의 병치도 이러한 맥락에서 이해할 수 있는데, 예를 들어 「날개」에 등장하는 '아스피린, 아달린'은 그 대표적인 예가 될 수 있다. 「날개」의 작중 화자인 '나'는 아내가 주는 약을 '아스피린'으로 알고 줄곧 복용했으나, 어느 날 '아달린'이라고 쓰여진 약병을 발견하고 망연자실하는데, '친숙한 것'이 불현듯 모호하고 불확실하게 다가오는 것, 그것도 죽음의 이미지와 중첩되면서 섬뜩한 감정을 환기시키는 것이다.

결국, 이상에서 분석한 이상의 오류에의 충동에서 비롯된 문법 파기와 언술체계의 교란, 오자삽입과 파자놀이 등은 새로운 감각과 지각을 통해 대상을 드러냄으로써 '낯설게 하기'의 한 전범을 보여주지만, 그 낯설음이란 기존의 표상군에서 인접된 기표로의 이동을 통해 참신한 비유를 창출하는 것이 아니라, 오히려 완강한 상징체계에 틈입하여 의미의 공동화를 의도한다는 것, 그리하여 애매모호함과 지적 불확실성으로 이끌고 있다는 것을 확인할 수 있다. 즉 이상에의 '낯설게 하기'에서 중요한 것은 새로운 인식, 지각을 통해 인지되고 감각되는 '대상'이 아니라, 그 대상의 기표의 의도적인 변형과 왜곡을 통해 실현되는 '무의미'와 '비의미', 혹은 상징계에는 없는 '구멍' 내지는 '심연'이라 할 수 있을 것이다.

앞서 살펴보았듯이, 이상 문학은 세계의 본질과 현상을 끊임없이 사유와 관념 속에서 질서화하고 도해하고자 하였으나, 결국 그것은 새롭게 등장하는 실재계를 통해 실패하고 말았다. 그는 그것을 '허위'라는 단명한 논리의 세계에 표상하고자 했으며, 거짓과 허위, 위조를 자진하는 수사학을 통해 그것과의 대결을 펼쳤다. 그러나 거짓과 허위는 끊임없이 유동함으로써 그의 표상을 배반한다. 그리하여 이상은 자신이 내재화한 합리적인 표상을 버리고, 오히려 상징체계에 '상채기'를 내는 방식으로 '자신'의 존재와 자유를 입증하고자 하였으며, 그러한 오류에의 충동을 통해 허위를 심미화하는 차원으로까지 나아가게 되었다고 할 수 있다.

2) 소설관습의 전복과 파격적 글쓰기

파격으로서의 글쓰기는 「終生記」를 통해 집약적으로 드러난다. 이 작품은 1937년 4월 17일 동경에서 이상이 죽기 직전에 「失花」, 「권태」 등과 함께 집필한 작품으로, 이상의 작품 중에서도 특히 난해하기로 이름난 작품이다. 「終生記」의 난해성은 앞서 분석한 「地圖의 暗室」과는 다른 맥락에 놓이는데, 즉 「地圖의 暗室」의 문법 파괴, 띄어쓰기와 구두점 무시, 모호한 비유와 의식의 격절, 비논리적 문장들의 나열을 통한 비의적이고 혼돈에서 오는 가독성이나 독해의 난해함이 아니라, 기존의 소설관습과 독자의 기대지평을 완전히 허무는 층위에서 드러나는 난해함이라고 할 수 있다. 「終生記」의 파격은, 띄어쓰기, 혹은 구두점 무시와 같은 너무나도 확연하고 그래서 다소 조야한 일상문법의 파괴에 의한 것이 아닌, 고차원적인 소설문법을 집중적으로 위반하는 차원에서 이뤄지는 파격이다. 물론 어느 시대에나 정식화된 소설 문법이라는 것은 있을 수 없지만, 문학이 역사적 장르 개념임을 전제로 했을 때 상정되는 1930년대에 통용되는 소설관습을 전면적으로 폐기하는 파격을 보여주고 있다는 것이다. 그것은 아주 소박하게는 김동인이 「소설작법」에서 나열한, 인물, 사건, 배경, 플롯 등등에서 요구하는 요건들을 의미하는데, 「終生記」는 이러한 요건들을 벗어나 있기 때문이다. 예를 들어, 인물의 경우 1장에서 잠시 언급했듯 작품은 삼중의 인물의 목소리가 겹쳐있어 분명하게 인지할 수 있는 단일한 성격을 파악할 수 없을 뿐 아니라, 플롯 또한, '단순화와 통일과 연락'이라는 동인식의 기준에 비춰보자면, 오히려 이것과 정반대되는 규범이 적용되지 않았을까라는 생각마저 들기 때문이다. 즉, 「終生記」는 이상이라는 작가의 유서 작성에 관한 이야기, 그리고 그것을 잘 꾸미기 위해서 마련한 '정희와의 사건'이 기록된 유서의 본문, 그리고 이를 통괄하는 작가 이상과 이를 대변하는 서술자의 회상 등등, 여러 층위의 이야기들이 일반적인 인과관계에 의해서가 아니라, 작가의 자의적인 창작방법에 의해 구성되어 있는 것이다. 따라서 「終生記」의 플롯은 오히려 복잡화, 중층화, 분산과 해체, 각각의 에피소드들의 격절 등등 반플롯의 양상을 드러낸다고 할 수 있다. 주지하다시피 김동인은 이러한 소설의 格을 항목화하여, 우리 근대문학에 서구의 선진적인 소설의 格을 들여와 정착되기를 희망했고, 또 실제로 이에 충실하려고 노력했다. 그런데 李箱의 경우, 김동인과 동인지 이후 지속되었던 이러한 문학예술의 개념과 장르의 정착을 완전히 허무는 방식을 취하는데, 이는 1930년대 성행했던 모더니즘 문학의 미학적 테제인, 형식과 기법의 실험, 인공성, 미적 자의식, 주관성 표출 등등 대체적으로 합의된 자장과 테두리에서도 훨씬 벗어나 있다는 데서 문제적이다. 즉, 이상은 1930년대 모더니스트들이 보여주는 일련의 모던한 작품들하고도 거리가 있는데, 예를 들어 이 당시 대표적인 모더니즘 소설가인 박태원과의 편차–이때의 편차란, 모더니즘의 문학주의와 제작적 사고에 의한 창작의 실제–는 물론이고 이후 단층파의 허준, 유항림 등이 보여주는 '모던'한 작품과도 거리가 있는, 하나의 희귀한 지점에 놓인다는 것이다. 이는 이상이 현재까지 한국문학연구에서 가장 많은 논의의 대상이 되어 왔다는 점, 끊임없이 학자들의 지적 호기심을 자극하고 그만큼 다양한 해석을 축적해왔음에도 여전히 시대를 막론하고 '지금'을 살아가는 현대인들에게 영원한 '모던'의 향수로 남아있다는 것은 이상의 '모던'이 30년대를 넘어선 자리에 있음을 의미하는 것이다. 그리고 이를 증명하는 소설 작품이 바로 「終生記」라고 할 수 있을 것이다.

「終生記」는 앞서 논의했던 이상의 오류에의 충동에서 비롯된 위반의 글쓰기가 가장 의식적이고 의욕적으로 수행된 작품이라고 할 수 있을 것이다. 「地圖의 暗室」, 「휴업과 사정」 등, 일종의 실험적 성격이 강한 초기 소설과 이후 본격적인 소설 창작을 거쳐 「終生記」에 이른 李箱은 「날개」

(1936.9) 등의 작품이 증명하듯 이 시기 얼마든지 독자의 이해 수준에 가능하는 작품을 창작할 수 있었다. 그럼에도 불구하고 그가 다시 초기 시나 소설의 난해성에 육박하는 작품을 창작했다는 것은 그 자신, '文學青年이 灰燼에 돌아갈 地上最終의 傑作'(「私信 五」, 3권, 231)이라고 공표했듯, 이 작품에 거는 문학적 야심이 얼마나 지대했는지를 보여주는 것이라 할 수 있다. 그런 만큼, 「終生記」의 난해성은 앞선 초기작들과는 다른 시각에서 해명되고 고찰되어야 한다. 시와 소설, 수필과 동화, 그리고 평론과 편지에 이르기까지 두루 창작을 겸했던 이상이 이러한 전방위적인 글쓰기를 통해, 비시적, 비소설적인 것, 즉 장르개념을 허무는 글쓰기를 했다는 것은 기존 논자들에 의해 여러 번 지적된 바 있다. 그러나 李箱의 장르 해체는 장르 개념에 대해 무지하거나 소홀했다기보다는 오히려 문학 장르에 대한 인식이 투철했기 때문에 가능한 것이었다.[101] 즉 기존의 장르적 관습에서 벗어나 파격적이고 새로운 형식을 창조하기 위해서는, 기존의 '격'과 관습에 대한 이해가 선행되지 않으면 안되는 것이다. 「終生記」의 파격은 이렇듯 일련의 다소 관습적인 소설 창작에서의 성공-「斷髮」「失花」「날개」-뒤에 놓이는 파격이라는 점에서, 이 작품의 파격은 좀더 새롭게 조명되어야 한다.

「終生記」의 파격을 구체적으로 살펴보자. 우선 「終生記」라는 제목이 상기시키는 바, '유서'라는 것, 그것도 실제 작가 이상이라는 인물을 유서 작성자로 내세운 '죽음의 서'라는 점에서부터 독자는 눈을 크게 뜨지 않을

---

101) 김인환은 이상이 장르 개념에 얼마나 의식적이었는지를 다음과 같이 지적한 바 있다.
"그러나, 첫째 견해는 李箱 자신이 명백하게 장르를 의식하고 있었다는 증거에 의하여 부정된다. '私信 7'에서 李箱은 '그리고 「危馬」에 對 하여도-事實 나는 요새 그 따위 詩밖에 써지지 않는구려. 차라리 그래서 徹底히 小說을 쓸 決心이오'라고 말하였다. 感傷癖을 제거하려면 주관적 장르인 詩보다는 객관적 장르인 소설이 더 적합하다는 장르 의식을 李箱 자신이 분명히 지니고 있었다."(김인환, 「反語의 意味」, 『韓國文學理論의 研究』, 乙酉文化史, 1987, 186쪽)

수 없다. 그것은 작중화자와 서술자가 협력하여 한 여인에게서 받아내는 '유서'라는 줄거리를 지닌 김동인의 「유서」에서 느껴지는 허구의 안온함과는 다른, 결핵과 자살충동에 시달리던 실제 이상의 목소리라는 점에서 오는 불편함과 생뚱맞음 때문이다. 이와 더불어 여기에는 문학외적인 사실이지만, 이 작품 발표 시기(1937.5)와 거의 일치하는 그의 죽음(1937.4.17)이라는 우연이 만들어놓은 불편함과 섬뜩함이 있다. 어쨌든, 이 작품은 이상의 주변에 어른거리던 죽음의 그림자를 작가 자신이 실제 각인하고 부조한 '유서'라는 점에서 독자의 각별한 주의를 끌기에 충분하다. '유서'는 보통 '회고록'이나 내면 일기처럼 내적 독백으로 이루어진 양식적 특성을 지닌다. 그런 점에서 「終生記」는 이러한 양식적 특성에 대한 독자의 기대 지평을 충족시키는 '나'라는 서술자의 '고백'으로 이루어져 있으나, 그 '고백'이 있었던 일의 '재현'이 아닐 수 있다는 서술자의 암시에 의해 그 진정성은 의심된다.[102] 즉, 이 작품에 등장하는 작중화자이자 주인공인 '나'는 '정희와의 일'이 단지 그가 꾸민 일종의 거짓이자 허구임을 암시하는데, 그런 의미에서 '終生記'는 '유서'라는 고백적 양식을 빌어, 진정성과 소설의 허구성을 교란하는 기이한 양상을 드러내고 있다. 좀더 정확히 말하자면, 「終生記」는 '終生記'라는 실제 '유서' 혹은 '소설적 허구'를 작성하는 과정을 그린 메타픽션이다. 메타픽션은 주지하다시피 소설에 대한 자의식적 글쓰기를 의미하며, "소설의 인공적(artifact) 성격과 소설 제작 과정을 노출, 소설 자체의 형식적 조건과 관습을 반성하고 탐색하는 소설"을 말한다.[103] 「終生記」도 '유서' 혹은 소설을 작성하는 작가의 '미적 자의식'과 제작 과정을 적나라하게 표출하고 있는데, 따라서 「終生記」를 통해 작가가 보다 근본적으로 의욕하고 있는 것은 '지상 최대의 걸작품'이

102) 물론, '終生記'가 '유서'의 양식을 빌어왔다해도 '허구'라는 소설의 기본적인 속성을 망각하고 '진실성'에 문제제기를 하는 것은 아니다. 문제는, 허구임을 망각하게 만드는 '리얼리티'에 대한 작가의 의식적인 개입이다.

103) 한용환, 『소설학 사전』, 문예출판사, 2004, 141쪽.

될만한 '새로운 형식의 소설'이라고 할 수 있다. 그런 만큼, 이 작품에서는 그간 이상이 단편적으로 실험해왔던 여러 가지 기법과 수사적 전략을 더욱 현란하게 구사하고 있다. 우선 '이상'이라는 실제 작가를 내세워 자신을 폭로하는 동시에 은폐하는 '위조의 수사학'[104]은 이 작품에서 더욱 전면화되고 있으며, 이것은 특히 이상이라는 한 인물을 다중의 서술자로 해체시키고 목소리를 중첩시킴으로써, 혼란을 야기하는 서술 전략을 통해 수행된다. 우선, 메타 픽션으로서의 「終生記」의 서술 층위는 크게 세 개의 상이한 범주로 구성되어 있다. 첫 번째는 「終生記」라는 허구를 작성하는 이상이라는 실제 작가의 서술 층위, 이를 서술 외적 상황(敍述外的, extradiégétique)[105]이라 할 수 있을 것이고, 두 번째는 실제 작가 이상

---

104) 이상의 위악적 자기 폭로와 은폐의 글쓰기에 대해 기존 논자들은 '은폐의 수사학'(서영채, 김성수), '위조의 수사학'(이정엽) 등등, 다양한 비유를 통해 설명하고 있다.

105) 서술적 언술행위(énonication narrative)에 관련된 용어는 쥬네트가 분류한 것을 따른다. 쥬네트는 서로 다른 서술적 현실들을 명확히 구별하기 위해서 스토리(histoire)와 이야기(récit)와 서술행위(narration)라는 용어를 제안한다. '스토리'란 서술의 내용, 혹은 기의(記意)요, '이야기'란 서술의 기표(記票), 언술, 담화, 혹은 서술적 텍스트 그 자체요, '서술행위'란 서술적 담화를 생산하는 행위, 더 확대하면 그 행위가 위치하는 현실적, 혹은 허구적 상황의 총체이다. 그리고 쥬네트는 작품 『마농레스코』를 들어 서술의 층위(niveaux de narration)을 설명하고 있는데, 이를 요약하자면 다음과 같다.

"『마농레스코』는 아베 프레보(1697～1763)가 1731년 암스테르담에서 『사교계에서 물러나 칩거하는 한 신사의 회고록(Mémorie d'un homme de qualité qui s'est retiré du monde)』이라는 제목을 붙였던 소설이다. 『어떤 신사의 회고록』의 주인공인 르농쿠르 후작은 파리에서 처음으로 그리외라는 청년을 만난 이야기를 한다. 청년은 북아메리카로 실려가는 여자 죄수들을 가득 태운 수레를 따라가고 있었다. 그 여자 죄수들 가운데는 청년이 사랑하는 마농이 끼여 있었다.

그리고 2년이 지난 후 그 청년(그리외)은 혼자서 아메리카에서 돌아와, 리옹도르라는 한 여관에서 다시 한번 르농쿠르 후작을 만나 그동안 그가 겪은 비참한 이야기를 들려준다. 주된 이야기는 바로 북아메리카에서 그리외와 마농 사이의 복잡한 사랑의 우여곡절과 비참한 운명을 내용으로 하고 있다. 그러니까 르농쿠르의 이야기 속에 그리외의 이야기가 담겨 있는 구조를 가진 소설이 된다. (중략) 우리는 이러한

에 의해 꾸며진 허구 안에서 서술하는 서술 내적 상황(敍述內的, intradiégétique)이다. 세 번째는 이 서술 내적 서술자에 의해 서술된 이야기의 메타 서술 상황이다. 첫 번째의 '서술 외적' 서술 행위는 「날개」의 프롤로그처럼 '진술된 사건을 생산하는 서술행위가 위치하는 층위보다 한 단계 높은 서술적 층위'106)를 의미하며, 「終生記」에서도 다음의 프롤로그를 통해 비교적 선명하게 표출되고 있다.

① 郤遺珊瑚-요 다섯字 동안에 나는 두字 以上의 誤字를 犯했는가 싶다. 이것은 나 스스로 하늘을 우러러 부끄러워할 일이겠으나 人智가 발달해 가는 面目이 실로 躍如하다.

죽는 한이 있더라도 이 珊瑚 채찍을랑 꽉 쥐고 죽으리라 네 弊袍破笠 위에 褪色한 亡骸위에 鳳凰이 와 앉으리라.

나는 내 「終生記」가 天下 눈 있는 선비들의 肝膽을 서늘하게 해 놓기를 애틋이 바라는 一念 아래 이만큼 吝嗇한 내 맵시의 節約法을 被瀝하여 보인다.

② 一發砲聲에 부득이 英雄이 되고 만 稀代의 軍人某는 아흔에 귀를 단 황송한 一生을 끝막던 날 이렇다는 遺言 한 마디를 지껄이지 않고 그

층위의 차이를 다음과 같이 정의해 볼 수 있다. "어떤 이야기에 의하여 진술된 사건은 어느 것이나 그 이야기를 생산하는 서술행위가 위치하는 층위보다 바로 한 단계 높은 서술적 층위에 위치한다." 르농쿠르 후작이 허구적인 『회고록』을 쓰는 행위는, 첫째 층위에서 실현하는 하나의 행위(문학적)이다. 그 행위를 우리는 '서술외적(敍述外的, extradiegetique)'이라고 부르겠다. 그 회고록 속에 진술된 사건들(이 사건들에는 그리외의 서술행위도 포함된다)은 그 첫 번째 이야기 속에 있다. 이 사건들을 우리는 '서술내적(敍述內的, intradiégétique)', 혹은 '서술적(diegétique)'이라고 부르겠다. 그런데 이번에는 그리외의 이야기 속(그 이야기는 앞서의 것보다 한 단계 높은 곳에 위치한다)에서 진술된 사건들은 '메타 서술적(métadiégétique)'라고 부르겠다."(롤랑 부르뇌프・레알 윌레 공저, 『현대소설론』, 김화영 편역, 현대문학, 1997, 153～158쪽)

106) 같은 책, 157쪽.

臨終의 場面을 곧잘(無事히 후-한숨이 나올 만큼) 넘겼다.

그런데 우리들의 레우오치카-愛稱 톨스토이-는 괴나리봇짐을 짊어지고 나선 데까지는 기껏 그럴 성싶게 꾸며 가지고 마지막 五分에 가서 그만 잡았다. 자자레한 遺言 나부랭이로 말미암아 七十년 공든 塔을 무너뜨렸고 허울 좋은 一生에 가신 수 없는 흠집을 하나 내어 놓고 말았다.

나는 一個 狡猾한 옵써버-의 자격으로 그런 愚昧한 聖人들의 生涯를 傍聽하여 있으니 내가 그런 따위 실수를 알고도 再犯할 理가 없는 것이다.

③ 거울을 향하여 면도질을 한다. 잘못해서 나는 상채기를 내인다. 나는 골을 벌컥 내인다.

그러나 와글와글 들끓는 여러 「나」와 나는 正面으로 衝突하기 때문에 그들은 제각기 베스트를 다하여 제 자신만을 辯護하는 때문에 나는 좀처럼 犯人을 찾아 내이기는 어렵다는 것이다.

그러기에 大抵 어리석은 民衆들은 「원숭이가 사람 흉내를 내이네」하고 마음을 놓고 지내는 모양이지만 사실 사람이 원숭이 흉내를 내이고 지내는 바 짜 至當한 典故를 理解하지 못하는 탓이리라.

嗚呼라 一擧手 一投足이 이미 아담 이브의 그런 衝動的 習慣에서는 脫却한지 오래다. 反射運動과 反射運動 틈사구니에 끼여서 잠시 실로 電光石火만큼 손가락이 自意識의 捕虜가 되었을 때 나는 모처럼 내 虛無한 歲月 가운데 閑却 되어 있는 奇岩 내 콧잔등이를 좀 만지작만지작 했다거나 高貴한 對話와 對話 늘어선 쇠사슬 사이에도 正히 間髮을 許容하는 들창이 있나니 그 서슬 퍼런 날(刀)이 自意識을 건잡을 사이도 없이 兩斷하는 瞬間 나는 내 明鏡같이 맑아야 할 至寶 두 눈에 或시 눈곱이 끼지나 않았나 하는 듯이 適切하게 주름살 잡힌 손수건을 꺼내어서는 그 두 눈의 만지작 만지작 했다거나-

④ 내 魂魄과 四大의 점잖은 怠慢性이 그런 些少한 煙火들을 일일이 따라다니면서 (보고와서) 내 統括되는 處所에다 일러바쳐야만 하는 그런

壓倒的 忙殺을 나는 이루 堪當해 내이는 수가 없다.

그러나 나는 내 至重한 珊瑚鞭을 자랑하고 싶다.

「쓰레기」「우거지」

이 구지레한 單字의 雰圍氣를 足下는 足히 理解하십니까.

足下는 足下가 基督敎式으로 結婚하던 날 내이브・앤드・아일에서 이 「쓰레기」「우거지」에 近邇한 感興을 맛보았으리라고 생각이 되는데 果然 그렇지 않으십니까.

나는 그런 「쓰레기」「우거지」같은 테잎을-내 終生記 處處에다 可憐히 심어 놓은 자자레한 치례를 위하여-뿌려 보려는 것인데-

多幸히 拍手하다. 以 上

× × × (「終生記」, 전집 2권, 375~378쪽)

「날개」의 서문이 아포리즘 형식으로 창작방법론을 암시해놓고 있듯, 「終生記」의 서문에 해당하는 위 인용문도 뒤에 이어질 텍스트의 밑그림을 제시하고 있으며, '×'라는 표시를 통해 본문과 엄연히 구분지음으로써, '서술 외적' 서술 층위임을 분명히 하고 있다.107) 이 서술 외적 서술자가 위

107) '서술 외적' 상황에 놓인 서술자는 실제적인 작가와는 엄연히 구분되는 것으로, '회고록'이나 액자 소설, 기타 등등의 여러 서술 층위로 겹쳐 있을 때 나타나는, 총체적인 허구 내부에 있는 서술자이다. 따라서 이 서술외적 현실을 이루는 서술자를 실제 작가 이상과 동일시해서는 안 되지만, 보통 자전적인 성향을 띠는 이상의 작품과 「終生記」집필 당시 작가의 정황을 고려할 때, 이 서술외적 서술자에 실제 작가 이상의 모습이 많이 투영되어 있다는 것을 부정할 수는 없을 것이다.

「終生記」의 서술 층위와 관련한 논의들에서는, 이 서술 외적 상황의 서술자를 '실제 작가 이상'이라고 보고, 보통 다음과 같이 세 층위로 구분하고 있다. 대표적으로는 김성수와 서영채의 논의가 있다.

"「終生記」의 서술 층위는 (1) 1937년 3월 3일에 경성의 동소문 버스 정류장에서 소녀 정희와 만나고 홍천사의 구석방에 이르기까지 하루 동안 속고 속이는 해프닝을 벌인 과거 경험 속의 '나', (2) 가을 바람 소슬한 어느 날 동경의 '구중중한 방'에 누워 텍스트 안의 또 하나의 '終生記'를 쓰고 있는 '자의식적 화자(self-conscious narrator)'로서의 '나', 그리고 (3) 실제 작품 「終生記」를 쓰면서 전체의 서술 상황을 드러내는 실제 작가 '이상'(좀더 분명히 한다면 '김해경')이렇게 세 부

인용문에서 여러 가지 수사적 전략을 통해 불분명하고 모호하게 전달하고 있는 내용은 대략 다음과 같이 해석될 수 있을 것이다. 우선 여러 논자들의 다양한 해석을 낳게 한 수수께끼 같은 첫 문장, '郄遺珊瑚-요 다섯字 동안에 나는 두字 以上의 誤字를 犯했는가 싶다'는 작품 전체를 구성하고 통괄하는 창작 원리를 암시하고 있는 것으로, '郄遺珊瑚'의 의미를 떠나 「終生記」의 구제적 창작방법론에 해당하는 일종의 오류의 파격의 수사학을 의미한다. 즉, 인용문 ③[108]의 '다섯 자 동안에 두 자 이상의 오자를 범했다'는 그 뒤에 이어지는 '거울을 향하여 면도질을 한다. 잘못해서 나는 상채기를 내인다'는 구절과 함께 의미맥락을 형성, 이 작품이 '郄遺珊瑚' 혹은 '거울'에 대한 '오자 삽입, 상채기 내기' 등으로 비유되는 '변형 내지는 왜곡'으로서의 글쓰기임을 암시하는 것이다. 인용문의 '거울을 향하여 면도질을 한다'를 보통 지시적인 의미 그대로 해석한다면, 거울을 '보고' 면도를 하는 물리적 행위로 이해되지만, 고도의 비유와 압축에 의한 에피그람으로 구성된 서문의 전후 맥락상 전혀 이 장면의 개연성과 설득력이 없다는 점에서 이 구절은 메타포에 가깝다고 보는 것이 온당하다. '거울'은 이상의 시에 자주 등장하는 모티프로 보통 작가 자신을 반영하는 매개체로 쓰이며, 이 인용문에서는 자기반영물인 창작품 혹은 텍스트를 의미한다. 거울을 '향하여' 면도질을 한다는 것은, 심혈을 기울여 창작에 공을 들이는 작자의 태도를 의미하며, 여기에 '잘못해서' 상채기를 내인 '나'란, 자신도 알 수 없는 분열되고 복수화된 자아, 무의식 층위에 있는 '자아'임을 표출하고 있는 것이다. 그 뒤에 이어지는 원숭이 운운하는 부분은 '상채기'를 내인 범인이자 또 다른 자아의 성격을 선명히 보여주고 있다. 원숭이는 여기서 사람과 대비되면서, 의식과 이성을 갖춘 사람에 대해 동물적 본능을 대표한다. 인용문에서 '어리석은 민중들'의 보통 상식에

분으로 나뉘어진다."(김성수, 「은폐와 성찰의 문학적 유서」, 앞의 책, 266~267쪽)

108) 인용문은 실제 텍스트에서 구분 없이 이어지는 전체 단락이지만, 본고에서는 논의의 편의를 위해서 임의적으로 번호를 붙여 구분하기로 한다.

서는, 원숭이가 사람 흉내 내이는 것을 보고 신통하다고 생각하지만, 기실 이성적 주체라고 하는 인간이야말로 그러한 존재의 본질을 망각하고 원숭이의 동물적 습성을 따라하는 신기한 존재라는 것이다.[109] 그러나 작가 자신에게도 원숭이로 대변되는 '동물적 충동'은 어쩔 수 없는 바, 그것이 자신의 고매하고 지조 높은 글쓰기에 상채기를 내일 뿐 아니라, 생에 있어서도 의식으로 충만하다 못해, 자의식의 포로가 된 자신의 '명경같이 맑은' 정신적인 생활을 '서슬 퍼런 날(刀)'[110]로 '건잡을 수 없이 양단'하기도 했다는 것이다. 위 인용문 ③에서 모처럼 휴각되어 있는 '奇岩 내 콧잔등이를 좀 만지작 만지작'했다는 것이란 바로 성적 충동에 의해 자신의 고결한 정신을 버리고 매춘과 연애를 일삼았다는 것을 의미하며, '눈'은 이와 대비되면서 '은화같이 맑은' 의식의 세계를 의미하는 것이다. 따라서 "콧잔등이를 좀 만지작 만지작 했다거나" "두 눈의 만지작 만지작 했다거나"라는 구절은 "사실 사람이 원숭이 흉내를 내이고 지내는 바 짜 至當한 典故"에 대한 예시인 것이다. 특히 뒷부분의 "동물적 충동이 자의식을 양

---

109) 원숭이와 사람의 대비를 통해, 이성적 주체로서의 인간과 동물적 본능을 지닌 인간의 이중성에 대한 비유, 그리고 동물적 본능에 대한 혐오는 「地圖의 暗室」에서도 다음과 같이 서술된 바 있다.

"원숭이와절교한다 원숭이는 그를 흉내내이고 그는원숭이를흉내내이고 흉내가흉내를 흉내내이는 것을 흉내내이는 것을 흉내내이는것을흉내내인다 견디지못한바쁨이 있어서 그는원숭이를보지않았으나 이리로와버렸으나 원숭이도그를아니보며 저기있어버렸을것을 생각하면가슴이 터지는것과같다 원숭이자네는사람을흉내내이는버릇을타고난것을자꾸사람에게도 그모양대로되라고하는가 참지못하여그렇게하면 자네는또하라고 참지못해서 그대로하면 자네는또하라고 그대로하면 또하라고그대로하면또하라고 그대로하여도 그대로하여도 하여도또하라고하라고 그는원숭이가나에게무엇이고시키고 흉내내이고간에 이것이고만이다 딱마음을굳게먹었다 그는원숭이가 진화하여 사람이되었다는데대하여 결코믿고싶지않았을뿐만아니라 같은에호바의손에된것이라고도 믿고싶지않았으나그의?"(「地圖의 暗室」, 전집 2권, 168~169쪽)

110) 김윤식 편 이상 전집에는 '刃'(칼날 인-필자 주)'으로 표기되어 있으나, 원본(『조광』, 1937.5, 348쪽)에는 '刀'(칼도-필자 주)로 되어있다(조해옥, 「이상 산문 텍스트 확정을 위한 한 고찰」, 《한국문학연구》 4권, 고려대학교 민족문화연구원 한국문학사연구소 편, 2003, 331쪽 참조).

단하는 순간에도 눈곱이 끼지나 않았나 싶어, 손수건을 꺼내 눈을 만지작거렸다"는 매춘과 연애에 몰두할 때조차 의식을 버리지 못하는 자신의 이중적 태도를 희극적으로 표출하고 있는 것이다.

이어 인용문 ④에서는 '終生記'라는 일생을 통괄하는 작품을 쓰는 현재, 일일이 여성과의 '사소한 煙火'(因緣)를 회상하는 것은 참을 수 없는 고통이지만, '珊瑚鞭'은 그러한 수치스러운 과거조차 허식해야하는 지중한 임무를 띤 것이기에 '자랑하는' 심정으로 기꺼이 기록하겠다고 고백하고 있다. 그리고 그 사소한 인연, 즉 여인과의 동거나 결혼 생활은 '쓰레기, 우거지' 같은 구지레함을 지닌 것으로, 작가는 그것을 기꺼이 써나겠다는 것이다. 여기까지가 서문에 해당하는 인용문의 대체적인 의미라고 할 수 있다. 이상의 분석에서 필자는 중요한 부분을 빠뜨리고 있다. 그것은 인용문 ①에 해당하는 '郤遺珊瑚'에 관한 것으로, 기존의 연구에서는 가장 중요하고 의미 있게 다뤄지고 있을 뿐 아니라, 논자마다 각기 다른 해석을 통해 「終生記」 전체의 의미를 규정하고 있어 논란이 되고 있는 부분이다. 그간 '郤遺珊瑚-요 다섯字 동안에 나는 두字 以上의 誤字를 犯했는가 싶다'에서의 '郤遺珊瑚'는 대체적으로 권위 있는 해석을 따라, 당나라 崔國輔의 「少年行」의 패러디로 논의되어 왔다.[111] 즉, 「少年行」의 '遺却珊瑚鞭'에서 '각'을 '郤'으로 바꾸고 '鞭'에 해당하는 '-'을 비워둠으로써 두 자의 오자를 범하고 있다는 것,[112] 무엇보다 「少年行」의 '장대에서 버들을 꺾

111) 이 구절을 최국보의 「소년행」과 결부시켜 해석하고 있는 대표적인 학자로는 여영택 이후, 김윤식, 김용직, 김인환 등을 들 수 있다. 「소년행」의 전문과 해석은 다음과 같다.
遺却珊瑚鞭/白馬驕不行/章臺折楊柳/春日路芳情
산호채찍을 잃고 나니/ 백마가 교만해져 가지 않는다./ 장대(지명,유곽 있는 곳)에서 여인을 희롱하니/봄날 길가의 정경이여(김윤식, 「終生記」 주석, 『이상문학전집』 2권, 398쪽).

112) 한편, 김주현의 경우는 이러한 의견을 반박하고 「終生記」텍스트에 인용된 이백의 싯구절(白鷗는 宜백사하니 莫赴春草碧하라)과 관련하여 이백의 시 「玉壺吟」의 일부를 패러디한 것이라고 논의하고 있다. 즉 '郤遺珊瑚'와 뒤에 이어지는 구절을

다(折楊柳)'가 자신의 재능을 유곽에서 탕진해버린 일을 비유하고 있으며, 따라서 「終生記」는 '19세의 정희와 길가에서 희롱함'을 기록[113]한 것으로 '산호채찍을 잃어버림'을 뜻한다고 보고 있는 것이다. 그러나 최근 「날개」에 편중되어 소홀히 다뤄져왔던 「終生記」가 새롭게 주목되면서 이에 대한 다양하고 풍부한 해석이 제기되고 있는데, 이들은 한시의 패러디로 보려던 기존의 연구 시각에서 벗어나, '郤遺珊瑚-'에 좀더 밀착하여 해명하려는 시도를 보여주고 있다.[114] 이러한 기존의 축적된 논의를 바탕으로 이 구절을 해석하면, '틈새에 산호를 남기다'[115]라는 뜻으로 읽을 수 있다.

결합된 '산호채찍을 가지고 있으면 봉황이 와 앉으리라(欲遺珊瑚鞭/鳳凰下亡骸)'는 「옥호음」의 시에서 각각 '勅賜珊瑚白玉鞭'과 '鳳凰初下紫泥詔'를 패러디한 것으로, 이 시에 등장하는 동방삭이라는 불우한 천재를 알아 준 이백처럼, 산호채찍, 즉 '지상최종의 걸작'을 만들어서 '봉황'이라는 영예를 갖겠다는 의지를 표명한 것으로 보고 있다(김주현, 앞의 책, 337~338쪽).

113) 김윤식, 『李箱 研究』, 365~369쪽.

114) 그 중에 흥미로운 것은 이경훈과 서영채의 논의이다. 이경훈의 경우는 '郤遺珊瑚-'의 본의를 이상의 다른 작품들과의 상호텍스트성 속에서 규명하고 있는데, 이 구절은 '빈곳(郤=隙)이 산호(珊瑚)를 버리다(遺)'로 보는 것이 온당하며, 따라서 여성 성기를 상징하는 '빈 곳, 틈사이가 남성 성기를 상징하는 '산호'를 버린다, 즉 정희가 이상을 버리고 간 작품 내부의 사건을 비유하고 있는 것이라고 해석하고 있다. 한편, 축적된 기존의 논의를 보다 면밀히 검토, 반박하면서 새로운 해석을 제기하고 있는 서영채의 경우는, 이 구절을 축어적으로 번역하여 '빈곳에 산호를 버리다'로 해석하고 있다. 기존의 논의가 풍부하지만 지나치게 복잡하고 비대해져 오히려 텍스트 해석을 더욱 혼란스럽게 하는 감이 있었다면, 이 해석은 소박하지만 오히려 이상의 복잡한 수사적 전략에 대응, 「終生記」 전체의 의미를 보다 쉽고 간명하게 규명 있다는 점에서 의의가 있다고 할 수 있다(이경훈, 「낙타와 산호편」, 앞의 책, 288~289쪽; 서영채, 앞의 책, 250~254쪽).

115) 기존의 논의에서 서영채(같은 책, 같은 곳)는 이를 '빈 곳에 산호를 버리다'라고 해석하고 있는데, '遺'는 '버리다' 뿐 아니라 '남기다'라는 뜻도 포함하고 있으므로, '남기다'로 해석해도 무방하다고 할 수 있으며, 오히려 '남기다'로 해석하는 것이 더 적절하다고 생각한다. 왜냐하면, 서영채는 「終生記」의 서두의 첫 문장, '빈 곳에 산호를 버리다'와 그 다음에 이어지는 '죽은 한이 있더라도 이 산호 채찍을랑 꽉 쥐고 죽으리라'는 상반된 태도가 이상 특유의 역설에 의한 것이라고 보고 있지만, 「終生記」에서 통틀어 다섯 번 등장하는 '산호편'과 관련된 텍스트에서

그리고 '산호'의 의미는 곧이어 나오는 '산호 채찍'과 '珊瑚鞭'을 참작하여 '珊瑚鞭'으로 보는 것이 적절하며, 따라서 이 구절은 최종적으로 '틈새에 산호채찍을 남기다'로 해석된다. '산호채찍'은 앞선 논자들이 두루 언급한 대로, '산호로 장식된 채찍, 값비싼 마구, 소중한 것'을 뜻하는 것으로, 서술자가 거듭 강조하는 바대로, '죽는 한이 있더라도' 사수하고자 하는 그 무엇이다. 그렇다면, 그토록 귀중하고 소중한 '산호편'을 틈새에 남기겠다는 것은 무엇인가? 그것은 '郤遺珊瑚-'에 이어지는 구절과 전체 텍스트에서 그 의미를 찾을 수 있을 것이다. 우선 위 인용문에서 '요 다섯字 동안에 나는 두字 以上의 誤字를 범했는가 싶다. 이것은 나 스스로 하늘을 우러러 부끄러워할 일이겠으나 人智가 발달해가는 면목이 실로 躍如하다'와 관련지어 보자면, 네 자를 써 놓고 '다섯 자 중에 두 자 이상을 잘못 써놓았으니 알아서들 보라'는 오만한 작가의 일종의 도전적 선언인 셈인데, 이는 뒤에 나오는 '天下 눈 있는 선비들의 肝膽을 서늘하게 해놓기를 애틋이 바라는 一念'이라는 구절과 상응되면서 더욱 분명해지고 있다. 그러니까, 수수께끼와 같은 '郤遺珊瑚'라는 네 자를 적어놓고,[116] "다섯 자

는 첫번째에 부합하는 '버리겠노라'는 의미가 전혀 추출되지 않으며, 전부, '산호채찍을 포기하지 않겠다'는 의미맥락 속에 놓이기 때문이다. 참고로 이 작품에서 총 다섯 번에 걸쳐 나타나는 '산호'라는 용어가 놓인 문맥과 수식들을 정리해보면 다음과 같다.

1. 郤遺珊瑚(375)
2. 죽는 한이 있더라도 이 珊瑚 채찍을랑 꽉 쥐고 죽으리라 네 弊袍破笠 위에 퇴색한 亡骸위에 鳳凰이 와 앉으리라.(375)
3. 그러나 나는 내 至重한 珊瑚鞭을 자랑하고 싶다.(376)
4. 나는 내 終生記의 序章을 꾸밀 그 소문 높은 珊瑚鞭을 더 如實히 하기 위하여 위와 같은 實로 나로서는 너무나 過濫히 侈奢스럽고 어마어마한 세간사리를 작만한 것이다.(378)
5. 넘어가는 내 지지한 終生, 이렇게도 失手가 許해서야 物貨的 全生涯를 蕩盡해 가면서 死守하여 온 珊瑚篇의 本意가 大體 어디 있느냐?(389)

김윤식의 논의(김윤식, 『이상 연구』, 365쪽)에서도, '郤'을 '欲'의 오자로 보고, '산호채찍을 남기고 싶다'(밑줄-필자)로 해석한 바 있다.

중에 두 자 이상의 오자를 범했다"는 다음과 같이 정리될 수 있을 것이다. 「終生記」는 '천하 눈 있는 선비들'이 이제껏 한번도 본 적이 없는 '희귀하고 드문' 걸작이며, 이것은 오자를 범하듯, '虛飾과 위조' 등의 온갖 화려한 수사학을 통해 창작된 것이므로, 그 궁극적 의미의 해독은 독자들의 형안에 맡기겠다는 것이다. 따라서 「終生記」서두의 첫 문장은 「終生記」에 대한 작가의 대단한 자부심을 피력하고 있을 뿐 아니라, 작품 전체를 통괄하는 일종의 창작방법론을 암시하고 있는 셈이다. 그것은 뒤이은 인용문을 통해 계속적으로 암시되는 바, '吝嗇한 내 맵시의 節約法을 被瀝하여 보인다'에서도 결코 다 드러내 보이지 않는 '은폐와 위조의 수사학'을 '인색한 내 맵시의 절약법'으로 비유해놓고 있으며, 그것조차 '披瀝'이 아니라, '被瀝(흐트러뜨리고 문지름)'[117]으로 바꿈으로써, 결코 쉽게 들키지 않을 고도의 기교를 구사하겠노라는 뜻을, 가급적 에둘러서 말하고 있는 것이다.

그것은 인용문 ②로 이어지는 성인들의 예에 대한 이중의 태도에서도 드러나고 있다. 즉, '稀代의 軍人某'는 '遺言 한 마디를 지껄이지 않고 그 임종의 장면을 곧잘(무사히 후-한숨이 나올 만큼) 넘겼다'는 '유언을 남기지 않아 천만다행이다'라는 뜻이 담겨 있으며, 톨스토이의 경우는 안타깝게도 '유언 나부랭이'를 남김으로써 공든 탑을 무너뜨렸다는 것으로 유언

116) 서영채가 지적하고 있다시피 '-'는 줄표이므로 다섯 자가 아니라 네 자로 보는 것이 온당하다. 또한 '다섯字 동안에 나는 두字 以上의 誤字를 犯했다'라는 작자의 서술은 '거짓'과 '위조'의 수사적 전략의 한 가지일 수 있으므로, 이 신빙성 없는 화자의 '吝嗇한' '節約法'을 과잉해석하는 것보다는, 우선은 텍스트에 충실한 읽기가 요구된다고 할 수 있다.
"'郤遺珊瑚-'에서 줄표는 생략부호가 아니라 설명부호이다. 그러므로 이 구절은 복자를 포함한 다섯글자가 아니라, 단순한 네 글자일 뿐이다.(최초 발표지면인 『조광』의 활자체를 보면 알 수 있다)"(서영채, 앞의 책, 252쪽)

117) 김윤식이 편한 문학사상사본에는 '披瀝'으로 되어있으나, 원본(『조광』, 1937.5, 348쪽)에는 '被瀝'되어 있어 바로 잡는다(조해옥, 「이상 산문 텍스트 확정을 위한 한 고찰」, 《한국문학연구》, 330쪽 참조).

을 남기지 말았어야 한다는 뜻을 내포하고 있는 것이다. 그리고 뒤이은 '그런 우매한 성인들을 방청하여 있으니 내가 그런 따위 실수를 알고도 再犯할 리가 없다'는 것을 통해, '유언 따위'를 남기는 그런 우매한 짓은 하지 않겠노라는 뜻을 강조하고 있다. 따라서 이 인용문은 현재 집필 중인 유서, 즉 '종생기'에 대한 역설이지만, 이 역설이 발생할 수밖에 없는 이유를 작가는 그 뒤에 밝혀놓고 있는 것이다. 즉, '再犯'과 이어지는 '犯하다'는 구절을 함께 음미해보면, 유언을 하지 않는 것이 온당하다고 생각하지만, '와글와글 들끓는 여러 나' 중에 그러한 분명한 의지를 犯하는 범인이 있다는 것이다. 유언 없이 깨끗이 종생하려는 나의 본래의 의지에 반하는 또 다른 자아에 의해 범해진 상채기, 그것이 바로 「終生記」이며, '틈새에 산호편을 남기듯' 누구도 알아 볼 수 없는 '지상 최고이자 희유의 걸작'이라는 것이다. 그렇게 보면, 여기서의 '산호편'은 '종생기' 작품 자체를 의미하기도 하지만, 전체 텍스트를 놓고 볼 때 보다 구체적으로는 아주 '화려하고 다채로우며, 고귀한 것'이라는 의미가 더해지면서, 결국 이 작품을 이끄는 미학적 자의식이자 핵심적 수사인 '위조와 허식'을 의미함을 알 수 있다. 실제로 「終生記」를 통틀어 '虛飾'과 통하는 용어가 다양하게 구사되는데-'紛裝, 出資, 韜晦, 絶技, 妙技, 僞造, 珍奇한 연장, 美文, 絶勝景槪, 術客-이러한 것은 '산호채찍'과 하나의 의미층을 이루면서, 종생기를 치장하는 화려하고 난만한 기교가 결국 산호채찍임을 암시하고 있는 것이다. 그 화려한 기교란 물론, 이상이 그동안 피력해왔던 '파라독스, 아이러니, 위티즘, 에피그람' 등을 포함하고 있음을 쉽게 알아차릴 수 있을 것이다. 정리하자면, '산호편이라는 화려하고 공포에 가까운 기교로 자신의 유서를 치장하여 누구도 쉽게 알아차릴 수 없는 글을 남기겠노라'는 포부와 방법론을 제시하고 있는 것이 이 서두의 본의이며, '郤遺珊瑚'는 '遺書'의 함축적 의미와 이어지면서, '드문 걸작을 남기다'로 이해할 수 있는 것이다. 여기까지가 「終生記」의 서두에 대한 개략적인 해석이다. 논의가 다소 장황하게 길어졌지만, 구체적인 고찰을 통해 아무 의미 맥락 없이 마구 흩

뿌려놓은 듯한 서문의 부분 부분들이 작가의 주도면밀한 계산 아래, 일정한 연관관계를 이루며 긴밀하게 구조화되어 있음을 알게 되었다. 그렇다면, 서두에서 암시하고 있는 두 가지, 위조와 허식에 의한 방법론과 사소한 인연에 불과한 여인과의 일을 '유서'에 구체적으로 어떻게 '흩뿌려 놓았는지'를 살펴보자.

우선, ×××로 구분되어 본격적으로 진행되는 텍스트에는 서두에서 뚜렷하게 드러나는 서술 외적 서술자와는 별도의 서술 내적 서술자가 상정된다. '메타픽션'에서 이는 일반적으로 외화인 메타에 해당되는 것으로, 글쓰기에 대한 자의식을 가진 인물이 등장한다. 「終生記」에서는 이 서술 내적 서술자로 '이상'이라는 이름을 가진 작중화자 '나'로 등장한다. 그런데 이 '나'는 앞에서 분석한 서술외적 서술자-보통 실제 작가 이상이라 보고 있다-와 크게 다르지 않은 캐릭터로 현재 작성 중인 유서 때문에 골몰하고 있다.

> ① 「侈奢한 少女는」, 「解凍期의 시냇가에 서서」, 「입술이 落花지듯 좀 파래지면서」, 「薄氷 밑으로는 무엇이 저리도 움직이는가고」, 「고개를 갸웃거리는 듯이 숙이고 있는데」, 「봄 운기를 품은 薰風이 불어와서」, 「스커어트」, 아니 아니, 「너무나」,아니, 아니, 「좀」 「슬퍼 보이는 紅髮을 건드리면」 그만. 터 아니다. 나는 한 마디 可憐한 語彙를 添加할 誠意를 보이자.
>
> 「나붓 나붓.」
>
> 이만하면 完備된 裝置에 틀림없으리라. 나는 내 終生期의 序章을 꾸밀 그 소문 높은 珊瑚鞭을 더 如實히 하기 위하여 위와 같은 實로 나로서는 너무나 過濫히 侈奢스럽고 어마어마한 세간사리를 작만한 것이다.
>
> 그런데 -
>
> 或 지나치지나 않았나. 天下에 炯眼이 없지 않으니까 너무 金칠을 아니 했다가는 서툴리 들킬 염려가 있다. 하나 -
>
> 그냥 어디 이대로 써(用) 보기로 하자.

② 나는 지금 가을바람이 자못 簫瑟한 내 구중중한 방에 홀로 누워 終生하고 있다.

어머니 아버지의 忠告에 의하면 나는 秋毫의 틀림도 없는 滿二十五歲와 十一個月의 「紅顔美少年」이라는 것이다. 그렇건만 나는 確實히 老翁이다. 그날 하루하루가 「人生은 짧고 藝術은 기다랗다」하는 엄청난 平生이다.

나는 날마다 殞命하였다. 나는 자던 잠-이 잠이야말로 언제 시작한 잠이더냐-을 깨이면 내 痛切한 生涯가 開始되는데 靑春이 여지없이 蕩盡되는 것은 이불을 푹 뒤집어쓰고 누웠지만 역력히 目睹한다.

나는 老來에 貧寒한 食事를 한다. 十二時間 以內에 終生을 맞이하고 그리고 할 수 없이 이리 궁리 저리 궁리 遺言다운 어디 遺失되어 있지 않나 하고 찾고, 찾아서는 그中 의젓스러운 놈으로 몇 추린다.

그러나 孤獨한 晩年 가운데 한 句의 에피그람을 얻지 못하고 그대로 悽慘히 나는 物故하고 만다.

一生의 하루-

하루의 一生은 大體(위선) 이렇게 해서 끝나고 끝나고 하는 것이었다.

③ 자-보아라.

이제 내 粉裝은 좀 過하게 치사스럽다는 느낌은 없을까 없지 않다.

그러나 威風堂堂 一世를 風靡할 만한 嶄新無比한 함렛(妄言多謝)을 하나 出世시키기 위하여는 이만한 出資는 아끼지 말아야 하지 않을까 하는 느낌도 없지 않다.

④ 나는 가을. 少女는 解凍期.

어느제나 이 두 사람이 만나서 즐거운 소꿉장난을 한 번 해보리까.

나는 그해 봄에도 -

부질없는 세상이 스스러워서 霜雪같은 威嚴을 갖춘 몸으로 寒心한 不遇의 日月을 맞고 보내지 않으면 안되었다.

⑤ 美文, 美文, 曖呀! 美文.

美文이라는 것은 적이 措處하기 危險한 수작이니라.

나는 내 感傷의 꿀방구리 속에 靑山 가던 나비처럼 痲醉昏死하기 자칫 쉬운 것이다. 조심조심 나는 내 맵시를 고쳐야 할 것을 안다.

⑥ 나는 그날 아침에 무슨 생각에서 그랬던지 이를 닦으면서 내 作成中에 있는 遺書 때문에 끙 끙 앓았다.

열세벌의 遺書가 거의 完成해 가는 것이었다. 그러나 그 어는 것을 집어 내 보아도 다같이 서른 여섯살에 自殺한 어느 「天才」가 머리말에 놓고 간 蓋世의 逸品의 亞流에서 一步를 나서지 못했다. 내게 요만 재주 밖에는 없느냐는 것이 다시 없이 분하고 억울한 事情이었고 또 焦燥의 근원이었다. 眉間을 찌푸리되 가장 高邁한 얼굴은 持해야 할 것을 잊어버리지 않고 그리고 계속하여 끙 끙 앓고 있노라니까(나는 一時 一刻을 虛送하지 않는다. 나는 없는 智慧를 끊지지 않고 쥐어 짠다) 速達편지가 왔다. 少女에게서다. (전집 2권, 378~380쪽)

인용문 ①은 서술 내적 서술자-작중 화자-인 '나'라는 인물이 '종생기'를 쓰기 위해서 현재 이러저러한 어휘들을 나열해놓고 고민하고 있는 장면이다. 이 작중화자는 '俢奢한 소녀' '나붓 나붓' 등을 써놓고 '종생기의 서장을 꾸밀 산호편을 더 여실히 하기 위한 어마어마한 세간사리'를 작만하였다고 한다. 이것은 그러니까, 작중화자가 써나가게 될 또 다른 '종생기'-「終生記」라는 전체 텍스트와는 다른-를 위한 구상인 셈인데, 따라서 사치함과 치사스러움이라는 중의적 의미를 띠도록 변형된, '俢奢한 소녀'와 '薄氷' '봄 운기' 등은 또 다른 '종생기'의 무대 세트인 셈이다. 즉 제3의 '종생기'[118]의 배경은 얼음이 녹는 이른 봄이 될 것이며, 등장인물은

118) 「終生記」 전체를 제1종생기라고 했을 때, 서두 뒷 부분부터 쓰여지고 있는 것은 서두에서 모습을 보인 작가가 쓰고 있는 제2종생기라고 할 수 있으며, 따라서 이 제2종생기 안에서 이상이라는 작중화자가 쓰고 있는 또 다른 종생기는 제3종생기라고 할 수 있다.

'치사한 소녀'라는 것이다. 작중 화자는 이를 '완비된 장치'했고 '어마어마한 세간사리'라 했지만, '金칠을 안한' 너무나도 직설적인 제시라서 독자들이 금방 알아챌까 우려하면서도 그냥 써보기로 한다. 그리고 이어지는 인용문 ②는 그렇게 완비된 장치 위에 풀어놓는 '제3의 종생기'의 본격적인 서술이라고 할 수 있다. 메타픽션에서 '픽션'에 해당하는 '내화'인 셈인데, '치사한 소녀'의 상대역인 '나'도 외화에 등장하는 작중 화자처럼 '가을 바람이 소슬한' 방에 누워 '유서'에 쓰일 멋진 에피그람을 얻으려 골몰하고 있는 만 25세 11개월 된 청년으로 그려지고 있다. 이 본문에 등장하는 인물은 뒤에 보면 '이상'이라는 이름을 지니고 있으며, 실제 배경인 봄과는 달리 '죽음'에 골몰하며 '가을'과 같이 쓸쓸한 나날들을 보내고 있다. 이 제 3의 종생기의 본문은 위에서 보듯 우선 '하루의 一生은 大體(위선) 이렇게 해서 끝나고 끝나고 하는 것이었다'로 일단락되면서, 이어 다시 내화의 작중 인물 이상이 아니라 외화의 작중화자의 서술이 이어진다. 인용문 ③에서 '자-보아라'로 시작되는 구절은 이렇듯 일부 쓰여진 자신의 '종생기'를 보고 '좀 과하게 치장되지 않았나'라고 염려하면서도 또 한편 다시 없이 새로운 '햄릿'과 같은 걸작의 탄생을 위해서는 그 정도의 '粉裝'은 있어야 한다고 스스로 생각하면서 글을 이어가는데, 여기서 그가 염려하는 '좀 과하게 치사스런 느낌의 분장'이란 인용문 ②의 '확실히 老翁' '날마다 殞命' '痛切한 生涯' '青春의 蕩盡' '悽慘히 物故' 등이 지나치게 과장된 '포-즈'와 허식이지 않을까하는 생각에서다. 즉 제 3의 '종생기'의 서두에서 서술된 작중인물의 '날마다 운명' 운운하는 것이 이렇다할 개연성과 사실들이 뒷받침되지 않았기 때문에 얼핏 센티멘탈리즘과 포즈에 불과한 것으로 보이기 때문이다. 그러나 그는 계속 써나간다. 다시 이어지는 제 3의 종생기 본문, 즉 인용문 ④는 비로소 앞에서 장치한 '치사한 소녀'와 '나'라는 작중 인물이 나란히 '그해 봄'이라고 설정된 배경 속에 놓이면서 본격화될 조짐을 보인다. 그러다 '霜雪같은 威嚴을 갖춘 몸으로 寒心한 不遇의 日月을 맞고 보내지 않으면 안되었다'까지 써놓고는 작중 화자에 의해 다시 중단되는데, 그 작중화자는 인용문 ⑤에서 보는 바와 같이 자신의 글쓰기가 자칫 '미문'으로 흐르게 될까봐 걱정하면서 자세를 가다듬는다. 그리고 이어지는 인용문 ⑥은 이러한 망설임을 거친 후에 펼쳐지는 본격적인 '제 3의 종생기' 이야기이다. 그러니까 위 인용문을 정리해보면, ①외화 ②내화 ③외화 ④내화 ⑤외화 ⑥내화의 순으로 구성되는 것이다. 이렇듯 번갈아가면서 서술되는, 메타서술과 픽션은 그러나 분명히 구분되어 있는 것이 아니다. 여러 논자들이 이미 지적했듯, 「終生記」의 여러 서술층위는 명확한 표기 없이 번갈아가면서 나열됨으로써 독자를 혼란시키는데, 그것은 각각의 서술 층위에 놓인 '나'라는 서술자가 확연히 구별되는 것이 아니라, 오히려 동일한 '서술 시점'을 공유함으로써 발생하는 혼란인 것이다. 즉, 앞서 언급했던 「終生記」 서두에 등장하는 서술 외적 서술자 '나'는 천하의 선비들이 깜짝 놀랄만한 '유서'를 남기겠노라고 호언장담하는 작가 서술자이다. 그리고 두 번째, 이러한 작가의 호언 아래 쓰여지고 있는 '종생기'에는 또 하나의 '종생기'를 쓰고 있는 서술 내적 서술자이자 작중 화자인 '나'가 등장하고 있으며, 다시 세 번째, 작중 화자인 '나'라는 인물이 쓰고 있는 또 다른 '종생기'에는 또 '종생기'를 고민하면서 정희를 만나는 작중 인물인 李箱, '나'가 등장하고 있는 것이다. 즉, 「終生記」라는 전체 텍스트를 실제로 쓰고 있는 실제 작가 이상의 서술 외적 상황 안에 또 다른 작가의 서술 내적 상황이, 그리고 그 안에 또 다른 메타 서술 상황이 놓임으로써 세 겹의 이야기로 구성되어 있다는 것이다. 이들 이야기는 계속적으로 겹층화되고 있는 이러한 서술층위는 마치 '양파까기'처럼 지속적으로 동일한 면, 즉 '종생기를 쓰는 인물과 그의 종생기'를 보여주고 있는 것이다. 따라서 이러한 작가의 의식적인 서술시점의 분화와 중첩을 통한 원근법 교란을 간파하지 않으면, 「終生記」 전체가 한낱 파편화된 시선이나 아포리즘의 나열 쯤로 읽힐 수 있는 것이다. 위 인용문은 「終生記」텍스트에서 드러나는 이러한 서술 층위의 혼란을 단적으로 보여주는 예문이라고 할 수 있다. 좀더 쉬운 이해를 위해 이를 도해하면 다음과 같다.

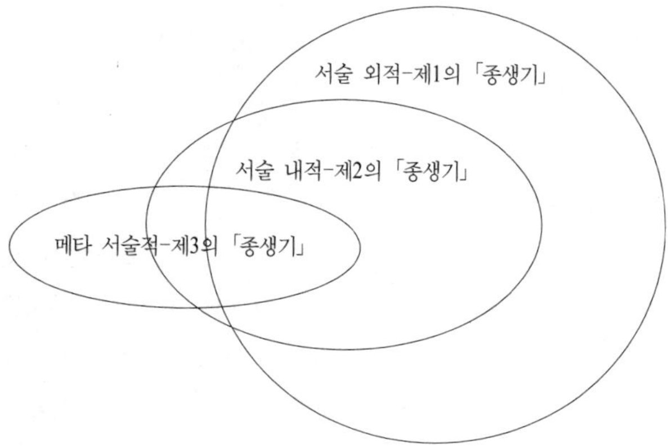

위의 도형에서 제시한 '메타 서술적'(métadiégétique)은 쥬네트의 용어로 보통 회고록이나 액자 소설의 내화에 해당하는 것인데, 여기서는 정희와 만나 연애를 하는 작중 인물의 나의 서술 층위를 '메타 서술적'이라고 하기로 하자.[119] 원을 하나의 서술 상황이라고 본다면, 위의 도형에서 겹쳐진 부분은 앞서 언급한 '서술 시점'을 공유하고 있는 서술상황을 의미한다. 즉 최종적인 이야기인 제 3의 '종생기'는 작중 인물 '나'와 정희와의 연애사건을 통해 본격적으로 진행되지만, 여전히 서술 내적 서술상황과 서술 외적 서술 상황이 들어오면서 서술시점이 중첩되고 있는 것이다. 이는 어떻게 보면, 메타 서술 층위에 해당하는 이야기 속에서 행동하는 인물 이상이 바깥의 서술 내적 서술자와 서술 외적 서술자의 의식까지를 지니고 무대 위에서 연기를 하는 것과 같다. 거꾸로 보자면, 종생기를 쓰겠노라는 작가는 또 하나의 작가를 만들어 '봄'과 '치사한 소녀'로 치장된 셋트를 준비하게 하고, 제 2의 작가로 하여금 그 무대 위에서 벌어지는 일을 연출하는 동시에 직접 연기까지 하게 하는 셈인 것이다. 이러한 '종생기'

119) 각주 105) 참조.

의 특성을 일러 앞선 논자들은 연극성, 인공성이라고 지적한 바 있거니와, 마치 '이상'이라는 단 하나의 인물이 작가, 연출가, 배우 등등의 여러 가지 가면을 번갈아 쓰면서 하는 일인극과 흡사하다. 그것도 보여지는 가면을 내세우고 감춰진 가면의 목소리를 내는 기괴한 양상을 보여주고 있다는 것이다.

> ① 오늘날 내 한 氏族이 分明치 못한 少女에게서 선불리 딴죽을 걸려 넘어진다기로서니 이대로 내 宿望의 豪華流麗한 終生을 한 방울 하잘 것 없는 汚點을 내이는 채 投匙해서야 어찌 初志의 萬一의 應答할 수 있는 面目이 足히 서겠는가, 하는 허울좋은 口實이 永日 밤보다도 오히려 한뼘 짧은 내 前程에 擡頭하기 시작하는 것이었다.
>
> 완漫 着實한 敍述!

> ② 나는 過히 눈에 띠울성싶지 않은 한 地點을 재재바르게 붙들어서 거기서 공중 담배를 한 갑 사(주머니에 넣고) 피워 물고 貞姬의 뻰-한 걸음을 다시 뒤따랐다.
>
> (중략)
>
> 나는 그저 日常의 茶飯事를 看過하듯이 凡然하게 휘파람을 불고, 내, 구두축 뒤축이 아스팔트를 디디는 템포 音響, 이런 것들의 귀찮은 調節에도 깔끔히 정신차리면서 넉넉잡고 三分, 다시 돌친 걸음은 貞姬와 어깨를 나란히 걸을 수 있었다. 부질없는 世上에 제 深刻하면 沈痛하면 또 어쩌겠느냐는 듯싶은 서운한 눈의 位置를 東小門 밖 新開地風景 어디라고 定치 않은 한 點에 두어 두었으니 보라는 듯한 부득부득 지근거리는 姿勢면서도 또 그렇지도 않을성싶은 내 妙技 中에도 妙技를 더한층 허겁지겁 鍊磨하기에 골돌하는 것이었다.

> ③ 日暮청산 -
>
> 날은 저물었다. 아차! 아직 저물지 않은 것으로 하는 것이 좋을까보다.
>
> 날은 아직 저물지 않았다.

그러면 아까 장만해 둔 세간器具를 내세워 어디 차근차근 살림살이를 한번 치러 볼 天佑의 好機가 내 앞으로 다달았나 보나. 자 -

④ 胎生은 어길 수 없어 卑賤한 「타」를 감추지 못하는 딸-

(전집 2권, 387쪽)

인용문은 정희와 만난 이상이 자신의 첫 마디에 상대가 반응하지 않자, 그대로 물러서려다가 다시 정희를 따라가는 장면이다. 그는 자신의 종생기가 그렇게 쉽게 끝나서는 안 된다고 생각하고 다시 정희를 뒤쫓아 가면서 동시에 그것을 '완만하고 착실하게' 다시 서술하고 있다. 즉, 그가 쓰고 연출하고 있는 종생기가 그렇게 허망하게 막을 내리지 않기 위해서는 정희라는 배우가 반드시 있어야 하는 것인데, 그러기 위해서 그는 태도를 바꿔 인용문 ②에서 보는 바와 같이 정희를 좇는 동시에 자신의 글쓰기를 이어가고 있는 것이다. 정희와 나란히 걸으면서 자신의 액션에 대해 궁리하던 이상은 인용문 ③에 이르면 그들이 걷고 있는 무대 위의 조명을 '일모청산'이라 했다가 다시 '날이 저물지 않은 것'으로 바꾸는 등 세심하게 무대 세트를 마련한다. 그리고 ④에서는 이러한 조명을 배경으로 구상해 두었던 이야기를 끄집어내는 것이다. 어쨌든, 서두에서 밝힌 '복수화된 자아'는 작품에서 실제적으로 이렇게 구현되고 있으며, 그 중 하나인 메타 서술 상황의 작중 인물 '나'는 그들과 의식을 공유하면서 정희와 벌어지는 애정행각을 연출하는 동시에 演技도 하는 것이다.

메타 서술 상황에서 벌어지는 정희와의 일은 다음과 같이 간단한 줄거리로 이루어져 있다. 또 하나의 유서 작성자인 이상 ③[120]은 열 세 벌의 유서를 완성해가는 어느 해 봄에 정희에게 편지를 받는다. 그 편지의 내용에 의하면, 정희는 그간 복잡했던 남자관계를 다 정리하고, 오직 이상만을

120) 논의의 편의를 위해, 본문에서 구분한 세 명의 서술자, 즉 서술 외적 서술자, 서술 내적 서술자, 메타 서술적 서술자를 각각 이상 ① 이상 ② 이상 ③이라고 하자.

사랑하는 바, 지정한 약속장소로 나오라는 것이다. 이상 ③은 이러한 정희의 말이 거짓인줄 뻔히 알면서도 온갖 치장을 하고 그녀를 만나러 나선다. 정희를 만난 이상 ③은 그러나, 그녀의 말이 또 한번의 거짓이라는 것을 알게 되고 그만 혼도하고 만다는 내용이다.

그러나 이렇듯 정희에게 속고 마는 이상 ③은 앞서 언급한 대로, 단순히 정희에게 속아 넘어가는 인물이 아니다. 이상 ③은 정희를 간파하고 있는 인물인 동시에, 이상 ②와 이상 ①이 의도하는 것이 무엇인지를 알고 있는 인물이다. 즉 그 자신 그러하듯, 복수된 이상들이 원하는 것이 정희를 빌미삼은 종생과 또 이를 빌미삼은 멋들어진 '종생기' 작성이라는 것을 알고 있기에, 정희와의 데이트와 그리고 그녀와 나누는 戱談에 그토록 많은 의미를 부여하면서, 적극적으로 자신과 이상들의 종생을 꾀하고 있다는 것이다. 다음을 보자.

> 우리 둘은 이땅을 처음 찾아 온 제비 한 쌍처럼 잘 앙증스럽게 漫步하기 시작했다. 걸어가면서도 나는 내 두루마기에 잡히는 주름살 하나에도 단장을 한 번 휘저었는 曲折에도 細細히 조심한다. 나는 말하자면 내 偶然한 終生을 깜짝스럽도록 찬란하게 虛飾하기 위하여 내 薄氷을 밟는 듯한 포-즈를 아차 실수로 무너뜨리거나 해서는 絶對로 안된다는 것을 굳게 굳게 銘하고 있는 까닭이다.
>
> 그러면 맨 처음 발언으로 나는 어떤 奇絶慘絶한 驚句를 내어 놓아야 할 것인가, 이것 때문에 또 잠깐 머뭇머뭇하지 않을 수도 없었지만 그렇다고 바로 대이고 거 어쩌면 그렇게 똑 帝政露西亞 적 郵票딱지같이 楚楚하니 어쩌니 하는 수는 차마 없다. (전집 2권, 383쪽, 밑줄-필자)

인용문의 밑줄 친 부분은 '정희와의 데이트'가 무엇을 의미하는지 작중인물이 이미 알고 있음을 보여준다. 즉, 그는 정희와의 데이트에서 이미 종생하기로 예정되어 있으며, 정희의 기만과 자신의 포즈 등은 전부 '우연한 종생'을 깜쪽같이 속이고 필연적인 것으로 둔갑시키기 위한 허식이라는 것이다. 따라서 연출자이자 배우 이상 ③은 두 가지의 지침-정희와의 데이트에서 종생할 것, 그리고 그 종생을 필연적으로 만들 것-을 위해 끊임없이 자신의 언행과 포즈, 그리고 자신을 둘러싼 무대 위의 상황을 세세히 지각하고 연출하고 있는 것이다. 이러한 우연한 종생에 대한 허식으로서의 '정희와 유서'는 이상의 마지막 작품인 「失花」에도 다음과 같이 암시되고 있다.

> 兪政! 兪政만 싫다지 않으면 나는 오늘밤으로 치러버리고 말 작정이었다. 한 개 妖物에게 負傷해서 죽는 것이 아니라 二十七歲를 一期로 하는 不遇의 天才가 되기 위하여 죽는 것이다.
>
> 兪政과 李箱-이 神聖不可侵의 찬란한 情死-이 너무나 엄청난 거짓을 다 어떻게 다 주체를 할 작정인지.
>
> 「그렇지만 나는 臨終할 때 遺言까지도 거짓말을 해 줄 決心입니다」
> (「失花」, 전집 2권, 367쪽)

물론 여인의 거짓과 사랑의 실패는 다시 없는 고통과 절망이겠으나, 그것으로 인한 자발적인 죽음은 李箱에게는 허용되어 있지 않은 바, 이미 결핵이라는 당시로서는 치명적인 질병이 그에게 '종생'을 예고하고 있었던 것이다. 그러한 비주체적이고 수동적인 몰락을 수긍할 수 없었던 이상은, 자신의 죽음을 사랑에 실패한 불우한 천재의 자살로 만들고자 했으며, 그러한 의지의 산물이 바로 '종생기'인 것이다. 그러나 위 인용문에서 보듯, 이미 예고된 비극적 죽음을 은폐하기 위한 자신의 허위조차 스스로 폭로하고 조롱함으로써 모든 진정성의 차원을 전면적으로 허위화하고 있는 것이다.

> ① 歷代의 에피그람과 傾國의 鐵則이 다 내에 있어서는 내 僞善을 暗葬하는 한 스무스한 口實에 지나지 않는다. 實로 나는 내 落名의 자리에서도 臨終의 合理化를 위하여 코로-처럼 桃色의 팔을 볼 수도 없거니와

톨스토이처럼 嘆息해 주고 싶은 쥐꼬리만한 金言의 追憶도 가지지 않고 그냥 난데없이 다리를 삐어 넘어지듯이 스르르 죽어가리라.

거룩하다는 稱號를 携帶하고 나를 찾아오는 「연애」라는 것을 應酬하는 데 있어서도 어디서 어떤 老少間의 의뭉스러운 先人들이 발라먹고 내어버린 그런 遺訓을 나는 헐값에 걷어 들여다가 製鍊 再湯 다시 써먹는다.

는 줄로만 알았다가도 또 내게 혼나는 경우가 있으리라.

② 나는 찬밥 한 술 冷水 한 모금을 먹고도 넉넉히 一世를 威壓할 만한 「苦言」을 摘摘할 수 있는 그런 智慧의 實力을 가졌다.

그러나 自意識의 絶頂 위에 발돋움을 하고 올라선 斷末魔의 秘訣을 보통 夜市 국수버섯을 팔러오신 시골 아주먼네에게 서너푼에 그냥 넘겨주고 그만두는 그렇게까지 자신의 에티겟을 美化시키는 謙虛의 方式도 또한 나는 無漏히 터득하고 있는 것이다. 瞠目할지어다. 以上

亂麻와 같이 갈피를 잡을 수 없는 얼마간 悲劇的인 自己探求.

(전집 2권, 385쪽)

인용문에서 이상 ③은 '에피그람'이나 '경국의 철칙'이나가 다 자신의 위선을 몰래 장사지내기 위한 거짓 치레라 하며 정희를 빌어 지상 최종의 걸작을 남기겠다는 포부도 한낱 허풍에 지나지 않는 바, 자신의 죽음은 찬란한 情死도 불우한 천재의 요절도 아닌 그저 '난데없이 다리를 삐어 넘어지듯이 스스로 죽어 넘어가는' 지지한 종생임을 고백하고 있다. 그러나 곧 이어 인용문 ②에서는 이러한 진술을 뒤집어버리고, 더 오연하고 거만한 태도를 드러내 보인다. 즉 자신은 '일세를 위압할 만한 금언'을 얼마든지 만들 수 있는 실력자이지만, 또 그러한 실력을 저잣거리에 내동댕이칠 수도 있다는 위악적인 태도를 보이는 것이다. 이러한 일련의 태도에서 드러나는 바, '난마와 같이 갈피를 잡을 수 없는 비극적 자기 탐구'는 언제나 위선과 위악을 동반해서 나타나는 데, 「終生記」에 등장하는 세 명의 이상이 모두 자신을 끊임없이 반추하는 자의식의 포로이기 때문이다. 이들에게 악은 악이 아니라 위악이고, 선도 선이 아니라 위선이다. 즉 자의식의 과잉에 사로잡힌 인물은 끊임없이 자신에 대해 거리를 갖고 반성하는 존재로, 이들에게 내면의 진정성, 동일성은 부재하는 것이다. 이들은 자신 뿐 아니라 타인의 시선에 비친 자신을 끊임없이 의식하는 인물이며, 따라서 이상 작품의 인물들은 언제나 가식적인 자기 연출가인 것이다. 이것은 이상 문학에서 '악'이 언제나 위악일 수밖에 없는 맥락을 설명해주고 있다.

위선이든 위악이든, 「終生記」의 정희와 만나고 있는 배우 李箱은, 「終生記」 전체를 통괄하고 있는 허식과 위조의 수사학인 '산호편'의 지침대로 최대한 인공적인 가면으로 공포의 翻身術의 소유자 정희에게 대응한다. 이러한 翻身術과 가면의 맞대결이 바로 「終生記」에서 두 남녀가 펼치는 게임의 요체이고, 승패는 상대방의 가면을 누가 먼저 벗기느냐에 달려있다. 그런데 이상은 여기서 언제나 패배하고 만다. 그리고 그 패배를 이상은 '종생'이라 했고, 이상은 여러 번의 회생을 거쳐 다시 맞대응을 벌이지만, 결국 거듭 패배하면서 게임은 종결되고 그의 종생이 완결되는 것이다.

> 나는 선뜻
> 「설마가 사람을 죽이느니」
> 하는 소리를 저 뱃속에서부터 우러나오는 듯한 그런 갈아앉은 목소리에 꽤 明瞭한 發音을 얹어서 貞姬 귀 가까이다 대이고 지껄여버렸다. 이만하면 아마 그 境遇의 최고의 發聲으로는 무던히 成功한 편이리다. 뜻인즉, 네가 오라고 그랬다고 그렇게 내가 불쑥 올 줄은 너 꿈에도 생각하지 못했으리라는 꼼꼼한 意圖다.
> (중략)
> 그러나 그런 내 晴天의 霹靂이 떨어진 것 같은 人事에 대하여 貞姬는 實로 대답이 없다. 이것은 참 큰일이다.
> 아이들이 고추 먹고 맴맴 담배 먹고 맴맴 하고 노는 그런 암팡진 手段

으로 그냥 단번에 나를 어지러뜨려버릴 작정인 모양이다.

정말 그렇다면!

이 爽快한 貞姬의 確乎 不動姿勢야말로 엔간치 않은 出品이 아닐 수 없다. 내가 내어놓은 바 殺人寸鐵은 그만 卽席에서 粉碎되어 가엾은 不作으로 나려떨어지고 마는 것이다 하고 나는 느꼈다.

(중략)

墓誌銘이라. 一世의 鬼才 李箱은 그 通生의 大作 「終生記」 一篇을 남기고 西曆紀元後 一千九百三十七年 丁丑 三月三日 未時 여기 白日 아래서 그 波瀾萬丈(?)의 生涯를 끝막고 문득 卒하다. 享年 滿二十五歲와 十一個月. 嗚呼라! 傷心커다. 虛脫이야 殘存하는 또 하나의 李箱 九天을 우러러 號哭하고 이 寒山 一片石을 세우노라. 愛人 貞姬는 그대의 歿後 數三人의 秘妾된 바 있고 오히려 長壽하니 地下의 李箱 아! 바라건대 瞑目하라.

(전집 2권, 382~385쪽)

정희의 편지를 받고 약속 장소에 나간다는 것부터가 이상에게는 정희의 선공격에 대한 치밀한 계산에서 나온 역설적 대응, 즉 방어가 아니라 공격적인 대응인데도 불구하고 정희가 별 반응 없이 '確乎 不動姿勢'로 맞섬으로 인해 이상이 실패한 셈이 된다. 그것은 「終生記」 서두에서 자신의 화려난만한 치장과 허식으로 쓰여진 '종생기'가 천하 눈 있는 선비들의 간담을 서늘하게 해 놓기를 바랐으나 반응이 없음은 그의 실패를 뜻하는 것과 마찬가지로, 그녀에 대한 촌철살인의 '경구'는 不作이 되고 마는 것이다. 그리하여 그의 일차 종생-「終生記」에는 정희에 대한 패배를 의미하는 '종생'이 여러 번 발생하고 있다-이 이뤄지고 여기에 그의 묘비명이 부쳐지는 것이다.

첫 대결과 첫 패배를 의미하는 일차 종생 뒤에, 이상은 다시 전의와 자세를 가다듬고 다시 더욱더 조밀하고 계획적인 의도 아래, 정희와의 대결과 더불어 종생기를 계속해서 서술해 간다. 이상은 자진한 '우매와 몰각'이라는 극치의 자기 기만술까지 동원하여 최대한의 위장술을 펼치는데,

그것은 정희에 대한 것뿐 아니라 독자에 대한 위장술이기도 하다. 다음을 보자.

> 亂麻와 같이 갈피를 잡을 수 없는 얼마간 悲劇的인 자기탐구.
>
> 이런 흑발 같은 襤褸한 주제는 門閥이 버젓한 나로서 採擇할 身勢가 아니거니와 나는 泰西의 에티켓으로 茶 한 잔을 마실 적의 포-즈에 대하여도 細心하고 細心한 用意가 必要하다.
>
> 휘파람 한 번을 분다 치더라도 내 極秘裏에 精選 隱匿된 節次를 溫故하여야만 한다. 그런 다음이 아니고는 나는 希望 잃은 黃昏에서도 휘파람 한 마디를 마음대로 불 수는 없는 것이다.
>
> 動物에 對한 高潔한 知識?
>
> 사슴, 물오리, 이 밖의 어떤 種類의 動物도 내 애니멀킹돔에서는 落脫되어 있어야 한다. 나는 이 狩獵用으로 귀여히 가여히 되어먹어 있는 動物 外에 動物에 언제든지 無可奈何로 無智하다.
>
> 또-
>
> 그럼 풍경을 묻지 않고 風景의 根源, 中心, 焦點이 말하자면 나 하나 「도련님」다운 素行에 있어야 할 것을 傍若無人으로 强調한다. 나는 이 盲目的 信條를 두 눈을 그대로 딱 부르감고 믿어야 된다.
>
> 自進한 「愚昧」, 「歿覺」이 참 어렵다.
>
> 보아라. 이 自得하는 愚昧의 絶技를! 歿覺의 絶技를, (전집 2권, 386쪽)

위의 인용문 첫 구절에서는 서술자가 '난마와 같이 갈피를 잡을 수 없는' 분열된 자아를 의식하고 있음이 드러난다. 그러나 곧이어 이러한 분열의식은 자신과 같이 훌륭한 門閥을 가진 자신에게는 어울리지 않는 것이므로 오직 하나의 원근법, 그것도 '도련님'과 같이 고매한 시점만을 선택하겠노라는 의지를 드러내는 것이다. 그러한 원근법은 사슴, 물오리 등의 온순 순량한 수렵용 동물 이외에는 어떠한 동물도 허용하지 않으며, 풍경 또한 자신의 그러한 고매한 주체에 표상되는 것만을 허용할 것이라고 스스로 몰각과 우매를 다짐하는 것이다. 이 위선의 포즈는 정희에 대응하기 위한 것으로 의식적으로 선택된 것이며, 이미 스스로 인지하고 있는 복수된 자아의 다양한 시점들을 부정하는 것이므로 자진한 우매가 되는 것이다. 이렇듯 이성적이고 고매한 원근법만을 취해, 거기에 준한 고상하고 근엄한 모습만을 정희에게 보여주기로 한 바, 조심조심 그의 맵시를 다듬는 것이나 그는 무심결에 그의 본심을 드러내 보이고 만다. 이것이 다음과 같이 서술되는 2차 종생인 것이다.

1) 좋아, 좋아, 좋아 그만하면 잘 되었어,

나는 고개 대신에 단장을 끄덕끄덕해 보이면서 창졸간에 그만 貞姬 어깨 위에다 손을 얹고 말았다.

그랬더니 貞姬는 적이 해괴해 하노라는 듯이 暫時는 默默하더니 –

貞姬도 門閥이라든가 或은 簡便히 말해 에티케잍이라든가 제법 배워서 짐작하노라고 속삭이는 것이 아닌가.

꿀꺽!

넘어가는 내 지지한 終生, 이렇게도 失手가 許해서야 物化的 全生涯를 蕩盡해 가면서 死守하여 온 珊瑚篇의 本意가 大體 어디 있느냐?

興天寺 으슥한 구석방에 내 終生의 竭力이 貞姬를 이끌어들이기도 전에 나는 밤 쓸쓸히 거짓말깨나 해 놓았나보다.

나는 내가 그윽히 陰謀한 바 千古不易의 蕩兒, 李箱이 자자레한 文學의 貧民窟을 攪亂시키고자 하던 가지가지 珍奇한 연장이 어느 겨를에 빼물르기 시작한 것을 여기서 깨단해야 하나보다. 社會는 어떠쿵, 道德이 어떠쿵, 內面的 省察 追求 摘發 懲罰은 어떠쿵, 自意識過剩이 어떠쿵, 제깜냥에 번지레한 漆을 해 내어걸은 치사스러운 看板들이 未嘗不 우스꽝스럽기가 그지없다.

「毒和」

足下는 이 꼭두각시 같은 語彙 한 마딜 暫時 맡아가지고 게서보구료?

藝術이라는 虛妄한 아궁지 近處에서 송장 近處에서보다도 한결 더 썰썰 기고 있는 그들 해반주룩한 死都의 血族들 땟국내 나는 틈에 가 끼기

워서, 나는 -

내 계집의 치마 단속곳을 갈갈이 찢어 놓았고, 버선켤레를 걸레를 만들어 놓았고,검던 머리에 곱던 양자, 獰惡한 곰의 발자국이 질컥 디디고 지나간 것처럼 얼굴을 망가뜨려 놓았고, 知己親戚의 돈을 뭉청 떼어 먹었고, 좌수터 由來 깊은 商號를 쑥밭을 만들어 놓았고, 겁쟁이 取利者는 고랑때를 먹여 놓았고, (전집 2권, 389~390쪽)

2) 愴然한 古刹 遺漏 없는 裝置에서 나는 정신차려야 한다. 나는 내 錚錚한 履歷을 率直하게 써먹여야 한다. 나는 고개를 숙이고 담배를 한대 피워물고 屠長에 들어가는 소, 죽기보다 싫은 서투르고 근질근질한 포-즈 體貌獨奏에 어지간히 성공해야만 한다.

그랬더니 그만두잔다. 당신의 그 어림없는 몸치렐랑 그만 두세요. 저는 어지간히 食傷이 되었습니다 한다.

그렇다면?

내 꾸준한 努力도 一朝一夕에 水泡로 돌아가는 것이 아닌가.

大體 貞姬라는 可憐한 「石女」가 제 어떤 재간으로 그런 陰凶한 내 奸計를 요만큼까지 看破했다는 것이다.

一時에 氣盡한다. 脈은 탁 풀리고는 앞이 팽 돌다 아찔하는 것이 이러다가 까무러치려나보다고 極力 단장을 의지하여 버텨 보노라니까 噫라! 내 起死回生의 終生도 이번만은 回春하기 장히 어려울 듯싶다.

李箱! 당신은 世上을 經營할 줄 모르는 말하자면 병신이오. 그다지도 「迷惑」하단 말씀이오? 건너다보니 절터지요? 그렇다 하더라도 「카라마죠프의 兄弟」나 「四十年」을 좀 구경삼아 들러 보시지요.

아니지! 貞姬! 그게 뭐냐하면 나도 살고 있어야 하겠으니 너도 살자는 詐欺, 속임수, 일부러 만들어 내어놓은 迷信, 中에도 가장 優秀한 무서운 呪文이오.

李箱! 그러지 말고 試驗삼아 한발만 한발자국만 저 개흙밭에다 들여놓아 보이시지요.

이 樂譜같이 스무-드한 談笑 속에서 비철비철하노라면 나는 내게 匹敵

하는 天衣無縫의 蕩兒가 이 目睹간에 있는 것을 느낀다. 누구나 제 내어 놓았던 협수룩한 포-즈를 걷어치우느라고 허겁지겁들 할 것이다. (전집 2권, 391~392쪽)

인용문 1)은 이상이 자신의 정교한 가면인 위선적 포즈를 잊고 얼결에 본심을 드러내면서 정희에게 패배하는 장면이다. 점잖음과 무심을 위조한 그가 정희의 어깨 위에 손을 얹는다는 것은, 자진한 몰각에 의해 배제시켰던 동물성과 다른 원근법을 허용한 것이므로 누가 보아도 또 한번의 패배인 것이다. 그는 이러한 또 한번의 패배-종생을 맞으면서, 자신이 그토록 지중하고 진기하다고 호언했던 '珊瑚鞭'과 그의 결과물인 '珊瑚篇'이 사실은 자신이 위조해낸 천고불역의 蕩兒, 이상에 의해 뿌려진 '毒化'에 불과한 것임을 고백한다. 하지만, 이것이 위 인용문에서 드러나듯, 반성과 성찰의 어조가 아니라 냉소와 자학적 어조에 의해 폭로된다는 점에서 이는 위선의 패배에 대한 패악이며, 위악적 성격을 띤다. 전생애를 탕진해 가면서 사수해온 문학과 진기한 연장이라는 것이 겨우, '허망하고 땟국내 나는 틈에 낑기워' 제 계집을 매춘시키고 가족을 적빈으로 몰아넣고, 온갖 것을 황폐하게 만든 '독화'에 불과하다는 자학은 그러나, 그 자학이 여전히 위악에 불과하다는 점에서 오만함의 역설적인 표출이므로 아직 완전한 패배는 아니다.

3차 종생은 인용문 2)에서 보듯, 다시 포즈를 가다듬고 정희에게 돌진하려던 이상이 이번에는 정희에 의해 허위와 위선이 폭로됨으로써 발생한다. '당신의 그 어림없는 몸치렐랑 그만 두세요'라는 정희의 말은 뒤이은 도스토예프스키의 카라마조프의 형제나 개흙밭 운운하는 구절과 함께, 이상의 가식과 허위와 위조의 포즈, 더불어 그와 동일한 그의 글쓰기를 겨냥하고 있다. 속임수나 겉치레 말고, 개흙밭에다 발을 한번 디뎌보라는 것은, 그렇게 의식과 관념의 세계에 갇혀서 허망하기 그지없고 실체없는 기호놀이와 기교에 빠져있지 말고 실체를, 도스토예프스키 같은 무기교의 진정성을 한번 느껴보라는 것이다. 이러한 정희의 말에 그는 그의 천의무봉의 탕아와, 협수룩한 포즈와 함께 다시 회춘하기 어려운 종생의 무게로 쓰러지고 만다. 그것은 이상의 가면, 그리고 나아가 그의 글쓰기에 대한 모독으로 그의 세 번째의 패배는 다음과 같이 글쓰기에 대한 진지한 성찰로 이어진다.

> 美文에 견줄 만큼 위태위태한 것이 絶勝에 酷似한 風景이다. 絶勝에 酷似한 風景을 美文으로 飜案 模寫해 놓았다면 자칫 失足 溺死하기 쉬운 웅덩이나 다름없는 것이니 僉位는 아예 가까이 다가서서는 안된다. 도스토예프스키-나 고리키-는 美文을 쓰는 버릇이 없는 체했고, 또 荒凉, 雅淡한 景致를 「取扱」하지 않았으되 이 의뭉스러운 어른들은 오직 美文을 쓸듯 쓸듯, 絶勝景槪는 나올듯 나올듯, 해만 보이고 끝끝내 아주 활짝 꼬랑지를 내보이지는 않고 그만둔 구렁이 같은 분들이기 때문에 그 欺瞞術은 한층 더 進步된 것이며, 그런 만큼 效果가 또 絶大하여 千年을 두고 萬年을 두고 내리 내리 부질없는 慰撫를 바라는 衆俗들을 잘 속일 수 있는 것이다. 그러나-왜 나는 미끈하게 솟아있는 近代建築의 偉容을 보면서 먼저 鐵筋鐵骨, 시멘트와 細砂, 이것부터 선뜩하니 感應하느냐는 말이다.
>
> 씻어 버릴 수 없는 宿命의 號哭, 몽고레안푸렉게(蒙古痣) 오뚝이처럼 쓰러져도 일어나고 쓰러져도 일어나고 하니 쓰러지나 섰으나 마찬가지 의지할 얄팍한 壁 한 조각 없는 孤獨, 枯稿, 獨介, 楚楚.
>
> 意料하지 못한 이 忽忽한 「終生」나는 夭折인가보다. 아니 中世摧折인가보다, 이길 수 없는 肉迫, 눈 멀은 떼까마귀의 罵詈 속에서 蕩兒 中에도 蕩兒 術客 中에도 術客 이 難攻不落의 關文의 壞滅, 救世主의 最後然히 坊坊谷谷이 毒餘[121](여독을 바로 잡음)는 浸透하는 裝飾 中에도 虛飾의 表白이다. 出色의 表白이다. (전집 2권, 392~393쪽)

121) 김윤식의 문학사상사본의 '餘毒'을 바로 잡음(조해옥, 「이상 산문 텍스트 확정을 위한 한 고찰」, 《한국문학연구》, 331쪽 참조).

위 인용문에서 미문과 절승경개에 대한 경계는 이상 스스로에 대한 다짐이다. 인용문에서 보듯, 도스토예프스키나 고리키와 같은 대가들이 절승경개에 대한 감흥과 미문에 대한 재능이 없진 않았지만, 아름다운 문장과 풍광에 미혹되지는 않았다는 것, 그것이 오히려 수위 높은 기만술이라는 것이다. 그런데 이상 자신은 앞서 정희가 지적한 바와 같이, 요설과 허식으로 가득 찬 미문에 현혹되고, 절승경개에 대한 감흥 대신 풍경의 근원을 꿰뚫고자 하는 슬픈 투시벽을 가졌음을 토로하고 있다. 그리하여 세 번째 종생은, 정희에게 간파당하고만 탕아와 술객의 허식에 대한 표백을 의미하게 된다. 그러나 허식과 거짓의 요체인 지중한 산호편은 아직 정희와의 게임에서 물러서지 않고 다음과 같이 정희의 가면을 벗기고 실체를 폭로한다.

> 1) 貞姬는 사팔뜨기다. 이것은 무엇으로도 對抗하기 어렵다. 貞姬는 近視六度다. 이것은 무엇으로도 對抗할 수 없는 先天的 勳章이다. 左亂視右色盲 아 –
>
> 이는 실로 完璧이 아니면 무엇이랴.
>
> 속은 후에 또 속았다. 또 속은 후에 또 속았다. (전집 2권, 393~394쪽)

> 2) 사팔뜨기와 내 흰자위 없는 짝짝이 눈. 玉簪花 속에서 나오는 奇術 같은 昔日의 化粧과 化粧 全廢, 이에 對抗하는 내 自轉車 탈 줄 모르는 아슬아슬한 天稟, 다홍댕기에 不義와 不義를 放任하는 束手無策의 懶怠.
>
> 審判이여! 정희에 비교하여 내게 부족함이 너무나 많지 않소이까?
>
> 比等 比等? 나는 最後까지 싸워보리라. (전집 2권, 394~395쪽)

인용문에서 폭로되는 정희의 실체는 「幻視記」의 순영처럼 '삐뚜러진 시각'을 가진 사팔뜨기에, 색맹에 이상 자신의 술객보다 훨씬 뛰어난 奇術을 소유한 여자이다. 즉 앞장에서 분석한 바와 같이, 그가 거짓과 위조로서 대응하고 있는 그녀의 위장술과 실체는 그가 대적할 수 없을 정도로 훨씬 더 놀라운 것이라는 것이다. 그러나 '사팔뜨기, 左亂視右色盲' 등으로 폭로되는 그녀의 실체란 것도 사실, 그녀의 정체에 대해 알 수 없음을 토로한 것에 불과한 것이다. 그는 그녀의 가면을 벗기지 못했을 뿐 아니라, 오히려 치욕을 가중시켰을 뿐이다. 그리고 최후까지 싸워보겠다는 그의 결의도 무참히 좌절되고, 결국 그는 정희가 헤어졌다던 S의 편지를 보게 됨으로써 최후의 종생을 마치게 된다. 결국 그의 최후의 종생은 정희의 거짓에 대한 그의 산호편의 참패를 의미한다. 그러나 앞서 논의했듯, 이것은 세 명의 이상에 의해 적극적으로 의도된 종생이고, 가장 찬란한 종생을 맞기 위해 적극적으로 연출된 것이기에, '산호편'을 놓아버린 가련한 작가의 비극적인 종생이라고 볼 수 없다. 오히려, 사건 서술보다는 작가의 미적 자의식을 두드러지게 드러내고 있음을 감안한다면, 「終生記」의 핵심은 '실연'과 '죽음'이 아니라, 치명적인 글쓰기에의 열정과 그 요체인 '산호편'의 위력을 형상화하는 데에 있다고 볼 수 있다. 작가가 서두에서 밝혔듯, 산호편을 버리는 것이 아니라 지상 최종의 걸작을 남기겠다는 것, 그것이 이 치명적 글쓰기와 그 미적 주체인 탕아로서의 이상이 의도한 것이라고 볼 수 있는 것이다. 물론 「終生記」에는 실제 이상을 끊임없이 위협하고 공포로 몰아놓은 죽음의 그림자가 어른거리고 있는 것이 사실이다. '1937년 3월 3월'로 명시하고 있는 묘비명과 '만 25년과 11개월'로서의 두 번의 종생, 그리고 최종의 종생인 '만 26세와 3개월을 맞이하는 이상'[122] 등등 작중에서 언급되는 미적 주체의 죽음과 이에 대한 형상화는 실제 집필 당시(1936년 8월부터 퇴고한 날짜로 명기된 11월 20일)의 실제 나이에 해당하는 것으로, 죽음을 예감한 작가의 또 다른 위악적 포즈와 불행의 실천으로서의 자발적 죽음의 선고라고 볼 수 있을 것이다. 더욱이나 「終生記」라는 작품이 흥미로운

122) 문학사상사 본에는 30개월로 되어 있으나 원본에는 3개월로 되어 있다(김주현, 앞의 책, 387쪽 참조).

것은 앞서도 언급했듯, 李箱의 이 '모조 유서', '위조된 유서'가 실제 자연인인 김해경의 삶을 이끌고 있다는 것이다. 이상 문학에서 서술자아와 시적 자아는 끊임없이 '자살'과 '죽음'을 꿈꾸고 있지만, 실제 '김해경'은 이와 반대라고 할 수 있다. 서신과 수필 등등 작가의 실체를 드러낸 글들에서 '李箱'은 생에 대한 절실한 욕망을 드러내고 있다. 물론 미적 주체인 '이상'이 가공해낸 작품에서도 이러한 생에의 의욕과 생의 충동을 직접적으로 표출하거나 혹은 특유의 파라독스와 아이러니를 통해 간접적으로 드러내기도 하지만, 작가 이상은 줄곧 자살에의 충동, 생의 부정을 미학화하는 데 골몰했다고 볼 수 있다. 생의 의지, 그리고 이와 반대된 자살 충동은 둘 다 주체가 보여주는 분열된 욕망이지만, 미적 가상과 허구로서 줄기차게 그리고 있는 보다 큰 욕망이 '죽음의 충동'이었다는 것은 '이상'이라는 허명에 기초한, 거짓의 生이 그의 또 한편의 실체인 '김해경'이라는 생의 의지 속에 놓인 자연인을 어떻게 압살하고 이끌어 가는지를 보여준다. 결국 거짓으로 위장되고 욕망되고 실현된 자살과 유서, 이것은 불과 7개월이라는 차이를 두고, 실제 김해경의 죽음을 선취한 가짜 이상의 절대 우위성, 전복된 실존을 의미하는 것이다.

그러나 이렇듯 자신을 시시각각 위협하는 죽음조차 '글쓰기'를 통해 적극적으로 허위화하고 미학화함으로써 치명적 글쓰기를 감행한 이상은, 그가 찾아헤매이던 단단한 실체로서의 '한 나무의 인상'(「童骸」, 전집 2권, 271쪽) 대신 미적 가상의 세계, 오류이자 거짓의 세계로의 자진한 몰각을 통해, '진리라는 유일의 표상'이 아닌 오류로서 존재하는 다양한 개인과 독창성을 심미화하고 있을 뿐 아니라, 자신의 혼돈을 형식화함으로써 지배하는 근대적인 미적 주체의 한 전형을 보여준다. 이상이라는 이 미적 주체는 끊임없는 새로운 비유에의 충동와 오류의 심미화를 통해 '진리는 유일한 입법자'와 '표상' 속에 용해되어버린 독창성과 개인성을 옹호하고 있으며, 앞서 김동인이 '진리'라는 동일률 위에 세운 근대 문학의 한 지점을 허물고, 완전히 '가상과 거짓' 위에 성립된, 신기루와 같은 미적 근대성의

한 지점을 탐사해놓은 것이다.[123)]

123) 이상이 파격적인 형식실험과 기교를 통해, 허위와 가상을 심미화하고 있기는 하나, 그가 진리를 부정하고 있다고 말하는 것은 아니다. 이상 문학의 절대 관념과 논리의 세계는 오히려 그가 진리의 탐구자였음을 보여주는 근거라 할 수 있으나, 앞선 분석에서 살펴보았듯, 그가 발견한 진리와 실체라는 것이, 근대의 출발점에 놓인 김동인의 확고한 믿음과는 달랐다는 것, 따라서 그가 이른 지점은 근대적 합리성의 한계, 표상의 한계라 할 수 있으며, 따라서 그의 문학 세계에서의 '오류'와 '허위' 등등은 이렇듯 변화된 진리관을 반영하고 있을 뿐 아니라, 니체 이후의 탈근대적 사유와 징후를 담고 있다고 할 수 있다. 다음은 니체와 같은 맥락에서 예술과 진리에 대해 들뢰즈가 언급한 내용이다. "예술은 가장 강도 높은 거짓이고, 그것은 '오류로서의 세계'를 찬미하며, 거짓말을 신성화하고, 속이려는 의지를 높은 이상이 되게 한다. (중략) 이때 진리는 새로운 의미를 띨 것이다. 진리는 가상이다. 진리는 힘의 실행을, 최고의 힘으로서의 상승을 뜻한다."(뤽 페리, 앞의 책, 262쪽)

IV. 결론

지금까지 본고는 김동인과 이상 소설을 대상으로 '惡'의 표상에 관하여 살펴보았다. 본 논문에서 논의된 '악'은 부정성의 다양한 스펙트럼을 포괄하는 보다 확대된 차원의 것을 의미하는 것으로, 이를 통해 한국 근대 문학사에서 미적 근대성이 분화되는 과정과 최근 문학 현상에서 나타나는 악의 경향성의 시원을 고찰하고자 하였다. 우선 본고에서 '악'과 관련하여 주목하고 있는 '미적 근대성'은 진리와 도덕의 영역에서 분리되어 예술의 고유한 법칙성과 논리를 바탕으로 하여 성립되는 미적 자율성을 의미한다. 따라서 김동인과 이상 소설에 나타난 '악'의 표상에 대한 고찰은 한국 근대 문학이 '진리'와 '도덕'의 영역에서 작동하고 있는 고유의 법칙인 '진리'와 '선'의 법칙성을 벗어나 문학 예술이 어떻게 '미'라는 고유한 내적 논리를 발전시켜왔는가를 살펴보고자 하는 시도라고 할 수 있다. 그 결과, 김동인은 '미'와 '악'의 친연성에 대한 강조를 통해 '권선징악'이라는 기존 문학의 윤리성을 벗어나고자 하였으며, 이상은 거짓과 오류를 통해 동일성의 체계인 진리의 표상을 벗어나고자 했다는 것을 밝히고자 하였다. 본고가 '주체/악의 표상/ 미학적 층위'로 나눠 살펴본 김동인과 이상 소설에 나타난 '惡'의 표상에 대한 구체적인 분석과 논의는 다음과 같이 요약된다.

2장 1절에서는 공동체의 규범이자 관습인 선악이라는 집단적 가치를 탈피할 수 있는 근거인 '개인'이 동인의 참예술론과 '참자아'의 강조를 통해 어떻게 탄생되고 있는지를 살펴보았다. 동인에게 있어 문학은 '미'라는 고유한 가치를 지닌 '예술'을 의미하지만, 동시에 선진문명이자 신문물로서 근대 문명의 초석이 된 과학과 동일한 것으로 진리를 구현하는 하나의 방식이 된다. 그리고 이를 통해 '악'에 대한 긍정과 탐색이 가능해진다. 즉, 동인은 문학이라는 미적 영역을 인식론적 영역과 동일시함으로써 윤리적 영역의 '당위성'을 부정하고 있는데, 이것은 문학예술을 도덕적 영역에서 분리시켜 자율적 영역으로 확립시키는 중요한 방법론이 되고 있는 것이다. 그러나 악과 진리의 등식에 대한 과도한 강조로 인해 동인은 애초부터 삶과 현실을 부도덕하고 비윤리적인 것으로 규정, 작품 세계는 역설적으로 주관적인 관념의 세계와 당위의 차원으로 떨어지고 만다. 한편, 동인이 강조하고 있는 '참자아'는 당시 동인지의 '자아주의'와 일맥상통하나, 보다 배타적이고 극단적인 자아중심주의를 표방한 '유아론'적 성격을 지닌다. 이 유아론적 근대 주체는 동인의 소설에서 구체적으로 봉건적인 구습에 대한 비판과 神이라는 절대적 타자를 부정함으로써 강조된다. 전통 부정과 인습 비판을 주제화하고 있는 「專制者」와 「딸의 業을 이으려」는 어떤 면에서는 이광수의 작품과 흡사하지만, 춘원이 인습타파와 자아각성을 통해 새로운 삶과 세계를 꾸리는 이상적인 인물들을 보여주는 것에 반해, 동인은 권선징악적 틀을 벗어나기 위해 폭압적인 사회 환경 속에서 파멸해가는 여성 인물을 비극적으로 형상화하는 데 주력함으로써 '현실'을 회화하는 리얼리즘에 충실하고자 하였다. 공동체의 모랄을 부정하는 것과 동시에 신이라는 절대자를 부정함으로써 강조되는 '개인'과 '합리성'에 대한 옹호는 「明文」과 「信仰으로」에서 종교적 초월성 비판으로 나타난다. 동인이 강조하고 있는 근대적 주체와 '참자아'의 성격은 춘원의 『無情』과 여러 면에서 비교될 수 있는 「弱한 者의 슬픔」과 「마음이 옅은 者」

에 잘 드러나 있다. 동인은 이 두 작품을 통해 특히 춘원의 '자유연애'와 윤리적 이상주의를 비판하고 있다. 「弱한 者의 슬픔」은 강 엘리자벳트라는 가정 교사의 성적 타락과 비극적 파멸을 통해, 춘원이 「無情」의 결말에서 제시한 민족공동체의 이념에의 지향과 화합이라는 이상주의를, 「마음이 옅은 者」는 자유연애와 육체적 방탕에 빠져 처자식과 자신의 운명을 비극적 파국으로 몰고 만, K의 참회를 통해 춘원의 자유연애사상을 비판하고 있는 것이다. 그러나 이 두 작품은, '주체의 각성'이라는 측면에서는 춘원과 동일한 입장을 취하는데, 그것은 무엇보다 '참자기'라는 자신의 본래의 모습과 욕구를 '인식'하는 자율적인 근대 주체에 대한 강조를 통해 드러난다. 「弱한 者의 슬픔」에서의 강 엘리자벳트의 파멸의 원인을 '비주체성'과 나약함으로 보고, 이에 대한 깨달음을 통해 진정한 '개인'으로 거듭나게 하고 있으며, 「마음이 옅은 者」에서도 K의 파멸이 진정한 자기 의식 없이 자유연애 풍조라는 경박한 악사조에 휩쓸린 탓으로 돌리고 있는 것이다. 그러나 이렇듯 모든 것을 '자아'에 그 원인을 두는 자아중심주의는, '강한 성격=선, 나약함=악'이라는 새로운 가치 구도와 힘의 논리로 나아감으로써, '자아=선, 타자=악'이라는 극단적 유아론과 절대 주체를 긍정하는 기반을 마련한다. 또한, 이들 작품에서 드러나는 '악'의 양상은 '성적 타락'과 '무분별한 욕망'에 기반하는 것으로, 전통적인 윤리관을 답습하고 있을 뿐 아니라, 자기 각성을 통해 이러한 기존의 가치질서와 선악의 구도를 내면화한 근대적 주체를 강조하고 있어, 오히려 기존의 윤리관을 강화하고 있다.

2장 2절에서는 「감자」와 「광염소나타」를 중심으로 동인 소설에 나타난 악의 표상을 살펴보았다. 「감자」는 예술을 과학과 동일시함으로써 진리를 추구하고자 한 동인의 문학관을 반영하고 있는 작품으로, 엄정한 객관적 현실을 묘사하기 위해 리얼리즘과 자연주의라는 스타일을 통해 '복녀'가 타락하는 과정을 그리고 있다. 「감자」에서 드러나는 구체적인 '악'의 목록들은, 간음, 매춘, 간통 등의 성적 타락과 게으름, 시기, 질투, 싸움, 도둑질, 살인, 구걸, 빈곤 등등이다. 이러한 목록들은 작품에서 간략하게 언급만 되고 있어, 전통적인 선악의 개념을 답습할 뿐, 선악에 대한 인식적인 새로움을 보여주지는 않는다. 그러나 동인은 이 작품에서 고소설에서의 선험적인 선인과 악인의 이분법적 구도에서 벗어나 한 평범한 여인이 어떠한 과정을 통해 '악'을 체현해가는지를 냉정하게 탐구하려 하였으며, 이를 통해 인간은 선험적으로 규정되어 있지 않을 뿐 아니라, 오히려 모든 인간 내면에는 근본악으로서의 이기심과 탐욕이 자리잡고 있음을 보여주고자 하였다. 하지만, 이에 대한 지나친 강조는 도덕이나 윤리가 문명과 공동체 질서 속에서 이루어지는 허위의식일 뿐, 인간의 본질은 근본적으로 이기적이고 탐욕적인 것으로 권선징악이라는 당위의 차원에서 계도하기 이전에 승인해야할 필연성이자 진리임을 담론적으로 피력하고 있다. 이렇듯 극단적인 상황에서 폭로되는 인간의 진상은 「태형」 「포플라」와 같은 작품을 통해서도 드러난다. '궁핍'과 '생존', '최소한의 성욕 충족' 등의 절대적 상황 속에서 이들 인물이 보여주는 인간의 참모습은 도덕이나 윤리를 벗어던진 원초적인 야만인이다. 동인의 이러한 인간관은 합리적이고 물질주의적인 근대 의식의 소산이나, 실제적으로는 객관적인 실증적 태도에 의해 뒷받침되고 있지 않다. 모든 인간은 극단적인 상황에 몰아넣으면 반드시 '선'이라는 위선의 탈을 벗고 인간 본연의 '악'을 드러낼 것이라는 주장은 매우 주관적이고 선험적인 인간 이해일 뿐, 작품에서는 구체적으로 리얼리티를 획득하고 있지 못하다. 「감자」에서 악의 표상이 사실적 차원에서의 '진리'를 의미한다면, 「狂炎소나타」에서의 악의 표상은 미학적 차원에서의 '탐미주의'를 의미한다. 사실적 차원에서의 진리에의 추구라는 계몽주의와 미학적 차원에서의 낭만주의라는 두 개의 이질적인 근대성이 동인 문학에 공존할 수 있었던 것은, 당대의 복잡다단한 현실상황에서 기인한다. 즉 '반근대적 근대성'이라는 미적 자율성을 밀고 나가기에는 당대 현실이 아직 근대성조차 확립되지 못한 척박한 상태였으며, 동인의 예술 지상주의도 '예술=과학'이라는 인식을 통해 계몽적 합리성을 내장할 수밖에 없었던 것이다. 이러한 한국 근대문학 초기의 복합적 양상은 동인의 탐미주의 사상을 형상화한 「狂炎소나타」에서도 드러난다. 동인이 「狂炎소나타」의 백성수라는 천재 음악가를 통해 일차적으로 의도한 것은 '악마적 탐미성'의 옹호라는 낭만주의적 미학에 대한 계몽이다. 「狂炎소나타」에서 악을 표상하는 백성수의 일련의 악행은 일차적으로 반사회적 반인륜적 범죄 속에 부정적으로 형상화되지만, 도취와 열정, 감정적 파토스를 중시하는 낭만주의 미학 속에 그의 악마적 탐미성이 긍정되고 옹호된다. 그러나 이러한 낭만성과 탐미성은 K라는 음악비평가라는 화자의 간접서술과 개입과 계몽적 언설, 그리고 백성수의 편지라는 양식을 통해 '악'은 미학적 차원에서 향유되지 못하고, 낭만주의 혹은 유미주의 사상은 보다 강고하고 직접적인 계몽적 진술 속에 하나의 이데올로기로서 제시된다. 따라서 「狂炎소나타」는 동인의 유미주의 사상을 구체화하고 있지만, 그것은 작품 내적으로 심미화되어 향유되기보다는 계몽되고 있다는 것을 알 수 있다. 또한 이 작품을 통해 드러나는 동인의 유미주의의 정향은 아름다운 꿈과 환상이 펼쳐지는 미학적 유토피아라기보다는 인간의 모든 욕망과 충동이 긍정되고 야만성과 광포성이 혼돈 속에 질주하는 디오니소스적 격정의 세계임을 알 수 있다. 그러나 그것은 오로지 특별한 개인, 즉 자각된 주체에게만 허용되는 것으로, 「弱한 者의 슬픔」의 '선=강, 악=약'이라는 강자의 논리가 천재 음악가라는 영웅 숭배를 통해 '힘의 미학'으로 표출되고 있는 것이다.

2장 3절에서는 앞서 분석한 진리와 미의 표상으로서의 '악'이 작품 내적으로 어떻게 구현되고 있는지를 살펴보았다. 우선 「狂炎소나타」에서 드러나는 '계몽적 유미주의'는, 탐미주의와 이와 상반되는 계몽적 담론으로 인해 미학적 파탄과 균열을 가져왔음을 지적하였다. 이것은 동인이 근대소설의 가장 중요한 요건으로서 리얼리즘을 강조하는 동시에, 근대 소설의 또 다른 특징으로서 로맨티시즘을 병행할 것을 주장하는 데에서 이미 예기된 것이다. 그러나 이 두 개의 상반된 미학의 균열에도 불구하고 그가 지속적으로 작품을 양산해낼 수 있었던 것은 그가 도스토에프스키와 톨스토이의 대비를 통해 부각시키고 있는 '인형조종술'이라는 창작방법론 때문이다. '인형조종술'은 작가가 신의 위치에서 인물과 사건을 인형처럼 놀리는 창작방법론으로, 동인이 줄곧 강조해왔던 '유아론', '천재 옹호론'과 일맥상통하는 것이다. 동인에게 있어서 작가는 과학자와 동일하게 대상에 대한 의식적인 개입과 조작을 통해 인간의 힘을 개진하고 확장시키는 '신'과 같이 무한한 힘을 지닌 창조자로, '유아론'과 '영웅숭배'에서 보여준 초월적 욕망을 실현하는 위대한 존재이다. 「유서」는 이러한 '인형조종술'에 의해 창작된 작품으로, 서술자의 목소리를 육화한 작중 화자 '나'는 모든 것을 지배하고 장악하여 자신이 구상한 플롯 속에 인물을 배치하고 있다. 따라서 이러한 인형사의 조종에 의해 움직여지는 작중 인물들은 평면적이고 단선적인 성격으로 일관하고 있어, 구체적인 인물로 형상화되지 못하고 있다. 이러한 인물들이 체현하고 있는 '악'의 형상 또한 구체적인 현실과 역사적 맥락에서 탐구되거나, 인물의 내면을 통해 선악이 아닌 다른 차원에서 묘사되는 것이 아니라, 고압적이고 권위적인 서술자의 냉소적인 시선 속에서 다만 '타자'로서 존재한다. 결국 동인 작품에 드러나는 악의 구체적인 목록들, 인간의 욕망과 타락은 단지 작가라는 절대적 주체에 의해 플롯의 한 계기로서만 존재할 뿐, 다른 차원에서 탐구되지 못하고 있다. 또한 이러한 맥락에서 동인의 작품은 진정한 주체에 대한 탐색이 아니라, 작가라는 '자아'를 위해 도구화된 것에 불과하다. 따라서 동인 소설의 작중 인물은 어떤 누구도 근대적 주체가 아니다. 단지 작가만이 근대적 주체이고 이러한 근대적 주체에 의해 희생된 타자들이고 대상이자 사물인 것이다. 주체의 발견이 아니라, 신이라는 절대적 주체의 상정에 의해 관찰되는 타자들과 자연주의적 태도는 오히려 불합리한 광기의 예술가와 비주체적인 인간 군상들을 부려놓았다. 이들 작품에서 구현되는 '악'은 '체험되는 것이 아니라 진술되고 단지 판단되고 있으며, 이렇듯 진술되고 판단되는 그 '비정한 거리'로 인해 노출되는 것은 역설적이게도 작가의 도덕적인 의식인 것이다.

김동인 소설에서의 '악'이 기존의 공동체적 관습을 부정하고 개별성을 강조하면서, 윤리 영역을 벗어나고자 하였다면, 이상 소설에 있어서 '악'은 근대정신이 표방하는 과학적 합리성의 오류, 그 허위에 대한 발견을 의미하는 것으로, 이를 통해 문학은 과학적 진리 영역을 벗어나서 미적 영역에 한층 더 밀착하게 된다. 동인에게 있어서 '악'은 근대 과학과 필연성으로 표상되는 진리였으나, 이상에게 있어서 그것은 근대 과학과 필연성 바깥 영역에 있는 허위와 오류라는 것, 그리하여 다시 근대 과학과 합리성인 보편적 '진리'가 자명성을 스스로 포기하게 되는 과정을 거쳐 다시 그 오류가 진리임이 드러난다. 이렇듯, 두 작가에게 공통적으로 나타나는 '진리'의 표상으로서의 '악'은 근본적으로 다음과 같은 방식을 통해 변별된다. 동인에게 있어 '악'이 성적 타락과 탐욕, 이기심 등등의 비윤리적인 목록을 통해 윤리적 영역에서 탐구되었다면, 이상 문학에 있어서 악의 표상은 진리와 허위 등의 인식론적 영역에서 탐구되고 있다는 점이다. 즉 이상 문학의 부정성이 문제시하는 것은 윤리가 아니라, 세계를 표상하고 있는 주체의 자기동일성과 타자와의 관계에서 비롯된 '진정성과 허위'의 문제이다. 따라서 김동인 소설에서의 '악'의 의미가 반도덕성을 통해 역설적으로 도덕적 영역에 묶여 있었다면, 이상 소설에 있어서는 논리의 진위, 진정성과 허위를 판별하는 차원에서 진리의 영역에서 사유되고 있다. 그리고 진리는 이를 표상하는 주체의 해체와 거짓과 허위에 기반한 타자와의 관계를 통해, 그 보편성과 동일률을 잃어버리고 미적 가상과 오류의 세계로 전화된다. 이상 소설은, '오류 혹은 허위'로 표상되는 '악'의 실체를 다음과 같은 여러 방식과 층위를 통해 구체적으로 형상화한다. 첫째, 인식주체로서의 자기 동일성에 대한 부정과 해체, 그리고 이성적 주체에 대한 강조와 글쓰기 주체의 복수화, 둘째 주체와 타자와의 관계에 있어서의 진정성 부재와 소외, 셋째 논리와 관념의 세계를 벗어나는 육체성과 여성성, 그리고 죽음, 넷째 불안과 공포 등등의 무의식적 층위에 대한 탐사이다.

3장 1절에서는 이상 소설에 나타난 주체 분열과 해체 양상을 살펴보았다. 이상 문학의 주체의 분열과 해체는 무엇보다 그의 특이한 생의 경력과 불가분의 관계에 놓이는데, 두 아버지를 그에게 선사한 '양자'로서의 삶과 식민지에서 근대 체험은 그에게 정체성의 혼란과 분열 의식에 중요한 계기가 된다. 이렇듯 분열된 근대적 주체에 의해 표상된 세계는 『十二月 十二日』에서 부정과 모순해법으로서의 삶에 대한 인식으로 표출된다. 이 작품은 이상의 처녀작으로 청년 이상이 불행한 가족사와 암울한 운명의 예감으로 얼룩진 삶을 '글쓰기'를 통해 객관적으로 이해해보고자 하는 실존적 필요에 의해 쓰여진 작품이다. 인과와 필연성과 무관한 비합리적이고 불가해한 운명을 '인식'을 통해 이해해보고자 하는 것은 주체의 부정이 아니라, 인식 기반으로서의 자기동일성 속에 세계를 파악하고 이를 통해 삶의 주인이 되고자 하는 주체적인 의지의 소산이다. 그러나 이 작품에서 끝내 ×는 자신의 운명의 필연성과 법칙을 찾아내지 못하고 파멸하고 만다. 실패한 주체의 세계인식은 끊임없는 자기동일성에 대한 부정과 해체로 나아간다. '比久, 甫山, 하융' 등등의 다양한 필명과 자연인 김해경을 압도하는 '李箱'이라는 미적 주체로서의 삶이 상징하듯, 그의 소설에는 분신 모티브와 복수화된 자아를 통해 끊임없이 되비추는 자의식적 인물과 분열적 주체가 등장한다. 이 분열적 주체는 「날개」에서 보듯, 육체/의식 등으로 이분되지만, 분화된 자아는 또 다른 자가분열을 통해 자기 동일성에서의 수많은 타자성을 탄생시킨다. 주체 분열과 복수화된 자아는 소설 작품에서는 주로 서술 층위의 중층화와 시간과 공간의 단절과 교차 등으로 반영되면서 창작방법론에 투영되는데, 그 대표적인 실례로 「失花」와 「終生記」를 들 수 있다.

3장 2절에서는 구체적인 작품 분석을 통해 이상 소설에 나타난 악의 표상과 실체를 살펴보았다. 이상 소설에 있어서의 악의 표상은 '허위'이다. 이것은 앞서 분석했던, 이상 주체의 분열과 해체와 관련하여 분석했던 '진정성'의 문제가 타자와의 관계를 통해서 표출되고 있다고 볼 수 있다. 그리고 이러한 허위와 거짓에 대한 반응으로서 남자 주인공은 철저히 위악적 태도를 견지하고 있음을 보았다. 그러나 거짓에 대해 거짓의 맞섬인 '위악'은 결코 타자의 거짓의 넘어서거나 막을 수 없을 뿐 아니라, 오히려 거듭되는 거짓의 증식만을 낳았을 뿐, 어디에도 진정성은 발견될 수 없었다. 그것은 앞서 분석한 '복수적 자아'의 '양파까기'식 허망한 놀이처럼 공허함으로 귀결되고 만다. 결국 믿음과 인식의 어떠한 근거도 찾을 수 없다는 것, 그것은 여인의 문제에 뿐 아니라, 삶에 대한 총체적인 절망을 가져오는데, 이러한 패배에도 불구하고 이상의 패배는 결코 무력하고 수동적인 굴욕으로 끝나지 않는다. 그는 마지막으로, 「終生記」라는 필생의 글쓰기를 통해 이 '거짓과 허위'의 세계를 주체적이고 능동적인 구성력으로 포착하려고 한다. 그러나 이러한 위악의 극단적 실행조차도 결코 그 허위로 표상되는 '실재'의 심연을 포착하지 못하고 오히려 계속되는 경악할만한 거짓의 진군은 이상에게 공포와 불안을 안겨다 준다. 이렇듯 가공할 공포와 죽음으로까지 치닫게 한 것은 여인의 부정과 거짓이 표층적 차원에서 단순히 오류와 허위만을 의미하기 때문만은 아니다. 그것은 보다 정확히는 아무리 껍질을 벗겨도 실체를 드러내지 않는 '실체없음'을 뜻하는 것으로, 진리/거짓이라는 표상 속에 결코 포착되지 않는, 일종의 '인식 불가능한 것' 혹은 '심연'을 의미한다. 이는 라깡의 말을 빌면 상징계에서 벗어난 실재계라 할 수 있는데, 이 '실재'라는 핵은 어떠한 개념으로도 붙잡을 수 없기 때문에 상징계 층위에서 보자면 그것은 '구멍'에 해당한다. 이상은 근본적으로 자신의 인식적 기반 위에서 세계와 현실의 실체를 파악하고 도해하고자 하였고, 또 그럴 수 있다는 믿음과 신념 속에서 일종의 기호놀이라는 진실게임에 빠져들었다. 그리고 그는 자신의 사유체계를 벗어나려는 것들조차, '거짓' '허위' '비대칭' '오류' '무의미' 등으로 근대적 사유 체계의 한 좌표 속에 끊임없이 포섭하려 하였으며, '기호놀이'로 상징되는 그의 문학 세계를 통해 실체에 도달하고자 하였다. 그러나, 그것은 앞서 살핀 바와 같이, 실체 없는 양파까기처럼 '허위'는 계속적으로 또 다른 허위를 보여주면서 절대로 표상 위에서 고착되지 않는 어떤 것으로 거듭 변신해간다. 이렇듯 계속 움직이고 바뀌면서 실체인양 허위로서 판명되는 것들, 이러한 것들이야말로 이상에게는 불안이자 공포, 혐오의 대상이었던 것이다. 따라서 그의 진실찾기, 허위의식에 대한 탐구는 결국은 소모적이고 허무적인 파국을 맞게 되고, 이상은 대칭점, 해답의 대칭점에 놓여있는 '다른' 대답이 아니라, 대칭점 위에 없는 점, 즉 '모순'이라는 논리적 명제로도 설명할 수 없는 '실재'와 맞닥뜨린다. 그것은 라깡의 '실재계'에 해당되는 것으로, '개념적 사고를 항상 벗어나는 사물 자체', 상징계라는 언어와 기표들의 질서 세계에 존재하지 않는 '빈 곳' '부재하는 것', '無이면서도 또한 아무것도 아닌 것이 아닌 無'이다. 이것은 근본적으로, '진리와 거짓을 가능하게 하는 상징계'를 벗어나 있으며, 따라서 진위의 판명이 불가능한 어떤 것으로 의식 세계에 포착되지 않는 '비의미'이다. 그리고 유클리드 기하학으로 상징되는 근대 과학과 합리성으로 인식되지 않는 '구멍'이라는 실재야말로 이상에게는 가공할 만한 공포의 대상이자 근원이었다고 할 수 있을 것이다. 라깡에 의하면, 이렇듯 상징계에 들어가기를 거부하는 것, 즉 외상(trauma)이라 불리울 수 있는 것은 성, 죽음, 폭력, 비의미, 육체성 등이다. 이상의 작품에서는 이들은 구체적으로는 '비의적인 생의지와 여성성, 육체, 죽음' 등으로 드러나고 있으며 본고는 이를 작품 분석을 통해 살펴보았다.

3장 3절에서는 끊임없이 유동하는 거짓과 실체를 포착할 수 없었던 이상이 자신의 합리적인 표상을 버리고 존재의 자유를 입증하기 위해 상징체계에 '상채기'를 냄으로써 오류와 허위를 심미화하고 있음을 살펴보았다. 방대한 공포로 다가오는 불가해한 세계, 그 안에서 무력하기 그지없는 하나의 개체로서의 존재의식은 자살을 통한 완전한 자유의지의 실천처럼, 글쓰기에서는 오류에의 충동을 통해 표출된다. 그것은 기존의 언어규약과 상징체계, 기존의 소설 관습을 거스르고 허무는 위반의 글쓰기를 의미하는 것으로, 그 구체적인 양상을 「地圖의 暗室」과 「終生記」를 통해 살펴보았다. 「地圖의 暗室」에서 제목은 혼란된 주체의 자의식을 형상화하기 위해 의식적으로 제작된 무질서의 세계를 의미한다. 즉 기존의 언술체계의 파괴와 왜곡, 문법 교란 등등의 의식적인 언어규약의 파기를 통해 설계된 인위적인 무질서와 혼돈으로서, 일상적 언어로 '진술'되는 게 아니라 미학적 가상을 통해 감각적으로 체험되는 것이다. 「地圖의 暗室」을 통해 드러내는 이러한 카오스의 세계는 비논리적인 '실체'이며, 공포로 인해 위조된 '실체'이기도 하다. 문법 파괴와 위반으로 드러나는 '악에의 충동' 혹은 '오류에의 충동'은 '문장의 통사적(Syntactic) 구조를 위반한 해사적(Paratactic) 글쓰기', 그리고 띄어쓰기와 구두점 무시, 반언문일치로 드러나는 국한문 혼용체 통해서 실천되는 동시에 오자와 탈자의 삽입, 단어 바꾸기 등의 의식적인 작업을 통해서도 적극적으로 수행된다. '鳥瞰圖 → 烏感圖', '童孩 → 童骸' 등으로 대표되는 한자 변용이 그것인데, 이는 단지 기호놀이라는 유희적 차원에만 머물지 않고 왜곡과 변형을 통해 새롭게 창출된 의미가 작품 전체의 심미적 차원에까지 영향을 미치고 있음을 알 수 있다. 그리하여 이상의 오류에의 충동에서 비롯된 문법 파기와 언술체계의 교란, 오자삽입과 파자놀이 등은 새로운 감각과 지각을 통해 대상을 드러냄으로써 '낯설게 하기'의 한 전범을 보여주지만, 그 낯설음이란 기존의 표상군에서 인접된 기표로의 이동을 통해 창조되는 참신한 비유의 세계가 아니라, 오히려 완강한 상징체계에 틈입하여 의미의 공동화를 의도한다는 것, 그리하여 애매모호함과 지적 불확실성으로 이끌고 있다는 것을 확인할 수 있었다. 또한 이러한 파격적 글쓰기의 한 전범을 보여주는 「終生記」를 분석함으로써, 소설 미학적 층위에서 발생하는 소설 규범과 관습의 전복의 양상을 살펴보았다. 「終生記」는 '珊瑚鞭'으로 상징되는 '미적 자의식'을 통해 기존의 소설 관습에서 탈피, 새로운 소설 형식을 실험하고 소설 제작 과정을 노출함으로써 소설의 형식과 본질에 대해 탐색하고 있는 작품이다. 철저히 의도된 서술자의 분화와 중첩, 그리고 원근법의 교란, 인과관계를 무시한 텍스트 구성의 반플롯적 양상 등등, 「終生記」에서 보여지는 소설문법의 위반은 당시의 소설관습에 비춰 파격적이나, 이것이 작가의 제작적 사고에 의해 미학적으로 철저히 계산되어지고, 배치된 것이라는 점을 감안할 때, 그 파격은 앞서 초기 「地圖의 暗室」에 비해 훨씬 의미 있고 수준 높은 것이라고 할 수 있다. 이와 더불어, 이 작품은 시시각각 위협하는 죽음조차 글쓰기를 통해 적극적으로 허위화하고 미학화함으로써 미적 가상의 세계, 오류이자 거짓의 세계로 자진해서 몰각한 미적 주체로서의 이상의 존재를 드러내주고 있다. 이 오류와 가상의 세계를 통해 이상은 '진리는 유일한 입법자'와 '표상' 속에 용해되어버린 독창성과 개인성을 옹호하고 있으며, 앞서 김동인이 '진리'라는 동일률 위에 세운 근대 문학의 한 지점을 허물고, 완전히 '가상과 거짓' 위에 성립된, 미적 근대성의 한 지점을 탐사해놓은 것이다.

참고문헌

1. 기본 자료

『東仁 全集』 7～8. 弘字出版社. 1964.

金治弘 편저. 『金東仁 評論 全集』. 三英社. 1984.

김윤식 편저. 『李箱 문학전집』 1～3. 문학사상사. 2002.

2. 김동인 관련

강인숙. 『자연주의 문학론 1』. 고려원. 1987.

______. 「자연주의를 중심으로 한 김동인 연구」. 숙대 박사논문. 1964.

구인환. 「김동인의 생애와 문학」. 『김동인 연구』. 새문사. 1982.

______. 「생명과 탐미」. 『한국 근대 소설 연구』. 삼영사. 1977.

권영민 편. 『김동인 문학 연구』. 김동인 전집 17권. 조선일보사. 1988.

김 억. 「김동인」. ≪조선문단≫. 1925.6.

김교선. 「동인 문학의 근대성의 저변」. ≪현대문학≫. 1971.

김동리. 『문학과 인간』. 백민문화사. 1948.

김열규・신동욱 편. 『김동인 연구』. 새문사. 1982.

김용재. 「김동인 초기 단편소설의 서사적 특징-그의 창작관과 관련하여」. ≪한국언어문학≫. 한국언어학회. 1990.

______. 『한국 소설의 서사론적 탐구』. 평민사. 1993.

김우종. 『한국현대소설사』. 성문각. 1982.

김윤식. 『김동인 연구』. 민음사. 2000.

______. 『한국 문학의 근대성 비판』. 문예출판사. 1995.

김은전. 「동인문학과 유미주의」. 『김형규 교수 퇴임 기념 논문집』. 1976.

김종균. 「김동인 소설의 탐미의식 연구」. ≪새국어교육≫. 한국국어교육학회. 1980.

김진석. 「김동인 소설과 미의식의 문제」. ≪현대문학이론연구≫. 현대문학이론학회. 2000.

김춘미. 『김동인 연구』. 고대 민족문화연구소. 1985.

______. 「김동인의 탐미의식의 비교학적 조명」. 『김동인 연구』. 김열규·신동욱 편. 새문사. 1982.

김춘식. 『1920년대 동인지 문단의 미적 근대성』. 소명출판. 2003.

김행숙. 「1920년대 동인지 문학의 근대성 연구」. 고려대 박사논문. 2002.

노지승. 「1920년대 초반. 편지 형식 소설의 의미-사적 영역의 성립 및 근대적 개인의 탄생 그리고 편지 형식 소설과의 관련에 대하여」. ≪민족문학사연구≫ 20호. 민족문학사학회. 2002.

문학사와 비평학회. 『김동인 문학의 재조명』. 새미. 2001.

______________. 『한국문학과 계몽담론』. 새미. 1999.

박광규. 「김동인 단편소설의 탐미의식 연구」. 국민대 석사논문 . 1999.

박헌호. 「한국 근대 단편 양식과 김동인(1)」. ≪작가연구≫ 제2호. 1996.

______. 「한국 근대 단편 양식과 김동인(2)」. 구중서·최원식 편저. 『한국 근대문학 연구』. 태학사. 1997.

박현수. 「1920년대 초기 소설의 근대성 연구-김동인·염상섭·나도향·현진건을 중심으로-」. 성균관대 박사논문. 2000.

______. 「1920년대 초기 문학의 재인식」. 상허학회 편. 『1920년대 동인지 문학과 근대성 연구』. 깊은샘. 2000.

박현숙. 「새자료로 본 동인문학의 이면」. ≪문학사상≫. 1972.11.

상허학회. 『1920년대 동인지 문학과 근대성 연구』. 깊은샘. 2000.

손정수. 「한국 근대 초기 소설 텍스트의 자율화 과정 연구」. 서울대 박사논문. 2001.

______. 「김동인 초기 소설에 나타난 서사 형식의 변모과정에 관한 고찰」. 문학사와 비평학회. 『김동인 문학의 재조명』. 2001.

송하춘. 『1920년대 한국소설연구』. 고대 민족문화연구소. 1985.

______. 「이상과 박태원의 자의식」. 『탐구로서의 소설독법』. 고려대 출판부. 1996.

시라카와 유타카. 「한국근대문학 초창기 문인들의 일본 유학 체험고」. 『한국문학과 근대성의 형성』. 동국대학교 한국문학연구소 편. 아세아문화사. 2001.

신동욱. 「김동인 문학에서 발견되는 하강적 미의식」. ≪시문학≫. 1977.8~9.

오문석. 「1920년대 초반 '동인지'에 나타난 예술이론 연구」. 『1920년대 동인지 문학과 근대성 연구』. 깊은샘. 2000.

유금호. 「한국현대소설에 나타난 죽음의 연구 : 이광수·김동인·염상섭·현진건의 소설을 중심으로」. 경희대 박사논문. 1988.

유기룡. 「'배따라기'의 심미적 작품구조」. 『김동인 연구』. 새문사. 1982.
윤병구. 「김동인 소설 연구」. 서울대 박사논문. 1984.
윤병로. 「김동인 단편의 이원적 요소-'감자'·'광염소나타'·'狂畵師' 분석」. ≪대동문화연구≫. 성균관대 대동문화연구원. 1988.
윤정헌. 「김동인의 액자소설 연구」. ≪국어국문학≫ 97권. 국어국문학회. 1987.5.
윤홍로. 「1920년대 한국소설 연구」. 서울대 박사논문. 1980.
이광수. 『무정·꿈』. 한국문학대표작선집. 문학사상사. 1996.
이동길. 「김동인 초기소설이 근대성 연구」. ≪한민족어문학≫. 한민족어문학회. 1996.
이문구. 「김동인 소설의 심미의식 연구」. 단국대 박사논문. 1994.
이선영. 「도덕과 미학」. ≪현대문학≫. 1969. 3.
이용남. 「김동인과 오스카 와일드 유미주의」. ≪비교문학≫. 한국비교문학회. 1995.
이재선. 『한국현대소설사』. 홍성사. 1981.
______. 『韓國文學 主題論』. 서강대학교 출판부. 1989.
______. 『김동인』. 서강대 출판부. 1998.
장백일. 「붉은산론」. 『김동인 연구』. 새문사. 1982.
장병희. 「김동인 문학의 폭력적 죽음에 관한 연구」. ≪어문학논총≫. 1984.
______. 「김동인 문학의 갈등과 죽음의 문제」. ≪어문학논총≫. 1981.
______. 「김동인 단편소설 연구」. 연세대 박사논문. 1983.
장수익. 「1920년대 초기소설의 시점 연구」. 서울대 박사논문. 1998.
______. 「김동인 소설과 근대 문학의 자율성」. 문학사와 비평학회 편. 『김동인 문학의 재조명』. 새미. 2001.
전광용. 「김동인의 창작관」. 『김동인 연구』. 김열규·신동욱 편. 새문사. 1982.
전영택. 「김동인론」. ≪조선문단≫. 1925.6.
정경희. 「김동인 단편소설의 근대성 연구」. 연세대 석사논문. 1999.
정신재. 「김동인 소설 연구」. 국민대 박사논문. 1992.
정연희. 「김동인 소설의 서술자 연구」. 고려대 박사논문. 2002.
정재원. 「유미주의의 신화-김동인의 '광염소나타'를 중심으로」. 문학사와 비평학회. 『김동인 문학의 재조명』. 2001.
정한모. 「문학적 모랄리티의 출발」. ≪세대≫. 1965.2.
정혜영. 「'연애'에의 동경과 좌절」. ≪현대소설연구≫. 한국현대소설학회. 1999.
주요한. 「성격파산-동인군의 '마음이 열은 자여'를 봄」. ≪창조≫ 8호. 1921.1.
채 훈. 「1920년대 작가 연구」. 숙명대 박사논문. 1975.

최병우. 「근대소설 초기 시점론의 한 양상」. 『한국 현대소설의 미적 구조』. 민지사. 1997.
최시한. 「김동인의 시점과 시점론」. 문학사와 비평학회 편. 『김동인 문학의 재조명』. 새미. 2001.
한상무. 「김동인 소설의 성 이데올로기」. ≪국어교육≫. 한국국어교육연구회. 2000.
현창하. 「김동인의 탐미주의」. ≪자유문학≫. 1961.2.
홍태식. 「김동인론(1)-그 악마적 경향에 대하여」. ≪새국어교육≫. 한국국어교육학회. 2002.
황종연. 「낭만적 주체성의 소설-한국근대소설에서 김동인의 위치」. 문학사와 비평학회 편. 『김동인 문학의 재조명』. 새미. 2001.
황호덕. 「1920년대 동인지 문학의 성격과 미적 주체 연구」. 성균관대 석사논문. 1997.

3. 이상 관련

강용운. 「이상 소설의 역설의 의미생성에 관한 연구」. 고려대 박사논문. 2002.
고 원. 「'날개' 3부작의 상징체계」. ≪문학사상≫. 1997.10.
고 은. 『이상 평전』. 향연. 2003.
고석규. 「반어에 대하여」. 『이상문학전집』 4권. 문학사상사. 1996.
권성우.「1930년대 한국 모더니즘소설 연구」. 서울대 석사논문. 1989.
권영민 편. 『이상문학 60년』. 문학사상사. 1998.
김교선. 「불안문학의 계보와 이상」. ≪현대문학≫. 1962. 2.
김남천, 「자기분열의 초극-문학에 있어서의 주체와 객체」, ≪조선일보≫, 1938.1.26~2.2.
김기림. 「고 이상의 추억」. ≪조광≫. 1937.6.
김상태. 「부정의 미학-이상의 문체론」. 『이상소설전작집』 2. 문학사상자료조사연구실 편. 갑인출판사. 1977.
김상환. 「이상 문학의 존재론적 이해」. 『이상문학 60년』. 권영민 편. 문학사상사. 1998.
김성수. 『이상소설의 해석』. 태학사. 1999.
김승희 편저. 「이상 평전」. 『이상』. 문학세계사. 1996.
______. 「이상시 연구」. 서강대 박사논문. 1991.
김유중. 「1930년대 후반기 한국 모더니즘 문학의 세계관 연구-김기림과 이상을 중심으로-」. 서울대 박사논문. 1996.

김윤식. 『이상 문학 텍스트 연구』. 서울대학교 출판부. 1998.

_____. 『李箱 硏究』. 문학사상사. 1988.

김인환. 「反語의 意味」. 『한국문학이론의 연구』. 을유문화사. 1987.

김주현. 『이상소설연구』. 소명출판사. 1999.

김중하. 「'날개'의 패턴 분석」. 『한국 현대소설 작품론』. 문장사. 1981.

나병철. 「1930년대 후반 도시소설 연구」. 연세대 박사논문. 1990.

류광우. 『이상문학연구』. 충남대학교 출판부. 1993.

명형대. 「1930년대 한국 모더니즘 소설의 공간구조 연구』. 부산대 박사논문. 1991.

문종혁. 「몇 가지 異議」. ≪문학사상≫. 1974.4.

문흥술. 「이상문학에 나타난 주체분열과 반담론에 관한 연구」. 서울대 석사논문. 1991.

_____. 「1930년대 한국 모더니즘 소설에 나타난 언술 주체의 분열 양태 연구」. 서울대 박사논문. 1998.

박태원. 「고 이상의 편모」. ≪조광≫. 1937.6.

서영채. 「韓國 近代小說에 나타나 사랑의 樣相과 意味에 관한 硏究」. 서울대 박사 논문. 2002.

_____. 「이상 소설의 수사학과 한국문학의 근대성」. 『소설의 운명』. 문학동네. 1995.

서준섭. 『한국 모더니즘 문학 연구』. 일지사. 1991.

_____. 「이상문학의 현대성」. ≪동서문학≫. 1997.12.

신범순. 「이상문학에 있어서의 분열증적 욕망과 우화」. ≪국어국문학≫ 103호. 국어국문학회. 1990.5.

안상수. 「타이포그라피적 관점에서 본 이상 시에 대한 연구」. 한양대 박사논문. 1996.

윤태영·송민호. 『절망은 기교를 낳고』. 교학사. 1968.

이강수. 「李箱 텍스트 生産過程 硏究」. 서울대 석사논문. 1997.

이건제. 「李箱 詩의 텍스트와 詩意識 硏究」. 고려대 박사논문. 2002.

이경훈. 『철천의 수사학』. 소명출판사. 2000.

이규동. 「이상의 정신세계와 작품-정신분석학적 지평서 본 분석」. ≪월간조선≫. 1981.6.

이보영. 『이상의 세계』. 금문서적. 1998.

이복숙. 「이상시의 모더니티 연구-단절성과 추상성을 중심으로」. 경희대 박사논문. 1988.
이성욱. 『한국 근대문학과 도시문화』. 문화과학사. 2004.
이승훈. 「이상시 연구-자아의 시적 변용」. 연세대 박사논문. 1983.
이재복. 『李箱 소설의 몸과 근대성에 관한 연구』. 한양대 박사논문. 2001.
이재선. 「이상 문학의 시간의식」. 『한국현대소설사』. 홍성사. 1979.
이정엽. 『李箱 소설의 서술 방식 연구』. 서울대 석사논문. 2003.
임명섭. 『李箱의 文字 經驗 硏究』. 고려대 박사논문. 1997.
전봉관. 「이상문학에 드러난 실어증적 징후」. ≪한국학보≫ 77. 1994.12.
정귀영. 「이상의 '날개'-정신분석학적 시론」. ≪현대문학≫. 1979.7.
정덕준. 『한국 근대소설의 시간구조에 관한 연구』. 고려대 박사논문. 1984.
정명환. 「부정과 생성」. 『한국인과 문학사상』. 일조각. 1968.
조두영. 「이상의 인간사와 정신분석」. ≪문학사상≫. 1986.11.
______. 「이상 초기 작품의 정신분석-'12월 12일'을 중심으로 하여」. ≪신경정신의학≫ 38. 1977.2.
조연현. 「근대정신의 해체-고 이상의 문학적 의의」.≪문예≫. 1949.11.
______. 『文學과 思想』. 세계문학사. 1949.
______. 『현대한국작가론』. 정음사. 1974.
조영복. 『1930년대 문학에 나타난 근대성의 담론 연구-김기림·이상을 중심으로』. 서울대 박사논문. 1996.
조용만. 「이상 시대. 젊은 예술가의 초상」. ≪문학사상≫. 1986.4～6.
조해옥. 『이상 시의 근대성 연구-육체의식을 중심으로』. 소명출판. 2001.
______. 「이상 산문 텍스트 확정을 위한 한 고찰」. ≪한국문학연구≫ 4권. 고려대학교 민족문화연구원 한국문학연구소 편. 2003.12.
차원현. 「1930년대 모더니즘 小說에 나타난 美的 主體의 樣相에 관한 硏究」. 서울대 박사논문. 2001.
최병우. 「이상소설고-서술구조를 중심으로」. 서울대 석사논문. 1982.
최재서. 「리얼리즘의 확대와 심화-'천변풍경'과 '날개'에 관하여」. 『문학과 지성』. 인문사. 1938.
최혜실. 「한국 모더니즘소설 연구」. 민지사. 1992.
추은희. 「Surrealism에 비춰본 箱의 작품세계」. ≪현대문학≫. 1973.7.
한상규. 「1930년대 모더니즘 문학에 나타난 미적 자율성 연구」. 서울대 박사논문. 1998.

한만수. 『모더니즘 문학의 병리성 연구』. 박이정. 2002.
황도경. 「이상의 소설 공간 연구」. 이화여대 박사논문. 1993.
______. 『문체로 읽는 소설』. 소명 출판. 2002.

4. 일반 논저

- 국내 논저

구모룡. 「한국근대문학과 미적 근대성의 관련 양상-미적 근대성론의 한계를 중심으로」. 국제어문학회. ≪국제어문≫ 29집. 2003.12.
김동식. 「한국에서 근대적 문학 개념의 형성과정 연구」. 서울대 박사논문. 1999.
김명인. 「근대성과 미적 근대성-위기의식의 복원과 새로운 패러다임의 구성을 위한 시론」. 『한국 좌파의 목소리』. 민음사. 1998.
김민수. 「1960년대 소설의 미적 근대성 연구-최인훈. 김승옥」. 중앙대 박사논문. 1999.
김성기 편. 『모더니티란 무엇인가』. 민음사. 1994.
김양선. 「1930년대 후반소설의 미적 근대성 연구」. 서강대 박사논문. 1997.
김우창. 「한국 현대소설의 형성」. 『궁핍한 시대의 詩人』. 민음사. 1993.
______. 「회한. 기억. 감각-삶의 깊이와 글쓰기에 대한 수상」. ≪외국문학≫. 1992년 봄.
김윤식 · 정호웅 공저. 『한국소설사』. 예하. 1997.
김윤식. 『한국문학의 근대성 비판』. 문예출판사. 1993.
김인환. 『기억의 계단』. 민음사. 2001.
김종회 · 최혜실 엮음. 『문학으로 보는 성』. 김영사. 2001.
김진수. 『우리는 왜 지금 낭만주의를 이야기하는가』. 책세상문고. 2002.
김현 · 김윤식. 『한국문학사』. 민음사. 1995.
백 철. 『신문학사조사』. 신구문화사. 1999.
서동욱. 『차이와 타자』. 문학과지성사. 2000.
서영채. 「왜 문학인가: 문학주의를 위한 변명」. ≪문학동네≫. 2000년 여름호.
신철하. 「우리 소설의 악마성에 관하여-최인호, 장정일. 그리고 배수아」. ≪문예중앙』. 1995년 가을호.
윤영애. 『지상의 낯선 자 보들레르』. 민음사. 2001.
윤효녕 · 윤평중 · 윤혜준 · 정문영. 『주체 개념의 비판』. 서울대 출판부. 1996.

이남호. 「한국 문학과 악(惡)-조선 시대 소설에 나타난 악의 양상」. 이문열 · 권영민 · 이남호 편. 『한국문학이란 무엇인가』. 민음사. 1995.
이명희. 「악에서 선의를 이끄는 미학」. 『문학, 환멸 속에서 글쓰기』. 새미. 2002.
임규찬 · 한진일 편. 『임화 신문학사』. 한길사. 1993.
임일환. 『감성의 철학』. 대우학술총서. 1996.
진정석. 「모더니즘의 재인식」. ≪창작과 비평≫. 1997년 여름호.
최문규. 「철학적 사회적 현대성에서 '심미적 현대성'으로」. ≪문학동네≫. 1996년 겨울호.
최유찬. 『문예사조의 이해』. 실천문학사. 1993.
하일지. 『소설의 거리에 관한 하나의 이론』. 민음사. 1991.
한국정신문화연구원 철학 종교 연구실 편. 『악이란 무엇인가』. 창. 1992.
한용환. 『소설학 사전』. 문예출판사. 2004.

- 국외 논저

Adorno, Theodor W. 『미학 이론』. 홍승용 역. 문학과지성사. 2002.
Aristoteles. 『시학』. 청년사. 1988.
Bataille, Georges. 『문학과 악』. 최윤정 역. 민음사. 1995.
Baudio, Alain. 『윤리학-악에 관한 에세이』. 이종영 역. 동문선. 2001.
Bohrer, Karl Heinz. 『절대적 현존』. 최문규 역. 문학동네. 1998.
Bourneuf, Roland. 『현대소설론』. 김화영 편역. 현대문학. 1997.
Buber, Martin. *Images of Good and Evil.* Michael Bullock. Routledge & Kegan Paul(London). 1952.
Calinescu, Matei. 『모더니티의 다섯 얼굴』. 이영욱 · 백한울 · 오무석 · 백지숙 역. 시각과 언어. 1996.
Evans, Dylan. 『라깡 정신분석 사전』. 김종주 외 역. 인간사랑. 1998.
Ferry, Luc. 『미학적 인간』. 방미경 역. 고려원. 1994.
Freud, Sigmund. 『쾌락 원칙을 넘어서』. 박찬부 역. 열린책들. 1997.
Fromm, Erich. 『惡에 관하여』. 이용호 역. 白潮出版社. 1984.
Harbermas, Jürgen, *The Philosophical Discourse of Modernity.* Frederick Lawrence. Polity Press. 1987.
Jauß, Hans Robert. 『미적 현대와 그 이후』. 김경식 역. 문학동네. 1999.
Kernan, Alvin. 『문학의 죽음』. 최인자 역. 문학동네. 1999.
Kristeva, Julia. 『공포의 권력』. 서민원 역. 동문선. 2001.

Marcuse, Herbert. 『에로스와 문명』. 김인환 역. 나남. 1989.
Nietzche, Friedrich. 『도덕의 계보 / 이 사람을 보라』. 김태현 역. 청하. 1982.
______________. 『비극의 탄생』. 김대경 역. 청하. 1982.
______________. 『선악을 넘어서』. 김훈 역. 청하. 1982.
______________. 『우상의 황혼 / 반그리스도』. 송무 역. 청하. 1998.
______________. 『유고(1870-1873)』. 이진우 역. 책세상. 2001.
Papini, Giovanni. 『악마 이야기』. 송병선 역. 예문. 1998.
Pieper, Annemarie. 『선과 악』. 이재황 역. 이끌리오. 2002.
Ricoeur, Paul. 『악의 상징』. 양명수 역. 문학과지성사. 2002.
Renaut, Alain. 『개인』. 장정아 역. 동문선. 2002.
Safranski, Rüdiger. 『악 또는 자유의 드라마』. 곽정연 역. 문예출판사. 2000.
Schopenhaur, Arthur. 『의지와 표상으로서의 세계』. 곽복록 역. 을유문화사. 2002.
Tatarkiewicz, W. 『미학의 기본 개념사』. 손효주 역. 미술문화. 1999.
Vincent, Jean-Didier. 『인간 속의 악마』. 류복렬 역. 푸른숲. 1996.
Watt, Ian. 『소설의 탄생』. 전철민 역. 열린책들. 1988.
Wellek, Rene 편. 『도스또예프스끼 연구』. 高大노어노문학회 역. 열린책들. 1987.
Widmer, Peter. 『욕망의 전복』. 홍준기 · 이승미 역. 한울 아카데미. 1998.
가라타니 고진. 『일본근대문학의 기원』. 박유하 역. 민음사. 1997.

2부

손창섭 소설에 나타난 악(惡)의 표상

1. 서론

손창섭은 1950~60년대 전후문학을 대표하는 작가이다. 1952년 「公休日」(《문예》 5 · 6월호 합본)과 1953년「死緣記」(《문예》 6월호)[1]가 추천되면서 등단하여 1978년 『棒術娘』에 이르기까지 비교적 짧지 않은 시간 동안 많은 작품을 발표하였지만, 손창섭에 관한 논의는 주로 초기 단편을 중심으로 이루어져 왔다. 1960년대 이후 소설에서 긍정적 변모를 보여주었고, 이후 많은 장편소설을 발표하였지만 초기의 개성적인 면모의 약화와 장편소설의 통속적 경향 탓에 손창섭 연구는 대체로 1950년대 문학 연구의 자장 안에서 이루어져왔던 것이다. 1990년대 이후 본격적으로 시작된 손창섭 연구는 초기 주류를 이루었던 손창섭 문학 특성에 대한 일반론적 고찰과 작중 인물 연구, 그리고 전후문학과의 관련 양상 연구에서 벗어나 정신분석학적 고찰과 미학적 형식에 관한 다양한 논의로 확대되었다. 그러나 시점과 문체, 아이러니 기법 등에 대한 다양한 논의와 그 방대한 연구 업적에도 불구하고 그의 소설에 대한 평가와 의미 매김은 대체로 초기 평자들의 시각에서 크게 벗어나지 못했다고 볼 수 있다. 손창섭의 병적인 작품 세계를 주목하고 있는 초기 단평들은 '인수극(人獸劇)'[2] '병자의 노래'[3] '비인간론(非人間論)'[4] '콤플렉스에 의한 사디즘과 희화화'[5] '자기 모멸의 신화'[6] '야유의 문학'[7] 전후 혼란상을 극대화시킨 '50년대의 원형'[8] 등의 용어에서 알 수 있듯, 주로 그의 부정적 인간관과 그 한계를

---

1) 발표 당시(《문예》 통권 17호, 1953년 初夏號)에는 제목이 「死線記」였으나 이후 작품집에서 「死緣記」로 바뀌었다. 이 글에서는 《문예》에 실린 글을 대상으로 하지만, 제목은 바뀐 대로 쓴다.
2) 유종호, 「모멸(侮蔑)과 연민(憐憫)」(上, 下), 《현대문학》, 1959.9 · 10.
3) 조연현, 「병자의 노래 ; 손창섭의 작품 세계」, 《현대문학》, 1955.4.
4) 김상일, 「손창섭 또는 비정(非情)의 신화(神話)」, 《현대문학》, 1961.7.
5) 송기숙, 「창작 과정을 통해 본 손창섭」, 《현대문학》, 1964.9.
6) 정창범, 「자기 모멸의 신화」, 《현대문학》, 1964.9.
7) 김우종, 「야유의 인생, 야유의 문학; 落書族을 읽고」, 《사상계》, 1959.4.

지적하고 있다. 한편, 손창섭의 부정적인 작품 세계는 전후 현실을 반영한 '전쟁 세대의 자화상'[9]으로 적극적으로 평가되거나, 혹은 '모멸과 냉소' 뒤에 숨은 연민의 시선과 역설적인 가치 지향성을 읽어냄으로써 몇몇 논자들[10]에 의해 긍정적으로 평가되기도 한다. 그러나 이러한 적극적이고 긍정적인 평가에서도 손창섭 소설이 불구적이고 모멸적인 인간상을 보여주고 있다는 사실에 대해서는 앞선 논의들과 의견을 같이 한다. 다만 그러한 인물들이 전쟁 직후의 극한상황을 형상화하여 인간의 '맨얼굴'[11]을 드러냈다는 측면에서, 혹은 부정적 인간까지를 긍정하는 '새로운 휴머니즘적 차원'[12]을 보여주었다는 측면에서 손창섭의 부정적 작품 세계가 갖는 문학사적 의의를 인정하고 있는 것이다. 하여 손창섭 소설에서 긍정적 의미를 추출하거나 혹은 협소한 인간관의 한계를 비판하고 있거나 간에 손창섭의 부정적 인간관과 작품 세계에 대한 대체적으로 합의된 평가는 다음과 같이 요약될 수 있다. '손창섭이 그 개성적 필치에 의해 그려내는 인물들은 대개 불구적이거나 무기력하며, 비도덕적이고 추악한 인간상이다.'

이 논문은 이렇듯 손창섭이 주목하고 있는 인간의 부정적인 면을 '악'이

---

8) 고은, 「실내작가론」, 《월간문학》, 1969.12.

9) 송하춘, 「전후 시각으로 쓴 첫 일제 체험-『落書族』론」, 《작가연구》 창간호, 1996.
______, 「1950년대 한국 소설의 형성」, 송하춘・이남호 편, 『1950년대의 소설가들』, 나남, 1994.
김윤식, 「6・25 전쟁문학-세대론의 시각」, 문학사와 비평 연구회 편, 『1950년대 문학연구』, 예하, 1991.
한수영, 「1950년대 한국 소설연구; 남한편」, 한국문학 연구회 편, 『1950년대 남북한 문학』, 평민사, 1991.

10) 이기인, 「개인의 생존과 인간다운 삶에의 집념」, 송하춘・이남호 편, 『1950년대의 소설가들』, 나남, 1994.
정덕준, 「손창섭, 역설의 문법」, 《韓國言語文學》 43호, 1999.
이광훈, 「패배한 지하실적 인간상」, 《문학춘추》, 1964.8.
김영화, 「손창섭론-권태형 인간상과 그 소설사적 의미」, 《월간문학》, 1978.4.

11) 김윤식, 앞의 글, 29쪽.

12) 이광훈, 앞의 글, 앞의 책, 308쪽.

라는 개념을 통해 좀더 심층적으로 고찰하고자 한다. 손창섭에 관한 논의의 대부분은 작중인물과 이를 형상화하는 작가 심리에서 인간 모멸과 '악의'를 발견한다. 단적으로 손창섭에게 있어서 인간은 '분명히 한 동물이나 기계에 불과'[13)]하다는 진술이나 '박도현으로 대표되는 손창섭 소설의 작중 인물들은 한결같이 그 모멸의 각광과 추태의 연출과 노악취미(露惡趣味) 섞인 인간성의 암흑면의 폭로로 리얼리티를 획득하고 있는 것',[14)] 또는 '악취미적인 데몬에 의한 자기 모멸의식이 심화되어 나온 인간 경멸'[15)]이라는 논평 등은 한결같이 손창섭의 인물들이 선악은 물론 미추, 고상과 저속, 의미와 무의미 등등의 인간 속성의 범주에서 부정적인 것에 속해 있음을 말해주고 있다. 심지어 손창섭의 작품은 선악이라는 개념의 저편에 있는 것으로, 그의 소설에는 '대관절 악의 개념이 없다'라고 단정 짓기도 하는 것이다.[16)] 필자는, 이렇듯 손창섭 소설을 이해하는 데 핵심적이라고 할 수 있는 '악(惡)'이 구체적으로 어떠한 양상으로 드러나고 있는지를 살펴보고 그것이 어떠한 현실적 조건과 논리에 의해 형성되었는지, 나아가 궁극적으로 무엇을 의미하는지를 고찰하고자 한다. 텍스트는 주로 통속적 경향을 띠고 있는 장편소설을 제외한 단편소설들을 대상으로 한다.

2. 악의 양상

'악'은 대체로 선(good)과 대립되는 개념으로 인간의 비도덕적인 속성을 일컫는다. 그러나 각 사회와 공동체마다 윤리적 규범들이 다르듯, '악'

13) 김상일, 앞의 글, 『손창섭-모멸과 연민의 이중주』, 새미작가론 총서 18, 새미, 2003, 39쪽.
14) 유종호, 앞의 글, 『손창섭-모멸과 연민의 이중주』, 25쪽.
15) 정창범, 앞의 글, 『손창섭-모멸과 연민의 이중주』, 101～102쪽.
16) 유종호, 앞의 글, 앞의 책, 22쪽.

은 고정되고 정태적인 개념이 아니라 역사적 시기와 사회마다 달리 나타나는 유동적인 개념이라고 볼 수 있다. 뿐만 아니라, 보다 넓은 시각에서 보자면 악은 인간의 비도덕적 속성만이 아니라, 인간에게 고통을 주는 모든 것, 예를 들면 자연적인 재해나 죽음, 혹은 전쟁, 실업과 같은 사회적인 해악까지를 포함하는 개념이다. 가장 넓은 의미에서 '나쁜 것(das Schlechte)'[17]으로 이해되는 '악'은 따라서, "존재하는 것과 생명력 있는 것을 위협하는 것이며, 그 방향은 죽음"[18]이다. '나쁨'을 총칭하는 보편적이고 추상적인 개념으로서의 '악'은 사회역사적 조건과 상황, 범주에 따라 구체적인 실체와 의미를 달리하지만 서구 전통에서는 일반적으로 자연적 악과 도덕적 악으로 구분한다. "자연적 악(malum physicum)이란 자연적 재해나 질병 등에 의해 야기되는 고통(pain)이나 고난(suffering)을 의미"하고, "도덕적 악(malum morale)이란 자유롭고 도덕적으로 책임있는 존재의 행위에 의해 기인하는 악"[19]으로서 살인, 강간, 폭력, 절도 등을 그 예로 들 수 있다. 이에 기대 손창섭 작품에서 드러나는 '악'의 양상을 편의적으로 구분해보자면 다음과 같다.

1) 자연적 악[20]: 육체적 양상(불구성, 질병, 전쟁과 고문 후유증, 죽음)
정신적 이상심리(만성 무기력증, 자폐증, 피해의식과 열등감, 파괴본능, 광기)
사회구조적 측면(기아와 궁핍, 실업, 식민 잔재와 전후 혼란)

---

17) *Hermann Häring, Das Böse in der Welt*, Gottes Macht oder Ohnmacht? Darmstadt, 1999, S. 3-6 참조, 이광모, 「악(Böse)에 관한 형이상학적 고찰」, 《헤겔연구》 15호, 2004, 151쪽에서 재인용.

18) 이광모, 같은 책, 같은 글, 151쪽.

19) 김영태, 「악에 대한 종교철학적 이해-유대교・그리스도교를 중심으로」, 한국정신문화연구원 철학・종교 연구실 편, 『惡이란 무엇인가』, 도서출판 창, 1992, 111쪽.

20) 인간의 도덕적 책임을 귀속시킬 수 없는 '자연적 악'을 악의 범주에서 구분하여, '고통'이라 칭하기도 한다. 정해창, 「머리말」, 『惡이란 무엇인가』, 9쪽.

2) 도덕적 악: 반사회적 범죄(살인, 폭력, 강간, 절도, 매춘 등)
타락(육체적 욕망, 속물성과 이기심)
허위의식(위선과 공식적 사고의 노예)
3) 존재론적 악: 무의미와 부조리, 생의 우연성

손창섭의 초기 소설 대부분에서 우리는 위에서 열거한 악의 항목들을 발견할 수 있다. 1950년대적 인간의 전형이라고 일컬어지는 손창섭의 인물들은 대개 '자연적 악'으로서 주어진 1950년대 현실 속에서 기아와 궁핍, 질병 등으로 고통 받고 있을 뿐 아니라 도덕적으로도 결코 '자기 책임'으로부터 벗어날 수 없는 타락한 모습을 보여주고 있다. 그의 대표작인 「血書」(1955)를 통해, 위에서 열거한 악의 항목들이 손창섭 소설에서 어떻게 표출되고 형상화되는지를 살펴보자. 결론부터 말하자면, 「血書」에서 드러나는 악의 제반 양상은 위의 분류표에 따라 다음과 같이 정리될 수 있다.

A. 자연적 악: 1) 전후 상황의 사회적 혼란에서 비롯된 기아와 궁핍, 그리고 실업난
2) 昌愛와 질병과 俊錫의 불구로 드러나는 육체적 기형성
3) 俊錫의 콤플렉스에서 비롯된 사디즘적 언어 폭력과 기만, 達壽의 무기력증
B. 도덕적 악: 4) 반사회적 범죄로서의 강간
C. 존재론적 악: 5) 생의 우연성과 무의미

우선 「血書」의 배경인 한국 전쟁 직후의 혼란과 무질서의 극한 상황은 자연적 악의 첫 번째 항목에 해당된다. 전쟁으로 인한 일상적 삶의 파괴, 그 초토화된 현실이 가져다준 기아와 궁핍은 「血書」의 인물들이 자신의 의지와 상관없이 맞닥뜨린 '자연적 악', 즉 직접적이고 절대적인 불행이다. 이러한 불모의 현실은 "문 대신 거적이 드리워 있는 방안"에 함께 거주하는 공간으로 상징된다. 가난한 고학생 達壽는 취직을 위해 밤낮없이

돌아다니지만 번번이 실패하고, 俊錫, 昌愛와 더불어 奎鴻의 집에 얹혀 생계까지 의탁한다. 매일 점심을 굶으며 구직운동을 하는 達壽, 하릴 없이 멍하니 하루를 보내는 俊錫과 昌愛, 이들 젊은이들의 실업과 빈곤은 전쟁 직후의 피폐한 상황에서 비롯된 것이다.

자연적 악의 두 번째 항목에 해당하는 질병과 육체적 기형성은 「血書」에서는 昌愛의 간질병과 俊錫의 불구로 형상화된다. 질병과 불구성은 개인의 도덕적 의지와 무관한 자연적 '악'에 해당되지만, 昌愛의 질병의 방치는 분명 근대적 사회 제도-병원과 보건 시설 등-파괴된 현실적 조건에 의한 것이다. 또한 가짜 상이군인이라고는 하지만, 俊錫이 한쪽 다리를 잃은 것도 군속으로 전쟁 직후 유사 전시 상황 때문이다. 자연적 악의 세 번째 양상인 정신적 이상 심리는 이 작품에서 昌愛의 자폐증, 무력감, 그리고 俊錫의 피해의식 및 파괴 본능으로 드러난다. 俊錫은 達壽와 매일 벌이는 논쟁에서 達壽를 군대 기피자라고 비난하고 군대에 자원입대해야한다고 주장한다. 또한 俊錫은 奎鴻이 박노인의 권유대로 昌愛와 결혼해야 한다고 억지를 부리는데, 이러한 주장에는 俊錫의 피해의식과 콤플렉스, 죄책감이 들어있다. 자신이 가짜 상이 군인이라는 사실에 대한 콤플렉스, 불구자라는 열등감에 의한 강박증, 그리고 昌愛를 강간한 데 대한 죄책감은 상황이 절망적이기 때문에 더욱 증폭되어 나타나고, 결국 達壽의 손가락을 자르는 폭력으로까지 발전하게 되는 것이다. 그러나 俊錫의 이러한 정신적 기형성은, 불구라는 육체적 기형성에 의한 것으로, 또 전쟁의 폭력에 의한 것으로 결국 연쇄적으로 연계되어 있는 것이다. 결국 기아와 실업, 빈곤이라는 극한 상황 그리고 질병과 불구, 정신적 이상심리라는 세 가지 다른 양상의 자연적 악은 전쟁 직후라는 현실이라는 하나의 요인으로 모아진다.

위의 자연적 악은 개인의 의지와 상관없이 벌어진 것이지만 昌愛를 겁탈한 俊錫의 악행은 '도덕적 악'에 해당되는 것이다. 손창섭 소설의 악인의 한 전형을 보여주는 俊錫은 인간의 정신적 가치를 믿지 않을 뿐 아니라, 자신의 욕망 충족을 위해 병자인 昌愛를 겁탈하는 파렴치한 악한이다. 俊錫에게 '모가지를/이 모가지를/ 뎅겅 잘라/內容 없는/血書를 쓸까!'라는 奎鴻의 시는 도무지 이해할 수 없는 '미친 개수작'에 불과하며, 굳이 대학에 다녀야한다고 고집하는 達壽의 고지식하고 무력한 취직 행각도 한심하기 짝이 없는 것이다. 俊錫의 정신적 가치에 대한 부정과 물신 숭배, 그리고 파렴치한 성폭력은, 일차적으로 俊錫이라는 한 개인의 윤리와 책임에 따른 문제이다. 그러나 근본적으로는 앞에서 살펴본 자연적 악과 긴밀히 연관된 것이다. 궁핍과 불구, 그리고 육체적 본능에 의한 희비극은 결국 출구 없는 1950년대적 상황을 대변하는 것이기 때문이다. 그리고 그 1950년대적 상황이란 바로 '죽음'이라는 절대적 악을 의미한다.

> 돌부처 이상으로 무표정한 소녀였다. 표정뿐 아니라 언어와 거동도 그랬다. 누가 묻는 말에나, 그것도 두 번에 한번 정도 마지못해 대답할 뿐, 그 밖에 스스로 의사 표시를 하는 일이라고는 없었다. 또한 몸도 움직이기를 싫어했다. 끼 때에 밥을 끓이고 설거지를 하는 것이 고작이었다. 그 외에는 돌멩이처럼 늘 똑같은 자세로 방 한 구석에 버티고 앉아 있는 것이었다. (중략) 그러한 昌愛에게서 達壽는 공포를 느끼는 일이 있는 것이었다. 어쩌다 昌愛와 단둘이 마주앉아 있게 되는 경우, 마치 유령이나 귀신을 대한 것 같은 엉뚱한 착각을 達壽는 일으키는 것이었다. (중략) 도리어 達壽에게는, 昌愛가 거품을 물고 지랄 버릇을 할 때에 훨씬 더 인간이 느껴지는 것이었다.[21]

인용문에서 그려진 昌愛의 모습이야말로 「血書」의 인물들이 놓인 비참한 현실과 악의 의미를 상징적으로 보여주고 있다. 살아도 살아있음이 아니라, 언제든 죽음으로 내몰릴 수 있는 암담한 현실, 그 속에서 욕설과 겁탈을 통해 '발악'하는 俊錫이나, 아무런 보람도 의의도 없이 시를 쓰는 奎

21) 손창섭, 「血書」, 《현대문학》, 1955.1, 182~183쪽.

鴻, 매일 실패하는 취업 운동을 벌이는 達壽는 모두, '죽음'을 가장한 유령 같은 昌愛와 별반 다르지 않은 존재들인 것이다. 전쟁 직후의 혼란상이든 질병 혹은 불구, 실업과 빈곤, 이상 심리 이 모든 제반 악의 양상은 결국 그들을 죽음으로 내모는 현실적 폭력을 의미한다.

「血書」에서 또 하나 주목을 요하는 악의 양상은 손창섭 작품 전반에 드러나는 허무주의와 무력감, 그리고 삶의 무의미성이다. "수포(水泡)라는 통속적 한자어는, 어둠 속에 무수히 떴다 사라지는 물거품을 그에게 거푸 보여주는 것이었다"[22]라는 의미심장한 문장이 함축하고 있듯, 이들 청년 3인과 처녀 1인의 '악'의 체험은 어떠한 필연성도 수반하지 않는 우연성에 의한 것이다.

> 그러나 역시 達壽는 이십삼년 동안을 이만큼 살아온 것이다. 악성 전염병이 그렇게 무섭게 창궐한 해에도 그는 병사하지 않았고, 수없이 많은 생명들이 애매히 또 무참히 쓰러져 간 六·二五도 그는 무사히 넘겼고, 해마다 발표되는, 교통사고로 인한 사망자의 엄청난 숫자 속에서도 그는 끼이지 않았고, 그렇다고 俊錫이처럼 한쪽 다리가 절단되는 일조차 없이 지구상에 있는 이십여억 인류의 그 누구와나 꼭 마찬가지로 그도 역시 '<u>우연히 살아 있는 인간</u>'임에는 틀림없는 것이다. 어디 그 뿐이냐. 達壽는 군대에 나가기 전에 대학교 법과를 마치고 싶었고, 그 뒤에는 고시에 합격하여 판사나 검사가 되었다가 국회의원으로 당선되려는 뚜렷한 희망조차 품고 있는 것이었다. (중략) 그렇지만, 達壽는 역시 이 저녁에도 「최선을 다한 나의 노력은 오늘도 수포로 돌아갔다」는 자신의 신음 소리를 들으며, 물거품이 수없이 떴다가는 꺼지고 떴다가는 꺼지고 하는 탁류 속에 자신이 휩쓸려 내려가는 것 같은 착각을 안은 채, 어둠에 쫓겨 돌아오는 것이다.[23](밑줄-필자)

---

22) 같은 책, 175쪽.
23) 같은 책, 187~188쪽.

그들 젊은이들에게 전쟁이나 실업, 질병이나 불구, 삶의 곤궁함은 논리적으로 이해 가능한 한국 근현대사의 비극의 결과물이 아니라 그저 개인과 무관하게 운명처럼 던져진 불가해한 현실이다. 그런 와중에 무참히 죽어간 목숨들에 필연적인 이유가 없듯, 그들의 생존 또한 전적으로 우연에 의한 것이다. 그럼에도 불구하고 대학을 마치고, 국회의원이 되고자 하는 達壽의 생의 의지는 어떠한 현실적 의의도 지니지 못한 '수포'와 같은 것으로 비유된다. 「血書」에서 보여주는 제반 악의 양상은 이렇듯, 개인과 무관하게 이뤄지는 역사 현실의 비극과 그 속에서 또 무참히 희생되는 개인의 운명이라는 삶의 무의미성과 허무감으로 수렴된다. "악에 직면해서 우리가 겪는 경험을 만일 무의미에 대한 경험이라고 부를 수 있다면, 악에 대한 논의는 무의미에 관한 논의일 것이다"24) 라고 진단한 한 철학자의 말에 기대어 볼 때, 손창섭의 소설에서 중요하게 드러나는 이 '무의미'함과 생의 우연성이야말로 실존적 허무감과 잇닿아 있는 '악'의 요체가 되는 것이다.

손창섭의 대부분의 작품에서 드러나는 '악'의 형태는 「血書」에서 살펴본 '악'의 양상들의 변주라고 볼 수 있다. 그 구체적인 모습을 항목별로 정리하자면 다음과 같다.

	악의 양상	세부 항목	형상화 방식
자연적 악	육체적 양상	불구성	東玉의 불구(「비오는 날」), 한쪽 다리가 없는 가짜 상이 군인 俊錫(「血書」), 벙어리 春華(「曠野」), 불구자 수용소의 인물들과 백치 만실이(「肉體醜」)
		질병	聖奎의 결핵(「死緣記」), 昌愛의 간질병(「血書」), 順伊의 결핵(「生活的」), 만성 위궤양 환자 文先生(「未解決의 章」)
		전쟁과 고문 후유증	포로 수용소에서 나와 고문 후유증을 앓고 있는 東周(「生活的」), 좌익에 끌려가 고문을 당한 東植(「死緣記」)

24) 강영안, 「악에 대한 형이상학적 성찰–'악의 형이상학'은 어떻게 가능한가」, 『惡이란 무엇인가』, 35쪽.

		죽음	聖奎의 죽음과 貞淑의 자살(「死緣記」), 順伊의 죽음(「生活的」), 春子에 대한 東周의 육체적 욕망(「生活的」), 쇠약해진 炳俊의 공포에 질린 죽음(「被害者」), 전남편과 은주의 자살(「人間繫累」), 병으로 죽은 채익준 아내(「剩餘人間」)
	정신적 이상심리	만성적 무기력증	道一의 권태증(「公休日」) 東周(「生活的」), 실업자 志尙(「未解決의 章」), '메이파즈(할 수 있나)'를 되뇌이는 아편쟁이 東五(「曠野」), 실의의 인간 천봉우(「剩餘人間」)
		자폐증	東玉(「비오는 날」)과 昌愛(「血書」)의 자폐증, 토막집에서 아편쟁이들과 기거하는 春華(「曠野」)
		피해의식과 열등감	東玉(「비오는 날」), 낯선 사람에게 병적 공포를 느끼는 東周(「生活的」), 억울하게 처가식구를 부양하고 있는 炳俊(「被害者」), 계부에 대한 살부 충동과 공포에 시달리는 承斗(「曠野」), 아웃사이더로서의 불안과 공포(「神의 戱作」), 불량 소년 대식의 집요한 공격에 의해 공포에 사로잡힌 오씨(「恐怖」)
		파괴본능(사도매저키즘)	聖奎의 발악(「死緣記」), 俊錫의 폭언과 억지(「血書」), 폭력을 성적 쾌락의 연장 선상에서 즐기는 부부(「流失夢」), '성혜 애호원'의 불구자들의 원한과 저주(「肉體醜」), 수치심과 열등감, 원한과 복수심 등 복합적 콤플렉스에 사로잡혀 자폭과 테러, 인간 모멸, 냉소로 일관하는 야수적 인간 S(「神의 戱作」), 민족의식을 의장하여 무모하고 저돌적인 테러를 일삼는 독립투사 도현(「落書族」), 잔혹한 불량소년 대식(「恐怖」), 참된 교육자를 자처하지만 냉소와 반항으로 일관하는 仁九(「孤獨한 英雄」)
		광기	천사의 微笑를 찾아 헤매는 광인(「微笑」)
	사회구조적 측면	기아와 궁핍	종이 봉지를 붙여 근근히 살아가는 貞淑의 가족(「死緣記」), 미군의 초상화 주문으로 살아가는 東旭 남매(「비 오는 날」), 구제품을 되팔아 생계를 유지하는 志尙의 가족(「未解決의 章」), 신문 배달과 구두닦이 소년들(「稚夢」), 인육을 먹는 사람들(「黑夜」)
		실업	부질없이 취업에 매달리는 達洙(「血書」), 대학 중퇴자 志尙의 無爲(「未解決의 章」), 대학을 중퇴한 지식인이자 실직자인 哲秀(「流失夢」), 무위도식하는 천봉우와 채익준(「剩餘人間」)
		식민 잔재와 전후 혼란	좌익에 끌려가 고문 당한 東植과 그 후유증으로 사망한 그의 부친(「死緣記」), 월남한 실향민 鳳洙(「生活的」), 여순반란 사건에서 학살 당한 春子의 남편(「生活的」), 일본인 어머니는 귀국하고, 아버지는 청년단 활동으로 살해당하고, 고모마저 전쟁 폭격 속에 죽어버려 천애고아로 남은 貴男(「雪中行」), 독립 운동을 하다가 실패한 東五(「曠野」), 일본인들의 학대와 차별(「神의 戱作」), 해방된 조국의 극심한 혼란상(「神의 戱作」), 북에 처자를 두고 단신 월남한 구선

			생(「人間繫累」), 6・25 사변이후 공습에 대한 공포심 때문에 깊은 잠을 자지 못하는 천봉우(「剩餘人間」)
	반사회적 범죄	살인, 폭력, 절도 강간, 매춘 등	아편 밀매업자 鳳洙(「生活的」), 東周를 오해하여 타매한 마을 사람들의 집단행동(「生活的」), 東玉의 돈을 떼먹은 집주인 노파의 사기와 갈취(「비 오는 날」), 昌愛를 겁탈한 俊錫(「死緣記」), 매춘업에 종사하는 光順(「未解決의 章」), 절도, 강간 및 살인 등으로 감방에 갇힌 수인들(「人間動物園抄」), 만주의 아편 밀매상(「曠野」), 방화와 살인(「肉體醜」), 백치 만실이를 강간한 불구자(「肉體醜」), 근친상간에 대한 공모의식(「神의 戲作」), 성폭행을 민족적 복수로 합리화하는 S(「神의 戲作」)와 도현(「落書族」), 인육 시장에서 중국인들에게 능욕당하는 日女 야스꼬(「人間時勢」), 노왕 패거리의 아편 밀매상 부처 살해(「曠野」)
		육체적 욕망	육감적인 琴順(「公休日」), 호색한 鳳洙과 병약한 東周에게 끊임없이 관계를 요구하는 春子(「生活的」), 春子에 대한 東周의 육체적 욕망(「流失夢」), 성욕 때문에 비역질과 폭력, 살인을 서슴지 않는 방장과 주사장(「人間動物園抄」), 술집 작부 누이와 매부(「流失夢」), 되바라진 어린 치한(「少年」), 만기를 끊임없이 유혹하는 봉우처(「剩餘人間」)
도덕적 악	타락	속물성과 이기심	의붓 딸인 순이의 병을 방치하고 치부를 위해서만 살아가는 기회주의자 鳳洙(「生活的」), 간질병을 앓고 있는 딸 昌愛를 奎鴻과 결혼시키려는 朴노인(「血書」), 사기 결혼을 통해 생계를 해결하는 順實과 그의 아버지(「被害者」), 돈과 성을 절대적으로 신봉하는 누이와 상근(「流失夢」), 寬植과 돈 많은 화장품상 여인(「雪中行」), 불구자를 이용해 사리사욕만 챙기는 '성혜 애호원' 원장(「肉體醜」), 속물 근성의 봉우 처(「剩餘人間」), '주먹과 돈과 권세'를 신봉하는 夏敎(「師弟恨」)
	허위의식	위선과 공식적 사고의 노예	절대적 빈곤 속에서 미국유학을 유일한 삶의 가치로 여기는 志尙의 가족(「未解決의 章」), 헛된 명분에 사로잡힌 眞誠會 회원들((「未解決의 章」의 대장, 文先生, 張先生), '남북 석탄주식회사'라는 허위 업체를 설립하여 허영심을 채우는 상근의 패거리(「流失夢」), 인간의 가치와 의미를 추구하는 지식인이지만 역시 속물성에서 자유롭지 못한 高先生(「雪中行」), 성공을 위해 거세도 마다하지 않는 권력지향적 인물들(「宦官」), 명예를 위해 가족을 희생시키는 階伯장군(「靑史에 빛나리」), 정의와 양심을 부르짖지만 무능하기 짝이 없는 인간 폐물 洪先生(「師弟恨」), 비분강개파 채익준(「剩餘人間」), 엄격하고 권위주의적인 인물 스티크氏(「STICK氏」)
존재론적 악	허무주의	무의미와 부조리,	道一의 권태증(「公休日」), 가족이나 인습적인 모든 문화를 구속이며 짐이라고 생각하는 유선생(「雜草의 意志」), 전쟁

		생의 우연성	체험으로 인해 일체의 인간관계와 일상에 대해 무관심으로 일관하는 구선생(「人間繫累」), 형식적 절차에 매여사는 일상인들을 냉소하는 光浩(「齟齬」), 전쟁 후 인간 만사에 흥미를 잃은 천봉우(「剩餘人間」)

위의 표로 정리한 손창섭 소설의 악의 양상들은 「血書」에서 살펴본 대로, 개별적으로 존재하는 것이 아니라 상호 밀접하게 연관되어 있다. 다음 장에서는 위 표에서 제시된 악의 항목들을 구체적으로 살펴보고, 이들이 어떻게 연관되어 있으며, 나아가 어떠한 의미를 띠고 맥락화되는지를 살펴보도록 한다.

3. 공동체 붕괴와 근대적 주체의 해소

위의 표에서 예시한 대로, 손창섭 소설은 자연적 악, 도덕적 악 등, 전반적인 악의 제 양상과 세부 항목으로 이루어진 총체적인 '악'의 구현이라고 할 수 있다. 위에서 분류한 악의 세부 항목들이 별도로 존재하는 것이 아니라, 작가가 만들어놓은 소설적 환경 속에 긴밀히 연관되어 있다. 따라서 손창섭의 부정적 인간형은 그 극단적인 인간 모멸에도 불구하고 현실적 조건과 맞물려 있다는 점에서 설득력을 지닌다. 이 장에서는 '도덕적 악'에 속하는 손창섭 인물들의 부도덕과 추악한 이기심이 '자연적 악'인 1950년대 현실에 의해 어떻게 양산되었는지를 살펴보도록 한다.

「血書」에서 살펴본 대로, 손창섭의 작품에서 부도덕 인물들이 양산될 수밖에 없는 현실적 조건으로서 1950년대라는 극한 상황은 절대적인 의미를 띤다. 전쟁으로 인한 재난은 일상적 삶의 파괴와 공동체 붕괴를 야기시켰고, 해방 직후의 혼란상과 더불어 작가와 동시대인들은 삶의 총체적 파국을 경험하게 된다. 막대한 인명·재산의 피해, 이산가족과 최소한의 생존을 위협하는 사회 경제의 황폐화와 혼란을 가져온 전쟁은 인간 존재에 대한 가공할 만한 폭력으로 작용한다. 이러한 폭력적 현실을 그리고 있는 손창섭의 초기 소설에는 따라서 대개 육체적·정신적 불구자이거나 기아와 궁핍에 시달리는 인물들이 등장한다. 폐결핵 환자 聖奎와 順伊, 고문 후유증을 앓고 있는 東周 등의 육체적 불구성, 그리고 종이 봉지를 붙여 간신히 연명하거나 타인에게 의탁하여 살아갈 수밖에 없는 인물들의 절대적 빈곤은 최소한의 생존조차 보장받지 못한 1950년대적 현실을 그대로 보여준다.

손창섭 인물들이 '도덕적 악'을 개진시킬 수 있는 것은 바로 1950년대적 상황에 의해서이다. '윤리'가 자유와 책임으로서 자기 원인과 연관되어 있다면, 일반적으로 '도덕'은 '주체'와는 별개인 공동체의 규범이다.25) 따라서 크고 작은 공동체의 파괴와 부재는, 손창섭 인물들이 '도덕적 악'을 개진시킬 수밖에 없는 환경으로 작용한다. 손창섭의 인물들은 만주로, 일본으로, 부산으로, 북에서 남으로 보다 나은 삶이 아니라 '목숨을 부지하기' 위해 떠도는데, 그들이 어디를 가든, 그곳은 해방과 전쟁 직후의 속수무책의 현실, 그것과 다르지 않다. 떠도는 이들은 그들의 삶의 방식과 도덕을 규율할 어떠한 준거 집단도 갖지 못한다.

떠돌지 않는 인물의 경우에도 마찬가지이다. 최소한의 일상적 관계가 송두리째 뿌리 뽑힌 전쟁 직후의 현실에서 손창섭의 인물들은 나날의 삶의 터전이 되는 직장이나 그밖에 크고 작은 공동체를 경험하지 못한다. 즉, 그들에게는 사회적 관계가 부재한다. 뿐만 아니라 사회 공동체는 차치하고서라도 '가족'이라는 최소 공동체마저 파괴되어 버린 것이 그들의 현실이다. 가령, 「生活的」에서 한 집에 기거하는 두 세대는 상식적으로 이해될 수 있는 가족 관계가 아니다. 東周와 春子의 부부관계는 애정에 바탕한 결합이 아니라, 오갈 데 없는 처지로 전락한 春子의 필요에 의해 형성된 것이고, 병은 자연 치유될 수 있는 것이라며 앓고 있는 딸을 그대로 방치

25) 가라타니 고진, 『윤리 21』, 송태욱 역, 사회평론, 2001, 6~9쪽.

하는 鳳洙와 順伊의 관계 또한 따뜻한 애정을 근간으로 한 부녀관계는 아닌 것이다. 어쩔 수 없이 부부와 부녀로 살아가는 이들 가족 구성체의 본질은, 생존을 위한 하나의 방편에 불과하다. 폐결핵 말기 환자인 聖奎의 가족을 부양하는 東植과 그들의 관계(「死緣記」), 그리고 「血書」의 네 명의 동거 생활도 마찬가지이다. 이밖에 손창섭 소설에 나오는 공동체는 분단과 전쟁으로 와해되어버린 상태에서 동물처럼 집단 서식하는 결합체로 형상화된다.

이렇듯 어떠한 구속감과 필연성도 존재하지 않는 파편화된 공동체에 대한 시각은 평범한 혈연관계를 형상화하는 데에도 반영된다. '어머니가 정말 저를 낳으셨수?'라며 혈연을 근본적으로 회의하는 道一이나 '주위와 나를 어떠한 필연성 밑에 연결시키지 못하는' 志尙에게 있어 가족은 그들이 맞닥뜨린 '폭력적 현실'과 마찬가지로 자신의 의지와 상관없이 주어진 우연한 관계들로 이해된다. 따라서 손창섭의 인물들은 가족에 대해 사랑과 보살핌이 아니라 무조건적인 책임과 의무만을 느끼고 중압감에 사로잡힌다.

> 아주머니 말대로 이북에 두고 온 처자를 잊지 못해서만은 아니었다. 뭐라고 할가, 반드시 그럴 연유가 있어서 홀아비 생활을 지켜온 것은 아니지만, 역시 따지고 든다면 명확히 의식에서건 아니건, 전연 그럴만한 이유가 서지 않는 바도 아닌지라, 이를테면, <u>죽음의 도가니 속 같은 동란을 치르고 나자, 나와 가장 밀접하였던 일체의 사물과 관계를 상실하였고, 남은 것이란 십 오관 얼마 나가는 이 고깃덩이와</u>, 겨우 그것을 부란에서 방지할 만한 정도의 생명력과 으스러진 약간의 에스프리가 남았을 뿐이었으나, (중략) 홀가분한 인생을 번거롭게 확장시키고 싶지 않아, 요행 남북이 터져 처자를 만나면 다행이요, 그렇지 않으면 평생 이렇게 살다 죽으리라 싶어 하숙집 아주머니가 아무리 성화처럼 권하더라도 어엿이 여편네를 맞아 살림을 벌리고, <u>새끼를 치고 할 생각을 별반 품지 않았던 것이다.</u>[26](밑

26) 손창섭, 「人間繫累」, 《희망》, 1958.5, 259쪽.

줄-필자)

위 예문에서 드러나는 혈연관계에 대한 공포와 혐오감은, 손창섭 소설의 만성적 무기력증 환자들과 허무주의자들이 레파토리처럼 늘 반복하는 대사이다. 대표적으로 『神의 희작』의 S가 그러하고, 「公休日」의 道一은 물론, 「生活的」의 東周, 「未解決의 章」의 지상에 이르기까지 한결같이 가족 혐오주의자들인 것이다. 물론 이렇듯 가족조차 타자와 다를 바 없는 존재라는 의식, 그리고 '착취와 부채의 관계에 다름없다'(「被害者」)라는 인식은 작가 자신이 곳곳에서 토로한 바대로, 애정에 기반한 가족을 체험해 보지 못했기 때문일 것이다. 그러나 타인과의 일체의 관계에 대한 회의가, 많은 부분 손창섭 개인의 자전적 사실에서 연유했을지라도, 수많은 이산가족과 고아를 낳고, 가족을 해체되어버린 현실에서 손창섭의 인물들의 관계 부정은 보편성을 지닌다.

손창섭의 비도덕적인 인물들이 움직이는 것은 바로 이러한 공동체가 붕괴된 폐허 위에서이다. 공동체의 붕괴는 관계 형성을 불가능하게 하고 인간 행위를 규율할 수 있는 중심적 가치와 도덕 · 규범의 혼란을 불러온다. '가치관의 부재와 혼란'으로 요약되는 '전후'의 일상이란, "전통의 파괴와 기존 가치의 붕괴, 일체의 기성 질서에 대한 도전으로 상징되는 것이며, 자기 환멸과 희망의 부재, 성윤리의 혼란"[27]으로 드러난다. 이렇듯 생존조차 불확실한 상태에서 전후 인간은 그야말로 죽음 앞에서 '자기 윤리'를 정립시켜야할 위기를 맞는다. 그리하여 대부분의 전후 인간들이 어쩔 수 없이 붙들게 된 단 하나의 확고한 가치란, '자기 보존의 윤리'로 수렴된다. 모든 존재하는 것의 궁극적인 목적이 '자기 보존'에 있다고 말한 홉스는 인간이 근본적으로 이기적일 수밖에 없는 존재임을 강조했지만, 그것이 곧 인간의 본성이 악하다는 말은 아니다.[28] 인간의 욕망과 정념들은 그

27) 한수영, 「1950년대 문학의 재인식」, 《작가연구》 창간호, 13쪽.
28) 김용환, 「홉스」, 『서양근대철학』, 창작과비평사, 2001, 201쪽.

자체로 죄가 아니며 부도덕한 것도 아니다. 개체의 최소 윤리로서 자기 보존이 '악'이 되는 것은 그것이 타인의 '자기 보존'의 윤리와 상충될 때, 그리하여 '만인과 만인의 투쟁'의 장에서 타인을 희생시킬 수밖에 없는 어떠한 구체적인 조건에서 발생한다. 손창섭 소설의 인물들이 벌이는 人獸劇은 전후 현실의 극한 상황에서 자기 보존을 위한 투쟁이 추악한 행태들로 표출될 수밖에 없는 현실을 반영하고 있다.

손창섭 소설에 어김없이 등장하는 '돈과 성'을 절대적으로 신봉하는 속물적 인간형은 바로 이러한 자기 보존 윤리에 충실한 인물들이다. 그러나 그들의 이기적 행동들은 대개 더 많은 권력과 재산을 얻기 위한 것이 아니다. 「流失夢」의 누이와 相根, 「生活的」의 鳳洙와 春子, 「雪中行」의 寬植, 「비오는 날」의 東旭, 「血書」의 俊錫 같은 인물들이 보여주는 속악성은 더 풍요로운 삶을 위한 이기심의 표출이 아니라, '살아남기 위한 몸부림'이라고 볼 수 있다. 이들은 도덕적·사회적 존재 이전에 하나의 유기체로서 존재하는 인간이 그 최소한의 존재의 영속성을 보장받지 못했을 때, 자기 보존의 원리가 어떻게 과도한 이기심으로 변하는지를 보여준다. 표에서 도덕적 악의 '속물성과 이기심'의 항목으로 분류된 인물들의 철저한 속물성은 '네가 아니면 내가 죽을 수밖에 없는' 생존경쟁의 처절한 상황에서 갖게 된 필연적 성격인 것이다.

손창섭의 자기 보존 윤리에 충실한 인물들의 속물성과 이기심은 인간의 야수적 본성으로 더욱 심화되어 나타나기도 한다. 동물적 인간형이라고 할 수 있는 이들은 이기심뿐 아니라, 육체적 욕망과 쾌락을 긍정하고 이를 적극적으로 추구한다. 표에서 도덕적 악-육체적 욕망이라는 항으로 분류된 인물들이 바로 이러한 유형에 속하는 인물들이며, 「流失夢」의 누이와 같은 인물은 그 대표적인 사례라고 할 수 있다.

> 누이는 술집 작부(酌婦)였다. 그러한 직업에 누이는 수재적이었다. 그 수재의 힘으로 몇 식구가 살아가고 있었다. 누이의 그 행동성은 강한 생

> 활 능력을 보유하고 있었다. 무슨 회사 전무 취체역이니, 상무 취체역이니 하는 명함을 누구 앞에서나 내 놓기 좋아하면서도, 몇 달 가야 단돈 십환을 들여 오지 못하는 相根에게 비할 바가 아니었다. (중략) 이에게서는 강한 인간 냄새가 풍기었다. 나는 그 냄새를 즐기는 것이었다. 참말 세상에는 인간 냄새를 풍기지 못하는 인간이 얼마나 많은지 모르겠다.[29)]

강한 생활력으로 대변되는 동물적 본성이 곧 인간의 본질이라는 위와 같은 진술은, 이성에 기초한 도덕 준칙과 윤리관을 부정하는 것이다. 홉스에 따르면, "인간은 자신이 갖고 있는 자연적 능력의 총체로서 특히 욕구의 능력을 바탕으로 자신이 의욕하는 것은 선이라고 규정하고 자신이 혐오하는 것은 악이라고 규정한 후, 철저히 자신만의 선을 추구하고 악을 회피하려고 하는 이기적 존재이다."[30)] 손창섭의 인물들은 홉스의 이러한 이기적 윤리학을 체화하고 있는 존재들로, 자기 보존 원칙에 의한 이기심뿐 아니라 육체적 욕망은 '인간적'이라는 명분으로 긍정되기도 하는 것이다.

한편 이러한 동물적 인간형의 형상화는 이성적·정신적 가치에 근간하는 근대적 주체에 대한 부정을 의미한다. 근대적 주체는 과학 기술과 더불어 인간이 자연을 정복하고 '이성적 사유'에 의해 외부 세계를 표상할 수 있음으로 해서 가능해진 인간관이다. 서구 근대 철학에 있어 "데카르트의 사유 주체는 칸트의 초월론적 주체로, 그리고 다시 헤겔의 절대적 정신으로 이상화되면서, 인간의 신체성, 정신의 질료성을 배제시켜 나갔다. 근대적 주체는 점점 더 자신의 자연적 조건을 제거해갔고, 이를 통해서 사물의 질서에서 벗어나고자 했다."[31)] 개화기 이후 적극적으로 수용된 이러한 근대적 사유체계를 굳이 언급하지 않더라도, 인간의 본성 중 성(性)을 정(情)의 우위에 두고 있는 전통 유교적 가치관에 따르면 인간의 욕망은 '혼탁

29) 손창섭, 「流失夢」, 《사상계》 32호, 1956.3, 269쪽.
30) 김용환, 같은 글, 같은 책, 80쪽.
31) 김상환, 『니체, 프로이트, 맑스 이후』, 창작과비평사, 2002, 20쪽.

하여 어두운 악의 기운'[32]으로 폄하되던 것이다. 손창섭은 이러한 전통적 가치관은 물론 서구의 근대적 주체관에도 반기를 들고 인간의 '맨얼굴'을 창출해낸다. 그가 파악한 인간이란 자연과 외부 대상을 이성적 사유를 통해 자기 동일성의 주체(subject) 밑에 종속시킨 존재가 아니라 '자연'으로 추락한, 심지어 종속된 존재이다.

손창섭이 근대적 주체의 해체 내지 해소 작업을 통해 창조한 동물적 인간형은 탈근대적 주체와 밀접하게 관련되어 있다. 즉, 프로이트가 발견한 인간의 '욕망'과 '무의식적 층위'와도 긴밀히 연결되는 바, 손창섭 연구 초기부터 상당부분을 차지하는 정신분석학적 논의들은 이를 예증해준다. 여러 가지 제한으로 인해 이 글에서는 본격적으로 고찰할 수는 없지만, 한 가지 실례를 들어보기로 하자.

> 1) 나는 눈을 감고 열병 환자처럼 엉뚱한 소리를 중얼거렸다. "하나두 나의 죄는 아닙니다. 그렇다구 물론 春子씨의 죄두 아닙니다. 정말입니다. 누구의 탓도 아닙니다. 春子씨의 부친이나 우리 누이의 잘못도 아닙니다. 그저 명확한 사실은 우선 나에게는 한 벌의 신사복이 필요하다는 것뿐입니다, 그뿐입니다. 나는 언제까지나 염색한 군복만을 입구 있을 수는 없으니까요."[33]

> 2) 그러나 그 방을 나오기 전에 나는 큰 실언을 했다.
> "며칠 전에 나는 꿈을 꾸었습니다. 春子씨를 끌어안고 우는 꿈을 말입니다. 아주 우스운 꿈이지요."[34]

인용문 1) 2)는 모두 「流失夢」의 주인공 東周가 春子에 대한 욕망을 표출하는 장면이다. 제대군인이자 지식인 실업자 東周는 누이에게 의탁하여

32) 곽신환, 「악에 대한 유가철학적 이해」,『惡이란 무엇인가』, 180쪽.
33) 손창섭, 「流失夢」, 같은 책, 275쪽.
34) 같은 책, 283쪽.

지내는 무능력자로 春子를 마음에 두고 있지만, 春子의 가족을 책임질 수 없기 때문에 春子 父와 누이의 권유에도 불구하고 적극적인 행동을 하지 못한다. 자신의 욕망을 인식하고 있는 東周는 그러한 자신의 마음조차 고백하지 못하는데, 위 장면에서처럼 엉뚱한 순간에 그러한 무의식적인 욕망을 노출시키고 마는 것이다. 1)의 횡설수설한 東周의 진술에서, 東周는 春子에 대한 사랑과 욕망에 대한 고백은 생략한 채, 왜 자신이 春子에게 적극적일 수 없는지에 대해 '군복이 필요할 뿐'이라는 이치에 닿지 않는 말을 한다. 1)의 장면보다 뒤에 해당하는 2)의 부분에 이르러서야 春子에 대한 솔직한 욕망을 드러내게 되는데, 이렇듯 무의식적 욕망 표출로 인해 타자에게 '백치'로 그려지는 손창섭의 인물들은 주체가 결코 이성에 기반한 자기 동일성의 존재일 수 없음을 보여주고 있다. 이밖에도 인간 무의식과 욕망에 대한 탐사는 손창섭 소설의 중요한 한 축을 이루고 있다. 자전적 소설인 『神의 戲作』은 말할 것도 없고, 계부에 대한 살부 충동과 공포를 그리고 있는 「曠野」, 성적 충동과 복수심, 폭력의 상관관계를 보여주고 있는 『落書族』, 그리고 열등감과 사디즘의 심리적 기제를 묘파하고 있는 「血書」의 俊錫에 이르기까지, 손창섭은 '의미'로 상징되는 '상징계' 저편의 무의미한 인간 욕망의 퇴적을 채굴하는 데 탁월한 작가적 역량을 보여준다.

이상에서 우리는 손창섭의 인물들이 보여주는 부도덕의 구체적인 면면들과 그것이 어떠한 현실 조건에서 배태되었는지를 살펴보았다. '속물성과 이기심' 혹은 '육체적 욕망'과 '무의식적 충동' 등은 그러나 개별자의 윤리적 규범에 의해서가 아니라 기존 사회의 보편적 가치에 의해 '악'으로 분류된 것에 속한다. 그렇다면, 이들을 적극적으로 형상화함으로써 드러내는 작가 자신의 가치관이란 무엇인지 살펴보도록 한다.

우선, 앞서 인용한 「流失夢」의 일부분에서 누이를 묘사하는 내포 작가의 시점에서 알 수 있듯, 기존에 악으로 표상되는 것들-이기심과 감각적 충동-은 '악'이 아니라 '선'의 편에 서 있는 긍정적이고 가치 있는 것으로 표상된다. 위에서 살펴본 속물적 인간들이 바로 그러한 기성 가치의 전도를 합리화시키고 있는 인물들로, 그들을 통해 작가는 인간의 獸性과 욕망은 "너무나 당연하고 정당한" 것이라고 말하고 있다.

> 그 허리며 무릎이며 엉덩이가 너무 가까운 곳에 있기 때문이다. 그런 것들을 통째로 나는 안아보고 싶어지는 것이었다. 이것은 조금도 불순한 욕망은 아닌 것이다. 이 너무나 당연하고 정당한 욕망을 누르기 위해 나는 그지없이 피로해지는 수밖에 없었다.[35](밑줄-필자)

이기심과 욕망을 옹호하는 이러한 작가의 시선은 반사회적 범죄를 저지르는 추악한 인간들을 그리면서 더욱 극단화된다. 「人間動物園抄」의 성욕을 위해 폭력과 살인을 서슴지 않는 방장과 주사장, 「肉體醜」의 강간과 방화, 살인도 서슴지 않는 불구자, 「人間時勢」에서 야스꼬를 인육시장에 내팔고 능욕하는 중국인들은 기존의 논의들이 지적한 대로, '인간의 본질이 동물과 다르지 않다'라는 작가의 인간관을 극대화시킨 예들이라 할 수 있다.

인간의 수성에 대해 이렇듯 새로운 가치를 부여하는 작업은, 이와 반대편에 놓여있는 인물들, 즉 '공식적 사고'에 매여 위선으로 일관하고 있는 인물들을 부정하는 것과 함께 진행된다. "선생님은 왜 미술가면서 왜 공식적 사고를 못 버리셔요? 인간이 습성화된 위선의 가면을 벗지 못하는 한, 그 생활 자체가 도저히 멜로드라마 이상일 수 없을 거예요"[36]라는 貴男의 언급을 통해 단적으로 표출되고 있는 것처럼 허위의식에 사로잡힌 인간은 손창섭이 희화화를 통해 지속적으로 냉소하고 있는 인간형이다. 「雪中行」의 주인공 高先生은 生活的으로는 무능하지만 인간의 가치와 의미를 추구하는 지식인이다. 그러나 잠든 貴男에게 키스를 하면서 '나는 너를 딸

35) 손창섭, 「流失夢」, 앞의 책, 274~275쪽.
36) 손창섭, 「雪中行」, 《문학예술》 13, 1956.4, 52쪽.

이라고 생각한다'라고 자신을 합리화시키는 데에서, 또 돈많은 화장품 여인과 결혼하기를 종용하는 寬植을 경멸하면서도 속으로 은근히 기대하고 있는 모습에서 지식인의 허위의식을 고발하고 있는 작가의 시선을 느낄 수 있다. 이들 공식적 이데올로기에 사로잡힌 인물들은 표에서 도덕적 악-허위의식라는 항목에 분류된 인물들을 통해 구체적으로 형상화되고 희화화된다.

위에서 살펴본 야수적 인간형과 위선과 허위의식에 사로잡힌 인간형은 그러나 어느 한편, 작가에 의해 분명하게 긍정과 부정이라는 대립축으로 나눠지는 것은 아니다. 앞서 많은 논자들이 손창섭의 작품을 '가치 지향'과 '가치 부정'이라는 상반된 의견을 보여주고 있고, 또 한편 이를 '아이러니'라는 미학적 개념을 통해 설득력 있게 논증한 바 있듯,[37] 작가의 시선은 서술방식과 초점화자에 의해 굴절되어 이중성을 드러내기도 한다. 손창섭 소설이 '인간은 동물이다'라는 부정적 인간관을 표출하기 위해 글쓰기에 주력했다고 하더라도, 그리하여 이성적 인물들이 추구하는 가치라는 게 허울뿐인 명분이라는 사실을 힘주어 말하고 있더라도, 이를 서술하는 방식과 문장의 행간에는 어느 쪽에도 행복하게 승복할 수 없는 작가의 비애와 난감함이 들어있다. 물론 속물적 인간들을 냉소하고 희화하는 데에서도 작가의 부정적 인간관이 단순하지만은 않다는 것을 알 수 있으나, 「剩餘人間」에 이르러 서만기라는 인물을 통해 표출되는 다음과 같은 말은 부정과 긍정이 교차되는 지점을 잘 드러내고 있다.

> "쟝 크리스토프라는 로랑의 소설 가운데 이런 말이 있다우. 「사람이란 행복하기 위해서 살고 있는 것은 아니다. 자기의 정해진 길을 가기 위해

37) 한상규,「손창섭 초기 소설에 나타난 아이러니의 미적 기능」,《외국문학》 76, 1993년 가을호.
김지영,『손창섭 소설의 아이러니 연구』, 고려대 석사논문, 1996.
박유희,『1950년대 소설과 반어의 수사학』, 고려대 박사논문, 2002.

살고 있는 것이다.」"[38]

손창섭의 속물적 인간형에 의하면 인간의 쾌(快)를 만족시키는 것은 선이고, 이외의 것은 모두 악에 속한다. 손창섭은 이러한 인간형을 가장 인간의 본질에 가까운 존재로 긍정하고 있다. 그러나 그렇기 때문에 인간은 반드시 '그렇게 살아야 한다'라고 말하지 않는다. 위 인용문에서 토로된 대로, 인간은 인간의 원형으로서 새롭게 전도되는 '선악'의 개념을 떠나 쾌를 추구하는 것이 당위일 수 없다는 것, 불행을 사는 것 또한 인간의 길이기도 하다는 서만기의 말은, 손창섭의 1950년대 단편들에 나타나는 속물성과 위선에 대한 이중적 시선이 어디에서 기원하는지를 알 수 있게 한다. 그것은, 앞서 언급한 대로, 어떠한 가치도 삶의 기준으로 작동할 수 없었던 1950년대적 현실에 놓여있다. 극한상황에서 폭로되는 인간의 본성으로서의 '악'이 어찌할 수 없는 사실이라 해도 그것을 삶의 준칙으로 채택할 수 없고, 또한 그렇다고 해서 인간의 정신적 가치와 고매한 이상을 믿을 수도 없었던, 이러한 딜레마는 제반 가치를 부정할 수밖에 없었던 1950년대의 무질서에 그 일차적인 원인이 있다.

칸트의 말대로 '인간은 그 본성에 있어서 악'이지만 그것으로 인간이 인간으로서의 삶을 영위할 수 없기 때문에, 자연 상태에서 벗어나고자하는 인물들은 그 외의 것을 추구하게 된다. 전후 폐허의 현실에서 시를 쓰는 奎鴻(「血書」)이나, '개 돼지처럼 먹구 자구 아이만 낳문 젤인가요 자기의 취미와 재능을 살려 가치 있는 생활을 해야 사람이죠'라며 짜투리 시간을 아껴 틈틈이 검정고시를 준비하는 春子(「流失夢」), 인간의 가치와 의미를 추구하는 高先生(「雪中行」) 등은 '똥칠을 겁내는 개가 벤벤히 개구실을 하나요?'라는 寬植에 말에 정면으로 대항하는 인물들이다. 그러나 그들이 추구하는 가치는 작가에 의해 현실적으로 무의미하고 가망 없는 일

38) 손창섭, 「剩餘人間」, 《사상계》, 1958.9, 366쪽.

이며, 또한 사실에 있어서는 속빈 강정과 같은 것으로 드러난다. 인간을 '개' 이상의 차원으로 끌어올리기 위해 안간힘을 쓰며 매달리는 이들을 비웃는 작가의 시선은 때로는 더욱 극단화된다. 「未解決의 章」의 志尙의 가족이 신앙하는 '미국 유학', 「靑史에 빛나리」에서 階伯 장군이 매달리는 대의와 명예, 『落書族』의 도현의 애국심, 「宦官」의 인물들이 추구하는 권력과 성공에 대한 작가의 냉소가 바로 그것이다. 「靑史에 빛나리」와 같은 작품의 경우는 다르지만, 1950년대를 배경으로 하는 작품에서 보여주는 이들에 대한 작가의 냉소는 분명, 일차적으로 그 어떤 것도-예를 들어 '진실되고 성실되게 인류의 보탬이 되자'라거나 '미국 유학' 같은 것-허위일 수밖에 없다는 1950년대의 현실인식에서 기인한다. 따라서 위선과 허위의식에 사로잡힌, 혹은 의미를 추구하는 인간들에 대한 냉소는 1950년대적 현실이 '미국 유학'으로 상징되는 것처럼 '가치 부재와 혼란'이었던 데에서 비롯된 것이다. 라깡에 의하면 인간은 상징계로 대변되는 기존 사회의 가치와 규범을 긍정하거나 부정하는 작업을 통해 '주체'로 탄생된다. 따라서 '주체'와 상징계 질서를 만드는 공동체의 붕괴는 우선적으로 손창섭 인물들의 '악행'과 야수적 본성의 근본 원인이었다고 할 수 있다. 또한 이 주체의 위기가 극단화되었을 경우, 손창섭 소설에서 아예 어떠한 가치나 의욕도 지니지 못한 무기질에 가까운 인물들을 양산하기도 한다. 東周(「生活的」), 志尙(「未解決의 章」), 道一(「公休日」), 유선생(「雜草의 意志」) 등 만성적 무기력증 환자라고 할 수 있는 이들은 일상적 가치는 물론 관계의 일체를 부정함으로써 '주체'를 해소하는 존재들이라고 할 수 있다.

4. 생의 의지로서의 '악'의 표상과 새로운 휴머니즘

많은 논자들이 손창섭의 소설이 '객관적 현실에 대한 탐구와 반영에 무관심'[39]하고 그의 소설에 등장하는 '전쟁과 분단과 가난이 악마적 인간관을 합리화시키기 위한 소도구'[40]에 불과하다고 지적한다. 또한 1950년대적 현실이 '단지 배경으로만 존재할 뿐, 인물들의 삶과 상호 연관된 환경'[41]은 아니며, 따라서 손창섭의 소설은 '추상적 무시간성의 형식'[42]이라 규정하기도 하고 있다. 그러나 그것은 『落書族』이나 『神의 戲作』 같은 몇몇 작품에는 해당되지만, 초기 단편들의 경우에는 온당한 평가가 아니라고 본다. 위에서 살펴본 대로, 손창섭의 비도덕적 인간형은 전쟁과 전후 혼란이라는 폭력적 현실에서 양산된 인간들이다. 손창섭 소설에 같은 '상황이 반복되고 서사성이 부족'[43]하다면, 그리고 인물이 '오직 자신만을 생각하는 개별자'[44]로서만 존재한다면, 그것은 작가가 현실을 객관적으로 인식하지 못해서가 아니라, 1950년대 현실이 바로 그러했기 때문이다. 전쟁으로 모든 것이 휩쓸려간 1950년대적 현실 자체가 바로 '추상적 무시간성'을 의미한다. 그러한 폭력적인 현실에서 인간은 오직 자신만을 생각하는 개별자 이외에 어떠한 생존 방식도 택할 수 없었던 것이다. 따라서 손창섭 소설의 같은 상황을 반복 연출하는 인수극이야말로 1950년대의 '무화된 현실, 부재하는 현실'[45]을 압축적으로 반영한 것이라고 할 수 있다.

앞서 언급한 대로 손창섭은 속물형 인간형도 가치를 추구하는 인간형도 모두 부정한다. 이는 많은 논자들이 지적한 대로, 인간 자체를 부정하는 인간 모멸이라고 할 수 있다. 어떤 인간에서도 인간됨의 긍정적 의의를 찾을 수 없는 손창섭의 인간관은 다음에서 극명하게 표출된다.

국민학교의 그 콘크리트 담장엔 사변 통에 총탄이 남긴 구멍이 숭숭

39) 정호웅, 「손창섭 소설의 인물 성격과 형식」, 《작가연구》 창간호.
40) 하정일, 「전쟁 세대의 자화상」, 《작가연구》 창간호.
41) 같은 글, 같은 책.
42) 정호웅, 앞의 글, 앞의 책.
43) 하정일, 앞의 글, 앞의 책.
44) 정호웅, 앞의 글, 앞의 책.
45) 김윤식 · 정호웅 공저, 『한국 현대 소설사』, 332쪽.

> 뚫려 있었다. 나는 오늘도 걸음을 멈추고 그 구멍으로 운동장을 들여다보는 것이다. 마침 쉬는 시간인 모양이다. 어린애들이 넓은 마당에 가득히 들끓고 있다. 나는 언제나처럼 어이없는 공상에 취해 보는 것이다. 그 공상에 의하면 나는 지금 현미경을 들여다보고 있는 병리학자(病理學者)인 것이다. 난치(難治)의 피부병에 신음하고 있는 지구덩이의 위촉을 받고 병원체의 발견에 착수한 것이다. 그것이 '인간'이라는 박테리아에 의해서 발생되는 질병이라는 것을 알았지만, 아직도 그 세균이 어떠한 상태로 발생 번식해 나가는지를 밝히지 못하고 있는 것이다. 그러니 치료법에 있어서는 더욱 캄캄할 뿐이다. (중략) 인간이라는 병균에 침범당해, 그 피부가 는적는적 썩어 들어가는 지구덩이를 상상하며, 나는 구멍에서 눈을 떼고 침을 뱉었다. 그것은 단순한 피부병이 아니라 지구에게 있어서는 나병과 같이 불치의 병일지도 모른다는 생각을 안고 나는 발길을 떼어놓는 것이다.[46)]

피부병을 앓고 있는 지구, 이는 전쟁을 비롯하여 온갖 폭력과 테러가 난무하는 1950년대의 비인간적 상황에 대한 비유이다. 화자가 1950년대적 현실을 일종의 질병으로 보고 그 원인과 치료법에 대해 궁구하는 것은 인간을 불행과 고통 속에 몰아넣고 이기심의 각축장으로 만드는 그 근본적 원인이 무엇인지를 고뇌하는 작가의 그것에 해당한다. 그러나, 전후 혼란의 그 핍진한 상황 속에서 손창섭은 테러처럼 벌어진 일련의 사태들을 논리적으로 파악할 수 없었으며 그것은 손창섭만이 아니라 동시대 작가들에게도 해당된다. '논리적으로 사태를 파악할 수 없을 때, 감정적인 제스처만이 극대화된다'[47)]는 김현의 지적대로, '피부병이라는 일시적 질환이 아니라 나병이라는 불치병일지도 모른다'는 위 인용문의 비유에는, 현실에 대한 환멸로 인해 '인간' 자체에 최후 판결을 내리는 작가의 극단적 감

---

46) 손창섭, 「未解決의 章」, 《현대문학》, 1955.6, 175쪽.
47) 김현, 「테러리즘의 문학」, 『사회와 윤리』, 김현문학전집 2, 문학과지성사, 2003, 242쪽.

정이 들어있다. 인간이 어떻게 해서 악해질 수 있는지를 묻지 않고, 그러한 극한 체험을 통해 '인간 자체가 악하다'라고 규정짓는 것은 분명 현실을 "냉철하게 인식·반성하기를 회피하고 추상적이고 보편적 개념으로 파악"[48]하려는 논리적 비약이라고 할 수 있다. 그러나 그 논리적 비약은 또 한편 기존의 한국 문학사에서는 볼 수 없었던 인간 본질에 대한 탐구를 가능하게끔 했다는 측면에서 완전히 부정할 수만은 없다. 손창섭과 1950년대 작가들에 의해 탐사된 '인간의 원형'은, 분명 관념적·추상적 인식으로 극단화된 부분이 없지 않다. 그러나 그들이 공통되게 보여주고 있는 인간 실존에 대한 물음은, 1950년대 문학이 당대성을 넘어 보편성을 획득할 수 있게 한다. 그럼에도 불구하고 손창섭은 인간을 동물 차원으로 끌어내리는 그러한 환경이 어떠한 현실적 맥락과 논리에 의해 만들어졌는지에 대해서는 성찰하지 못했다. 이러한 측면에서 기존의 많은 논자들이 지적한 대로, 손창섭이 객관 현실을 인식하는 데 있어서 무능했던 작가라고도 말할 수 있을 것이다. 그러나 여기에서 말하는 객관 현실이란, 사회과학적·역사적 맥락을 함의하는 객관 현실이지, 수많은 인간 군상들이 영문도 모르고 살아낸 1950년대의 '객관 현실'을 의미하지는 않을 것이다. 어찌되었든 손창섭은 객관현실로 함의되는 사회구조적 맥락을 짚어내는 데 실패했던 것만큼은 사실이다. 그러한 실패는 다음과 같은 글에서 함축적으로 드러난다.

> 「가만 있자!」
>
> 나의 두뇌로는 이해키 곤난한 점이 있어서 나도 모르는 사이에 그렇게 중얼거리었다. 그것은 이층과 삼층으로 통하는 그 층층다리의 위치에 대해서인 것이다. 이층에 올라갈 때, 여자가 이쪽을 등에 지고, 저켠을 향하고 걸어 올라갔으면, 삼층에 올라갈 때는 반대로 저쪽에 등을 대고 이편을 향해 걸어올라가야 할 게 아닌가. 그리 되면 당연히 층층다리에 가리

---

48) 같은 곳.

> 어서 삼층에 올라갈 때는 내 방에서는 보이지 않게 되어야 할 것이다. 그런데 이것은 이층이나 삼층이나 다 층층다리가 저쪽을 향하고 놓여져 있는 모양이다. 그것은 정말 신기한 일이다. 나는 도무지 이해할 수 없는 일이었다. 그 층층다리의 위치에 대해서 나는 연구해 보기 시작했다.[49]

「層階의 位置」의 주인공 '나'는 우연히 발견한 건너편 삼층 건물의 비밀스런 내부 구조를 밝히기 위해 골몰하다가 마침내 건물 안으로 뛰어 들어가기에 이른다. 그러나 양공주의 매춘 현장과 목격하고 당황한 나머지 주인공은 자신이 올라온 층층다리의 구조가 어떠했는지를 잊어버리고 결국 '건물 내부 구조'에 갇히고 만다. 비밀내부 구조를 탐구한다는 것은 미군을 상대로 한 매춘이 벌어지고 있는 현실을 논리적으로 이해해보겠다는 의지의 표명이기도 하다. 그러나 경황없이 맞닥뜨린 놀라운 현실은 그러한 논리적 성찰을 불가능하게 하고, 불합리하기 짝이 없는 내부 구조에 갇히고 만다는 것은 바로 작가 자신이 진단한 자신을 포함한 전후 문학의 한계이자 그에 대한 변명이기도 한 것이다.

이러한 불가해한 현실 인식은 인간 삶에 대한 보편적 차원으로 확대된다. 앞서 살펴본 만성적 무기력증 환자형에 속하는 인물들이나 인생의 모든 의의를 부정하는 허무주의자들은 '무의미와 부조리'로 요약되는 손창섭의 인간 존재와 삶에 대한 인식의 표현이다. 인간들의 추악한 이기심과 위선, 정신적 불구성이 어디에서 기인했는지는 파악할 수 있지만, 그들이 왜 그러한 '자연적 악'에 해당하는 환경에 놓이게 되었는지에 대한 필연성을 발견하지 못한 작가는 '부조리'라는 인간의 실존적 상황을 발견하게 된다. '어머니가 정말 나를 낳으셨수?'라고 반문하는 道一이나, 혈연관계에 회의하는 이들이 정작 묻고 있는 것은, '왜 하필 극악한 상황이 자신의 운명이 되어야하느냐'이다. 그러한 질문에 대한 해답은 '알 수 없다'는 것, 인간이란 지극히 우연한 존재이며, 삶은 부조리하다는 것, 따라서 어떠한

---

49) 손창섭, 「層階의 位置」, 《문학예술》, 1956.12, 33쪽.

필연성과 이치에 닿지 않는 인간과 그리고 삶이란 무의미하다는 것이 손창섭의 허무주의자들이 거듭 되뇌이는 결론인 것이다.

그러나 손창섭의 소설이 허무주의적이고 염세적인 세계관을 공들여 표출하긴 해도, 현실 도피와 죽음이라는 퇴폐로 흐르지는 않았다. 오히려 인간 존재 자체가 무가치하다는 존재론적 악은, 자연적 악과 더불어 손창섭 인물들의 타락과 발악을 새로운 차원에서 해석할 수 있게 하는 중요한 실마리를 제공한다. 즉, 야수적 본성과 이기심, 위악에 바쳐진 인물들은 인간을 무의미하게 만드는 생의 우연성과, 죽음을 강요하는 현실적 폭력에 항거하는 존재들로 볼 수 있다. 앞서 살펴본 대로, 생존조차 불투명한 극한 상황에서 자기 보존의 원리에 충실한 인물들이 보여주는 이기심은 바로 죽음을 거부하는 생의 의지인 셈이다. 그들이 보여주는 비도덕은 '생존이 모든 윤리에 앞설 수밖에 없는' 인간의 운명을 예시하고 있는 것이다.

> 나를 가장 몰두시킨 것은 진실로 <퇴폐주의>의 문제였다. 여기에는 몇 가지 이유가 있다. <선(善)과 악(惡)>이란 이 문제의 변종(變種)에 지나지 않는다. 사람들이 몰락의 징조에 눈을 뜨기 시작한다면, 그들은 곧 도덕에 대해서도 이해하게 된다. 사람들이 가장 성스러운 이름과 가치 공식(公式) 하에 무엇이 숨어 있는지 알게 된다는 말이다. <영락(零落)한> 삶, 몰락에의 의지, 거대한 권태 등등을. 도덕은 삶을 <부정한다>.[50]

위 인용문에서 니체가 간명하게 묘파하고 있는 것처럼, 화석화된 도덕은 때로, 극한 상황에서는 더욱이나 인간을 종말과 죽음 편에 서게 하는 데카당한 것일 수 있다. 공식화된 사고와 도덕을 부정하는 손창섭 인물들이 보여주는 추악함은 이러한 데카당한 1950년대 현실에 맞서 싸우기 위한 것이라는 점에서 그 특수성에도 불구하고 부정적 차원을 넘어서 평가

---

50) 프리드리히 니체, 「바그너의 경우」, 『비극의 탄생/바그너의 경우/니체 대 바그너』, 김대경 역, 청하, 1998, 157쪽.

될 수 있을 것이다. 자연적 악에 노출된 손창섭의 인물들은 대개, 권태증과 만성적 무기력증으로 사물화되어 있는 경우가 많지만 그 어떤 인물도 타나토스적 충동에 몸을 내맡기지 않는다. 다음 인용문은 사물화된 인간이 어떻게 자신의 죽음에 저항하는지를 구체적으로 보여주고 있다.

1) 順伊는 밤에도 자는 것 같지 않았다. 밤낮없이 누워서 신음소리만 내는 것이었다. 그것은 마치 신음소리를 내기 위해서 장치한 기계와도 같았다. 東周는 종내 어느날 順伊에게 물어 보았다. "너 어째서 그렇게 밤낮 신음소리를 지르니? 그렇게 죽어 오게 아프냐?" 順伊는 얼굴을 찡그렸다. "그럼 어떻게 해요. 그냥은 심심해서 못 견디겠는 걸." 그때부터 東周는 무겁고 암담한 順伊의 신음소리를 아껴주기로 한 것이다. 그 신음소리는 멀지 않아 죽을지도 모르는 順伊의 최선을 다한 생활이기 때문이다.[51)]

2) 방바닥에 토해 놓은 검붉은 피를 聖奎는 떨리는 손으로 움켜서 돌부처처럼 옆에 앉아 있는 貞淑의 입에다 문대 주며 다자꾸 먹으라는 것이었다.

"이년! 너도 같이 죽자. 나와 함께 죽잔 말야. 둘이 함께 죽어야 한다. 그렇다면 난 언제 죽어도 겁나지 않는다. 그래 같이 살다 나만 혼자 죽으란 말야? 너는 살구 나만 혼자 죽으란 말야? 안 된다. 안돼. 나 죽은 뒤 넌 東植이놈하구 얼릴 판이지? 그렇지? 안 그래? (중략) 이 놈 나 죽길 기다려? 안 죽는다, 안 죽어. 너희 연놈이 판치고 살라고 내가 죽어? 안 죽는다. 안 죽는다. 이년! 이 필 먹어라, 어서 먹어!"[52)]

인용문 1)은 병을 앓고 있는 順伊의 신음소리가 살아있음을 증거하는 최선의 생활임을 보여준다. 언제 죽을지도 모르는 順伊지만 '너 죽고 싶지?'라고 묻는 東植의 질문에 '으악' 소리를 지르며 와들와들 떠는 것은

---

51) 손창섭, 「生活的」, 《현대공론》, 1954.11, 153쪽.
52) 손창섭, 「死緣記」, 《문예》 初夏號 통권 17호, 1953, 136~137쪽.

어떠한 극한 상황에서도 결코 포기하지 않는 인간의 생의 의지를 의미하는 것이다. 인용문 2)에서 聖奎의 발악 또한 같은 맥락에 놓인다. 폐결핵 말기 환자인 聖奎는 누가 봐도 곧 죽을 사람의 몰골을 하고 있으나, 죽음에 대한 두려움과 공포, 그리고 아내 貞淑과 東植의 관계에 대한 질투심 때문에 온갖 패악을 부린다. 그러나 '안 죽는다'라며 아내에게 같이 죽기를 강요하는 위와 같은 발악의 이면에는 '가죽만 남은 귀 언저리로 번질번질 눈물을 흘리는' 절망과 비애가 있는 것이다.

이처럼 손창섭 초기 소설에서 인물들이 보여주는 노악과 발악은 일차적으로 인간을 무기질 상태로 몰아넣는 극악한 상황에서의 꿈틀거림을 의미한다. 이들의 비도덕과 위악은 자신의 의지와는 무관하게 주어진 총체적 불행과 부조리에 항거하는 최후의 인간(marginal man)의 존재 증명인 것이다. 손창섭 소설이 객관 현실을 담아내지 못하고 극대화된 감정적 제스처로 흐른 것도 이러한 맥락에서 이해할 수 있다. 이는 1950년대적 개인이 테러와 같은 현실 속에서 자신의 삶으로부터 소외된 운명을 살 수밖에 없었기 때문이다. 손창섭 소설 문장의 대부분을 차지하는 '것이다'가 보여주는 방관자적 태도[53] 또한 이렇듯 소외된 자의식을 예증하고 있는 것이다. 개인이 자신의 운명으로부터 소외될 수밖에 없는 인간 존재의 근원적인 부조리에 대한 항거하는 인물들의 위악에 찬 자유의지는 1950년대적 인물들을 넘어 손창섭 소설의 전반에 걸쳐 나타난다. 『神의 戲作』의 S가 보여주는 자기모멸과 파괴 본능이 그 대표적인 예에 해당될 것이다. 자신에게 주어진 우연한 불행과 그 잔혹함에 항의하는 방식으로서의 위악은 손창섭의 첫 작품[54]에서부터 이미 뚜렷하게 나타나고 있다. 1949년 3월 《연합 신문》에 실린 「얄구진 비」의 내용을 살펴보면 이러하다. 바다 구경을 한번도 한 적이 없는 관준은 외삼촌과 주일날 월미도에 갈 것을 약

53) 김윤식 · 정호웅 공저, 『한국 현대 소설사』, 330쪽.
54) 손창섭의 정식 데뷔작은 「公休日」(1952)이지만, 그것보다 조금 앞선 1949년에 「얄구진 비」라는 꽁트를 《연합신문》에 讀者 小說 형식으로 발표한 바 있다.

속한다. 기대감에 부풀어 새 운동화까지 준비하고 주일날을 고대하였지만 삼주일동안 거푸 비가 내리자, 관준은 龍光寺 돌담장을 머리로 떠받아 피를 흘리며 이렇게 소리 지른다.

> 아야야야……. 어대 죽어두 해보자. 이놈의 하늘아. 어째서 부러 질 날마다 비가 오는 거냐? 응, 이 망난이 놈의 하늘아. 내 죽어두 해 보구야 만다.[55]

위 인용문의 어린 관준의 말과 행동은 바로, 손창섭 인물들의 '원형'에 해당한다. 어떠한 의지와 필연도 개입되지 않은, 개인적인 불행한 이력과 극한 현실에 대해 손창섭의 인물들은 관준처럼 피를 흘리며 '내 죽어두 해 보구야 만다'라고 악다짐을 하는 것이다. 이것이 손창섭 소설에 나타난 악의 표상이자 궁극적인 의의이다. 즉, 인간을 비인간이 되게끔 하는 자연적 악, 인간 자체를 무의미하게 하고 종말에의 의지로 이끄는 존재론 악에 항거하는 자유 의지로서의 '발악'과 '위악'이 손창섭 소설의 악의 표상이라고 할 수 있다.

인간을 동물적 수준으로 끌어내려 모멸하고 냉소하는 손창섭의 인간관은 인간 자체를 부정하고 있다는 점에서 반휴머니즘이라고 볼 수 있다. 그러나 '인간이 무의미하고 비도덕적이라고 해서 반드시 죽어야하는가'라고 묻는 작가의 반휴머니즘 이면의 시각은 새로운 휴머니즘 차원으로 해석될 수 있다. 인간이 반드시 고가의 의미의 퇴적일 수만은 없다는 작가의 주장 또한 바로 이러한 맥락에 놓이는 것으로, 추악한 인간들조차 생의 의지를 통해 살려놓는 보다 확대된 휴머니즘이야말로 '악'으로 점철된 손창섭 소설이 갖는 문학사적 의의가 될 것이다.

---

55) 손창섭, 「얄구진 비」, 《연합신문》, 1949.3.30.

5. 결론

이상 손창섭 소설에서 드러나는 '악'의 양상과 그 의미를 요약하자면 다음과 같다. 1) '자연적 악'을 의미하는 전쟁 직후의 폭력적 현실 2) 그러한 현실에서 생의 의지로 드러나는 인물들의 '도덕적 악' 3) 의지와 무관하게 상황에 던져진 인간 실존에 대한 인식과 부조리와 무의미로 드러나는 존재론적 악. 1)항은 손창섭 인물들의 비도덕성의 필연성을 설명하는 것으로 2)항과 상호작용함으로써 리얼리즘을 획득하는 데 기여하고 있다. 3)항은 손창섭 소설에서 환경에 의해 타락한 인물 이외에 극단으로 치닫는 위악적 인물들에 대한 원인으로 작용하고 있다. '죽음'을 의미하는 1)항에 저항하는 2)항의 비도덕이나, 부조리를 의미하는 3)항에 저항하는 인물들의 위악과 발악은 결국, 죽음과 부조리에 항거하는 생의 의지이자 자유의지라고 할 수 있다. 손창섭 소설에서 '악'의 표상이 생과 자유의지를 의미한다는 것은, 그가 보여주고 있는 인간 모멸과 냉소가 반휴머니즘이 아니라 새로운 차원의 휴머니즘임을 드러낸다. 인간의 악한 면을 극대화시켜 기존의 인간관을 전복시킴으로써 손창섭은 무가치한 인물들에게조차 생의 의의를 부여하고 있다. 그러한 측면에서 손창섭의 소설은 보다 넓은 차원의 새로운 휴머니즘을 보여주고 있다고 할 수 있다. 손창섭의 소설은 "악이 개념이 아니라, 자유로운 의식과 만나 그 의식에 의해 행해질 수 있는 위협적인 것의 이름"[56]이며, 인간을 사물화시키는 모든 것에 저항하는 자유 의지임을 보여주고 있다는 점에서 새롭게 조명될 수 있다.

---

56) 뤼디거 자프란스키, 『악 또는 자유의 드라마』, 곽정연 역, 문예출판사, 2002, 12쪽.

참고문헌

손창섭 소설 : 발표지

손창섭. 「作業餘滴」. 『한국전후문제작품집』. 신구문화사. 1960.

가라타니 고진. 『윤리 21』. 송태욱 역. 사회평론. 2001.

고 은. 「실내작가론」. 《월간문학》. 1969.12.

김상일. 「손창섭 또는 비정(非情)의 신화(神話)」. 《현대문학》. 1961.7.

김상환. 『니체. 프로이트. 맑스 이후』. 창작과비평사. 2002.

김영화. 「손창섭론-권태형 인간상과 그 소설사적 의미」. 《월간문학》. 1978.4.

김용환 외. 『서양근대철학』. 서양근대철학회 편. 창작과비평사. 2001.

김우종. 「야유의 인생. 야유의 문학; 落書族을 읽고」. 《사상계》. 1959.4.

김윤식. 「6·25 전쟁문학-세대론의 시각」. 문학사와 비평 연구회 편. 『1950년대 문학연구』. 예하. 1991.

김윤식·정호웅 공저. 『한국 소설사』. 예하. 1993.

김지영. 『손창섭 소설의 아이러니 연구』. 고려대 석사논문. 1996.

김 현. 「테러리즘의 문학」. 『사회와 윤리』. 김현 문학전집 2. 문학과지성사. 2003.

뤼디거 자프란스키. 『악 또는 자유의 드라마』. 곽정연 역. 문예출판사. 2002.

박유희. 『1950년대 소설과 반어의 수사학』. 고려대 박사논문. 2002.

송기숙. 「창작 과정을 통해 본 손창섭」. 《현대문학》. 1964.9.

송하춘. 「1950년대 한국 소설의 형성」. 송하춘·이남호 편. 『1950년대의 소설가들』. 나남. 1994.

______. 「전후 시각으로 쓴 첫 일제 체험-『落書族』론」. 《작가연구》 창간호. 1996.

유종호. 「모멸(侮蔑)과 연민(憐憫)」(上. 下). 《현대문학》. 1959.9·10.

이광모. 「악(Böse)에 관한 형이상학적 고찰」. 《헤겔 연구》 15호. 2004.

이광훈. 「패배한 지하실적 인간상」. 《문학춘추》. 1964.8.

이기인. 「개인의 생존과 인간다운 삶에의 집념」. 송하춘·이남호 편. 『1950년대의 소설가들』. 나남. 1994.

정덕준. 「손창섭. 역설의 문법」. 《韓國言語文學》 43호. 1999.

정창범. 「자기 모멸의 신화」. 『손창섭-모멸과 연민의 이중주』. 새미작가론 총서 18. 새미. 2003.

한국정신문화연구원 철학·종교 연구실 편. 『惡이란 무엇인가』. 도서출판 창. 1992.

정호웅. 「손창섭 소설의 인물 성격과 형식」. 《작가연구》 창간호. 1996.

조연현. 「병자의 노래; 손창섭의 작품 세계」. 《현대문학》. 1955.4.

프리드리히 니체. 「바그너의 경우」. 『비극의 탄생/바그너의 경우/니체 대 바그너』. 김대경 역. 청하. 1998.

하정일. 「전쟁 세대의 자화상」. 《작가연구》 창간호. 1996.

한상규. 「손창섭 초기 소설에 나타난 아이러니의 미적 기능」. 《외국문학》 76. 1993년 가을호.

한수영. 「1950년대 문학의 재인식」. 《작가연구》 창간호. 1996.

______. 「1950년대 한국 소설연구; 남한편」. 한국문학 연구회 편. 『1950년대 남북한 문학』. 평민사. 1991.